Das In-House Geschäft im EG-Vergaberecht

Europäische Hochschulschriften

Publications Universitaires Européennes

European University Studies

Reihe II

Rechtswissenschaft

Série II Series II

Droit

Law

Bd./Vol. 4032

PETER LANG

Frankfurt am Main · Berlin · Bern · Bruxelles · New York · Oxford · Wien

A. Nicolas Wittek

Das In-House Geschäft im EG-Vergaberecht

Die mitgliedstaatliche Bedarfsdeckung im Lichte des EG-Vergaberechts unter besonderer Berücksichtigung der In-House-Vergabe

PETER LANG
Europäischer Verlag der Wissenschaften

Bibliografische Information Der Deutschen Bibliothek
Die Deutsche Bibliothek verzeichnet diese Publikation in der Deutschen Nationalbibliografie; detaillierte bibliografische Daten sind im Internet über <http://dnb.ddb.de> abrufbar.

Zugl.: Augsburg, Univ., Diss., 2004

D 384
ISSN 0531-7312
ISBN 3-631-53037-4

www.peterlang.de

für Opa

Vorwort

Gegenstand dieser Untersuchung ist die dogmatische Begründung für das In-House-Geschäft im EG-Vergaberecht. Das In-House-Geschäft ist vor allem bei der Auftragsvergabe von Kommunen an Unternehmen, an denen sie beteiligt sind, praktisch bedeutsam. In diesen Fällen stellt sich die Frage, ob die Vergabe dem Anwendungsbereich des EG-Vergaberechts unterliegt und im Wege einer öffentlichen Ausschreibung zu erfolgen hat. Nach der Rechtsprechung des Europäischen Gerichtshofes in der Rs. *Teckal* ist eine Ausschreibung unter bestimmten Voraussetzungen entbehrlich (In-House-Vergabe). Die Arbeit untersucht die materiell-rechtliche Legitimation der In-House-Vergabe und versucht diese dogmatisch zu begründen. Darüber hinaus werden europarechtliche Kriterien für die In-House-Vergabe entwickelt.

Die vorliegende Arbeit wurde im Mai 2004 von der juristischen Fakultät der Universität Augsburg als Dissertation angenommen. Gesetzgebung, Rechtsprechung und Literatur wurden bis Oktober 2003 berücksichtigt.

Zwar wurde Ende April 2004 das EG-Vergaberecht nach langjährigen Verhandlungen reformiert. Die Rechtsprechung des Europäischen Gerichtshofes zur In-House Vergabe wurde jedoch nicht kodifiziert und ist daher auch unter dem Regime der neuen EG-Vergaberichtlinien weiterhin von erheblicher – insbesondere praktischer – Relevanz.

Mein besonderer Dank gilt Herrn Prof. Dr. Reiner Schmidt, der mich während der Promotion vorbildlich betreut hat, für die Erstellung des Erstgutachtens und Herrn Prof. Dr. Ulrich M. Gassner, Mag. rer. Publ., M. Jur. (Oxon) für die Erstellung des Zweitgutachtens.

Bedanken möchte ich mich auch bei Alexander Bach, Martin Ebner, Philip Gramberg, Alexander Haines, Marc Meissner, Axel Oldekop, Nico Windecker und Bettina Wurster, die mir geduldig zugehört, wertvolle Anregungen gegeben und zum Teil beim Korrekturlesen geholfen haben. Mein Dank gebührt auch meinen Eltern und Großeltern, die mich finanziell, aber auch emotional unterstützt haben. Besonders bedanken möchte ich mich schließlich bei meiner Freundin Marion für ihr Verständnis, ihre Geduld und Unterstützung.

Inhaltsverzeichnis

§ 1 Einführung und Problemstellung 17

A. Einführung 17

B. Die Problemstellung der In-House-Vergabe dargestellt anhand ausgewählter Fälle aus der Rechtsprechung 22

I. Die Entscheidung des *EuGH* in der Rs. *Teckal* 22

II. Die Entscheidung des EuGH in der Rs. *ARGE* 25

III. Die Entscheidung des BGH 28

C. Der Begriff der In-House-Vergabe 32

D. Offene Fragen der In-House-Vergabe 36

E. Anliegen der Arbeit und Erläuterung der Vorgehensweise 38

§ 2 Funktion und Organisation der Bedarfsdeckung im Kontext staatlicher Wirtschaftstätigkeit 41

A. Mitgliedstaatliche Wirtschaftstätigkeit und mitgliedstaatliche Bedarfsdeckung 41

B. Die Funktion staatlicher Bedarfsdeckung 42

C. Organisationsformen staatlicher Bedarfsdeckung in der Bundesrepublik Deutschland 43

I. Die Bedarfsdeckung im Wege staatlicher Eigenleistung – öffentlich-rechtliche und privatrechtliche Organisationsformen 44

1. Die Bedarfsdeckung im Wege der staatlichen Eigenleistung 44

2. Öffentlich-rechtliche Organisationsformen 46

3. Privatrechtliche Organisationsformen 50

II. Die Bedarfsdeckung im Wege rechtsgeschäftlicher Teilnahme am Markt – das Vergaberecht 52

1. Sinn und Zweck des Vergaberechts 54

2. Das Vergaberecht unterhalb der Schwellenwerte 56

3. Das Vergaberecht oberhalb der Schwellenwerte 57

D. Zusammenfassung 65

§ 3 Anwendbarkeit der Koordinierungsrichtlinien auf die mitgliedstaatliche Bedarfsdeckung und ihre Konsequenzen für die In-House-Vergabe **67**

A. Der subjektive Anwendungsbereich der Koordinierungsrichtlinien 68

B. Der objektive Anwendungsbereich der Koordinierungsrichtlinien 69

I. Der Auftragsbegriff der Koordinierungsrichtlinien 69

II. Konsequenzen des dem einheitlichen Auftragsbegriff zugrundeliegenden Vertragserfordernis 71

III. Die Funktion des Vertragserfordernis vor dem Hintergrund mitgliedstaatlicher Bedarfsdeckung im Kompetenzgefüge der Europäischen Gemeinschaft 74

1. Die mitgliedstaatliche Bedarfsdeckung im Kompetenzgefüge der Gemeinschaft 76

a. Das Prinzip der beschränkten Verbandskompetenz und das Prinzip der begrenzten Einzelermächtigung 76

b. Der Vorbehalt der allgemeinen Wirtschaftspolitik (Art. 98 EG) 77

c. Der Vorbehalt der Eigentumsordnung (Art. 295 EG) 78

d. Das Binnenmarktkonzept 80

e. Folgerungen der Kompetenzverteilung für die mitgliedstaatliche Bedarfsdeckung 82

2. Folgerungen der Verteilung der Bedarfsdeckungskompetenz für die Behandlung der In-House-Vergabe im Rahmen der Koordinierungsrichtlinien 88

C. Die Bedeutung der Ausnahmevorschriften für die In-House-Vergabe 91

I. Die Ausnahmeregelung des Art. 6 Abs. 1 DKR und ihre Bedeutung für die In-House-Vergabe 92

1. Der sachliche und persönliche Anwendungsbereich des Art. 6 Abs. 1 DKR 93

2. Das Ausschließlichkeitsrecht des Art. 6 DKR 94

3. Folgerungen für die Behandlung der In-House-Vergabe im weiteren Sinne 104

II. Die Ausnahmeregelung des Art. 13 SKR und ihre Bedeutung für die In-House-Vergabe 107

1. Der sachliche und persönliche Anwendungsbereich des Art. 13 SKR 108

2. Die Anforderungen des Art. 13 Abs. 1 SKR an die beauftragte Stelle 111

3. Folgerungen für die Behandlung der In-House-Vergabe im weiteren Sinne 116
D. Zusammenfassung 117

§ 4 Zulässigkeit der In-House-Vergabe im weiteren Sinne und Analyse der dogmatischen Begründungsansätze 121
A. Die formale Betrachtungsweise 122
B. Begründung der ausschreibungsfreien Auftragserteilung an mit dem öffentlichen Auftraggeber verbundene Auftragnehmer durch eine analoge Anwendung des Art. 6 DKR bzw. des Art. 13 SKR 127
I. Ausnahmevorschriften und Analogieverbot 128
II. Begründung der ausschreibungsfreien Auftragserteilung an mit dem öffentlichen Auftraggeber verbundene Auftragnehmer durch eine analoge Anwendung von Art. 6 DKR 129
III. Begründung der ausschreibungsfreien Auftragserteilung an mit dem öffentlichen Auftraggeber verbundene Auftragnehmer durch eine analoge Anwendung von Art. 13 SKR 133
1. Analoge Anwendung des Art. 13 SKR auf klassische öffentliche Auftraggeber 135
2. Analoge Anwendung des Art. 13 SKR auf Bau- und/oder Lieferleistungen 143
IV. Zusammenfassung 146
C. Begründung der ausschreibungsfreien Auftragserteilung an mit dem öffentlichen Auftraggeber verbundene Auftragnehmer im Wege einer funktionalen Betrachtungsweise 147
I. Die Entwicklung der funktionalen Betrachtungsweise 148
1. Die Schlußanträge des Generalanwalts *Antonio La Pergola* in der Rs. *Gemeente Arnhem und Rheden* 148
2. Die Schlußanträge des Generalanwalts *Siegbert Alber* in der Rs. *RI.San* 151
3. Die Schlußanträge des Generalanwalts *Georges Cosmas* in der Rs. *Teckal* 153
4. Die Schlußanträge des Generalanwalts *Philippe Léger* in der Rs. *ARGE* 155
II. Analyse des dogmatischen Begründungsansatzes der funktionalen Betrachtungsweise 159
1. Der dogmatische Begründungsansatz der funktionalen Betrachtungsweise 159

2. Bewertung des dogmatischen Begründungsansatzes der funktionalen Betrachtungsweise 161
3. Zusammenfassung 168
III. Analyse der Kriterien der funktionalen Betrachtungsweise für die In-House-Vergabe im weiteren Sinne 169
1. Kriterien zur Bestimmung eines internen Organisationsakts 170
2. Bewertung der Kriterien der funktionalen Betrachtungsweise für eine In-House-Vergabe im weiteren Sinne 175
a. Das Problem der positiven Abgrenzung des Binnenbereichs der Verwaltung 175
b. Art. 13 SKR als verallgemeinerungsfähiger Rechtsgedanke 182
D. Zusammenfassung 187

§ 5 Die Entwicklung von Kriterien für die In-House-Vergabe im weiteren Sinne anhand einer teleologischen Reduktion des Auftragsbegriffs 190
A. Rechtsmethodische Vorüberlegungen 191
B. Der Sinn und Zweck des Auftragsbegriffs 194
C. Die Beauftragung mit dem öffentlichen Auftraggeber verbundener Körperschaften im Lichte des Schutzzwecks der Koordinierungsrichtlinien 195
I. Der Inhalt des Gleichbehandlungsgrundsatzes und seine Konsequenzen für die In-House-Vergabe 195
II. Die Konkretisierung der inhaltlichen Offenheit des Gleichbehandlungsgrundsatzes anhand bereichsspezifischer Kriterien 199
III. Folgerungen für den Gleichbehandlungsgrundsatz der Koordinierungsrichtlinien 201
1. Die wettbewerbssichernde Funktion der Koordinierungsrichtlinien 202
2. Konkretisierung des Sinn und Zwecks der Koordinierungsrichtlinien durch das Wettbewerbsverhältnis 204
IV. Die ausschreibungsfreie Beauftragung einer mit dem öffentlichen Auftragnehmer verbundenen Körperschaft im Lichte des Schutzzwecks der Koordinierungsrichtlinien 207
1. Die für das Vergaberecht relevanten Wettbewerbsverhältnisse 207
2. Die Auswirkungen der In-House-Vergabe im weiteren Sinne auf die für das Vergaberecht relevanten Wettbewerbsverhältnisse 208

3. Schutzzweckrelevanz der Auswirkungen der In-House-Vergabe im weiteren Sinne auf die für das Vergaberecht relevanten Wettbewerbsverhältnisse 210
    a. Fehlende Schutzzweckrelevanz aufgrund fehlender Entscheidungsautonomie des Auftragnehmers 210
        (1) Die Privilegierung konzerninterner Wettbewerbsabsprachen im Rahmen des Art. 81 EG 211
        (2) Eingeschränkte Übertragbarkeit der Grundsätze der Privilegierung konzerninterner Wettbewerbsabsprachen auf die In-House-Vergabe im weiteren Sinne 214
    b. Fehlende Schutzzweckrelevanz aufgrund ausschließlicher Tätigkeit für den öffentlichen Auftraggeber 219
    c. Ergebnis 223
V. Zusammenfassung 224

§ 6 Konkretisierung der Voraussetzungen der In-House-Vergabe im weiteren Sinne 229

A. Konkretisierung der Verbundenheit zwischen öffentlichem Auftraggeber und Auftragnehmer 230
I. Die Voraussetzungen fehlender Entscheidungsautonomie des Auftragnehmers 231
1. Die Voraussetzungen fehlender Entscheidungsautonomie beherrschter Unternehmen im Wettbewerbsrecht 232
2. Die Heranziehung von Art. 1 Nr. 2 SKR zur Konkretisierung der Verbundenheit zwischen öffentlichem Auftraggeber und Auftragnehmer 234
II. Folgerungen der Konkretisierung der Verbundenheit anhand der Wertung des Art. 1 Nr. 2 SKR 240
1. Folgerungen für die Beauftragung gemischt-wirtschaftlicher Unternehmen 240
2. Folgerungen für die Beauftragung von gemischt-öffentlichen Auftragnehmern 242
B. Konkretisierung des Erfordernisses der ausschließlichen Tätigkeit des Auftragnehmers für den öffentlichen Auftraggeber 251
I. Konkretisierung anhand der Wertung des Art. 13 SKR 251
II. Konkretisierung des Erfordernisses der ausschließlichen Tätigkeit des Auftragnehmers für den öffentlichen Auftraggeber anhand des Spürbarkeitserfordernisses des Wettbewerbsrechts 255

III. Das Erfordernis formaler Anknüpfungspunkte für die ausschließliche Tätigkeit des mit dem öffentlichen Auftraggeber verbundenen Unternehmens 256
C. Zusammenfassung 260

§ 7 Vereinbarkeit der teleologischen Reduktion des Auftragsbegriffs zur Begründung der In-House-Vergabe im weiteren Sinne mit der Systematik der Koordinierungsrichtlinien 261
A. Vereinbarkeit der teleologischen Reduktion mit der Behandlung der In-House-Vergabe im engeren Sinne 261
B. Vereinbarkeit der teleologischen Reduktion mit den Begründungserwägungen der DKR 263
C. Vereinbarkeit der teleologischen Reduktion mit dem gegenüber einer formalen Abgrenzung geringeren Anwendungsbereich der Koordinierungsrichtlinien 264
D. Vereinbarkeit der teleologischen Reduktion mit dem Begriff der Eigenleistung 265
E. Vereinbarkeit der teleologischen Reduktion mit den Ausnahmevorschriften der Koordinierungsrichtlinien 266
I. Das Verhältnis der teleologischen Reduktion zu den Ausnahmevorschriften 266
II. Teleologischen Reduktion der Grundregel und Analogie der Ausnahme 268
III. Vereinbarkeit der teleologischen Reduktion mit den Ausnahmevorschrift des Art. 6 DKR 269
IV. Vereinbarkeit der teleologischen Reduktion mit der Ausnahmevorschrift des Art. 13 SKR 271
F. Vereinbarkeit der teleologischen Reduktion mit dem Gedanken der Rechtssicherheit 271
G. Zusammenfassung 272

§ 8 Zusammenfassung der Ergebnisse 275
A. Einführung und Problemstellung 275
B. Die Organisation der Bedarfsdeckung im Kontext staatlicher Wirtschaftstätigkeit 275
C. Anwendbarkeit der Koordinierungsrichtlinien auf die mitgliedstaatliche Bedarfsdeckung und ihre Konsequenzen für die In-House-Vergabe 276

D. Zulässigkeit der In-House-Vergabe im weiteren Sinne und Analyse der dogmatischen Begründungsansätze 278
E. Die Entwicklung von Kriterien für die In-House-Vergabe im weiteren Sinne anhand einer teleologischen Reduktion des Auftragsbegriffs 280
F. Konkretisierung der Voraussetzungen der In-House-Vergabe im weiteren Sinne 282
G. Vereinbarkeit der teleologischen Reduktion des Auftragsbegriffs zur Begründung der In-House-Vergabe im weiteren Sinne mit der Systematik der Koordinierungsrichtlinien 283
H. Ergebnis 284

Literaturverzeichnis 287

§ 1
Einführung und Problemstellung

A. Einführung

Von Bund, Ländern und Gemeinden (sog. klassische öffentliche Auftraggeber) sowie den öffentlichen und privaten Versorgungsunternehmen im Bereich der Wasser-, Energie-, Verkehrs- und Telekommunikationsleistungen (sog. Sektorenauftraggeber), werden jährlich in Deutschland etwa 35.000 Aufträge im geschätzten Gesamtwert von ca. Euro 200 Mrd. oder 7% des Bruttoinlandsprodukts vergeben.[1] Europaweit vergeben 500.000 öffentliche Auftraggeber jedes Jahr Aufträge im Wert von ca. Euro 700 Mrd. oder 11% des europäischen Bruttoinlandsprodukts.[2] Dies entspricht dem Gesamtbruttoinlandsprodukt der Bundesrepublik.

---

[1] Vom gesamten Vergabevolumen von Bund, Ländern und Gemeinden von ca. Euro 75-150 Mrd. (Angaben wurden in Euro umgerechnet) (nach der IHK Münster sogar Euro 250 Mrd. (Angaben in Euro umgerechnet), vgl. www.ihk-muenster.de/rechtsthemen/Vergaberecht (01.08.2001)) entfielen 19 % auf den Bund, 26 % auf die Länder und 50 % auf die Gemeinden, Antwort der Bundesregierung auf die Große Anfrage der SPD Fraktion, BT-Drucksache 13/7137 vom 05.03.1997, Frage 1; *Baron*, Das neue Kartellgesetz, S. 49, spricht von einem Auftragsvolumen von Bund, Ländern und Gemeinden in Höhe von ca. DM 250 Mrd.; vgl. auch *Däubler-Gmelin*, Kann das neue Vergaberecht noch bis zum Ende der Legislaturperiode beschlossen werden?, EuZW 1997, S. 709 ff. (709); *Kulartz*, in: *Niebuhr/Kulartz/Kus/*Portz, Kommentar zum Vergabrecht, Einleitung, Rdnr. 2; *Kokott*, in: *Byok/Jaeger*, Kommentar zum Vergaberecht, 2000, Einleitung, Rdnr. 1.

Diese Summen ergeben sich, da der Staat in allen seinen Erscheinungsformen nicht nur die öffentlichen Einrichtungen, z.B. Krankenhäuser oder Straßen durch private Anbieter errichten läßt, sondern auch Telefon- und Computeranlagen, Fahrzeuge und Büromöbel von Privaten kauft, mietet oder least. Gerade im Dienstleistungssektor bestehen weitreichende Möglichkeiten, sich Dienstleistungen wie z.B. Beratung, Planung, Umweltschutzprüfungen, Materialprüfungen im Eichwesen, die Wertermittlung von Grundstücken, die Katastervermessung und -verwaltung sowie die Trinkwasserver- und -entsorgung von privater Seite erfüllen zu lassen, vgl. *Müller-Serten*, Gemeindewirtschafts- und Vergaberecht, NZBau 2000, S. 120 ff. (121).

Zum Umfang staatlicher Beschaffungstätigkeit in der Bundesrepublik bis 1987 und im Hinblick auf die Bedeutung der Beschaffungstätigkeit für die einzelnen Wirtschaftsbereiche, vgl. *Wallerath*, Öffentliche Bedarfsdeckung und Verfassungsrecht, 1987, S. 43 ff.

[2] Vgl. Mitteilung der Kommission vom 11.03.1998: Das öffentliche Auftragswesen in der Europäischen Union, KOM (98) 143, S. 1. Die Pressemitteilung der Kommission vom 10.05.2000: Kommission schlägt Vereinfachung und Modernisierung des Rechtsrahmens vor, (http://europa.eu.int/comm/internal_market/de/publproc/general/2k-461.htm) spricht sogar von 14% des Bruttoinlandprodukts, was wertmäßig etwa 50% der deutschen Wirtschaftsleistung oder 1 Billion Euro entspricht.

Cecchini, Europa '92 - Der Vorteil des Binnenmarktes, 1988, S. 37, beziffert das Auftragsvolumen auf Ecu. 530 Mrd. oder ca. 15 % des Bruttoinlandprodukts der EG-Staaten, veweist

Um Vetternwirtschaft zu verhindern, einen fairen und transparenten Wettbewerb zu gewährleisten und um die nationalen Beschaffungsmärkte für Unternehmen aus anderen Mitgliedstaaten der Europäischen Union zu öffnen, sind öffentliche Auftraggeber aufgrund des europäischen Vergaberechts verpflichtet, Beschaffungen ab einer bestimmten Größenordnung europaweit auszuschreiben. Dies gilt jedoch nur, soweit die von öffentlichen Auftraggebern beschafften Leistungen auf der Grundlage eines *entgeltlichen Auftrags* von Dritten am Markt beschafft werden.

Öffentliche Auftraggeber sind jedoch nicht verpflichtet, Leistungen am Markt zu beschaffen. Der Staat und alle übrigen Adressaten des Vergaberechts können ihre Bedürfnisse auch selbst, d.h. mit eigenem Personal und eigenen Sachmitteln, erfüllen, sofern dies zweckmäßig erscheint. In diesen Fällen ist eine Ausschreibung nicht erforderlich. Das Vergaberecht findet erst Anwendung, wenn die Entscheidung getroffen wurde, die benötigten Leistungen von Dritten am Markt einzukaufen. Maßgebliches Kriterium für die Anwendung des Vergaberechts ist daher, ob die Leistungsbeschaffung der staatlichen Stellen mit eigenen Mitteln erfolgt oder von Dritten am Markt eingekauft wird.

Diese Abgrenzung ist jedoch nur auf den ersten Blick eindeutig. Die europarechtlichen Vorgaben, die das Vergaberecht oberhalb bestimmter Auftragswerte (sog. Schwellenwerte[3]) regeln, knüpfen nämlich zur Abgrenzung staatlicher Eigenleistung von der Beschaffung von Leistungen am Markt formell, an das Vorliegen eines *schriftlichen entgeltlichen Vertrags* zwischen dem öffentlichen Auftraggeber und dem Leistungserbringer an. Notwendige Voraussetzung für einen Vertragsschluß ist daher, daß sich zwei Rechtssubjekte mit Rechtsfähigkeit gegenüberstehen. Damit scheidet die Leistungserbringung durch staatliche Stellen, die keine eigene Rechtspersönlichkeit besitzen, wegen Fehlens eines Auftrags-

---

jedoch darauf, daß hiervon lediglich ca. Ecu. 240-340 Mrd. oder ca. 7-10 % des Bruttoinlandprodukts für eine gemeinschaftliche Ausschreibung in Betracht kommen.

Vgl. auch folgende Sekundärquellen: *Däubler-Gmelin*, Kann das neue Vergaberecht noch bis zum Ende der Legislaturperiode beschlossen werden, EuZW 1997, S. 709 ff. (709), *Kulartz*, in: *Niebuhr/Kulartz/Kus/*Portz, Kommentar zum Vergabrecht, Einleitung, Rdnr. 2; *Pietzcker*, in: *Motzke/Pietzcker/Prieß* (Hrsg.) VOB Teil A, 2001, Syst II, Rdnr. 8; *Rittner*, Das Deutsche Öffentliche Auftragswesen im europäischen Kontext, NVwZ 1995, S. 313 ff. (313)

[3] Vgl. § 100 Abs. 1 Gesetz gegen Wettbewerbsbeschränkungen (GWB) vom 27.07.1957 (BGBl I 1957, S. 1081) in der Fassung der Bekanntmachung vom 26.08.1998 (BGBl I 1998, S. 2545) i.V.m. § 2 Nr. 1-8 der auf der Grundlage des § 127 GWB erlassenen Verordnung über die Vergabe öffentlicher Aufträge (Vergabeverordnung - VgV) vom 09.01.2001, BGBl I 2001, S. 110 ff. vom 18.01.2001. Die Verordnung ist am 01.02.2001 in Kraft getreten, vgl. § 24 S. 1 VgV.

Die wichtigsten Schwellenwerte betragen: 5.000.000 Euro für Bauaufträge, 200.000 Euro für Liefer- und Dienstleistungsaufträge und 400.000 Euro für bestimmte Sektorenaufträge.

verhältnisses zwischen öffentlichem Auftraggeber und Leistungserbringer von vornherein aus dem Anwendungsbereich des Vergaberechts aus. Demgegenüber unterliegt die Leistungsbeschaffung von privatrechtlichen Organisationsformen von vornherein dem Anwendungsbereich des Vergaberechts, da die Leistungsbeschaffung aufgrund der Rechtspersönlichkeit der leistungserbringenden Stelle regelmäßig auf der Grundlage eines Vertragsverhältnisses erfolgt.

Im Zuge der andauernden Privatisierungsbestrebungen[4] spalten sich die öffentlich-rechtlichen Körperschaften jedoch zunehmend in mehr oder weniger verselbständigte Einheiten auf oder schließen sich zu solchen zusammen. Aufgrund der vielfältigen rechtlichen Ausgestaltungsmöglichkeiten des Leistungsbezugs durch staatliche Stellen und deren Austauschbarkeit und Gleichwertigkeit entsteht zwischen dem staatlichen und dem privaten Sektor eine wachsende Grauzone, in der eine bunte Vielfalt mehr oder weniger selbständiger, nicht eindeutig zuzuordnender Einheiten angesiedelt ist.[5] Allein auf nationaler Ebene stehen neben den öffentlich-rechtlichen Organisationsformen, einschließlich der Organisationsform des Kommunalunternehmens, auch die privatrechtlichen Organisa-

---

[4] Vgl. dazu etwa *Bauer*, Privatisierungsimpulse und Privatisierungspraxis in der Abwasserentsorgung, VerwArch 90 (1996), S. 561 ff. (561 f.); *Bauer*, Privatisierung von Verwaltungsaufgaben, VVDStRL 54 (1995), S. 243 ff.; *Benz*, Privatisierung und Deregulierung – Abbau von Verwaltungsaufgaben?, Die Verwaltung (28) 1995, S. 337 ff. (337 f.); Bericht der Bundesregierung zur Zukunftssicherung des Standorts Deutschland vom 02.09.1993, BT-Drucksache 12/5620 vom 03.09.1993, V. 7., S. 15 ff. sowie der Fortschrittsbericht zum Bericht der Bundesregierung zur Zukunftssicherung des Standorts Deutschland vom 23.06.1994, BT-Drucksache 12/8090 vom 23.06.1993, II. 3., S. 10; *Fettig/Späth* (Hrsg.), Privatisierung kommunaler Aufgaben, 1997; *Gusy*, Die Privatisierung von Staatsaufgaben: Kriterien–Grenzen–Folgen, 1997; *Hagemeister*, Die Privatisierung öffentlicher Aufgaben, 1991, S. 1 ff.; *Hengstschläger*, Privatisierung von Verwaltungsaufgaben, VVDStRL 54 (1995), S. 165 ff. (166 f.); *Ipsen* (Hrsg.), Privatisierung öffentlicher Aufgaben, 4. Bad Ibuger Gespräche, 1994; *König*, Rückzug des Staates – Privatisierung der öffentlichen Verwaltung, DÖV 1998, S. 963 ff. (963 f.); *Mayen*, Privatisierung öffentlicher Aufgaben: Rechtliche Grenzen und rechtliche Möglichkeiten, DÖV 2001, S. 110 ff.; Osterloh, Privatisierung von Verwaltungsaufgaben, VVDStRL 54 (1995), S. 205 ff. (206 f.); *Peine*, Grenzen der Privatisierung – verwaltungsrechtliche Aspekte, DÖV 1997, S. 353 ff. (353); *Ronellenfitsch*, Staat und Markt: Rechtliche Grenzen einer Privatisierung kommunaler Aufgaben, DÖV 1999, S. 705 ff.; *Schmidt*, Die Privatisierung öffentlicher Aufgaben als Problem des Staats- und Verwaltungsrechts, in: *Biernat/Hendler/Schoch/Wasilewski* (Hrsg.) Grundfragen des Verwaltungsrechts und der Privatisierung, 1992, S. 210 ff. (210 f); *Schmidt*, Der Übergang öffentlicher Aufgabenerfüllung in private Rechtsformen, ZGR 1996, S. 345 ff. (345 f.); *Schmidt*, Privatisierung und Gemeinschaftsrecht, Die Verwaltung 1995, S. 281 ff. (281); *Schoch*, Rechtsfragen der Privatisierung von Abwasserbeseitigung und Abfallentsorgung, DVBl 1994, S. 1 ff. (1); *Schoch*, Privatisierung von Verwaltungsaufgaben, DVBl 1994, S. 962 ff.

[5] *Boesen*, Vergaberecht, 1. Aufl. 2000, § 100, Rdnr. 87

tionsformen (sog. formelle Privatisierung[6]), insbesondere der GmbH, der AG und der KG zur Verfügung. Zu denken sei nur an die zahlreichen Stadtwerke-

---

[6] Vgl. zum Begriff der Privatisierung und ihren verschiedenen Erscheinungsformen: *Dreher*, Public Private Partnerships und Kartellvergaberecht – Gemischtwirtschaftliche Gesellschaften, In-house-Vergabe, Betreibermodell und Beleihung Privater, NZBau 2002, S. 245 ff. (246 f.); *Kummer/Giesberts*, Rechtsfragen der Privatisierung kommunaler Abfallentsorgung und Abwasserbeseitigung, NVwZ 1996, 1166 (1166); *Ohler*, Rechtsbindungen bei der Auftragsvergabe durch kommunale Eigenbetriebe und kommunale Eigengesellschaften, ZVgR 1998, 424 (427); *Opitz*, Kontraktive Privatisierung und Kartellvergaberecht, ZVgR 2000, 97 (99); *Peine*, Grenzen der Privatisierung - verwaltungsrechtliche Aspekte, DÖV 1997, 353 (354); *Schmidt*, Der Übergang öffentlicher Aufgabenerfüllung in private Rechtsformen, ZGR 1996, S. 345 ff. (347); *Schoch*, Der Beitrag des kommunalen Wirtschaftsrechts zur Privatisierung öffentlicher Aufgaben, DÖV 1993, 377 (378); *Schoch*, Rechtsfragen der Privatisierung von Abwasserbeseitigung und Abfallentsorgung, DVBl 1994, 1 (3); *Stelkens/Bonk/*Sachs, VwVfG, 5. Aufl. 1998, § 1 Rdnr. 104; *Thieme*, in: *Langen/Bunte*, Kommentar zum deutschen und europäischen Kartellrecht, Bd. I, 9. Aufl. § 99, Rdnr. 30; *Vitzthum*, Gemeinderechtliche Grenzen der Privatisierung kommunaler Wirtschaftsunternehmen, AöR 104 (1979), 580 ff. (586 f.)

Bei einer formellen Privatisierung sind rechtstechnisch mehrere Schritte voneinander zu trennen: (1) Gemeinderatsbeschluß zur Prüfung der Privatisierung und Entschließung zur Privatisierung, (2) Gemeinderatsbeschluß zur Gründung einer Eigengesellschaft bzw. eines gemischt-öffentlichen oder gemischt-wirtschaftlichen Unternehmens durch Abschluß eines Gesellschaftsvertrags, (3) Gemeinderatsbeschluß zur Übertragung der Aufgabenwahrnehmung auf die juristische Person, (4) i.d.R. Gemeinderatsbeschluß zum Abschluß einer Rahmenvereinbarung und (5) Gemeinderatsbschluß zum Abschluß einer Dienstleistungsvereinbarung (Entsorgungsvertrag).

Im Ergebnis werden daher geschlossen: (1) ein Gesellschaftsvertrag, der in der Regel die Aufgabenwahrnehmung durch die Gesellschaft als Gesellschaftszweck beinhaltet, alternativ kann diese auch im nachfolgenden Vertrag als vertragliche Pflicht festgeschrieben werden, (2) eine Rahmenvereinbarung und (3) ein Entsorgungsvertrag, vgl. zum Inhalt dieser Verträge *Dahlen* in: *Bergmann/Schuhmacher* (Hrsg.), Handbuch der kommunalen Vertragsgestaltung Bd. II, C. III. 1., 7., 8. und IV. sowie *Dahlen/Köhler* in: *Bergmann/Schuhmacher* (Hrsg.), Handbuch der kommunalen Vertragsgestaltung Bd. III, D. II. 1. und 8.

Der Akt der Gesellschaftsgründung wird vergaberechtlich überwiegend als irrelevant angesehen, vgl. *Eschenbruch*, in: *Niebuhr/Kulartz/Kus/*Portz, Kommentar zum Vergabrecht, § 98, Rdnr. 104; *Jasper*, Das Vergaberechtsänderungsgesetz, DB 1998, S. 2151 ff. (2153); *Jasper*, Das Vergaberechtsänderungsgesetz, DB 1998, S. 2151 ff. (2153); *Kulartz*, Neue Wege kommunaler Wirtschaftsbetätigung, VergR2/1998, S. 25 ff (29); *Kulartz/Niebuhr*, Sachliche Anwendungsbereich und wesentliche Grundsätze des materiellen GWB-Vergaberechts, NZBau, 2000, S. 6 ff (8); *Thieme*, in: *Langen/Bunte*, Kommentar zum deutschen und europäischen Kartellrecht, Bd. I, 9. Aufl. § 99, Rdnr. 30; *Tucker*, Privatisation and Concessions, EuR 2/96, S. 73 ff. (75).

Ebenso wird die *Auswahl eines Mitgesellschafters* als solche für die Anteile einer mit einem ausschreibungspflichtigen Vertrag betrauten Eigengesellschaft überwiegend für irrelevant gehalten, vgl. *Opitz*, Kontraktive Privatisierung und Kartellvergaberecht, ZVgR 2000, S. 97 ff. (106); Besondere Formen der Zusammenarbeit mit Privaten bei der Erfüllung kommunaler Aufgaben - Gemeinsame Bekanntmachung der Bayrischen Staatsministerien des Innern, der Finanzen und für Landesentwicklung und Umweltfragen AllMBl Nr. 4/2001, S. 148 ff. (154).

GmbHs, die in Form von sog. Eigengesellschaften[7], bei denen die Gebietskörperschaft alleiniger Gesellschafter ist, sog. gemischt-öffentlichen Unternehmen[8], bei denen mehrere Gebietskörperschaften Gesellschafter sind, oder sog. gemischt-wirtschaftlichen Unternehmen[9], bei denen ein/mehrere Private zusammen mit einer/mehreren Gebietskörperschaft(en) Gesellschafter sind, ausgestaltet sind. Die Wahl einer privatrechtlichen Organisationsform für die leistungserbringende Stelle führt jedoch aufgrund der sich vom öffentlichen Auftraggeber unterscheidenden Rechtspersönlichkeit per se zur Anwendbarkeit des Vergaberechts. Dies gilt auch dann, wenn sie dieselben Aufgaben wahrnimmt wie die vormals öffentlich-rechtlich organisierte Stelle und sie ausschließlich für die öffentliche Hand tätig wird. In diesem Fall wird eine vermeintliche Eigenleistung wie eine Leistungsbeschaffung am Markt behandelt. Die Abgrenzung zwischen

---

Demgegenüber wird die *Veräußerung von Geschäftsanteilen* einer mit einem ausschreibungspflichtigen Vertrag betrauten Eigengesellschaft überwiegend als vergaberechtlich relevant angesehen, jedenfalls dann, wenn Gesellschaftsgründung und/oder Beauftragung mit der Auswahl eines Mitgesellschafters bzw. der Veräußerung in einem wirtschaftlichen Zusammenhang stehen (gestuftes Vergabeverfahren) bzw. die Gesellschaftsgründung Mittel zum Zwecke der Vergabe ist, vgl. *Endler*, Privatisierungen und Vergaberecht, NZBau, 2002, S. 125 ff. (133 f.) *Jaeger*, Public Private Partnership und Vergaberecht, NZBau 2001, S. 6 ff.; *Kerssenbrock*, Ist der Verkauf von Geschäftsanteilen oder Aktienmerheiten kommunaler Stromversorger einem Vergabeverfahren gemäß § 97 ff GWB zu unterziehen?, WuW 2001, S. 122 ff.; *Opitz*, Kontraktive Privatisierung und Kartellvergaberecht, ZvgR 2000, S. 97 ff.; *Prieß*, in: *Jestaedt/Kemper/Marx/Prieß*, Das Recht der Auftragsvergabe, 1999, S. 53; *Schlenke/Thomas*, Verpflichtung formell privater Gesellschaften der öffentlichen Hand zur Anwendung des öffentlichen Vergaberechts, BauR 1997, S. 412 ff.; *Thieme*, in: *Langen/Bunte*, Kommentar zum deutschen und europäischen Kartellrecht, Bd. I, 9. Aufl. § 99, Rdnr. 27; VK Lüneburg, Beschluß vom 10.08.1999, Az.: 203VgK-6/1999, NZBau 2001, S. 51 ff. (52); VK Düsseldorf, Beschluß vom 07.07.2000, Az.: VK 12/2000, NZBau 2001, S. 46 ff.; VK Leipzig, Beschluß vom 14.08.2000, Az.: 1/SVK/71-00 (unveröffentlicht); VK Stuttgart, Bescluß vom 24.01.2001, Az.: 1 VK 34/00 und 1 VK 1/01, NZBau 2001, S. 340 ff.; a.A. *Mehlitz*, Der Verkauf von Geschäftsanteilen durch öffentliche AUftraggeber unterliegt nicht dem Vergaberecht, WuW 2001, S. 569 ff.

Vgl. auch den komplizierten Sachverhalt des OLG Düsseldorf, bei der ein bestehender Eigenbetrieb zunächst von der Gemeinde im Wege der Sachgründung in eine neue GmbH eingebracht wurde, dann mit dieser diverse Dienstleistungsaufträge unter Ausschluß des Vergaberechts abgeschlossen wurden und schließlich ein vorab ausgewählter privater Inverstor 49% der Geschäftsanteile erwarb, wobei gleichzeitigem diesem die Beherrschung sichernde Verträge abgeschlossen wurden, Beschluß des OLG Düsseldorf vom 07.07.2000, NZBau 2001, S. 46; Besprechung Jaeger, Public Private Partnership und Vergaberecht, NZBau 2001, S. 6 ff. (9, 10)

[7] *Gern*, Deutsches Kommunalrecht, 2. Aufl. 1997, Rdnr. 759; *Ehlers*, Verwaltung in Privatrechtsform, S. 10 f. bezeichnet diese als Gemeinschaftsunternehmen.

[8] *Gern*, Deutsches Kommunalrecht, 2. Aufl. 1997, Rdnr. 759

[9] Vgl. statt vieler *Gern*, Deutsches Kommunalrecht, 2. Aufl. 1997, Rdnr. 759; *Nesselmüller*, Rechtliche Einwirkungsmöglichkeiten der Gemeinden auf ihre Eigengesellschaften, S. 24 f.; kritisch zu dieser Unterscheidung *Ehlers*, Verwaltung in Privatrechtsform, S. 9, FN 15

staatlicher Eigenleistung und Leistungsbeschaffung am Markt erscheint in diesem Fall nicht gerechtfertigt und willkürlich. Die Geltung des Vergaberechts macht die privatrechtliche Organisationsform für die öffentliche Hand weniger attraktiv und führt dazu, daß die mit ihr verbundenen Vorteile – insbesondere die Kosteneinsparungen – nicht genutzt werden.

Aufgrund der Austauschbarkeit und Gleichwertigkeit der Organisationsformen stellt sich die Frage, ob nicht auf der Grundlage einer wertenden Betrachtung der Einsatz rechtlich selbständiger Organisationsformen zur Bedarfsdeckung in Ausnahmefällen nicht dem Anwendungsbereich des Vergaberechts unterliegt. Die Rechtsprechung des *EuGH* deutet darauf hin. Unter welchen Voraussetzungen dies der Fall ist, ist in der Literatur umstritten.[10]

Aufgabe der Arbeit ist es daher, zu untersuchen, ob die von der Rechtsprechung des *EuGH* angedeutete Ausnahme materiell gerechtfertigt ist, wie sie dogmatisch begründet werden könnte und unter welchen Kriterien eine solche Ausnahme zuzulassen wäre.

B. Die Problemstellung der In-House-Vergabe dargestellt anhand ausgewählter Fälle aus der Rechtsprechung

Daß die formalrechtliche Personenverschiedenheit zwischen öffentlichem Auftraggeber und leistungserbringender Stelle nicht das ausschlaggebende Kriterium für die Anwendung des Vergaberechts ist, zeigt die Rechtsprechung des Europäischen Gerichtshofs (*EuGH*) in der Rs. *Teckal* und in der Rs. *ARGE*. Auf nationaler Ebene ist der Bundesgerichtshof (*BGH*) der Rechtsprechung des *EuGH* gefolgt.

I. Die Entscheidung des *EuGH* in der Rs. *Teckal*

In der Rs. *Teckal*[11] übertrug die beklagte Gemeinde Viano der Azienda Gas-Aqua Consorziale (AGAC), einem Konsortium zur Erbringung von Energie- und Umweltleistungen bestehend aus mehreren Gemeinden – darunter der Gemeinde Viano selbst – durch Beschluß vom 24.05.1997 den Betrieb von Heizungsanlagen in bestimmten Gebäuden der Gemeinde. Die Übertragung dieser Aufgaben war ohne vorheriges Ausschreibungsverfahren erfolgt. Die AGAC hatte die Aufgabe, Brennstoffe zu liefern sowie für das Funktionieren der Hei-

---

[10] Vgl. § 4C.III, S. 169 ff.

[11] *EuGH* Urteil vom 18.11.1999, Rs. C-107/98, (Teckal Srl/Gemeinde Viano, u.a.), Slg. I 1999, S. 8139 ff.

zungsanlagen zu sorgen, diese zu warten und zu verbessern. Für den Zeitraum vom 01.06.1997 bis 31.05.1998 wurde für die Erbringung dieser Leistungen eine Vergütung in Höhe von ITL 122 Mio. vereinbart, wovon der Großteil auf die Lieferung von Brennstoffen entfiel. Die Klägerin (*Teckal Srl.*) war selbst Lieferantin von Brennstoffen und auf den Betrieb und die Wartung von Heizungsanlagen spezialisiert. Bis zur Übertragung dieser Aufgaben an die AGAC hatte sie diese Tätigkeiten für die Gemeinde Viano verrichtet. Sie klagte daher gegen die ohne Ausschreibung erfolgte Vergabe dieses Auftrags durch die Gemeinde Viano an die AGAC. Die Klägerin machte geltend, daß nach den europarechtlichen Vorgaben für die Vergabe von Lieferleistungen in der sog. Lieferkoordinierungsrichtlinie[12] (LKR) ein Ausschreibungsverfahren hätte durchgeführt werden müssen.

Nach den Vorschriften der LKR müssen sog. öffentliche Auftraggeber, vor allem die Gebietskörperschaften (Bund, Länder, und Gemeinden) sowie staatliche beherrschte Unternehmen, den Bezug von Lieferleistungen ab einem bestimmten Auftragswert öffentlich ausschreiben.[13]

Im Rahmen eines Vorlageverfahrens legte das italienische Gericht dem *EuGH* die Frage vor, ob die Vorschriften der LKR anwendbar sind, wenn eine Gebietskörperschaft die Lieferung von Waren und Dienstleistungen einem Konsortium überträgt, dem es selbst angehört.[14]

---

[12] Richtlinie 93/36/EWG des Rates vom 14.06.1993 über die Koordinierung der Verfahren zur Vergabe öffentlicher Lieferaufträge, AblEG 1993 Nr. L 199, S. 1 ff. vom 09.08.1993, zuletzt geändert durch Richtlinie 97/52/EWG zur Änderung der Richtlinien 92/50/EWG (Dienstleistungsrichtlinie), 93/36/EWG (Lieferkoordinierungsrichtlinie) und 93/37/EWG (Baukoordinierungsrichtlinie) vom 13.10.1997, AblEG Nr. L 328, S. 1 ff. vom 28.11.1997, vgl.zu den Details dieser Richtlinie § 2C.II.3, S. 57 ff., insb. FN 152

[13] Vgl.zu den Details der Ausschreibungsverfahren § 2C.II.3, S. 57 ff.

[14] *EuGH* Urteil vom 18.11.1999, Rs. C-107/98, (Teckal Srl/Gemeinde Viano, u.a.), Slg. I 1999, S. 8139 ff. (Tz. 39). Das vorlegende Gericht hatte angesichts dessen, daß sowohl Liefer- als auch Dienstleistungen Gegenstand des mit der AGAC geschlossenen Vertrags waren, ursprünglich wissen wollen, ob die sog. Dienstleistungskoordinierungsrichtlinie (Richtlinie 92/50/EWG des Rates vom 18.06.1992 über die Koordinierung der Verfahren zur Vergabe öffentlicher Dienstleistungsaufträge, AblEG 1993 Nr. L 209, S. 1 ff. vom 24.07.1992), die die Vergabe von Dienstleistungen regelt, oder die Richtlinie 93/36 (LKR), die die Vergabe von Lieferleistungen regelt, Anwendung findet. Im Anwendungsbereich der DKR hätte eine Ausschreibungspflicht auch auf der Grundlage des Ausnahmetatbestands des Art. 6 der Richtlinie 92/50 (DKR) entfallen können. Im Hinblick auf die Ausnahmevorschrift des Art. 6 DKR wollte das nationale Gericht wissen, ob das ausschließliche Recht des Betriebs der "Heizungsanlagen", das der AGAC in ihrer Gründungsatzung verliehen worden war, aufgrund der Art. 22 bis 25 des Gesetzes 142/90 – wie von Art. 6 DKR gefordert – mit EG-Recht vereinbar war, vgl. Schlußanträge des Generalanwalts *Geroges Cosmas* vom 01.07.1999 in der Rs. C-107/98 (Teckal Srl/Gemeinde Viano), Slg. I 1999, S. 8123 ff. (Tz. 27 ff.). Da die Lieferleistungen jedoch den Wert der Dienstleistungen überstieg, war die LKR anzuwenden, Art. 2

Zwischen den Parteien war die Eigenschaft der Gemeinde Viano als öffentlicher Auftraggeber im Sinne der LKR unstreitig. Nach Auffassung des *EuGH* handelte es sich bei der streitgegenständlichen Leistung auch um eine Lieferleistung im Sinne der LKR.[15] Für die Frage der Anwendung der LKR kam es daher entscheidend darauf an, ob zwischen der Gemeinde Viano und der AGAC ein öffentlicher Auftrag, d.h. ein schriftlicher entgeltlicher Vertrag, geschlossen worden ist.[16] Voraussetzung für das Vorliegen eines Vertrags ist, daß

> "eine Vereinbarung zwischen zwei verschiedenen Personen getroffen wurde".[17]

Danach wäre die Vergabe eines Lieferauftrags durch einen öffentlichen Auftraggeber an eine (kommunale) Gesellschaft, die zu 100% im Eigentum des öffentlichen Auftraggebers steht oder an der – wie im Falle der Gemeinde Viano – der öffentliche Auftraggeber beteiligt ist (sog. gemischt-öffentliches Unternehmen), aufgrund der formalen Personenverschiedenheit von Auftraggeber und Auftragnehmer an sich ausschreibungspflichtig. Der *EuGH* schränkt diese Rechtsauffassung in Tz. 50 des Urteils jedoch ein:

> "Etwas anderes kann nur dann gelten, wenn die Gebietskörperschaft über die fragliche Person eine *Kontrolle ausübt, wie über ihre eigenen Dienststellen* und wenn diese Person zugleich ihre *Tätigkeit im Wesentlichen für die Gebietskörperschaft oder die Gebietskörperschaften verrichtet, die ihre Anteile innehaben*." [18]

Diese Einschränkung des *EuGH* in der Rs. *Teckal* bedeutet, daß trotz des Vorliegens eines Auftrags infolge der formalen Personenverschiedenheit zwischen Auftraggeber und Auftragnehmer die daraus grundsätzlich resultierende Ausschreibungspflicht ausnahmsweise entfallen kann. Obwohl die formalen Voraussetzungen einer Ausschreibungspflicht an sich vorliegen, entfällt diese ausnahmsweise, wenn die vom *EuGH* genannten zwei Kriterien erfüllt sind. Zum einen ist erforderlich, daß der Auftraggeber über den Auftragnehmer eine *Kon-*

DKR so auch *EuGH*, Urteil vom 18.11.1999, Rs. C-107/98, (Teckal Srl/Gemeinde Viano, u.a.), Slg. I 1999, S. 8139 ff. (Tz. 38-40), *Prieß*, Handbuch des europäischen Vergaberechts, 2. Aufl. 2001, S. 83. Sowohl der Generalanwalt *Cosmas* als auch der *EuGH* haben vor dem Hintergrund des Streitgegenstands und des Vorlagebeschlusses die Streitfrage im hier verwendeten Sinne umformuliert, was nach ständiger Rechtsprechung des *EuGH* zulässig ist (vgl. *EuGH*, Urteil vom 13.12.1084, Rs. 251/83 (Haug-Adrion), Slg. 1984, S. 4277 ff. (Tz. 9); *EuGH*, Urteil vom 26.09.1996, Rs. C-168/95 (Arcaro), Slg. I 1996, S. 4705 ff. (Tz. 21).

[15] *EuGH* Urteil vom 18.11.1999, Rs. C-107/98, (Teckal Srl/Gemeinde Viano, u.a.), Slg. I 1999, S. 8139 ff. (Tz. 39)

[16] *EuGH* Urteil vom 18.11.1999, Rs. C-107/98, (Teckal Srl/Gemeinde Viano, u.a.), Slg. I 1999, S. 8139 ff. (Tz. 41 und 46)

[17] *EuGH* Urteil vom 18.11.1999, Rs. C-107/98, (Teckal Srl/Gemeinde Viano, u.a.), Slg. I 1999, S. 8139 ff. (Tz. 49)

[18] Hervorhebung des Verfassers

trolle ausübt *wie über eine eigene Dienststelle.* Zum anderen ist Voraussetzung, daß die leistungserbringende Stelle ihre *Tätigkeit im wesentlichen für den oder die Gebietskörperschaften verrichtet*, die ihre Anteile inne haben.

Der *EuGH* scheint damit die von der LKR vorgegebene Abgrenzung zwischen der ausschreibungsfreien Leistungsbeschaffung im Wege staatlicher Eigenleistung und der ausschreibungspflichtigen Leistungsbeschaffung am Markt aufzuweichen. Statt der durch den Auftragsbegriff vorgegebenen formalen Abgrenzung anhand der Rechtspersonenverschiedenheit zwischen öffentlichem Auftraggeber und Auftragnehmer, die Voraussetzung für das Vorliegen eines öffentlichen Auftrags ist, wählt er eine rechtsformunabhängige wertende Betrachtungsweise.

Eine Abgrenzung zwischen ausschreibungsfreier staatlicher Eigenleistung und ausschreibungspflichtigem Fremdbezug der Leistung anhand einer wertenden Betrachtungsweise hätte sowohl erhebliche wirtschaftliche als auch organisationsrechtliche Bedeutung: Wirtschaftlich bedeutsam ist eine solche Abgrenzung deshalb, weil ein Teil der eingangs erwähnten Aufträge im Wert von bundesweit DM 400 Mrd. bzw. europaweit Euro 700 Mrd. ausschreibungsfrei an Beteiligungsgesellschaften der Gebietskörperschaften vergeben werden könnte. Organisationsrechtlich bedeutsam ist diese Abgrenzung, weil die Klärung der Frage, inwieweit die Auftragsvergabe an Eigengesellschaften, gemischt-öffentliche oder gemischt-wirtschaftliche Unternehmen der Gebietskörperschaften Einfluß auf die zukünftigen Organisationsentscheidungen der Gebietskörperschaften hat.

II. Die Entscheidung des EuGH in der Rs. *ARGE*

In der Rs. *ARGE*[19] bestätigte der *EuGH* seine Entscheidung in der Rs. *Teckal.* Eine nähere Erörterung oder Konkretisierung der in der Rs. *Teckal* entwickelten Kriterien erfolgte aber nicht. Die Entscheidung in der Rs. *ARGE* ist jedoch deshalb bedeutsam, weil sie als Ausweitung des Anwendungsbereichs der in der Rs. *Teckal* entwickelten Grundsätze verstanden werden kann. So wird die Entscheidung in der Rs. *ARGE* zum Teil dahingehend interpretiert, daß die vom *EuGH* in der Rs. *Teckal* für *Lieferleistungen* entwickelte Ausnahme der In-House-Vergabe auch für die Vergabe von *Dienstleistungen* gelten soll.[20]

---

[19] *EuGH* Urteil vom 07.12.2000, Rs. C-94/99 (*ARGE* Gewässerschutz/Bundesministerium für Land- und Forstwirtschaft), Slg. I 2000, S. 11037 ff.

[20] *BGH*, Beschluß vom 12.06.2001, Az: X ZB 10/01, BGHZ 148, S. 55 ff. vgl. ausführlich § 1B.III, S. 28 ff.

Die *ARGE*, eine Arbeitsgemeinschaft von Ziviltechnikern und Unternehmen, gab im Rahmen eines vom Bundesministerium für Land- und Forstwirtschaft der Republik Österreich veranstalteten offenen Auftragsvergabeverfahrens Angebote ab. Gegenstand der ausgeschriebenen Aufträge waren die Entnahmen und Analysen von Wasserproben aus einer Reihe österreichischer Seen und Flüsse für die Beobachtungsjahre 1998/1999 und 1999/2000. Neben der *ARGE* gaben auch andere Dienstleistungserbringer des öffentlichen Sektors Angebote ab, u.a. die Österreichische Forschungszentrum Seibersdorf GmbH und die Österreichische Forschungs- und Prüfungszentrum Arsenal GmbH.

Die *ARGE* war der Auffassung, daß die Dienstleistungserbringer des öffentlichen Sektors aufgrund hoher staatlicher Subventionszahlungen ohne konkrete Projektbindung Wettbewerbsvorteile hätten und damit ein Hemmnis für den Handel zwischen den Mitgliedstaaten geschaffen werde. Noch während des nach dem österreichischen Bundesvergabegesetz vorgesehenen Schlichtungsverfahrens sah die österreichische Bundes-Vergabekontrollkommission in der Teilnahme solcher Gesellschaften gemeinsam mit privaten Bietern keinen Verstoß gegen die in § 16 des (österreichischen) Bundesvergabegesetzes enthaltenen Grundsätze des freien und lauteren Wettbewerbs bzw. der Gleichbehandlung.[21]

Im von der *ARGE* angestrengten Nachprüfungsverfahren vor dem österreichischen Bundesvergabeamt legte dieses im Verfahren nach Art. 234 Vertrags zur Gründung der Europäischen Gemeinschaften (EG) dem *EuGH* die Frage vor, ob es einem öffentlichen Auftraggeber nach dem Gemeinschaftsrecht verwehrt sei, neben nicht subventionierten Bietern auch Einrichtungen zuzulassen, deren für die Kalkulation ihres Angebotes relevanten Kosten zum Teil von einem Mitgliedstaat – gegebenenfalls durch Gewährung von Beihilfen im Sinne von Art. 87 EG – übernommen werden, oder ob dies gegen den in der Richtlinie 92/50 verbürgten Grundsatz der Gleichbehandlung verstoße bzw. eine mit Art. 49 EG unvereinbare Beschränkung des freien Dienstleistungsverkehr darstelle, wenn die gewährten Vorteile es diesen Einrichtungen ermöglichten, Preise anzubieten, die erheblich unter denen ihrer Konkurrenten liegen.[22]

Die Folgefrage des österreichischen Bundesvergabeamtes betraf die In-House-Vergabe. Sollten nämlich diese subventionierten Unternehmen aufgrund eines Verstoßes gegen den Gleichbehandlungsgrundsatz und/oder die Freiheit des Dienstleistungsverkehrs von der Teilnahme am Vergabeverfahren auszuschlie-

---

[21] *EuGH* Urteil vom 07.12.2000, Rs. C-94/99 (*ARGE* Gewässerschutz/Bundesministerium für Land- und Forstwirtschaft), Slg. I 2000, S. 11037 ff. (Tz. 14)

[22] *EuGH* Urteil vom 07.12.2000, Rs. C-94/99 (*ARGE* Gewässerschutz/Bundesministerium für Land- und Forstwirtschaft), Slg. I 2000, S. 11037 ff. (Tz. 20)

ßen sein, hätte dies zur Folge, daß Verträge mit dieser Art von Einrichtung überhaupt nicht bzw. nur im Rahmen der in der Rs. *Teckal* entwickelten Grundsätze geschlossen werden könnten. In diesem Zusammenhang fragte das Bundesvergabeamt folgerichtig nach den Grenzen der in der Rs. *Teckal* für *Lieferleistungen* aufgezeigten Ausnahme vom Anwendungsbereich der LKR. Es legte daher dem *EuGH* die Frage vor, ob die in der Rs. *Teckal* für die LKR entwickelten Grundsätze auf die hier relevante Dienstleistungskoordinierungsrichtlinie (DKR)[23], die der LKR entsprechende Regelungen für die Vergabe von öffentlichen Dienstleistungsaufträgen enthält, übertragbar seien.[24]

Der *EuGH* entschied jedoch, daß die Beteiligung staatlich subventionierter Stellen gemeinsam mit privaten Bietern weder eine versteckte Diskriminierung noch eine mit Art. 49 EG unvereinbare Beschränkung darstelle.[25] Damit erübrigte sich

---

[23] Richtlinie 92/50/EWG des Rates vom 18.06.1992 über die Koordinierung der Verfahren zur Vergabe öffentlicher Dienstleistungsaufträge, AblEG 1993 Nr. L 209, S. 1 ff. vom 24.07.1993 Die Richtlinie wurde in ihrer geltenden Fassung vom 13.10.1997 durch Verabschiedung der Vergabeverordnung vom 09.01.2001, BGBl I, 2001, S. 110 ff., und die Übernahme in Teil A der VOL/A in der Fassung der Bekanntmachung vom 17.08.2000, BAnz. Nr. 200a vom 24.10.2000 und die VOF in der Fassung der Bekanntmachung vom 25.07.2000, BAnz. Nr. 173a vom 13.09.2000 in nationales Recht umgesetzt, vgl. zur Umsetzung der Richtlinie in natioinales Recht *Thieme*, in: *Langen/Bunte*, Kommentar zum deutschen und europäischen Kartellrecht, Bd. I, 9. Aufl. vor § 97, Rdnr. 40.

[24] *EuGH* Urteil vom 07.12.2000, Rs. C-94/99 (*ARGE* Gewässerschutz/Bundesministerium für Land- und Forstwirtschaft), Slg. I 2000, S. 11037 ff. (Tz. 21) bzw. Vorlagefrage 4 in Tz. 16: "Darf der öffentliche Auftraggeber Leistungsverträge mit Einrichtungen abschließen, die sich ausschließlich oder zumindest überwiegend im Eigentum der öffentlichen Hand befinden und die ihre Leistungen ausschließlich oder zumindest überwiegend an den öffentlichen Auftraggeber oder an andere Einrichtungen des Staates erbringen, vergeben, ohne die Leistung einem Vergabeverfahren gemäß der Richtlinie 92/50/EWG im Wettbewerb mit kommerziell tätigen Bietern zu unterziehen?"

[25] Zur Begründung führt der *EuGH* aus, daß der Begriff des Bieters, der gemäß Art. 1 lit c) DKR als Dienstleistungserbringer, der ein Angebot eingereicht hat, definiert ist, auf den Begriff des Dienstleistungserbringers abstelle, der sowohl juristische Personen des Privatrechts als auch öffentliche Einrichtungen umfaßt. Eine Ungleichbehandlung könne erst dann angenommen werden, wenn die öffentliche Einrichtung vertragswidrige Subventionen empfangen habe. Eine Beschränkung der Freiheit des Dienstleistungsverkehrs könne schon deshalb nicht vorliegen, weil die Teilnahme am Ausschreibungsverfahren nicht unter den rechtlichen oder tatsächlichen Bedingungen gestanden habe, daß die subventionierten Bieter die Staatsangehörigkeit des Mitgliedsstaats besitzen, dem der öffentliche Auftraggeber angehört oder in dem er seinen Sitz hat, so daß es schon an den Voraussetzungen einer Diskriminierung von Unternehmen außerhalb Österreichs fehle. Selbst wenn dies der Fall sei, so ist nach Ansicht des *EuGH* aufgrund der Tatsache, daß Beihilfen an die im Beihilfe gewährenden Mitgliedstaaten ansässigen Unternehmen gewährt werden, eine Bevorzugung dieser Unternehmen gegenüber Unternehmen aus einem anderen Mitgliedstaat der Beihifegewährung inhärent und die Beihilfegewährung daher als Rechtfertigung einer Ungleichbehandlung anzusehen. Vgl. *EuGH* Ur-

die Beantwortung der Frage nach den Grenzen der Rechtsprechung in der Rs. *Teckal*. Der *EuGH* wies jedoch darauf hin, daß

> "... der Gerichtshof im Urteil vom 18. November 1999 in der Rechtssache C-107/98 (Teckal, Slg. 1999 , I-8121) eine ähnliche Frage in Bezug auf die Richtlinie 93/36/EWG des Rates vom 14.06.1993 über die Koordinierung der Verfahren zur Vergabe öffentlicher Lieferaufträge, ABlEG 1993 Nr. L 199, S. 1 ff. geprüft und für Recht erkannt hat, daß diese Richtlinie anwendbar ist, wenn ein öffentlicher Auftraggeber wie etwa eine Gebietskörperschaft beabsichtigt, mit einer Einrichtung, die sich formal von ihm unterscheidet und die ihm gegenüber eigene Entscheidungsgewalt besitzt, einen schriftlichen entgeltlichen Vertrag über die Lieferung von Waren zu schließen, wobei unerheblich ist, ob diese Einrichtung selbst ein öffentlicher Auftraggeber ist."[26]

III. Die Entscheidung des BGH

Auf nationaler Ebene ist der *BGH*[27] der Rechtsprechung des *EuGH* gefolgt. Im vom *BGH* entschiedenen Fall war die Antragstellerin für den Antragsgegner,

---

teil vom 07.12.2000, Rs. C-94/99 (*ARGE* Gewässerschutz/Bundesministerium für Land- und Forstwirtschaft), Slg. I 2000, S. 11037 ff. (Tz. 38 ff.)

[26] *EuGH* Urteil vom 07.12.2000, Rs. C-94/99 (*ARGE* Gewässerschutz/Bundesministerium für Land- und Forstwirtschaft), Slg. I 2000, S. 11037 ff. (Tz. 40)

[27] *BGH*, Beschluß vom 12.06.2001, Az: X ZB 10/01, BGHZ 148, S. 55 ff., vgl. ausführlich § 1B.III, S. 28 ff.

Auf nationaler Ebene finden sich zur In-House-Vergabe und den Kriterien des *EuGH* darüber hinaus Entscheidungen der Vergabekammern (VK) Düsseldorf (VK Düsseldorf, Beschluß vom 07.07.2000, Az.: VK 12/2000, NZBau 2001, S. 46 ff.), Leipzig (VK Leipzig, Beschluß vom 14.08.2000, Az.: 1/SVK/71-00, unveröffentlicht) und Stuttgart (VK Stuttgart, Beschluß vom 24.01.2001, Az.: 1 VK 34/00 und 1 VK 1/01, NZBau 2001, S. 340 ff.) und verschiedener Oberlandesgerichte OLG Naumburg, Vorlagebeschluß vom 08.01.2003, Az: 1 Verg 7/02, NZBau 2003, S. 224 ff.. Diese sind zu unterscheiden von den Entscheidungen des OVG Lüneburg, Urteil vom 22.01.1999, Az.: 9 L 1803/97, NVwZ 1999, S. 10 ff. und des OVG Rheinland-Pfalz, Urteil vom 29.03.1999, Az.: 12 C 113/98.OVG (unveröffentlicht). In diesen Entscheidungen ergibt sich die Notwendigkeit einer Ausschreibung bei der Beauftragung eines gemischt-wirtschaftlichen Unternehmens aus *gebührenrechtlichen Gründen* und nicht aufgrund europarechtlicher Vorgaben. Diese Entscheidungen vermögen daher keinen Aufschluß über die Auslegung der Kriterien des *EuGH* zu vermitteln, zumal sie auch zeitlich vor dem Urteil des *EuGH* in der Rs. *Teckal* ergangen sind.

Der Grund für die in diesen Urteilen postulierte Ausschreibungspflicht ergibt sich daraus, daß nur die Durchführung einer Ausschreibung und damit die Ausnutzung des Wettbewerbs zwischen konkurrierenden Unternehmen, einen im Vergleich zur freihändigen Vergabe niedrigen Kostenaufwand und damit die Wahrung des Wirtschaftlichkeitsgebots gewährleistet. Die entsorgungspflichtige und gebührenerhebungsberechtigte Körperschaft hat bei der Festsetzung der Gebührensätze die Grundsätze des materiellen Haushaltsrechts, insbesondere der Sparsamkeit und der Wirtschaftlichkeits zu beachten. Nur die für die Leistungserbringung erforderlichen Kosten sind nach dem KAG gebührenfähig, nicht dagegen überflüssige oder übermäßige Kosten (*Dahmen*, in: *Driehaus*, Kommunalabgabenrecht, Stand: September 2001, § 6, Rdnr. 115). Die mit der Beauftragung anfallenden Kosten können als Kosten für Fremdleisden Freistaat Thüringen, unter anderem bei der Programm- und Projektentwicklung, der Antragsberatung und -bearbeitung sowie der EU-Begleitung (sog. Technische Hilfe) von aus Mitteln des Europäischen Sozialfonds geförderten Maßnahmen der Berufsvorbereitung und Fortbildung tätig. Diese Tätigkeit verrichtete sie bis August 2001 auf der Grundlage eines entsprechenden öffentlichen Auftrags gemeinsam mit der Gesellschaft für A. des Freistaats Thüringen mbH (*GFAW*), deren Geschäftsanteile zu 100% vom Freistaat Thüringen gehalten werden. Der Freistaat Thüringen beabsichtigte, diese Tätigkeit zukünftig allein von der *GFAW* ausführen zu lassen. Zu diesem Zweck verlieh er der GFAW mit Bescheid vom 14.12.2000 die erforderlichen hoheitlichen Befugnisse, damit diese im eigenen Namen in den Handlungsformen des öffentlichen Rechts auf dem Gebiet des Zuwendungsverfahrens die im Rahmen der Technischen Hilfe erforderlichen Verwaltungsaufgaben[28] wahrnehmen konnte. Am 22.12.2000 wurde die *GFAW* durch öffentlich-rechtlichen Vertrag entsprechend beauftragt.

Die Antragstellerin beantragte bei der Vergabekammer des Landes Thüringen, dem Antragsgegner zu verbieten, die beratungs- und verwaltungsnahen Dienstleistungen im Rahmen der Technischen Hilfe im Verhandlungsverfahren oder außerhalb eines förmlichen Vergabeverfahrens zu vergeben. Der Antrag wurde von der Vergabekammer des Landes Thüringen verworfen.

---

tung in den gebührenfähigen Aufwand eingestellt werden. Bevor die entsorgungspflichtige Körperschaft Dritte beauftragt, hat sie daher grundsätzlich zu prüfen, ob sie ihre Aufgabe nicht in eigener Regie kostengünstiger erfüllen kann und eine Wirtschaftlichkeitsprüfung anzustellen. Mehrkosten, die allein wegen der Beauftragung Dritter entstehen, sind – von besonderen strukturellen Ausnahmen abgesehen – keine für die Leistungserbringung erforderlichen Kosten. Bei der Vergabe von Einzelaufträgen wird man, wenn Markt- oder Wettbewerbspreise bestehen, davon ausgehen können, daß die mit der Beauftragung des Dritten verbundenen Kosten die Selbstkosten der öffentlichen Hand regelmäßig unterschreiten. Anders verhält es sich jedoch, wenn die Aufgabe eine kontinuierliche Leistungserbringung erfordert, d.h. Unternehmen fortlaufend beauftragt werden und darüber hinaus die Aufgabenerfüllung übertragen wird. In diesen Fällen kann es kostengünstiger sein, eigenes Personal vorzuhalten und eigenes Gerät anzuschafffen bzw. eigene bauliche Inverstitionen zu tätigen. Bei unterlassener Ausschreibung ist nachträglich in der Regel nicht feststellbar, ob eine Ausschreibung zu geringeren Kosten und damit zu einem wirtschaftlicheren Ergebnis geführt hätte. Die Unaufklärbarkeit geht jedoch zu Lasten des Auftraggebers und führt daher zur Unwirksamkeit der Vergabeentscheidung wegen Verstoßes gegen den Wirtschaftlichkeitsgrundsatz, sofern der Auftraggeber nicht anderweitig die Erforderlichkeit der Kosten nachweisen kann. Vgl. hierzu ausführlich OVG Schleswig-Holstein, Urteil vom 24.06.1998, Az.: 2 L 113/97.

[28] Die konkret wahrzunehmenden Aufgaben waren in einer Anlage, die auch die "Richtlinie zur Gewährung von Zuschüssen des Freistaats Thürigen und der Europäischen Union zur Förderung der Berufsvorbereitung und Fortbildung" im Rahmen des operationellen Programms des Freistaats Thürigen für den Europäischen Sozialfonds enthält, näher konkretisiert.

Gegen die Verwerfung des Antrags durch die Vergabekammer des Landes Thüringen legte die Antragstellerin sofortige Beschwerde beim Oberlandesgericht (OLG) Jena ein. Sie rügte unter anderem, daß der Beschluß der Vergabekammer Jena nicht auch von dem der Vergabekammer angehörenden ehrenamtlichen Richter unterschrieben worden und daher unwirksam sei.

Das OLG Jena wollte die Beschwerde zurückweisen, weil es den Beschluß trotz fehlender Unterschrift des ehrenamtlichen Beisitzers als wirksam erachtete. Da das OLG Düsseldorf[29] in einem früheren Verfahren aber entschieden hatte, daß die fehlende Unterschrift des ehrenamtlichen Richters zur Unwirksamkeit des Beschlusses führe, hätte dies zu unterschiedlichen Entscheidungen verschiedener OLGs geführt. Das OLG Jena war daher nach § 126 des Gesetzes gegen Wettbewerbsbeschränkungen (GWB) verpflichtet, dem BGH die Notwendigkeit der Unterschrift des ehrenamtlichen Richters zur Entscheidung vorzulegen. Der BGH gab dem OLG Jena recht.[30]

In seinem Beschluß ging der *BGH* jedoch über die Vorlagefrage hinaus.[31] Er entschied unter Hinweis auf die Entscheidung des *EuGH* in der Rs. *ARGE*[32], daß

---

[29] Beschluß des OLG Düsseldorf vom 22.01.2001, Az: Verg 24/00, NZBau 2000, S. 391 ff.

[30] Nach Auffassung des BGH ist die Unterschrift des ehrenamtlichen Beisitzers nicht für die Wirksamkeit des Beschlusses erforderlich. Denn s4 Abs. 1 Spiegelstrich 9 der Geschäftsordnung der Vergabekammern des Freistaats Thüringen vom 08.10.1999 (Thüringer Staatsanzeiger 1999, S. 2347 ff. (2348) vom 01.11.1999) schreibt lediglich die Unterschriften des Vorsitzenden und des hauptamtlichen Beisitzers, nicht aber des nebenamtlichen Beisitzers, vor und besteht keine anderweitige bundesgesetzliche Regelung. § 113 Abs. 1 S. 1 GWB schreibt nur vor, daß Entscheidungen der Vergabekammern in schriftlicher Form ergehen müssen, sagt aber ebenso wie § 61 i.V.m. § 114 Abs. 3 S. 3 GWB nichts über das Unterschriftserfordernis aus. Ein Unterschriftserfordernis kann auch nicht aus § 37 Abs. 3 des Verwaltungsverfahrensgesetzes (VwVfG) vom 25.05.1976 (BGBl I, 1976, S. 1253 vom 29.05.1976) bzw. § 37 Abs. 3 des Thüringer Verwaltungsverfahrensgesetzes (ThürVwVfG) in der Fassung der Bekanntmachung vom 27.11.1997 (GVBl 1997, S. 430 vom 08.12.1997) hergeleitet werden, wonach ein Verwaltungsakt – also die Entscheidung der Vergabekammer – die Unterschrift oder die Namenswiedergabe des Behördenleiters, seines Vertreters oder seines Beauftragten enthalten muß, da der Vorsitzende unterschrieben hat und sich aus der Tragweite eines Beschlusses der Vergabekammer nach Inhalt und Begründung nichts anderes ergibt, da sogar Strafurteile nicht der Unterschrift ehrenamtlicher Mitglieder bedürfen.

[31] Die Zulässigkeit eines solchen Vorgehens ergibt sich zum einen aus dem Wortlaut des § 124 Abs. 2 S. 2 GWB ("Der Bundesgerichtshof entscheidet anstelle des Oberlandesgerichts.") und zum anderen aus einem Umkehrschluß zu anderen Bestimmungen über die Vorlagepflichten. So enthalten die §§ 132 ff. Gerichtsverfassungsgesetz (GVG) in der Fassung der Bekanntmachung vom 09.05.1975, BGBl I 1975, S. 1077 vom 15.05.1975, Bestimmungen, wonach der Große Senat des Bundesgerichtshofs ausdrücklich nur über die vorgelegte Frage entscheiden darf (vgl. § 138 GVG). Eine solche Einschränkung fehlt im Vergaberecht. Auf deren anderen Seite ist eine Entscheidungsbefugnis des Bundesgerichtshofs dem Sinn und Zweck der Vorlagevorschrift des § 124 Abs. 2 GWB nach nicht erforderlich, da die Einheitlichkeit der Rechtsprechung auch bei Beschränkung auf die Vorlagefrage gewährleistet

in europarechtskonformer Auslegung des § 99 Abs. 1 GWB[33] die von der Rechtsprechung des *EuGH* in der Rs. *Teckal* für *Lieferleistungen* im Sinne der LKR entwickelten Kriterien der In-House-Vergabe auch auf *Dienstleistungsaufträge* anwendbar seien. Dies gelte unabhängig davon, daß Art. 6 DKR bzw. die nationale Umsetzung in § 100 Abs. 2 lit. i) GWB – anders als die in der Rs. *Teckal* streitgegenständliche LKR – eine Ausnahmevorschrift enthalte, wonach unabhänig von den Grundsätzen der In-House-Vergabe des *EuGH* die Vergabe von Dienstleistungsaufträgen an bestimmte dem öffentlichen Auftraggeber nahestehende Auftragnehmer vom Anwendungsbereich der DKR ausgenommen seien.

Der *BGH* führt hierzu aus:

> "Sie (*die Anwendung der vom EuGH entwickelten Ausnahme*[34]) verbietet sich auch nicht deshalb, weil die Richtlinie 92/50/EWG für die Vergabe von Dienstleistungsaufträgen in Art. 6 – anders als die Richtlinie 93/36/EWG für die ihr unterfallenden (*Liefer*[35]) Verträge – eine die Anwendung ausschließende Ausnahme für den Fall enthält, daß eine Dienstleistung an einen Auftragnehmer vergeben wird, der seinerseits dem Lager der öffentlichen Auftraggeber angehört, und diese Ausnahme unter anderen als den vorstehend genannten Bedingungen eingreift. Denn es ist nichts dafür ersichtlich, daß durch diese Regelung die Frage berührt wäre, welche Rechtsgeschäfte einen Vertrag i.S. von Art. 1 lit. a) der Richtlinie darstellen. Bei ihrer Beantwortung ist eine funktionelle Betrachtungsweise nötig. Daß sie auch in dem Bereich, der bei Vorliegen eines entgeltlichen Vertrags der Richtlinie 92/50/EWG unterfallen würde, dazu führen kann, daß unter den oben genannten Voraussetzungen eine Auftragsvergabe i.S. von § 99 Abs. 1 GWB zu verneinen ist, wird bestätigt durch das Urteil des *Gerichtshofs der Europäischen Gemeinschaften vom 07. Dezember 2000 (*Rs. C94/99 - *ARGE*), weil der Gerichtshof im Erwägungsgrund Nr. 40 seiner die Richtlinie 92/50/EWG betreffenden Ausführungen einen Hinweis darauf für notwendig erachtet hat, wie er die Vorlagefrage in der Rechtssache "Teckal" beantwortet hat."[36]

Im übrigen begnügte sich der *BGH* mit der Anwendung der vom *EuGH* in der Rs. *Teckal* entwickelten Kriterien auf den ihm vorliegenden Sachverhalt. Der

---

ist. Demgegenüber greift der Einwand, daß es zu einer abschließenden Entscheidung einer Sachverhaltsaufklärung bedarf, für die keine entsprechenden Verfahrensvorschriften im GWB vorgesehen sind, für den konkreten Fall nicht durch, da eine weitere Sachverhaltsaufklärung nicht erforderlich war, vgl. hierzu *Rechten*, Auch über die Vorlagefrage hinaus, FAZ vom 25.08.2001, S. 21.

[32] *EuGH* Urteil vom 07.12.2000, Rs. C-94/99 (*ARGE* Gewässerschutz/Bundesministerium für Land- und Forstwirtschaft), Slg. I 2000, S. 11037 ff., vgl. ausführlich § 1B.II, S. 25 ff.

[33] § 99 Abs. 1 GWB ist die nationale Umsetzung der Vorschriften der Koordinierungsrichtlinien, wonach Ausschreibungsvoraussetzung ein öffentlicher Auftrag ist, vgl. hierzu ausführlich § 3B.I f., S. 69 ff.

[34] Anmerkung des Verfassers

[35] Anmerkung des Verfassers

[36] *BGH*, Beschluß vom 12.06.2001, Az: X ZB 10/01, BGHZ 148, S. 55 ff. (63)

BGH bejahte im konkreten Fall die vom *EuGH* geforderte Kontrolle des Freistaats Thüringen über die *GFAW* wie über eine eigene Dienststelle. Der Freistaat Thüringen sei nicht nur alleiniger Gesellschafter der *GFAW*, sondern habe aufgrund von § 46 Nr. 5 und 6 des Gesetzes betreffend die Gesellschaften mit beschränkter Haftung (GmbHG) umfassende Einfluß- und Steuerungsmöglichkeiten. Nach § 12 des Gesellschaftsvertrags werde ein Aufsichtsrat gebildet, dessen Mitglieder mehrheitlich aus Vertretern des Antragsgegners bestehe. Dieser müsse nach § 11 des Vertrages den Geschäftsführern für einen Katalog von Geschäften seine Zustimmung erteilen.[37] Darüber hinaus sah der *BGH* es auch als gegeben an, daß die *GFAW* ihre Tätigkeit – wie vom *EuGH* in der Rs. *Teckal* gefordert – im wesentlichen für den Antragsgegner verrichte. Entsprechend dem in § 2 des Gesellschaftsvertrags bestimmten Gesellschaftszwecks – der Unterstützung des Antragsgegners bei der Verwirklichung seiner Arbeitsmarkt- und wirtschaftspolitischen Ziele, insbesondere der Wahrnehmung von Verwaltungsaufgaben bei der Vergabe von Zuwendungen – werde die *GFAW* ausschließlich für den Freistaat Thüringen tätig und trete nicht für Dritte am Markt auf.

C. Der Begriff der In-House-Vergabe

Wie die von der Rechtsprechung zur In-House-Vergabe entschiedenen Fälle zeigen, geht es bei den für die In-House-Vergabe relevanten Sachverhalten um die Frage, inwieweit die Beauftragung von Gesellschaften, an denen der öffentliche Auftraggeber beteiligt ist, in den Anwendungsbereich der die Vergabe öffentlicher Bau-, Liefer- und Dienstleistungsaufträge regelnden Richtlinien (sog. Koordinierungsrichtlinien) fällt und damit ausschreibungspflichtig ist. Insoweit die Beauftragung von gesellschaftsrechtlich mit dem öffentlichen Auftraggeber verbundenen Unternehmen nicht in den Anwendungsbereich der Koordinierungsrichtlinien fällt und damit ausschreibungsfrei erfolgen kann, spricht man von der sog. In-House-Vergabe.

Der Begriff der In-House-Vergabe ist gesetzlich nicht definiert. Ganz allgemein beschreibt der Begriff "In-House" einen Geschäftsablauf innerhalb eines Unternehmens, einer Unternehmensgruppe oder innerhalb einer Organisation.[38]

---

[37] *BGH*, Beschluß vom 12.06.2001, Az: X ZB 10/01, BGHZ 148, S. 55 ff. (64 f.)

[38] Websters (Online) Dictionary beschreibt "In-house" als "carried on within a group or organization or its facilities". Bilanzrechtlich ist dieser Begriff an denjenigen der "innerbetrieblichen Leistungen" angelehnt, der Leistungen beschreibt, die in einem Unternehmen von einer Kostenstelle erbracht und einer anderen Kostenstelle bereitgestellt werden, *Schulte*, Lexikon des Controlling, 1996

Im Zusammenhang mit der Auftragsvergabe an mit dem öffentlichen Auftraggeber verbundene Unternehmen wird der Begriff der In-House-Vergabe zum Teil in einem engen Sinn verstanden. Danach erfaßt die In-House-Vergabe nur solche Fallgestaltungen, in denen der Leistungserbringer *keine eigene Rechtspersönlichkeit* besitzt, sondern der gleichen Rechtspersönlichkeit angehört wie der öffentliche Auftraggeber[39], wie dies z.B. bei kommunalen Eigenbetrieben der Fall ist. Die vorstehend beschriebenen Fälle aus der Rechtsprechung betreffen jedoch sämtlich den Leistungsbezug von Stellen *mit eigener Rechtspersönlichkeit*, nämlich von Eigengesellschaften oder gemischt-öffentlichen Unternehmen. Nach dem engen Begriffsverständnis wären diese Fallgestaltungen daher nicht als Fälle der In-House-Vergabe zu qualifizieren.

Demgegenüber verwendet der überwiegende Teil der Literatur[40] den Begriff der In-House-Vergabe in einem weiten Sinne. Danach beschreibt der Begriff der In-House-Vergabe zum einen die Leistungserbringung von Stellen *ohne* sich vom öffentlichen Auftraggeber formell unterscheidender Rechtspersönlichkeit und

---

[39] Schlußanträge des Generalanwalts *Siegbert Alber* vom 18.03.1999, Rs. C-108/98 (RI.San. Srl/Commune di Ischia u.a.), Slg. I 1999, S. 5221 ff. (Tz. 50); *Arrowsmith*, The Law of Public and Utilities Procurement, 1996, S. 118 f.; Schlußanträge des Generalanwalts *Geroges Cosmas* vom 01.07.1999 in der Rs. C-107/98 (Teckal Srl/Gemeinde Viano), Slg. I 1999, S. 8123 ff. (Tz. 54 und FN 34); *Dreher*, in: *Immenga/Mestmäcker* Gesetz gegen Wettbewerbsbeschränkungen, Kommentar, 3. Aufl. 2001, § 99, Rdnr. 18; *Flamme/Flamme*, Les Marchés publics de services et la coordination de leurs procédures de passation, Revue du Marche Commun et de L'Union Européenne, 1993, Nr. 365, S. 150 ff. (Tz. 15 und 16); *Opitz*, Kontraktive Privatisierung und Kartellvergaberecht, ZVgR 2000, S. 97 ff. (105)

[40] Vgl. Boesen, Vergaberecht, 1. Aufl. 2000, § 100, Rdnr. 86; *Deutscher Städte- und Gemeindebund*, Gespräch der kommunalen Spitzenverbände mit Vertretern der EG-Kommission zum Thema In-House-Geschäfte, DStGB Aktuell 1400-18 vom 17.04.2000, S. 29 ff. (29); *Eschenbruch*, in: *Niebuhr/Kulartz/Kus/Portz*, Kommentar zum Vergabrecht, § 99, Rdnr. 50, 53; *Faber*, Öffentliche Aufträge an kommunalbeherrschte Unternehmen - in-house-Geschäfte oder Vergabe im Wettbewerb, DVBl 2001, S. 248 ff. (250); *Gröning*, Public Private Partnerships unter den Zwängen des Vergabe-, Gemeindewirtschafts- und Wettbewerbsrechts, ZIP 2001, S. 497 ff. (501); *Jaeger*, Public Private Partnership und Vergaberecht, NZBau 2001, S. 6 ff. (8); *Jasper*, Behörden Spiegel-Beschaffung Spezial Mai 2000, S. B III; *Möschel*, Privatisierung und öffentliches Vergaberecht ,WuW 1997, S. 120 ff. (124), der von "einer Art In-house Geschäft" spricht; *Müller-Wrede*, in: *Müller-Wrede* (Hrsg.), Verdingungsordnung für freiberufliche Leistungen (VOF), Einl. Rdnr. 38 ff.; *Portz*, Anwendung des Vergaberechts bei der Privatisierung kommunaler Aufgaben, BWGZ 2000, S. 191 ff. (196); *Voppel*, in: *Voppel/Osenbrück/Bubert*, VOF Verdingungsordnung für freiberufliche Leistungen, § 2, Rdnr. 24 ff.; Schlußanträge des Generalanwalts *Siegbert Alber* vom 18.03.1999, Rs. C-108/98 (RI.San. Srl/Commune di Ischia u.a.), Slg. I 1999, S. 5221 ff. (Tz. 52); Schlußanträge des Generalanwalts *Philippe Léger* vom 15.06.2000, Rs. C-94/99 (*ARGE* Gewässerschutz/Bundesministerium für Land- und Forstwirtschaft), Slg. I 2000, S. 11039 ff. (Tz. 50), der von der Leistungen spricht, "die eine Behrde durch ihre eigenen Dienststellen oder von ihr zwar organisatorisch unterschiedene, aber abhängige Dienststellen erbringt", wodurch nicht ganz klar ist, ob letzteres als von der Behörde zu unterscheidene Rechtspersönlichkeit zu verstehen ist.

zum anderen auch die Leistungserbringung durch Stellen *mit* sich vom Auftraggeber unterscheidender *eigener Rechtspersönlichkeit*. Der Begriff der In-House-Vergabe steht danach für

> "die Leistungserbringung innerhalb eines öffentlichen Auftraggebers oder außerhalb eines öffentlichen Auftraggebers durch eng mit ihm verbundene Körperschaften, wenn diese aber vergaberechtlich wie die Leistungserbringung innerhalb eines öffentlichen Auftraggebers zu behandeln ist." [41]

Nach diesem weiten Begriffsverständnis stellt nicht nur die Leistungserbringung durch Eigenbetriebe, sondern z.B. auch die Leistungserbringung durch Eigengesellschaften ausschreibungsfreie In-House-Geschäfte dar.

Für ein enges Begriffsverständnis spricht neben dem allgemeinen Sprachgebrauch auch der Wortlaut des Art. 43 S. 2 DKR sowie dessen Gesetzgebungshistorie. So beschreibt das Oxford English Dictionary *In-House* als

> "of or pertaining to the internal affairs of a business or institution, etc. as distinguished from its relations with groups or persons external to itself."[42]

Die Abgrenzung zwischen "internen" Beziehungen und Beziehungen zu "externen" Personen legt eine Abgrenzung danach nahe, ob die leistungserbringende Stelle eine *andere* Rechtsperson darstellt. Die deutsche Übersetzung des in Art. 43 S. 2 DKR der englischen Fassung der DKR[43] verwendeten Begriffs der "In-House performance" mit "Eigenleistung" spricht ebenfalls für ein enges Begriffsverständnis. Zudem entspricht ein enges Verständnis auch dem historischen Willen des Gesetzgebers, wonach Art. 43 S. 2 DKR die Leistungserbringung von mit dem Auftraggeber rechtspersonenidentischen Stellen regeln sollte.[44] Darüber hinaus wird für das enge Verständnis der In-House-Vergabe vorgebracht, daß es im Gegensatz zur Beschaffung von einer sich formal vom öffentlichen Auftraggeber unterscheidenden Rechtsperson bei der Auftragsvergabe zu keinerlei Außenwirkung komme.[45]

---

[41] *Faber*, Öffentliche Aufträge an kommunalbeherrschte Unternehmen - in-house-Geschäfte oder Vergabe im Wettbewerb, DVBl 2001, S. 248 ff. (250)

[42] The Oxford English Dictionary, Second Edition, Band VII, 1989

[43] Art. 43 S. 2 DKR: "It (*the Commission* – Anmerkung des Verfassers) shall evaluate, in particular, the prospects for the full application of the Directive to procurement of the other services listed in Annex I B, and the effects of *in-house* (Hervorhebung des Verfassers) performance of services on the effective opening-up of porcurement in thes area."

[44] Begründungserwägung Nr. 76 und 78 des Vorschlags für eine Richtlinie des Rates über die Koordinierung der Verfahren zur Vergabe öffentlicher Dienstleistungsaufträge, KOM (90) 372; Ratsdokument 10958/90, abgedruckt als BR-Drucksache, 13/91 vom 10.01.1991, vgl. zum Wortlaut Text zu FN 244 und FN 249

[45] *Dreher*, in: *Immenga/Mestmäcker* Gesetz gegen Wettbewerbsbeschränkungen, Kommentar, 3. Aufl. 2001, § 99, Rdnr. 18

Allein das Vorliegen von formeller Rechtspersonenverschiedenheit zwischen öffentlichem Auftraggeber und Auftragnehmer sagt jedoch nichts über die Außenwirkung der Leistungsbeziehungen aus. Diese hängen vielmehr von der Art der Betätigung der leistungserbringenden Stelle ab, nicht aber von deren Rechtsform. Auch sagt der für die Übersetzung gewählte Begriff der Eigenleistung nichts darüber aus, nach welchen Kriterien diese von der Fremdbeschaffung am Markt abzugrenzen ist und ob diese allein die Leistungserbringung durch mit dem öffentlichen Auftraggeber rechtspersonenidentische Stellen erfaßt. Auch der mit Art. 43 S. 2 DKR verfolgte Zweck würde es ohne weiteres erlauben, neben den rechtspersonenidentischen Eigenleistungen auch die Leistungsbeschaffung von rechtspersonenverschiedenen Stellen einzubeziehen. Sinn und Zweck des Art. 43 S. 2 DKR ist es, die Auswirkungen *ausschreibungsfreier* Eigenleistungen auf den mit der DKR verfolgten Zweck der Öffnung der nationalen Beschaffungsmärkte zu untersuchen. Art. 43 S. 2 DKR stellt jedoch nicht auf die Form dieser Eigenleistung ab. Daher wäre auch die Leistungsbeschaffung von Stellen mit eigener Rechtspersönlichkeit erfaßt, sofern diese als Eigenleistung zu qualifizieren ist und ausschreibungsfrei erfolgen kann. Vor allem aber ermöglicht ein weites Begriffsverständnis eine phänomenologische rechtsformunabhängige Umschreibung[46] der In-House-Vergabe in allen ihren Erscheinungsformen.]

Zum Zwecke einer klaren Begriffsbildung und zum besseren Verständnis wird nachfolgend zwischen der *In-House-Vergabe im engeren Sinne*, d.h. der Leistungserbringung durch Stellen *ohne* eigene Rechtspersönlichkeit, und der *In-House-Vergabe im weiteren Sinne*, d.h. der Leistungserbringung durch Stellen *mit* eigener Rechtspersönlichkeit, deren Behandlung in Literatur und Rechtsprechung umstritten ist, unterschieden.

46 *Faber*, Öffentliche Aufträge an kommunalbeherrschte Unternehmen - in-house-Geschäfte oder Vergabe im Wettbewerb, DVBl 2001, S. 248 ff. (249, FN 5)

D. Offene Fragen der In-House-Vergabe

Die knappen Ausführungen des *EuGH* in der Rs. *Teckal*[47] bzw. in der Rs. *ARGE*[48] zu den Kriterien der In-House-Vergabe im weiteren Sinne und die fehlende dogmatische Begründung für die so geschaffene Ausnahme vom Anwendungsbereich der LKR haben im Zusammenhang mit der Beauftragung von Gesellschaften, an denen der öffentliche Auftraggeber selbst beteiligt ist, mehr Fragen aufgeworfen als beantwortet.

In der Literatur ist insbesondere die Auslegung der vom *EuGH* in der Rs. *Teckal* aufgestellten Kriterien der In-House-Vergabe im weiteren Sinne umstritten.

Hinsichtlich des Erfordernisses der *Kontrolle wie über eine eigene Dienststelle* sind insbeonsdere folgende Fragen offen geblieben:

- Wie muß die Beteiligung des bzw. der öffentlichen Auftraggeber an der beauftragten Gesellschaft ausgestaltet sein, um einer *Kontrolle wie über eine eigene Dienststelle* zu entsprechen?
- Reicht eine Kontrolle, die derjenigen des öffentlichen Auftraggebers über eine seiner Dienststellen *vergleichbar* ist?
- Ist eine *Kontrolle wie über eine eigene Dienststelle* nur bei einer 100%igen Anteilsinhaberschaft anzunehmen oder ist auch eine geringere Beteiligung hierfür ausreichend? Wenn ja, ist hierfür eine Mehrheitsgesellschafterstellung erforderlich und wie muß diese inhaltlich ausgestaltet sein?
- Wie wirken sich Absprachen oder Verträge zwischen den Gesellschaftern aus?
- Ist die Ausgestaltung der Beteiligung anders zu beurteilen, je nachdem ob die übrigen Gesellschafter ebenfalls öffentliche Auftraggeber oder Private sind?

Aber auch das zweite vom *EuGH* genannte Kriterium der Tätigkeit *im wesentlichen für den Auftraggeber* ist umstritten. Insbesondere werden folgende Fragen diskutiert:

- Was ist der Sinn und Zweck dieses Kriteriums?

---

[47] *EuGH* Urteil vom 18.11.1999, Rs. C-107/98, (Teckal Srl/Gemeinde Viano, u.a.), Slg. I 1999, S. 8139 ff.

[48] *EuGH* Urteil vom 07.12.2000, Rs. C-94/99 (*ARGE* Gewässerschutz/Bundesministerium für Land- und Forstwirtschaft), Slg. I 2000, S. 11037 ff.

- Ist es überhaupt erforderlich?
- Was ist eine Tätigkeit im wesentlichen?
- Ist mit Tätigkeit die Leistungserbringung für den öffentlichen Auftraggeber oder die Übernahme der diesem obliegenden Aufgabenerfüllung gemeint?
- Ist es erforderlich für das Tätigkeitsspektrum formale Anknüpfungspunkte im Gesellschaftsvertrag zu fordern?
- Kann eine Tätigkeit auch für mehrere öffentliche Auftraggeber ausgeübt werden, ohne ihre Eigenschaft als Tätigkeit im wesentlichen für den öffentlichen Auftraggeber zu verlieren?

Der Grund für diese Auslegungsschwierigkeiten liegt in der bisher wenig beleuchteten materiell-rechtlichen Legitimation der vom *EuGH* mit der Rechtsprechung zur In-House-Vergabe im weiteren Sinne geschaffenen Ausnahme vom Anwendungsbereich der LKR und ihrer – ebenfalls wenig beleuchteten – dogmatischen Herleitung.

In diesem Zusammenhang ist bisher der eigentlichen Ursache der In-House Problematik, der Kompetenzverteilung zwischen den Mitgliedstaaten und der Europäischen Gemeinschaft zu wenig Beachtung geschenkt worden.

Darüber hinaus ist das Verhältnis der In-House-Vergabe im weiteren Sinne zu den in den Koordinierungsrichtlinien niedergelegten Ausnahmevorschriften, insbesondere zu Art. 6 DKR[49] und Art. 13 SKR, ungeklärt, da sich deren Anwendungsbereich in Teilbereichen mit der von der Rechtsprechung begründeten Ausnahme zur In-House-Vergabe überschneidet.

Schließlich stellt sich die Frage, in welchem Verhältnis die In-House-Vergabe im weiteren Sinne zur In-House-Vergabe im engeren Sinne steht. Insoweit ist zu fragen, ob die vom *EuGH* entwickelten Kriterien auch auf die Leistungserbringung von Stellen anwendbar sind, die mit dem öffentlichen Auftraggeber rechtspersonenidentisch sind bzw. wie es zu beurteilen ist, wenn Stellen mit Personenidentität nicht mehr "*im wesentlichen für den öffentlichen Auftraggeber*" tätig sind, sondern auch an Dritte leisten.

[49] Vgl. auch den wortlautidentischen Art. 11 SKR

E. Anliegen der Arbeit und Erläuterung der Vorgehensweise

Das Anliegen der Arbeit besteht daher darin, Antworten auf diese Fragen zu geben, d.h. die materiell-rechtliche Legitimation der In-House-Vergabe im weiteren Sinne heraus zu arbeiten, eine dogmatische Erklärung für die In-House-Vergabe im weiteren Sinne zu geben und auf dieser Grundlage europarechtliche Kriterien für die Reichweite der In-House-Vergabe im weiteren Sinne zu entwickeln. Insoweit ist vor allem das Verhältnis der In-House-Vergabe im weiteren Sinne zu den Ausnahmevorschriften der Koordinierungsrichtlinien in Art. 6 DKR bzw. Art. 13 SKR zu berücksichtigen.

Die Problematik der In-House-Vergabe ist letztlich die Konsequenz aus der differenzierten Anwendbarkeit der Koordinierungsrichtlinien auf die verschiedenen Organisationsformen mitgliedstaatlicher Bedarfsdeckung. Der Leistungsbezug von Organisationsformen mit eigener Rechtspersönlichkeit unterfällt grundsätzlich dem Anwendungsbereich der Koordinierungsrichtlinien und ist daher grundsätzlich ausschreibungspflichtig. Demgegenüber unterliegt die Bedarfsdeckung durch Stellen ohne eigene Rechtspersönlichkeit (In-House-Vergabe im engeren Sinne) grundsätzlich nicht dem Anwendungsbereich der Koordinierungsrichtlinien und ist ausschreibungsfrei. Es stellt sich daher die Frage, ob und unter welchen Umständen die Bedarfsdeckung durch Stellen mit eigener Rechtspersönlichkeit ebenfalls als ausschreibungsfrei zu beurteilen ist (In-House-Vergabe im weiteren Sinne). Vor diesem Hintergrund sind daher zunächst die Grundformen der mitgliedstaatlichen Bedarfsdeckung darzustellen (§ 2), bevor deren Behandlung durch die Koordinierungsrichtlinien analysiert wird.

In § 3 wird die Behandlung der In-House-Vergabe (im engeren und im weiteren Sinne) durch die Koordinierungsrichtlinien analysiert. In diesem Zusammenhang wird der Hintergrund für die Aufteilung der Regelungskompetenz zwischen der Europäischen Gemeinschaft und den Mitgliedstaaten hinsichtlich der Bedarfsdeckung erörtert. Diese ist für die Auslegung des Auftragsbegriffs von Bedeutung. Schließlich wird der Anwendungsbereich der für die Fälle der In-House-Vergabe im weiteren Sinne relevanten Ausnahmevorschriften der Koordinierungsrichtlinien, der Artt. 6 DKR bzw. 13 SKR, analysiert, um das mögliche Anwendungsgebiet der In-House-Vergabe im weiteren Sinne aufzuzeigen.

In § 4 werden die in der Literatur diskutierten Lösungsansätze der In-House-Vergabe im weiteren Sinne untersucht. Während zum Teil die In-House-Vergabe im weiteren Sinne aufgrund einer formalen Betrachtungsweise abgelehnt wird, sieht die überwiegende Literatur und die Rechtsprechung diese auf der Grundlage des sog. funktionalen Auftragsbegriffs als zulässig an. Insoweit die In-House-Vergabe im weiteren Sinne als zulässig erachtet werden sollte, sind daher die von der Literatur und der Rechtsprechung angebotenen dogmatischen Begründungen und Kriterien für die In-House-Vergabe im weiteren Sinne zu untersuchen.

§ 5 der Arbeit dient dazu, die in den §§ 3 bis 5 gefundenen Ergebnisse zu verwerten und hieraus die Schlußfolgerungen für die dogmatische Herleitung und die Kriterien der In-House-Vergabe im weiteren Sinne zu ziehen. Es soll dargelegt werden, daß sich – entgegen der herrschenden Meinung – die In-House-Vergabe im weiteren Sinne rechtstechnisch durch eine teleologische Reduktion des Auftragsbegriffs begründen läßt. Vor dem Hintergrund des Sinn und Zwecks der Koordinierungsrichtlinien und unter Berücksichtigung der Reichweite der Ausnahmevorschriften der Koordinierungsrichtlinien (§ 3) sollen die maßgeblichen Kriterien der In-House-Vergabe im weiteren Sinne herausgearbeitet, konkretisiert (§ 6) und auf ihre Vereinbarkeit mit der Systematik der Richtlinien überprüft werden (§ 7) werden.

§ 2
Funktion und Organisation der Bedarfsdeckung im Kontext staatlicher Wirtschaftstätigkeit

Da die In-House-Vergabe im weiteren Sinne sich als Problem der Bedarfsdeckungstätigkeit der Mitgliedstaaten darstellt, sollen zunächst die Grundformen der mitgliedstaatlichen Bedarfsdeckung erläutert und die Bedarfsdeckung in den Kontext staatlicher Wirtschaftstätigkeit eingeordnet werden.

A. Mitgliedstaatliche Wirtschaftstätigkeit und mitgliedstaatliche Bedarfsdeckung

In den Mitgliedstaaten der Europäischen Gemeinschaft ist – bei allen Unterschieden im einzelnen – die Marktwirtschaft als Grundprinzip der Wirtschaftsordnung anerkannt. Gemäß Art. 4 Abs. 1 und Abs. 2 EG sowie Art. 98 Abs. 2 EG sind die Mitgliedstaaten und die Gemeinschaft dem Grundsatz einer *offenen Marktwirtschaft mit freiem Wettbewerb* verpflichtet.

Unter einer Marktwirtschaft versteht man ein

> "Wirtschaftssystem, bei dem die Pläne und Dispositionen der einzelnen Wirtschaftssubjekte auf der Grundlage einer freien Preisbildung koordiniert werden."[50]

Grundbaustein der Marktwirtschaft sind private Unternehmen und Haushalte, die in freier Entscheidung ihre Ziele verfolgen.[51] Der Staat ist für die Festlegung der Rahmenbedingungen verantwortlich, die das Funktionieren der Marktwirtschaft sicher stellen sollen. Dazu gehören die konstituierenden und regulierenden Prinzipien, die zur Herstellung und Erhaltung der Wettbewerbsordnung erforderlich sind.[52]

In den deutlichsten Gegensatz zum marktwirtschaftlichen Prinzip geraten Staaten, wenn sie die unternehmerische Betätigung nicht privaten Wirtschaftsteil-

---

[50] *Geigant/Sobotka/Westphal*, Lexikon der Volkswirtschaft, 7. Aufl. 2000, Stichwort: "Marktwirtschaft"

[51] *Eucken*, Grundsätze der Wirtschaftspolitik, S. 274 ff.; *Heinemann*, Grenzen staatlicher Monopole im EG-Vertrag, 1996, S. 1

[52] In einer Marktwirtschaft, die um die Idee der sozialen Gerechtigkeit ergänzt und zur sozialen Marktwirtschaft ausgebaut ist, wird der Staat ferner im Rahmen einer umfassenden Sozialpolitik tätig. Außerdem stellt der Staat öffentliche Güter zur Verfügung. Im Rahmen der Globalsteuerung trägt der Staat durch seine Wirtschafts- und Finanzpolitik zur Stabilität des Preisniveaus, zu einem hohen Beschäftigungsgrad und zu außenwirtschaftlichem Gleichgewicht bei stetigem und angemessenem Wirtschaftswachstum bei, vgl. *Bleckmann*, Grundzüge des Wirtschaftsverfassungsrechts der Bundesrepublik Deutschland, JuS 1991, S. 536 (539 ff).

nehmern überlassen, sondern selbst unternehmerisch tätig werden. Das ist der Fall, wenn sie eine Tätigkeit ausüben, die auf die Teilnahme am Wirtschaftsverkehr und damit auf den Austausch von Wirtschaftsgütern am Markt gerichtet ist. Sie beschränken sich dann nicht mehr auf die Bestimmung des Rahmens, der durch die Wirtschaftsteilnehmer einzuhalten ist, sondern nehmen selber als Akteure innerhalb des selbst gesteckten Rahmens teil. Phänomenologisch läßt sich die wirtschaftliche Betätigung des Staates am Markt in die erwerbswirtschaftliche Betätigung des Staates als *Anbieter* von Wirtschaftsgütern und das Auftreten des Staates als *Nachfrager* von Wirtschaftsgütern unterteilen.[53] So sind auch die Mitgliedstaaten der Europäischen Union in beträchtlichem Umfang an der Güterproduktion und der rechtsgeschäftlichen Nachfrage von Gütern am Markt beteiligt. Aufgrund der in Art. 86 Abs. 1 EG zum Ausdruck kommenden Neutralität des EG-Vertrags[54] hinsichtlich der wirtschaftlichen Betätigung der Mitgliedstaaten ist dies auch mit dem EG-Vertrag vereinbar.

Die Nachfrage von Gütern am Markt dient der Bedarfsdeckung des Staates, da der Staat unter den ökonomischen Bedingungen der Geldwirtschaft zur Befriedigung individueller oder kollektiver Bedürfnisse sowohl finanzielle Mittel wie auch Sachgüter und Dienstleistungen benötigt. Der Staat deckt damit denjenigen Bedarf an Wirtschaftsgütern, der ihm daraus entsteht, daß er Aufgaben, die er wahrzunehmen verpflichtet ist, entweder selbst erfüllt oder von Dritten erfüllen läßt.[55]

B. Die Funktion staatlicher Bedarfsdeckung

Funktional betrachtet ist die Bedarfsdeckung des Staates entweder darauf gerichtet, Primäraufgaben der Verwaltung durch Erbringung von Sach- und Dienstleistungen wahrzunehmen oder die Funktionsfähigkeit der Verwaltung selbst aufrecht zu erhalten.[56]

Die Bedarfsdeckung zur Erfüllung von Primäraufgaben ist eine abhängige, akzessorische Sachtätigkeit, d.h. eine dem jeweiligen, durch eine bestimmte Sachaufgabe der Verwaltung definierten Wirkbereich zuzurechnende Aktionsform.[57]

---

[53] Vgl. zur Einteilung der wirtschaftlichen Betätigung *Fikentscher*, Wirtschaftsrecht Bd. I, S. 521 ff.

[54] *Wolff/Bachof/Stober*, Verwaltungsrecht Bd. I, 11. Aufl. 1999, § 23 Rdnr. 4

[55] *Wallerath*, Öffentliche Bedarfsdeckung und Verfassungsrecht, 1987, S. 24

[56] *Kunert*, Staatliche Bedarfsdeckungsgeschäfte und Öffentliches Recht, S. 94

[57] *Wallerath*, Öffentliche Bedarfsdeckung und Verfassungsrecht, 1987, S. 185

Sie ist daher stets mit dem Zweck der Primäraufgabe verbunden und leitet sich aus diesem ab[58] und daher *exogen* induziert[59].

Die Bedarfsdeckung ist andererseits aber auch eigene Organisationstätigkeit des Staates, da sie zum Zwecke der Auftrechterhaltung der Verwaltung notwendig ist[60], wie z.B. die Wartung technischer Anlagen, die Unterhaltung von Gebäuden oder die Wahrnehmung von sozialen Aufgaben gegenüber Mitarbeitern, wie etwa durch die Errichtung von Kantinen. Diese Art der Bedarfsdeckung ergibt sich aus der Existenz der Verwaltung selbst, da der Staat nur als organisiertes Gemeinwesen Bestand haben kann,[61] und ist daher *endogen* induziert[62].

C. Organisationsformen staatlicher Bedarfsdeckung in der Bundesrepublik Deutschland

Betrachtet man die verschiedenen Organisationsformen der staatlichen Bedarfsdeckung, ist zwischen der ***staatlichen Eigenproduktion*** einerseits und der ***rechtsgeschäftlichen Nachfrage von Wirtschaftsgütern am Markt*** andererseits zu unterscheiden.[63]

---

[58] *Wallerath*, Öffentliche Bedarfsdeckung und Verfassungsrecht, 1987, S. 128 ff. (insb. S. 130)

[59] Vgl. zu dieser aus der Betriebswirtschaftslehre stammenden Unterscheidung *Wallerath*, Öffentliche Bedarfsdeckung und Verfassungsrecht, 1987, S. 128 ff. (insb. S. 130), die den Differenzierungen im Rahmen der Bedarfsdeckung wohl zugrundeliegt, vgl. z.B. *Dörr*, Das deutsche Vergaberecht unter dem Einfluß von Art. 19 Abs. 4 GG, DÖV 2002, S. 1014 ff. (1016).

[60] *Wallerath*, Öffentliche Bedarfsdeckung und Verfassungsrecht, 1987, S. 185

[61] *Wallerath*, Öffentliche Bedarfsdeckung und Verfassungsrecht, 1987, S. 185

[62] *Wallerath*, Öffentliche Bedarfsdeckung und Verfassungsrecht, 1987, S. 128 ff. (130)

[63] Vgl. zu den Formen der öffentlichen Bedarfsdeckung *Wallerath*, Öffentliche Bedarfsdeckung und Verfassungsrecht, 1987, S. 63 ff., der neben der rechtsgeschäftlichen Teilnahme am Beschaffungsmarkt und der staatlichen Eigenleistung noch die zwischen diesen Extremformen angesiedelten Formen der kooperativen öffentlich-rechtlichen Bedarfsdeckung und der Bedarfsdeckung unter Einsatz hoheitlicher Mittel unterscheidet.

Bei der kooperativen öffentlich-rechtlichen Bedarfsdeckung greift der Staat angefangen von der tatsächlichen Beeinflussung privaten Verhaltens durch Anreize, Empfehlungen, Warnungen, Drohungen bis hin zur rechtsgeschäftlich begründeten Pflicht zur gemeinschaftlichen Wahrnehmung staatlicher Aufgaben, die zu einer Auslagerung des Aufgabenvollzugs aus dem Vewaltungsbereich führt, über die sich der Staat Aufsichts- und Kontrollbefugnisse vorbehält, auf die Gestaltungsfreiheit der Entschließungsfreiheit ein. Insoweit verschwimmen die Grenzen zwischen Bedarfsdeckung und Aufgabenerfüllung. Diese Grenze wird jedenfalls dann überschritten, wenn die Kooperation des Staates mit dem Privaten zur Ersetzung eigener staatlicher durch private Aufgabenerfüllung im Sinne einer materiellen Privatisierung führt. Im Rahmen der kooperativen Bedarfsdeckung hat es der Staat – andes als private Wirtschaftsteilnehmer – in der Hand, die öffentliche Bedarfsdeckung verschieden auszugestalten: durch die

I. Die Bedarfsdeckung im Wege staatlicher Eigenleistung – öffentlich-rechtliche und privatrechtliche Organisationsformen

1. Die Bedarfsdeckung im Wege der staatlichen Eigenleistung

Die Bedarfsdeckung im Wege staatlicher Eigenleistung zeichnet sich dadurch aus, daß der Staat seinen Bedarf an bestimmten Wirtschaftsgütern nicht oder nicht ausschließlich durch die Nachfrage dieser Wirtschaftsgüter am Markt, sondern durch ihm zuzurechnende "eigene" Stellen befriedigt. Dies betrifft in erster Linie staatsspezifische Leistungen, d.h. solche Leistungen, die aufgrund ihres hoheitlichen Charakters regelmäßig nur vom Staat selbst erbracht werden dürfen. Im übrigen geht die Verpflichtung des Staates lediglich dahin, gemeinschaftswichtige Leistungen zuverlässig und zu bestimmten Bedingungen zur Verfügung zu stellen, ohne daß damit die Erbringung von Dienstleistungen oder Sachleistungen in eigener Regie vorausgesetzt oder vorgeschrieben wäre.[64] Vielmehr gebietet die wirtschaftspolitische Entscheidung zugunsten einer marktwirtschaftlichen Konzeption, daß der Staat weniger als konkurrierender Produzent, denn als kooperierender Auftraggeber seinen Bedarf befriedigt.[65] Da sich die staatliche Eigenleistung oftmals auf den Einsatz des Personals sowie die Sicherstellung der erforderlichen Aufbau- und Ablauforganisation beschränkt, während die Produktionsfaktoren durch rechtsgeschäftliche Teilnahme am Markt oder in sonstiger Weise von dritter Seite beschafft werden, kommen

---

Begründung einer Bürgerpflicht (z.B. die Wegereinigungspflichten der Anlieger), durch die unmittelbare Aufgabenausführung durch eigene Organe unter dem Vorbehalt vertraglich abgesicherten staatsersetzenden privaten Handelns (z.B. durch Übertragung der Abfallbeseitigungspflicht auf Private nach § 16 Abs. 2 des Gesetzes zur Förderung der Kreislaufwirtschaft und Sicherung der umweltverträglichen Beseitigung von Abfällen (Kreislaufwirtschafts- und Abfallgesetz – KrW-/AbfG) vom 27.09.1994, BGBl I 1994, S. 2705 vom 06.10.1994) oder indem er Private an der Erfüllung von Verwaltungsaufgaben beteiligt, indem diese staatliche Aufgaben selbständig wahrnehmen oder technisch-instrumental als Erfüllungsgehilfe (z.B. nach § 16 Abs. 1 KrW-/AbfG) in die Aufgabenwahrnehmung eingebunden sind, vgl. *Schink* in: *Jarass/Ruchay/Weidemann*, Kreislaufwirtschafts- und Abfallgesetz, Stand: 01.09.2001, § 16, Rdnr. 9 ff.

Die Bedarfsdeckung unter Einsatz hoheitlicher Mittel zeichnet sich durch ein Geflecht von Bereitstellungs- und Bevorratungspflichten sowie von Anbietungs-, Liefer- und Abgabepflichten aufgrund von Gesetzen (z.B. der presserechtlichen Pflicht zur Ablieferung von Druckwerken gemäß Art. 1 des Bayerischen Gesetzes über die Ablieferung von Pflichtstücken (Pflichtstückgesetz-PflStG) vom 06.08.1986, GVBl 1986, S. 216 ff. vom 14.08.1986) sowie aufgrund von Rechtsverordnungen, insbesondere im Rahmen der Sicherstellungsgesetze, oder auch durch Einzelmaßnahmen des Staates aus.

[64] *Wallerath*, Öffentliche Bedarfsdeckung und Verfassungsrecht, 1987, S. 114

[65] *Wallerath*, Öffentliche Bedarfsdeckung und Verfassungsrecht, 1987, S. 114

Mischformen zwischen staatlicher Eigenleistung und dem Einsatz fremder Mittel häufig vor.[66]

Bedeutsam ist die Eigenerzeugung in den Bereichen der internen Leistungserstellung zur Aufrechterhaltung der Funktionsfähigkeit der Verwaltung sowie der kommunalen Daseinsvorsorge. Letztere betrifft vor allem die Straßenreinigung, Abfall- und Abwasserbeseitigung, Verkehrsbetriebe, Wasser-, Energie- und Wärmeversorgung, kulturelle Einrichtungen, Sozialdienste, Sport- und Gesundheitswesen, Wartung von technischen Anlagen und Fuhrparks, Vermessungsarbeiten, Datenverarbeitung, Unterhaltung von Straßen durch Bauhöfe, Wachdienste, Kantinenbewirtschaftung sowie Druck- und Vervielfältigungsarbeiten.[67]

Die Eigenproduktion bietet den Vorteil einer schnelleren und/oder effektiveren Bedarfsdeckung. Sie ermöglicht zudem eine bessere Kontrolle von Kalkulation und Preisgestaltung der Lieferanten oder vermittelt eine von diesen unabhängigere Stellung. Oft findet sie sich in Bereichen, in denen es an einem Wettbewerbsanreiz für Private fehlt. Daneben ist sie vor allem auch durch arbeitsmarktpolitische oder Geheimnisschutzgesichtspunkte motiviert.[68]

Je nach Motivationslage und den für die Bedarfsdeckung notwendigen Anforderungen sind die mit der Eigenbedarfsdeckung befaßten Stellen gegenüber dem allgemeinen Verwaltungsapparat organisatorisch und wirtschaftlich mehr oder weniger verselbständigt.[69] Zwar handelt der Staat grundsätzlich eigenhändig, d.h. durch Personen, die in der Staatsorganisation stehen und staatlich geleitet und kontrolliert werden (unmittelbarer Verwaltung).[70] Da jedoch weder das Gemeinschafts[71]- noch das bundesdeutsche Verfassungs- und Verwaltungsrecht einen numerus clausus der Handlungs- und Organisationsformen enthält, sondern den Gebietskörperschaften eine Handlungsformfreiheit und ein Organisationsermessen einräumt[72], verbleibt dem jeweiligen Inhaber der Organisationsgewalt im Rahmen der gemeinschaftsrechtlichen, verfassungsrechtlichen und einfachgesetzlichen Vorgaben[73], ein Entscheidungsspielraum hinsichtlich der orga-

---

[66] *Wallerath*, Öffentliche Bedarfsdeckung und Verfassungsrecht, 1987, S. 116

[67] *Wallerath*, Öffentliche Bedarfsdeckung und Verfassungsrecht, 1987, S. 118 und 119

[68] *Wallerath*, Öffentliche Bedarfsdeckung und Verfassungsrecht, 1987, S. 116

[69] *Wallerath*, Öffentliche Bedarfsdeckung und Verfassungsrecht, 1987, S. 116

[70] *Kirchhof*, in: *Isensee/Kirchhof* (Hrsg.) Handbuch des Staatsrechts der Bundesrepublik Deutschland, Bd. III 2. Aufl. 1996, § 59, Rdnr. 92

[71] *Wolff/Bachof/Stober*, Verwaltungsrecht Bd. I, 11. Aufl. 1999, § 23 Rdnr. 4

[72] *Schmidt*, Der Übergang öffentlicher Aufgabenerfüllung in private Rechtsformen, ZGR 1998, S. 345 ff. (349, 358 f.)

[73] Vgl. *Wolff/Bachof/Stober*, Verwaltungsrecht Bd. I, 11. Aufl. 1999, § 23 Rdnr. 15, insbesondere die Beachtung von Vertretungsnormen, des Wettbewerbs- und Kartellrechts sowie insbe-

nisatorischen Ausgestaltung. Dieser sichert die Anpassungsfähigkeit des Organisationsstatus.[74] Innerhalb dieses Rahmens ist es dem Staat freigestellt, sich auch verselbständigter Personen oder Organisationseinheiten des öffentlichen oder des privaten Rechts zu bedienen[75], deren Bindung in der Staatsorganisation gelockert oder die völlig aus der Staatsorganisation ausgegliedert sind (mittelbare Verwaltung). Die Verwendung einer privatrechtlichen Organisationsform schließt daher die Zuordnung zum Bereich des Staatlichen als "eigene" Stelle nicht aus.[76]

Ähnlich verhält es sich in den übrigen Mitgliedstaaten der Europäischen Gemeinschaft, deren Staatsorganisation aus verschiedenen, je nach Zweckmäßigkeit der Organisationsform für die jeweilige Aufgabenerfüllung mehr oder weniger verselbständigten Stellen besteht.[77]

2. Öffentlich-rechtliche Organisationsformen

Als öffentlich-rechtlichen Organisationsformen stehen dem Staat in der Bundesrepublik Deutschland die Organisationsformen der *unselbständigen* bzw. *nichtrechtsfähigen Anstalt* und der *selbständigen* bzw. *rechtsfähigen Anstalt* des öffentlichen Rechts zur Verfügung. Eine Anstalt des öffentlichen Rechts ist ein Bestand von persönlichen und sächlichen Mitteln, welcher in der Hand eines Trägers öffentlicher Verwaltung einem besonderen öffentlichen Zweck dauernd zu dienen bestimmt ist.[78]

---

sondere des Haushaltsrechts, wonach vorhandene Verwaltungsressourcen zur Deckung des Eigenbedarfs auszuschöpfen sind und nicht brachliegen dürfen, vgl. *Kirchhof*, in: *Isensee/Kirchhof* (Hrsg.) Handbuch des Staatsrechts der Bundesrepublik Deutschland, Bd. III 2. Aufl. 1996, § 59, Rdnr. 90.

[74] *Kirchhof*, in: *Isensee/Kirchhof* (Hrsg.) Handbuch des Staatsrechts der Bundesrepublik Deutschland, Bd. III 2. Aufl. 1996, § 59, Rdnr. 90

[75] *Ehlers*, Verwaltung in Privatrechtsform, (S. 109 ff, 113, 172 ff); *Krebs*, in: *Isensee/Kirchhof* (Hrsg.) Handbuch des Staatsrechts der Bundesrepublik Deutschland, Bd. III 2. Aufl. 1996, § 69, Rdnr. 1, vgl. zur Streitdarstellung *Wolff/Bachof/Stober*, Verwaltungsrecht Bd. I, 11. Aufl. 1999, § 23 Rdnr. 4

[76] *Krebs*, in: *Isensee/Kirchhof* (Hrsg.) Handbuch des Staatsrechts der Bundesrepublik Deutschland, Bd. III 2. Aufl. 1996, § 69, Rdnr. 7

[77] Vgl. hierzu die umfassende Darstellung bei *Hilf*, Die Organisationsstruktur der Europäischen Gemeinschaften, S. 254 ff.; *Schwarze*, Europäisches Verwaltungsrecht, Bd. I, S. 95 ff.; vgl.auch § 4C.II, S. 159 ff. im Rahmen der Kritik an der funktionalen Betrachtungsweise.

[78] *Mayr/Kopp*, Allgemeines Verwaltungsrecht 5. Aufl. § 60 IV. 2. b), S. 520

Zu den *unselbständigen* bzw. *nicht rechtsfähigen Anstalten* zählen der Regiebetrieb, der Eigenbetrieb und das Kommunalunternehmen.[79]

Die *Regiebetriebe*, wie z.B. die Müllabfuhr, sind rechtlich und organisatorisch *unselbständige* Teile der Trägerkörperschaft, in deren Haushalt ihre Einnahmen und Ausgaben ausgewiesen werden können.[80] Sie sind uneingeschränkt weisungsunterworfen. Da für eine wirtschaftliche Tätigkeit ein eigener Wirtschaftsplan mit selbständiger Buchführung mit Gewinn- und Verlustrechnung unverzichtbar ist[81], sind Regiebetriebe für unternehmerische Betätigung ungeeignet. Sie kommen daher im gemeindlichen Bereich nur selten vor.[82]

Eigenbetriebe sind organisatorisch und wirtschaftlich *verselbständigte* Einrichtungen auf kommunaler Ebene ohne eigene Rechtspersönlichkeit.[83] Anders als die Regiebetriebe sind sie vor allem dadurch organisatorisch verselbständigt, daß sie auf der Grundlage einer Betriebssatzung[84] eigene Organe (Werksleitung, Werksausschuß) mit Vertretungsbefugnis haben. Diesen obliegt die laufende Verwaltung.[85] Grundsätzliche Entscheidungen trifft der Gemeinderat, der sich Entscheidungen auch vorbehalten oder diese an sich ziehen kann. Eigenbetriebe haben eine eigene Haushaltsführung und sind insoweit auch wirtschaftlich ver-

---

[79] *Gern*, Deutsches Kommunalrecht, 2. Aufl. 1997, Rdnr. 741 und 750; *Schmidt*, Öffentliches Wirtschaftsrecht, Allgemeiner Teil, § 11 I. 2. b) aa), S. 509 ff. Auf Bundes- oder Landesebene können vergleichbare autonome Wirtschaftskörper ohne eigene Rechtspersönlichkeit als Sondervermögen nur durch Sondergesetz geschaffen werden. Beispiele waren bis zu ihrer Privatisierung die Deutsche Bundesbahn und die Deutsche Bundespost, die in bundesunmittelbarer Verwaltung geführt wurden (vgl. den bis zur Verfassungsänderung vom 30.08.1994 (BGBl I 1994, S. 2245) geltenden Art. 86 GG a.F.(Deutsche Bahn) und die bis zur Verfasssungsänderung vom 20.12.1993 (BGBl I 1993, S. 2089) geltenden Art. 87 GG a.F. (Deutsche Bundespost)). Seitdem hat diese Rechtsform auf Bundesebene an ihrer Bedeutung verloren. Vgl. hierzu *Ronellenfitsch*, in: *Isensee/Kirchhof* (Hrsg.) Handbuch des Staatsrechts, 2. Aufl. 1996, Bd. III, § 84 Rdnr. 20.

[80] *Ronellenfitsch*, in: *Isensee/Kirchhof* (Hrsg.) Handbuch des Staatsrechts, 2. Aufl. 1996, Bd. III, § 84 Rdnr. 20

[81] *Schmidt*, Öffentliches Wirtschaftsrecht, Allgemeiner Teil, § 11 I. 2. b) aa), S. 511

[82] *Ronellenfitsch*, in: *Isensee/Kirchhof* (Hrsg.) Handbuch des Staatsrechts, 2. Aufl. 1996, Bd. III, § 84 Rdnr. 20

[83] Die rechtlichen Grundlagen finden sich in den jeweiligen Gemeindeordnungen der Länder, z.B: Art. 88 der Gemeindeordnung für den Freistaat Bayern (BayGO) in der Fassung der Bekanntmachung vom 22.08.1998, GVBl 1998, S. 796 vom 23.10.1998 i.V.m. der Eigenbetriebsverordnung (BayEBV) vom 29.05.1987, GVBl. 1987, S. 195 ff. vom 16.06.1987 sowie den jeweiligen Betriebssatzungen.

[84] In der Betriebssatzung werden in der Regel die Zuständigkeiten der einzelnen Organe geregelt sowie der Name des Eigenbetriebs, die Festsetzung des Stammkapitals und die Zusammensetzung von Werksausschuß und Werksleitung.

[85] *Ronellenfitsch*, in: *Isensee/Kirchhof* (Hrsg.) Handbuch des Staatsrechts, 2. Aufl. 1996, Bd. III, § 84 Rdnr. 20, vgl. auch Art. 88 Bay GO

selbständigt. Finanzwirtschaftlich ist der Eigenbetrieb als Sondervermögen auszuweisen.[86] Aufgrund dieser Verselbständigungen eignet sich der Eigenbetrieb auch zur wirtschaftlichen Betätigung. Er ist daher im kommunalen Bereich nach wie vor eine häufige zu findende Unternehmensform, gerade für gemeindliche Versorgungs- und Verkehrsunternehmen.[87] Zudem ist der Eigenbetrieb von der Körperschafts- und Umsatzsteuer in gewissem Umfang auch von der Gewerbesteuer befreit.[88]

Unter den öffentlich-rechtlichen Organisationsformen *mit Rechtsfähigkeit* findet sich im Wirtschaftsbereich vor allem die selbständige bzw. rechtsfähige Anstalt des öffentlichen Rechts.[89]. Anders als Regie- und Eigenbetrieb kommt dieser im Falle der Vollrechtsfähigkeit eigene Rechtssubjektivität zu.[90] Beispiele sind die Kreditinstitute von Bund, Ländern und Gemeinden, der deutsche Wetterdienst des Bundes, die Landeszentralen für politische Bildung, die Rundfunkanstalten sowie die Bundesanstalt für Post und Telekommunikation Deutsche Bundespost, welche die aus der Postreform hervorgegangenen Aktienbeteiligungen des Bundes an den Unternehmen Deutsche Post AG, Deutsche Postbank AG und Deutsche Telekom AG verwaltet.[91] Für die Errichtung einer selbständigen Anstalt ist ein Gesetz erforderlich.[92] Organisatorische Ähnlichkeiten mit den Eigenbetrieben bestehen insoweit, als einem Vorstand die laufenden Geschäfte obliegen. Demgegenüber sind einem von der Trägerkörperschaft – und zum Teil auch von den Aufsichtsbehörden – berufenen Verwaltungsrat die Überwachung, Richtli-

---

[86] *Gern*, Deutsches Kommunalrecht, 2. Aufl. 1997, Rdnr. 702; *Hölzl/Hien*, Gemeindeordnung mit Verwaltungsgemeinschaftsordnung, Landkreisordnung und Bezirksordnung für den Freistaat Bayern, Stand: 01.Juni 2000, Art. 88, S. 6.

[87] *Möstl*, Grundrechtsbindung öffentlicher Wirtschaftstätigkeit, S. 8

[88] Vgl. § 4 Abs. 5 S. 1 Körperschaftssteuergesetz 1999 (KStG) vom 31.08.1976, BGBl. I S. 2597 vom 07.09.1976 in der Fassung der Bekanntmachung vom 22.04.1999, BGBl I, S. 817 vom 18.06.1999; § 2 Gewerbesteuergesetz 1999 (GewStG 1999) vom 01.12.1936, RGBl I, S. 979 vom 03.12.1936 in der Fassung der Bekanntmachung vom 19.05.1999, BGBl I, S. 1010 vom 31.05.1999 i.V.m. § 2 Abs. 2 Gewerbesteuer-Durchführungsverordnung vom 24.03.1956, BGBl I, S. 152 vom 27.03.1956 in der Fassung der Bekanntmachung vom 21.03.1991, BGBl I, S. 831 vom 06.04.1991; § 2 Abs. 3 Umsatzsteuergesetz 1999 (UStG 1999) vom 26.12.1979, BGBl I, S. 1953 vom 29.11.1979 in der Fassung der Bekanntmachung vom 09.06.1999, BGBl I, S. 1270 vom 18.06.1999 i.V.m. § 4 Abs. 5 S. 1 KStG

[89] *Möstl*, Grundrechtsbindung öffentlicher Wirtschaftstätigkeit, S. 8; *Püttner*, Die öffentlichen Unternehmen, S. 61

[90] *Maurer*, Allgemeines Verwaltungsrecht, 12. Aufl. 1999, § 21, Rdnr. 4; *Möstl*, Grundrechtsbindung öffentlicher Wirtschaftstätigkeit, S. 8

[91] Vgl. § 1 und § 3 des Gesetzes zur Neuordnung des Postwesens und der Telekommunikation (Postneuordnungsgesetz - PTNeuOG), BGBl. I 1994, S. 2325 ff. vom 22.09.1994

[92] z.B. Bayerisches Sparkassengesetz (BaySpkG) in der Fassung der Bekanntmachung vom 01.10.1956, GVBl 1956, S. 187 vom 05.11.1956

niengebung und wichtige Entscheidungen vorbehalten. Neben diesen Einflußmöglichkeiten bestehen in der Regel keine fachaufsichtlichen Befugnisse der Aufsichtsbehörden, durchweg aber eine Rechtsaufsicht.

Seit der Novellierung der Bayerischen Gemeindeordnung durch das Gesetz zur Änderung des kommunalen Wirtschaftsrechts vom 26.07.1995[93] und das Gesetz vom 24.07.1998[94] besteht z. B. für Gemeinden in Bayern die Möglichkeit der unternehmerischen Betätigung in der Form des Kommunalunternehmens[95] in Gestalt einer rechtsfähigen Anstalt mit eigener Rechtspersönlichkeit[96]. Die für das Kommunalunternehmen vorgesehene Vorstandsverfassung gibt dem Unternehmen gegenüber dem Eigenbetrieb mehr Spielraum. Gleichwohl ermöglicht sie aufgrund umfassender Einflußmöglichkeiten der Gemeinde gegenüber privat-rechtlichen Organisationsformen eine bessere Steuerung.[97] Dem Vorstand kommt die Leitungsfunktion und die Außenvertretung zu.[98] Der Verwaltungsrat hat im wesentlichen Überwachungs- und in einigen wichtigen Fragen[99] auch Entscheidungsfunktion.[100] Er wird vom Bürgermeister geleitet. Seine Mitglieder werden vom Gemeinderat bestellt, der in gewissen Fragen auch ein Weisungsrecht gegenüber dem Verwaltungsrat hat.[101] Ebenso wie der Eigenbetrieb ist das Kommunalunternehmen von der Körperschafts-, Umsatz und weitgehend auch von der Gewerbesteuer befreit.[102] Eine Beteiligung Privater ist nicht möglich.[103]

---

[93] GVBl 1995, S. 376 ff. vom 31.07.1995

[94] GVBl 1998, S. 424 ff vom 31.07.1998

[95] Art. 89 BayGO, vgl. *Mann*, Die "Kommunalunternehmen" – Rechtsformalternative im kommunalen Wirtschaftsrecht, NVwZ 1996, S. 557 ff.; *Schulz*, Neue Entwicklungen im kommunalen Wirtschaftsrecht Bayerns, BayVBl 1996, S. 129 ff.; *Thode/Peres*, Die Rechtsform Anstalt nach dem kommunalen Wirtschaftsrecht, BayVBl. 1999, S. 6 ff.; *Zugmaier*, Gemeindliche Unternehmen in Privatrechtsform, BayVBl 2001, S. 233 ff.

[96] *Hölzl/Hien* Kommentar zur Gemeindeordnung mit Verwaltungsgemeinschaftsordnung, Landkreisordnung und Bezirksordnung, Stand: 01.06.2000, Art. 89 Anm. 2

[97] Vgl. *Mann*, Die "Kommunalunternehmen" – Rechtsformalternative im kommunalen Wirtschaftsrecht, NVwZ 1996, S. 557 ff.; *Schulz*, Neue Entwicklungen im kommunalen Wirtschaftsrecht Bayerns, BayVBl 1996, S. 129 ff.; *Thode/Peres*, Die Rechtsform Anstalt nach dem kommunalen Wirtschaftsrecht, BayVBl. 1999, S. 6 ff.

[98] Vgl. Art. 97 Abs. 1 BayGO

[99] Insoweit ist Art. 97 Abs. 2 BayGO disponibel und können weitere Bereiche unter den Zustimmungsvorbehalt des Verwaltungsrats gestellt werden, *Schulz*, Neue Entwicklungen im kommunalen Wirtschaftsrecht Bayerns, BayVBl 1996, S. 129 ff. (132)

[100] *Schulz*, Neue Entwicklungen im kommunalen Wirtschaftsrecht Bayerns, BayVBl 1996, S. 129 ff. (132), vgl. Art. 97 Abs. 2 BayGO

[101] Vgl. Art. 90 Abs. 2 S. 4-6 BayGO

[102] Vgl. § 4 Abs. 5 S. 1 Körperschaftssteuergesetz (KStG), § 2 Gewerbesteuergesetz (GewStG) i.V.m. § 2 Abs. 2 Gewerbesteuer-Durchführungsverordnung; § 2 Abs. 3 Umsatzsteuergesetz (UStG) i.V.m. § 4 Abs. 5 S. 1 KStG

3. Privatrechtliche Organisationsformen

Bei der Auswahl privatrechtlicher Organisationsformen scheidet aufgrund der gesetzlich vorgegebene Begrenzung der Haftung und der Einzahlungspflicht des Staates[104] bzw. der Kommunen[105] von den privatrechtlichen Organisationsformen die Gesellschaftsformen der BGB-Gesellschaft und der offenen Handelsgesellschaft (OHG) wegen der persönlichen Haftung der Gesellschafter ohne Haftungsbegrenzung aus.[106] Es verbleiben somit als mögliche privatrechtliche Organisationsformen einerseits die Kapitalgesellschaften (Aktiengesellschaft (AG), die Gesellschaft mit begrenzter Haftung (GmbH) und die Kommanditgesellschaft auf Aktien (KGaA)) sowie von den Personengesellschaften andererseits die Kommanditgesellschaft (KG). In der Praxis ist die Gesellschaft mit beschränkter Haftung am häufigsten zu finden.[107] Je nachdem, ob die öffentliche Hand alleine oder mit Privaten an der Gesellschaft beteiligt ist, spricht man von einer Eigengesellschaft oder einem gemischt-wirtschaftlichen Unternehmen.[108] Diese werden – bei unterschiedlicher Begriffsverwendung – auch als *public private partnerhsip* bezeichnet.[109] Bei der Beteiligung mehrerer Gebietskörper-

---

[103] a.A. *Thode/Peres*, Die Rechtsform Anstalt nach dem kommunalen Wirtschaftsrecht, BayVBl. 1999, S. 6 ff. (7 f.)

[104] Vgl. § 65 I Nr. 2 der Bundeshaushaltsordnung (BHO) vom 19.08.1969, BGBl I 1969, S. 1248 vom 23.08.1969 bzw. die entsprechenden Regelungen in den Landeshaushaltsordnungen, z.B. Art. 65 Abs. 1 Nr. 2 der Haushaltsordnung des Freistaates Bayern (BayHO), BayRS 630-1-F, in der Fassung vom 08.12.1971

[105] Vgl. Art 92 Abs. 1 Nr. 3 BayGO

[106] *Ronellenfitsch*, in: *Isensee/Kirchhof* (Hrsg.) Handbuch des Staatsrechts, 2. Aufl. 1996, Bd. III, § 84 Rdnr. 24

[107] *Dörr*, Das deutsche Vergaberecht unter dem Einfluß von Art. 19 Abs. 4 GG, DÖV 2002, S. 1014 ff. (1018, FN 50); *Möstl*, Grundrechtsbindung öffentlicher Wirtschaftstätigkeit, 1999, S. 9; *Ronellenfitsch*, in: *Isensee/Kirchhof* (Hrsg.) Handbuch des Staatsrechts, 2. Aufl. 1996, Bd. III, § 84 Rdnr. 24

[108] *Dörr*, Das deutsche Vergaberecht unter dem Einfluß von Art. 19 Abs. 4 GG, DÖV 2002, S. 1014 ff. (1018); *Ehlers*, Verwaltung in Privatrechtsform, S. 9 f; *Püttner*, Die öffentlichen Unternehmen, S. 62

[109] Vgl. zur Entwicklung von Private Public Partnerhsips *Böhm*, Öffentlich-private Partnerschaften in der kommunalen Stadtentwicklung , S. 40 und zum Begriff der Private Public Partnership aus der umfangreichen Literatur; *Bauer*: Verwaltungsrechtliche und verwaltungswissenschaftliche Aspekte der Gestaltung von Kooperationsverträgen bei Public Private Partnership, DÖV 1998, S. 89 ff.; *Böhm*, Öffentlich-private Partnerschaften in der kommunalen Stadtentwicklung, S. 19; *Bös/Schneider*, Private public partnership: Gemeinschaftsunternehmen zwischen Privaten und der öffentlichen Hand, NZG 1996, S. 544 ff.; *Brit*, Die Mitwirkung Privater an der Wahrnehmung öffentlicher Aufgaben durch Einrichtungen des öffentlichen Rechts, VerwArch 2000, S. 418 ff.; Budäus/*Grüning*, Public Private Partnership – Konzeption und Probleme eines Instruments zur Verwaltungsreform aus Sicht der Public Choice-Theorie, in: *Budäus/Eichhorn* (Hrsg.) Privatisierung öffentlich wahrgenommener

schaften spricht man von gemischt-öffentlichen[110] oder Gemeinschaftsunternehmen[111].

Während auf Bundes- und Landesebene der Anteil der privatrechtlichen Organisationsform überwiegt, herrscht auf gemeindlicher Ebene die öffentlich-rechtliche Organisationsform vor.[112] Jedoch hat die Wahl privatrechtlicher Organisationsformen im Laufe der Zeit stets zugenommen. Die privatrechtliche Organisationsform bietet eine größere Flexibilität und Autonomie bei der Aufgabenwahrnehmung, weil sie nicht an das öffentliche Dienst-, Organisations- und Haushaltsrecht gebunden ist.[113] Maßgeblicher Vorteil der privatrechtlichen Organisationsformen ist jedoch die mit der wirtschaftlichen Einbindung Privater

---

Aufgaben – Grundlagen, Anforderungen und Probleme aus wirtschaftswissenschaftlicher Sicht, S. 25 ff. (54); *Burgi*, Funktionale Privatisierung und Verwaltungshilfe, S. 99; *Dörr*, Das deutsche Vergaberecht unter dem Einfluß von Art. 19 Abs. 4 GG, DÖV 2002, S. 1014 ff. (1018); *Eichhorn*, Ausgliederung als Instrument zur Flexibilisierung kommunaler Aufgaben, in: *Fettig/Späth* (Hrsg.), Privatisierung kommunaler Aufgaben, 1997, S. 96 ff. (99); *Gottschalk*, Praktische Erfahrungen und Probleme mit Public Private Partnership (PPP) in der Versorgungswirtschaft, in: *Budäus/Eichhorn* (Hrsg.), Public Private Partnership, 1997, S. 153 ff.; *Horn*, Public/Private Partnerships im Immobilienbereich aus vergaberechtlicher Sicht, LKV 1996, S. 81 ff.; *Habersack*, Private public partnership: Gemeinschaftsunternehmen zwischen Privaten und der öffentlichen Hand, ZGR 1996, S. 544 ff.; *Jaeger*, Public Private Partnership und Vergaberecht, NZBau 2001, S. 6 ff.; *Mehde*, Ausübung von Staatsgewalt und Public Private Partnership, VerwArch 2000, S. 540 ff.; *Pielow*, Rechtlicher Rahmen für Private Public Partnership, DVBl 1994, S. 1398 ff.; *Schuppert*, Die öffentliche Verwaltung im Kooperationsspektrum staatlicher und privater Aufgabenerfüllung – Erscheinungsformen von Public Private Partnership als Herausforderung an Verwaltungsrecht und Verwaltungswissenschaft, in: *Budäus/Eichhorn* (Hrsg.), Public Private Partnership, 1997, S. 93 ff.; *Tettinger*, Die rechtliche Ausgestaltung von Public Private Partnership, DÖV 1996, S. 764 ff.; *Wolff*, Public-Private Partnerships, Jahrbuch für neue politische Ökonomie 1996, S. 243 ff.

[110] *Gern*, Deutsches Kommunalrecht, 2. Aufl. 1997, Rdnr. 759

[111] *Ehlers*, Verwaltung in Privatrechtsform, S. 9 f.

[112] *Ehlers*, Verwaltung in Privatrechtsform, S. 15 ff.

[113] Vgl. zu den Vorteilen einer privatrechtlichen Organisationsform *Wolff/Bachof/ Stober*, Verwaltungsrecht, Bd. II., 5. Aufl. § 104a, Rdnr. 13. Ohne Bindung an das öffentliche Dienst- und Organisationsrecht läßt sich durch die Zahlung von gegenüber dem Dienst- und Haushaltsrecht höheren Gehältern auch leichter qualifiziertes Fachpersonal gewinnen. Die Wahl einer privaten Organisationsform hat auch Nachteile. Privatrechtliche Organisationsformen sind umsatz- und körperschaftssteuerpflichtig. Daneben ist ein Verlust an Steuerungs- und Kontrollmöglichkeiten der demokratisch legitimierten Vertretungskörperschaft zu verzeichnen. Schließlich können Versogungs-, Entsorgung- und Nachsorgesicherheit sowie die Zuverlässigkeit der Aufgabenwahrnehmung, Umweltverträglichkeit der Aufgabenerledigung, Sozialverträglichkeit des Entgelts, Wettbewerb und Verhinderung von Monopolen, Haftung und strafrechtliche Verantwortung in Betracht kommen, vgl. *Schoch*, Privatisierung von Verwaltungsaufgaben, DVBl. 1994, S. 962 ff. (zusammenfassend S. 976); OVG Münster, Urteil vom 15.12.1994, Az.: 9 A 2251/93, NVwZ 1995, S. 1238 ff. (1239); *Wolff/Bachof/Stober*, Verwaltungsrecht, Bd. II., 5. Aufl. § 104a, Rdnr. 13.

verbundene Gewinnung von Finanzmitteln sowie die Nutzbarmachung technischer oder wirtschaftlicher Spezialkenntnisse, die eine schnellere und damit kostengünstigere Projektrealisierung ermöglichen.[114]

II. Die Bedarfsdeckung im Wege rechtsgeschäftlicher Teilnahme am Markt – das Vergaberecht

Der staatlichen Bedarfsdeckung im Wege der Eigenleistung steht die staatliche Bedarfsdeckung im Wege der rechtsgeschäftlichen Teilnahme des Staates am Markt als die klassische Form der Bedarfsdeckung gegenüber. Sie erfolgt durch den Abschluß privatrechtlicher Verträge (sog. Privatrechtsprinzip[115]), die durch besondere Vorschriften z.B. hinsichtlich der Preisbildung, der Qualitätssicherung und der Normung modifiziert werden.[116] Der Staat beteiligt sich als Kunde am Markt und macht sich den Mechanismus von Angebot und Nachfrage zunutze, wobei die Nachteile eines gestörten Marktes auf Anbieterseite, die sich aus dem infolge des Nachfragemonopols des Staates beschränkten Wettbewerb ergeben, in Kauf genommen werden.[117] Auf diese Weise wird die gesamte Bandbreite an Wirtschaftsgütern, angefangen vom Bürobedarf bis hin zu Großprojekten, am Markt nachgefragt.[118] Die Art der Aufträge reicht von der vollständigen Erbringung des Endprodukts durch den Marktteilnehmer über die Bearbeitung

---

[114] *Kirchhoff/Müller-Godeffrey*, Finanzierungsmodelle für kommunale Investitionen, 6. Aufl. 1996, S 97 ff.

[115] *Marx*, in: *Jestaedt/Kemper/Marx/Prieß*, Das Recht der Auftragsvergabe, 1999, S. 11

Während in Dänemark, den Niederlanden und Großbritannien die Bedarfsdeckung des Staates im Wege des Vergabeverfahrens wie in der Bundesrepublik durch Annahme eines *zivilrechtlichen* Angebots erfolgt und sich das Vergabeverfahren, das Verhältnis zwischen Auftraggeber und Auftragnehmer sowie Streitigkeiten sowohl bzgl. des Verfahrens als auch aus dem Vertrag selbst zivilrechtlich beurteilen, liegt z.B. in Ländern wie Frankreich, Spanien oder Portugal dem Beschaffungsvorgang ein *öffentlich-rechtliches* Verständnis zugrunde. Der Zuschlag vollzieht sich nicht durch den Abschluß eines privatrechtlichen Vertrags, sondern durch Verwaltungsakt. Das Vergabeverfahren und Streitigkeiten hieraus sind öffentlich-rechtlicher Natur, was mit Ausnahme von Portugal auch für Streitigkeiten aus dem Vertragsverhältnis selbst gilt, vgl. zu diesem Themenkomplex *Seidel*, Öffentliches Auftragswesen, in: *Dauses*, Handbuch des EU-Wirtschaftsrecht, Stand: August 2000, Bd. II, H. IV., Rdnr. 22 ff.

[116] *Schäfer*, Grundzüge des öffentlichen Auftragswesens, BB Beilage 12/1996, S. 2 mit Hinweisen zu weiterführender Literatur

[117] *Wallerath*, Öffentliche Bedarfsdeckung und Verfassungsrecht, 1987, S. 65

[118] *Heinz/Scholz*, Public Private Partnership im Städtebau, Deutsches Institut für Städteforschung – Beiträge zur Stadtforschung, 23; *Kirchhoff*, Aktuelle Organisations- und Finanzierungsinstrumente im öffentlichen Infrastrukturbereich, in: *Zimmermann*, Neue Finanzierungsinstrumente für öffentliche Aufgaben, S. 93 ff.; *Kirchhoff/Müller-Godeffrey*, Finanzierungsmodelle für kommunale Investitionen, 6. Aufl. 1996; Wallerath, Öffentliche Bedarfsdeckung und Verfassungsrecht, 1987, S. 66

zur Verfügung gestellten Materials bis hin zum Lohnauftrag, d.h. der Verarbeitung sämtlicher zur Verfügung gestellten Vorprodukte. Art und Umfang der Inanspruchnahme des Marktes sind von der wirtschaftspolitischen Einflußnahme des Staates und dem Umfang der vom Staat selbst hergestellten Güter abhängig.

Den rechtlichen Rahmen der rechtsgeschäftlichen Bedarfsdeckung bildet das Vergaberecht.[119] Es beschreibt die Gesamtheit der Regeln und Vorschriften, die die Träger öffentlicher Verwaltung oder bestimmte private Unternehmen mit staatsähnlicher Monopolstellung bei der Beschaffung von sachlichen Mitteln und Leistungen, die sie zur Erfüllung von Verwaltungsaufgaben bzw. Aufgaben

---

[119] Das Vergaberecht wird auch als öffentliches Auftrags-, Beschaffungs- oder Verdingungsrecht bezeichnet, vgl. *Elbel*, Das Recht der öffentlichen Aufträge auf dem Prüfstand des europäischen Rechts, DÖV 1999, S. 235 ff. (236).

Das Vergaberecht hat seine Ursprünge schon in Griechenland und zu Zeiten der römischen Republik. In Deutschland geht diese Tradition auf die *Lizitation* des 17. Jh. zurück. Dabei handelt es sich um eine Art Versteigerung bei der das höchste Angebot bis zum Zuschlag an das niedrigste Angebot unterboten wurde. 1833 bzw. 1834 erschienen in Bayern und Preußen mit den sog. *Instruktionen* erste Regelungen dieses Verfahrens.

1850 wurde die Lizitation durch die sog. *Submission*, d.h. die Vergabe mit schriftlicher Einreichung der Angebote, das noch heute praktiziert wird, ersetzt. Grund für den Wechsel von einem mündlichen Verfahren hin zu einem schriftlichen Verfahren waren die mit einem mündlichen Verfahren verbundenen Rechtsunsicherheiten der Bieter. Das Bedürfnis für eine Regelung stieg mit der wachsenden wirtschaftlichen Bedeutung des staatlichen Beschaffungsmarktes infolge der Industrialisierung. Der Staat trat als Auftraggeber zur Schaffung der für die Industriealisierung erforderlichen Infrastruktur auf.

Mit den "Allgemeinen Bestimmungen, betreffend die Vergebung von Leistungen und Lieferungen" des Verwaltungserlasses des preußischen Arbeitsministeriums vom 17.07.1885 erfolgte der Wechsel von der Annahme des *niedrigsten* Angebots hin zu der noch heute geltenden (vgl. § 97 Abs. 5 GWB) Annahme des *wirtschaftlichsten* Angebots.

Die Verdingungsordnung für Bauleistungen (VOB) aus dem Jahre 1926 und die Verdingungsordnung für Lieferleistungen (VOL) aus dem Jahre 1936 schufen erstmals für das gesamte Deutsche Reich einheitlich geltende Regelungen. In der Nachkriegszeit wurden die Verdingungsordnungen als Kern des Vergaberechts durch die hierfür zuständigen mit Vertretern aus Staat und Wirtschaft beschickten Verdingungsausschüsse mehrfach geändert (vgl. hierzu die Übersicht bei *Ingenstau/Korbion* VOB Kommentar, 12. Aufl. 1993, Einl. Rdnr. 7 ff.; *Riedl*, in: *Heiermann/Rusam/Riedl*, Handkommentar zur VOB, 8. Aufl. 1997, Einl. Rdnr. 18 ff.). Ergänzend traten später das Gesetz über die Grundsätze des Bundes und der Länder (Haushaltsgrundsätzegesetz – HGrG) vom 19.08.1969, BGBl I 1969, S. 1273 vom 23.08.1969, zuletzt geändert durch das Vergaberechtsänderungsgesetz (VgRÄG) vom 26.08.1998, BGBl I 1998, S. 2512 vom 02.09.1998 und die Haushaltsordnungen der Länder (vgl. Art. 55 BayHO) und Gemeinden (z.B. in Bayern Art. 31 der Verordnung über das Haushalts-, Kassen- und Rechnungswesen der Gemeinden, Landkreise und Bezirke – Kommunalhaushaltsverordnung (KommHV) vom 03.12.1976, BayRS 2023-1-I) hinzu.

Zum historischen Herkommen des Vergaberechts, vgl. *Kokott*, in: *Byok/Jaeger*, Kommentar zum Vergaberecht, 2000, Einleitung, Rdnr. 2; *Schäfer*, Grundzüge des öffentlichen Auftragswesens, BB Beilage 12/1996, S. 2 jeweils mit weiteren Nachweisen.

des Tätigkeitsbereichs benötigt, zu beachten hat.[120] Die Beschaffung durch die öffentliche Verwaltung erfolgt auf nationaler Ebene[121] innerhalb eines Staates auf Bundes-, Landes- und Gemeindeebene.

1. Sinn und Zweck des Vergaberechts

Sinn und Zweck des Vergaberechts ist es, den Staat zum wirtschaftlichen Einsatz seiner Ressourcen anzuhalten (*Wirtschaftlichkeitsprinzip*[122]). Anders als private Bedarfsträger handelt der Staat im Interesse der Allgemeinheit. Er unterliegt weder einem Gewinnanreiz noch einem Insolvenzrisiko, die ihn zu einem wirtschaftlichen Einsatz seiner Mitteln zwingen.[123] Vielmehr werden diese Mittel oftmals ohne Rücksicht auf die Wirtschaftlichkeit als Instrumente der Wirtschaftspolitik eingesetzt.[124] Dieser fehlende Wettbewerb soll durch das Vergaberecht kompensiert werden. Das Vergaberecht hat insoweit Korrekturfunktion.[125] Der Staat soll daher durch die Vergabe von Aufträgen im Wettbewerb (*Wettbewerbsprinzip*[126]) zur wirtschaftlichen Verwendung seiner Mittel angehalten werden. Ein durch Publizitäts- und Teilnahmevorschriften transparent ausgestaltetes Vergabeverfahren soll einen fairen Wettbewerb gewährleisten (*Transparenzgrundsatz*). Der durch das Vergaberecht geschaffene rechtliche Rahmen für den Wettbewerb wird durch die Einrichtung spezieller Instanzen geschützt.[127]

---

[120] *Pietzcker*, Der Staatsauftrag als Instrument des Verwaltungshandelns, 1977, S. 235

[121] Beschaffungen der EU selbst richten sich nach internationalen Abkommen der EU, vgl. im übrigen zur Regelung des internationalen Beschaffungswesens z.B.: *Götz*, Öffentliche Beschaffungsmärkte und Europarecht: die Transparenz- und Teilnahmebestimmungen der Vergaberichtlinien im Lichte der Rechtsprechung des Europäischen Gerichtshofs, 1999, S. 14 ff.; *Kokott*, in: *Byok/Jaeger*, Kommentar zum Vergaberecht, 2000, Einleitung, Rdnr. 106 ff.; *Prieß*, in: *Motzke/Pietzcker/Prieß* (Hrsg.) VOB Teil A, 2001, Syst. I, Rdnr. 68 ff.

[122] Vgl. § 97 Abs. 5 GWB

[123] *Kokott*, in: *Byok/Jaeger*, Kommentar zum Vergaberecht, 2000, Einleitung, Rdnr. 1

[124] *Kokott*, in: *Byok/Jaeger*, Kommentar zum Vergaberecht, 2000, Einleitung, Rdnr. 1

[125] *Wallerath*, Öffentliche Bedarfsdeckung und Verfassungsrecht, 1987, S. 50

[126] Vgl. § 97 Abs. 1 GWB sowie Erwägungsgrund 20 der Richtlinie 92/50/EWG des Rates vom 18.06.1992 über die Koordinierung der Verfahren zur Vergabe öffentlicher Dienstleistungsaufträge, AblEG 1993 Nr. L 209, S. 1 ff. vom 24.07.1992, Erwägungsgrund 14 der Richtlinie 93/36/EWG des Rates vom 14.06.1993 über die Koordinierung der Verfahren zur Vergabe öffentlicher Lieferaufträge, AblEG 1993 Nr. L 199, S. 1 ff. vom 09.08.1993 und Erwägungsgrund 10 der Richtlinie 93/37/EWG des Rates vom 09.08.1993 über die Koordinierung zur Vergabe öffentlicher Bauaufträge. AblEG 1993 Nr. L 199, S. 54 ff. vom 09.08.1993

[127] Vgl. die Einrichtung von Vergabekammern, § 104 ff. GWB hierzu *Marx*, in: *Jestaedt/Kemper/Marx/Prieß*, Das Recht der Auftragsvergabe, 1999, S. 7

Neben dem Zweck der wirtschaftlichen Mittelverwendung dient das Vergaberecht dazu, den Mißbrauch der Nachfragemacht des Staates[128] zu verhindern. Die Nachfragemacht des Staates soll reguliert, dezentralisiert[129] und durch gerichtliche Verfahren kontrolliert werden. Dies macht die Nachfragemacht des Staates für die Marktbeteiligten kalkulierbar und soll die für den Wettbewerb notwendige Gleichbehandlung der Marktteilnehmer gewährleisten.[130] Die Wettbewerbsteilnehmer sollen alle gleich bzw. nicht willkürlich ungleich behandelt werden (*Willkürverbot*[131]), was voraussetzt, daß die Bewerber anhand von objektiven einheitlichen Kriterien der Fachkunde, Leistungsfähigkeit und Zuverlässigkeit beurteilt werden (*Verbot vergabefremder Kriterien*[132]).

Abgesehen von Sonderregelungen für einzelne Verwaltungszweige wie z.B. die Bundeswehr[133], unterteilt sich das Vergaberecht[134] in zwei Bereiche, die vonein-

---

[128] Die Nachfragemacht des Staates ist jedoch nicht überzubewerten. Ein vielfach zitiertes Nachfragemonopol der öffentlichen Verwaltung im Sinne einer marktbeherrschenden Stellung (vgl. *Dörr*, Das deutsche Vergaberecht unter dem Einfluß von Art. 19 Abs. 4 GG, DÖV 2002, S. 1014 ff. (1016)) läßt sich – abgesehen von Ausnamen in der Luft- und Raumfahrtindustrie, der Waffentechnik, dem Gesundheitswesen, sowie dem Brunnen- und Straßenbau – anhand einer quantitativen Aufschlüsselung der staatlichen Bedarfsdeckung nicht nachweisen, *Wallerath*, Öffentliche Bedarfsdeckung und Verfassungsrecht, 1987, S. 52.

[129] Da die Abhängigkeit der Anbieter von öffentlichen Auftraggebern durch eine zentralisierte Beschaffung noch verstärkt wird, gilt das Prinzip der dezentralen Beschaffung, wonach – begünstigt durch den förderalen Aufbau der Bundesrepublik – diese Nachfragemacht auf verschiedene Vergabestellen aufgeteilt ist, vgl. *Marx*, in: *Jestaedt/Kemper/Marx/Prieß*, Das Recht der Auftragsvergabe, 1999, S. 11; *Wallerath*, Öffentliche Bedarfsdeckung und Verfassungsrecht, 1987, S. 52.

[130] *Marx* in: *Jestaedt/Kemper/Marx/Prieß*, Das Recht der Auftragsvergabe, 1999, S. 10

[131] *Marx*, in: *Jestaedt/Kemper/Marx/Prieß*, Das Recht der Auftragsvergabe, 1999, S. 10, vgl. § 99 Abs. 2 GWB

[132] Vgl. § 97 Abs. 4 GWB

[133] Den finanziell größten Teil des Bedarfs der Bundeswehr deckt das Bundeswehramt für Wehrtechnik und Beschaffung, das dem Bundesverteidigungsministerium untersteht; daneben erledigen die einzelnen Wehrbereichsverwaltungen Beschaffungsaufgaben, vgl. *Pietzcker*, Der Staatsauftrag als Instrument des Verwaltungshandelns, Recht und Praxis der Beschaffungsverträge in den Vereinigten Staaten von Amerkia und der Bundesrepublik Deutschland, 1978, S. 237 mit weiteren Nachweisen.

[134] Zur Einführungen in das Vergaberecht: *Elbel*, Das Recht der öffentlichen Aufträge auf dem Prüfstand des europäischen Rechts, DÖV 1999, S. 235 ff.; *Kokott*, in: *Byok/Jaeger*, Kommentar zum Vergaberecht, 2000, Einleitung; *Kulartz*, in: *Niebuhr/ Kulartz/Kus/*Portz, Kommentar zum Vergabrecht, Einleitung; *Prieß*, in: *Motzke/ Pietzcker/Prieß* (Hrsg.) VOB Teil A, 2001, Syst. I, Rdnr. 5 ff.; *Pietzcker*, in: *Motzke/ Pietzcker/Prieß* (Hrsg.) VOB Teil A, 2001, Syst. II, Rdnr. 23 ff.; *Thieme*, in: *Langen/ Bunte*, Kommentar zum deutschen und europäischen Kartellrecht, Bd. I, 9. Aufl. vor § 97, Rdnr. 1 ff.

ander durch das Erreichen von bestimmten Auftragswerten (Schwellenwerten) getrennt werden, die je nach der Art der zu beschaffenden Leistung variieren.[135]

2. Das Vergaberecht unterhalb der Schwellenwerte

Unterhalb der Schwellenwerte gilt das Vergaberecht in der Form nationalen Haushaltsrechts. Es ist in den Haushaltsordnungen der Gebietskörperschaften geregelt.[136] Diese schreiben vor, daß dem Abschluß von Verträgen grundsätzlich öffentliche Ausschreibungen vorauszugehen haben, deren Verfahren in den Verdingungsordnungen geregelt ist, auf die in den Verwaltungsvorschriften der Haushaltsordnungen verwiesen wird.[137] Zwar stellen die Verdingungsordnungen als Ausführungsvorschriften zu den Haushaltsordnungen rechtlich unverbindliche Vorschläge dar.[138] Bund und Länder haben ihnen jedoch durch die in den Verwaltungsvorschriften, Gemeinden durch die in den entsprechenden Verordnungen oder Verwaltungsvorschriften enthaltene Verweisung – fast lückenlos – verbindlichen Charakter verliehen.[139]

---

[135] Vgl. hierzu § 1B.I, S. 22 ff., insb. FN 3

[136] Vgl. § 30 HGrG, § 55 BHO bzw. LHO (in Bayern Art. 55 BayLHO) bzw. die entsprechenden GemeindehaushaltsVO (in Bayern: § 31 Abs. 2 der Verordnung über das Haushalts-, Kassen- und Rechnungswesen der Gemeinden, der Landkreise und Bezirke (Kommunale Haushaltsverordnung - KommHV) vom 03.12.1976, GVBl. 1976, S. 499

[137] Dieser über mehrere Gesetze verteilte und verschachtelte Aufbau ist charakteristisch für das Vergaberecht, sog. Kaskadenlösung, vgl. *Elbel*, Das Recht der öffentlichen Aufträge auf dem Prüfstand des europäischen Rechts, DÖV 1999, S. 235 ff. (239); *Kokott*, in: *Byok/Jaeger*, Kommentar zum Vergaberecht, 2000, Einleitung, Rdnr. 21; *Motzke*, in: *Motzke/Pietzcker/Prieß* (Hrsg.) VOB Teil A, 2001, Syst. III, Rdnr. 67.

[138] *Pietzcker*, in: *Motzke/Pietzcker/Prieß* (Hrsg.) VOB Teil A, 2001, Syst. II, Rdnr. 3

[139] *Pietzcker*, in: *Motzke/Pietzcker/Prieß* (Hrsg.) VOB Teil A, 2001, Syst. II, Rdnr. 3

Die Struktur des Vergaberechts als Haushalts- und damit als nationales Binnenrecht hat zur Folge, daß es sich aufgrund der im nationalen Binnenrecht verwandten Regelungsformen von Weisungen, Erlassen und Empfehlungen um innerdienstliche Angelegenheiten handelt, die einer gerichtlichen Kontrolle entzogen sind (*Kokott*, in: *Byok/Jaeger*, Kommentar zum Vergaberecht, 2000, Einleitung, Rdnr. 13). Darüber hinaus fehlt es dem nationale Haushaltsrecht – vorbehaltlich etwaiger Rechte aus Art. 3 Abs. 1 GG – grundsätzlich an der die Marktteilnehmer zur Klage berechtigenden "drittschützenden Wirkung" (vgl. zu den Ausnahmen von diesem Grundsatz *Ingenstau/Korbion*, VOB Teile A und B Kommentar, 12. Aufl., 1993, Einl. Rdnr. 70; *Kokott*, in: *Byok/Jaeger*, Kommentar zum Vergaberecht, 2000, Einleitung, Rdnr. 66; *Riedl*, in: *Heiermann/Riedl/Rusam*, Handkommentar zur VOB, 8. Aufl. 1997, Einl. Rndr. 14; OLG Frankfurt, Urteil vom 26.07.1988, Az.: 6 U 53/87 (Kart), BauR 1990, S. 91 ff.). Die fehlende drittschützende Wirkung wird damit begründet, daß das Haushaltsrecht der sparsamen und wirtschaftlichen Mittelverwendung diene, so daß diese Rechtsvorschriften keine subjektiven einklagbaren Rechte vermittelten. Das Vergabeverfahren ist damit einer prozessualen Kontrolle weitgehend entzogen (beispielhaft *Gehrlein*, Kein präventiver Rechtsschutz durch einstweilige Verfügung in Vergabeverfahren unterhalb der Schwellenwerte, NZBau 2001, S. 483 ff.; *Ingenstau/Korbion*, VOB Teile A und B Kommentar, 12. Aufl.,

3. Das Vergaberecht oberhalb der Schwellenwerte

Oberhalb der Schwellenwerte stellt sich das Vergaberecht als Umsetzung der europarechtlichen Richtlinien zur Koordinierung des Verfahrens zur Vergabe öffentlicher Aufträge (sog. *Koordinierungsrichtlinien*) dar, die Regeln zur Liberalisierung und Harmonisierung der Vergabeverfahren der Mitgliedstaaten enthalten. In diesem Zusammenhang stellt sich bei der Auftragsvergabe an mit den Mitgliedstaaten verbundene, rechtlich selbständige Stellen die Frage der hier zu erörternden In-House-Problematik im weiteren Sinne, nämlich, ob die Koordinierungsrichtlinien Anwendung finden und die Auftragsvergabe im Wege einer Ausschreibung zu erfolgen hat oder ohne Ausschreibung vergeben werden darf. Diese Richtlinien wurden durch die neu geschaffenen §§ 97 ff. GWB[140], die

---

1993, Einl. Rdnr. 38; *Kokott*, in: *Byok/Jaeger*, Kommentar zum Vergaberecht, 2000, Einleitung, Rdnr. 14; *Marx*, in: *Jestaedt/Kemper/Marx/Prieß*, Das Recht der Auftragsvergabe, 1999, S. 3; *Pietzcker*, in: *Motzke/Pietzcker/Prieß* (Hrsg.) VOB Teil A, 2001, Syst. II, Rdnr. 4; *Pietzcker*, Die neue Gestalt des Vergaberechts, ZHR 162 (1998), S. 427 ff. (438, 439); *Riedl*, in: *Heiermann/Riedl/Rusam*, Handkommentar zur VOB, 8. Aufl. 1997, Einl. Rndr. 2 sowie aus der Rechtsprechung *BGH*, Urteil vom 21.11.1991, Az.: VII ZR 203/90; BauR 1992, S. 221 ff.; *BGH*, Urteil vom 11.11.1993, Az.: VII ZR 47/93, BauR 1994, S. 236 ff.; KG, Urteil vom 10.04.1995, Az: Kart. U 7605/94, NVwZ 1996, S. 413 ff. (415).

A.A. *Faber*, Drittschutz bei der Vergabe öffentlicher Aufträge, DÖV 1995, S. 403 ff. (408); *Gallwas*, Das Recht der Vergabe öffentlicher Aufträge - ein Überblick, GewArch 2000, S. 401 ff. (402); *Hermes*, Gleichheit durch Verfahren bei der staatlichen Auftragsvergabe, JZ 1997, S. 909 ff. (912), die den Verdingungsordnungen über den Grundsatz der Selbstbindung der Verwaltung eine gewisse Außenwirkung zubilligen wollen.

Vgl. zum aktuellen Stand: *Dreher*, Vergaberechtsschutz unterhalb der Schwellenwerte, Tagungsband "Zweiter Düsseldorfer Vergaberechtstag am 28.06.2001", Ministerium für Wirtschaft und Mittelstand, Energie und Verkehr des Landes Nordrhein-Westfalen, S. 79 ff.; *Freitag*, Vergaberechtsschutz unterhalb der europäischen "Schwellenwerte", NZBau 2002, S. 204 ff.

[140] Die Regelung des Vergaberechts in den §§ 97 ff. GWB umfaßt drei Abschnitte:

Im 1. Abschnitt (§§ 97-101 GWB) wird der subjektive (§ 98 GWB) und objektive (§ 99 GWB) Anwendungsbereich sowie die wesentliche Verfahrensgrundsätze (§ 97 GWB) geregelt.

Im 2. Abschnitt (§§ 102-124 GWB) ist der Rechtsschutz, Hauptgegenstand des Gesetz zur Änderung der Rechtsgrundlagen für die Vergabe öffentlicher Aufträge (Vergaberechtsänderungsgesetz – VgRÄG), BGBl I 1998, S. 2512 ff. vom 02.09.1998, geregelt. Er enthält das Nachprüfungsverfahren vor der Vergabekammer, das Verfahren der sofortigen Beschwerde zum Oberlandesgericht und die Vorlagepflicht an den Bundesgerichtshof.

Der 3. Abschnitt (§§ 125-129 GWB) enthält unter der Überschrift "Sonstige Regelungen" einen Schadensersatzanspruch bei Mißbrauch der neu geschaffenen Rechtsmittel und einen Anspruch auf Ersatz des Vertrauensschadens bei Verstoß gegen Vergabevorschriften sowie die Ermächtigungsgrundlage des § 127 GWB. Diese ist zusammen mit § 97 Abs. 6 GWB Grundlage für die das Verfahren durch Verweis auf die Verdingungsordnungen näher ausgestaltende Vergabeverordnung, die in der Fassung vom 09.01.2001 zum 01.02.2001 in Kraft getreten ist.

Vergabeverordnung[141] und Änderungen der Verdingungsverordnungen in nationales Recht umgesetzt[142].

---

[141] Vergabeverordnung vom 09.01.2001, BGBl I, 2001, S. 110 ff. vom 18.01.2001; vgl. hierzu *Horn*, Die neue Vergabeverordnung, LKV 2001, S. 41 ff.; *Kratzenberger*, Die Neufassung der Vergabeverordnung, NZBau 2001, S. 119 ff.; *Pieztcker*, Vergabeverordnung und Kaskadenprinzip aus verfassungsrechtlicher und europarechtlicher Sicht, NZBau 2000, S. 64 ff.

[142] Das Gesetz zur Änderung der Rechtsgrundlagen für die Vergabe öffentlicher Aufträge (Vergaberechtsänderungsgesetz – VgRÄG) vom 26.08.1998, BGBl I 1998, S. 2512 ff. vom 02.09.1998 (vgl. zum Gesetzgebungsverfahrren *Byok*, Das neue Vergaberecht, NJW 1998, S. 2774 ff. (2775)), das am 01.01.1999 in Kraft trat (vgl. zum Streit um die formell ordnungsgemäße Umsetzung des neuen VergaberechtS. *Byok*, Keine Gesetzgebungspanne: Das neue Vergaberecht tritt am 01.01.1999 in Kraft, NJW 1998, S. 3475; *Peus*, Neues Vergaberecht - schon wieder aufgehoben? Eine Gesetzgebungspanne, NJW 1998, S. 3474), setzt die europarechtlichen Vorgaben in deutsches Recht um. Vorausgegangen waren lange Querelen über die Europarechtskonformität der vorangegangenen Umsetzung durch das Zweite Gesetz zur Änderung des HGrG vom 26.11.1993, BGBl I 1993, S. 1928 vom 02.12.1993, im Rahmen des nationalen Haushaltsrecht (daher auch als "*haushaltsrechtliche*" Lösung bezeichnet, vgl. zur Literatur unten in dieser FN), das am 01.03.1994 in Kraft trat. Das VgRÄG fügt in das GWB einen vierten Abschnitt (§§ 97-129 GWB) unter dem Titel "Vergabe öffentlicher Aufträge" ein, der die Vergabe öffentlicher Aufträge oberhalb der Schwellenwerte regelt. Das Vergaberecht ist damit für diesen Bereich nicht mehr im Haushaltsrecht, sondern schon aufgrund seiner systematischen Stellung im GWB im Wettbewerbsrecht verankert. Hierfür spricht auch die einer Innenrechtsregelung widersprechende umfassende Regelung des Rechtsschutzes. Vgl. hierzu auch *Dreher*, Rechtsschutz nach Zuschlag, NZBau 2001, S. 244 ff.

Das *VgRÄG* dient der korrekten Umsetzung der Vergaberichtlinien, die nach Meinung im Schrifttum auch weitestgehend erreicht wurde (vgl. *Byok*, Das neue Vergaberecht, NJW 1998, S. 2776 ff.; *Elbel*, Das Recht der öffentlichen Aufträge auf dem Prüfstand des europäischen Rechts, DÖV 1999, S. 235 ff. (242); *Prieß*, in: *Motzke/Pietzcker/Prieß* (Hrsg.) VOB Teil A, 2001, Syst. I, Rdnr. 67, der zusammenfassnd als verbleibende offene Punkte nennt: Zu enge Fassung der rechtsschutzberechtigten Personen, Ausschluß des Rechtsschutzes bei der Vergabe von Baukonzessionen für den Fall der Verletzung der Rügeobliegenheit bei erkennbaren Verfahrensfehlern gemäß § 107 Abs. 3 GWB; vgl auch *Thieme/Correll*, Deutsches Vergaberecht zwischen nationaler Tradition und europäischer Integration – Zur Neuregelung des Vergabewesens 1999, DVBl 1999, S. 884 ff.; a. A. *Voppel*, Neuerungen im Vergaberecht durch das Vergaberechtsänderungsgesetz (VgRÄG), LKV 1999, S. 5 ff. (9). Insbesondere zu nennen sind die Einräumung subjektiver Rechte auf die Einhaltung der Vergabebestimmungen (§ 97 Abs. 7 GWB), die gerichtliche Überprüfung auch der Tatsachen (§ 100 GWB), die Möglichkeit des einstweiligen Rechtsschutzes vor einem ordentlichen Gericht (OLG, § 116 GWB), die Beweiserleichterungen für bestimmte Schadensersatzansprüche (§ 126 GWB) sowie die Vollstreckbarkeit der Entscheidung der Vergabekammer (§ 114 Abs. 3 GWB).

Vgl. zur umfangreichen Literatur zur haushaltsrechtlichen Lösung: *Ax*, Rechtsschutz bei der Vergabe öffentlicher Aufträge in Deutschland und Frankreich, Diss. 1996; *Boesen*, Die Gerichtsqualität der Vergabeüberwachungsausschüsse i.S. des Art. 177 EG, EuZW 1996; *Boesen*, Der Rechtsschutz des Bieters bei der Vergabe öffentlicher Aufträge, NJW 1997, S. 345 ff.; *Boesen*, Das Vergaberechtsänderungsgesetz im Lichte europarechtlicher Vorgaben, EuZW 1998, S. 551 ff.; *Bornheim/Stockmann*, Die neuen Vergabevorschriften - Sind auch private Auftraggeber zur europaweiten öffentlichen Vergabe von Bauaufträgen verpflichtet, BB 1995, S. 578 ff.; *Carl*, Europäische Normen für das öffentliche Auftragswesen, EuZW 1994, S. 173 ff.; *Dreher*, Der Rechtsschutz bei Vergabeverstößen nach "Umsetzung" der EG-

Aufgrund seiner Funktion, den rechtlichen Rahmen für einen Wettbewerb auf dem Beschaffungsmarkt festzulegen, ist das Vergaberecht systematisch im Wettbewerbsrecht verankert worden.[143] Es wird daher auch als "Kartellvergaberecht" bezeichnet.[144] Die Umsetzung der Verfahrensausgestaltung erfolgt rechtstechnisch durch die Modifikation der Regelungen der Verdingungsordnungen, auf die das GWB i.V.m. der Vergabeverordnung verweist.

Die Richtlinien zur Koordinierung des Verfahrens zur Vergabe öffentlicher Aufträge (*Koordinierungsrichtlinien*) enthalten Regeln zur Liberalisierung und Harmonisierung der Vergabeverfahren der Mitgliedstaaten. Grund für den Erlaß einer europaweit einheitlichen Regelung war die Zersplitterung der nationalen Beschaffungsmärkte in der Gemeinschaft.[145] Die grenzüberschreitende Vergabe betrug lediglich 3 % des europaweiten Auftragsvolumens,[146] da in den Mit-

---

Vergaberichtlinien, ZIP 1995, S. 1869 ff.; *Dreher*, Die Neugestaltung des Vergaberechtsschutzes, NVwZ 1997, S. 343 ff.; *Eidenmüller*, Einstweiliger Rechtsschutz und eruopäisches Vergaberecht - Anmerkung zu KG, EuZW 1995, 645, EuZW 1995, S. 632 ff.; *Elverfeld*, Europäisches Recht und kommunales öffentliches Auftragswesen, 1992; *Elbel*, Das Recht der öffentlichen Aufträge auf dem Prüfstand des europäischen Rechts, DÖV 1999, S. 235 ff. (239); *Faber*, Drittschutz bei der Vergabe öffentlicher Aufträge, DÖV 1995, S. 403 ff.; *Gröning*, Die Rechte der Bieter in der Vergabeüberwachung – Haushaltsrechtliche Lösung zwischen Scylla und Charybdis, WuW 1995, S. 985 ff.; *Gröning*, Zum aktuellen Stand der Diskussion um das deutsche Vergaberecht, WuW 1996, S. 566 ff.; *Hailbronner*, Die Vergabe öffentlicher Aufträge nach europäischem Gemeinschaftsrecht, WiVerw 1994, S. 173 ff.; *Hermes*, Gleichheit durch Verfahren bei der staatlichen Auftragsvergabe, JZ 1997, S. 909 ff.; *Jasper*, Entwicklung des Vergaberechts, DB 1997, S. 915 ff.; *Pietzcker*, Die deutsche Umsetzung der Vergabe- und Nachprüfungsrichtlinien im Lichte der neuen Rechtsprechung, NVwZ 1996, S. 313 ff. (Darstellung kurz und hinsichtlich Bieterrechte europarechtskonforme Auslegung des HGrG, aber im Hinblick auf die Klagemöglichkeiten nicht europarechtskonform umgesetzt); *Prieß*, Das öffentliche Auftragswesen in den Jahren 1994 und 1995, EuZW 1996, S. 357 ff.; *Rittner*, Das Deutsche Öffentliche Auftragswesen im europäischen Kontext, NVwZ 1995, S. 313 ff. (315); *Schäfer*, Grundzüge des öffentlichen Auftragswesens, BB Beilage 12/1996, S. 1 ff.; *Seidel*, Zur Wandlung des Begriffsinhalts "öffentlicher Auftraggeber" im EG-Vergaberecht vom institutionellen zum funktionellen Begriff, sowie zu aktuellen Anwendungsfragen des erweiterten Begriffs, ZfBR 1995, S. 227 ff.; *Stockmann*, Die Vergabeüberwachung des Bundes, WuW 1995, S. 572 ff.; *Triantafyllou*, Europäisierungsprobleme des Verwaltungsprivatrechts am Beispiel des öffentlichen Auftragsrechts, NVwZ 1994, S. 943 ff..

143 *Dreher*, Die Neugestaltung des Vergaberechtsschutzes, NVwZ 1997, S. 343 ff.;

144 *Opitz*, Kontraktive Privatisierung und Kartellvergaberecht, ZVgR 2000, S. 97 ff. (97)

145 Weißbuch der Kommission vom 14.06.1985, Dok. KOM 85, 310, vom 14.06.1985, Ziff. 81, S. 23

146 *Kulartz*, in: *Niebuhr/Kulartz/Kus/*Portz, Kommentar zum Vergaberecht, Einl., Rdnr. 2; *Seidel*, Zur Wandelung des Begriffsinhalts "öffentlicher Auftraggeber" im EG-Vergaberecht vom institutionellen zum funktionallen Begriff sowie zu aktuellen Anwendungsfragen des erweiterten Begriffs, ZfBR 1995, S. 227 ff (227); *Cecchini*, Europa '92 - Der Vorteil des Binnenmarktes, 1988, S. 37, beziffert die Vergabe grenzüberschreitender Aufträge durch die öffentliche Hand auf 0,14 % des Bruttoinlandprodukts. Die Kommission selbst gibt eine Steige-

gliedsstaaten die Tendenz vorherrscht, möglichst "nah" bzw. "national" einzukaufen ("buy national"), um die zur Auftragsfinanzierung verwendeten Steuermittel im eigenen Land zu halten und die heimische Wirtschaft zu fördern. Zu diesem Zweck wurden die zu liefernden Waren anhand von nationalen technischen Besonderheiten spezifiziert oder als Zuschlagskriterium das Ursprungsland der Waren gewählt und nationale Waren bevorzugt. Oftmals wurde als Teilnahmebestimmung vorausgesetzt, daß der Bieter dieselbe Staatsangehörigkeit haben müsse wie der öffentliche Auftraggeber oder der Bieter im nationalen Berufsregister des Landes, in dem der öffentliche Auftraggeber niedergelassen war, eingetragen war. Auch wurde verlangt, daß die finanzielle und wirtschaftliche Leistungsfähigkeit durch nationale Bescheinigungen aus dem Mitgliedstaat nachgewiesen werde, in dem der öffentliche Auftraggeber niedergelassen war, oder der Teilnehmer im Land der Niederlassung des öffentlichen Auftraggebers eine Postanschrift habe, ein Bankkonto unterhalte oder die Zulassung der Wareneinfuhr von einer Bürgschaftsübernahme des Herkunftsmitgliedstaats abhängig gemacht. Aufgrund dieser Vergabepraktiken waren ausländische Waren und damit auch ausländische Bieter de facto vom jeweiligen nationalen Beschaffungsmarkt ausgeschlossen. Dies vor allem aber auch deshalb, weil die zu vergebenden öffentlichen Aufträge nicht europaweit bekannt gemacht wurden.[147]

Die Zersplitterung der nationalen Vergabemärkte stellte sich insbesondere wegen der mit den hohen Auftragsvolumina verbundenen wirtschaftlichen Bedeutung des Beschaffungswesens[148] als eines der Haupthindernisse auf dem Weg zur Vollendung des Binnenmarktes dar.[149] Dieses Hindernis sollte durch den Erlaß der Koordinierungsrichtlinien beseitigt werden. Darüber hinaus ging die Kommission davon aus, daß durch die Öffnung der nationalen Beschaffungsmärkte der Wettbewerb gefördert und aufgrund dieses Wettbewerbs bei der Beschaffung von Leistungen Einsparungen in Höhe von geschätzten Euro 17,5 Mrd. erzielt werden könnten.[150]

---

rung der Importquote im öffentlichen Sektor von 6 % im Jahr 1987 auf 10% an, wobei hiermit die direkten und indirekten Importe bei öffentlichen Aufträgen erfaßt werden, vgl. Mitteilung der Kommission vom 11.03.1998, Das öffentliche Auftragswesen in der Europäischen Union, KOM (98) 143, S. 2

[147] Vgl. zu den Vergabepraktiken *Stolz*, Das öffentliche Auftragswesen in der EG, S. 7 f.

[148] Vgl. § 1A, S. 17

[149] Weißbuch der Kommission vom 14.06.1985, Dok. KOM (85) 310, vom 14.06.1985, Ziff. 81, S. 23

[150] *Cecchini*, Europa '92 - Der Vorteil des Binnenmarktes, 1988, S. 39; *Seidel*, Öffentliches Auftragswesen, in: *Dauses*, Handbuch des EU-Wirtschaftsrechts, Stand: August 2000, Bd. II, H. IV. 5. spricht sogar von bis zu DM 80 Mrd., wobei unter Hinweis auf Studien des Bundesministeriums für Verkehr 1990 für den Bau von Verkehrswegen und des Ifo Instituts München für den Baubereich festgehalten wird, daß Bauen eine "natürliche Regionalität"

Die vor diesem Hintergrund erlassenen Koordinierungsrichtlinien unterscheiden nach der Art der zu beschaffenden Leistung.[151] So regelt die Lieferkoordinierungsrichtlinie (LKR)[152] die Vergabe öffentlicher *Lieferaufträge*, die Baukoordinierungsrichtlinie (BKR)[153] die Vergabe öffentlicher *Bauaufträge* und die

---

immanent ist, was zur Frage führt, ob in diesem Bereich ein freier EG-weiter Wettbewerb zu anderen Ausschreibungsergebnissen führen würde.

[151] Die Trennung nach Vertragstypen ist historisch bedingt. Zunächst wurden die einfach abzugrenzenden Bereiche Bauen und später diejenigen für Lieferungen geregelt. Ein Handlungsbedarf – bedingt auch durch die bisweilen extremen Unterschiede in den Mitgliedstaaten – auf den Gebiet des Dienstleistungsbereichs bzw. der Sektorenbereiche trat erst später hinzu.

[152] Richtlinie 93/36/EWG des Rates vom 14.06.1993 über die Koordinierung der Verfahren zur Vergabe öffentlicher Lieferaufträge, AblEG 1993 Nr. L 199, S. 1 ff. vom 09.08.1993, zuletzt geändert durch Richtlinie 97/52/EWG zur Änderung der Richtlinien 92/50/EWG (Dienstleistungsrichtlinie), 93/36/EWG (Lieferkoordinierungsrichtlinie) und 93/37/EWG (Baukoordinierungsrichtlinie) vom 13.10.1997, AblEG Nr. L 328, S. 1 ff. vom 28.11.1997

Die Lieferkoordinierungsrichtlinie wurde in ihrer aktuellen Fassung vom 13.10.1997 durch Verabschiedung der Vergabeverordnung vom 09.01.2001, BGBl I, 2001, S. 110 ff., und die Übernahme in Teil A der VOL/A in der Fassung der Bekanntmachung vom 17.08.2000, BAnz. Nr. 200a vom 24.10.2000 in nationales Recht umgesetzt. Die erstmalige Umsetzung der Fassung vom 22.03.1988 erfolgte 1990 durch die Übernahme der Vorschriften in Teil A der VOL/A Ausgabe 1990, BAnz. vom 06.03.1990, Nr. 45 a, vgl. *Thieme*, in: *Langen/Bunte*, Kommentar zum deutschen und europäischen Kartellrecht, Bd. I, 9. Aufl. vor § 97, Rdnr. 39.

Aufgrund des seit dem 01.01.1970 in dem Mitgliedsstaaten unmittelbar geltenden Diskriminierungsverbots war zwar eine Liberalisierung der Beschaffungsmärkte eingetreten, es war jedoch schon früh erkannt worden, daß ohne eine Vereinheitlichung der Rahmenbedingungen in den Mitgliedstaaten den Unternehmen der faktische Zugang zu diesen Beschaffungsmärkten verwehrt bleiben würde, so daß der Rat in den 70er Jahren bereits eine Richtlinie zur Koordinierung der Verfahren zur Vergabe öffentlicher Lieferaufträge erließ, Richtlinie 77/62/EWG des Rates vom 21.12.1976 über die Koordinierung der Verfahren zur Vergabe öffentlicher Lieferaufträge, Abl EG Nr. L 13, S. 1 ff. vom 15.01.1977. Diese wurde durch die Richtlinie 80/767/EWG des Rates vom 22.07.1980 zur Anpassung und Ergänzung der Richtlinie 77/62/EWG über die Koordinierung der Verfahren zur Vergabe öffentlicher Lieferaufträge hinsichtlich bestimmter öffentlicher Auftraggeber, AblEG 1980 Nr. L 215, S. 1 ff. vom 18.08.1990, die Richtlinie 88/295/EWG des Rates vom 22.03.1988 zur Änderung der Richtlinie 77/62/EWG über die Koordinierung der Verfahren zur Vergabe öffentlicher Lieferaufträge und zur Aufhebung einiger Bestimmungen der Richtlinie 80/767/EWG, AblEG 1988, Nr. L 127, S. 1 ff. vom 20.05.1988, und die Richtlinie 92/50/EWG Rates vom 18.06.1992 über die Koordinierung der Verfahren zur Vergabe öffentlicher Dienstleistungsaufträge, AblEG 1992, Nr. L 209, S. 1 ff. vom 24.07.1992 geändert. Durch die Richtlinie 93/36/EWG des Rates vom 09.08.1993 über die Koordinierung zur Vergabe öffentlicher Lieferaufträge, AblEG 1993 Nr. L 199, S. 1 ff. 09.08.1993 wurde sie an die Baukoordinierungsrichtlinie und die mit der Überarbeitung eingeführte Dienstleistungskoordinierungsrichtlinie (siehe unten) angepaßt und neu gefaßt.

[153] Richtlinie 93/37/EWG des Rates vom 09.08.1993 über die Koordinierung zur Vergabe öffentlicher Bauaufträge. AblEG 1993 Nr. L 199, S. 54 ff. vom 09.08.1993, zuletzt geändert durch Richtlinie 97/52/EWG zur Änderung der Richtlinien 92/50/EWG (Dienstleistungsricht-

Dienstleistungskoordinierungsrichtlinie (DKR)[154] die Vergabe öffentlicher *Dienstleistungsaufträge*. Die Sektorenrichtlinie (SKR)[155] betrifft die Auftrags-

---

linie), 93/36/EWG (Lieferkoordinierungsrichtlinie) und 93/37/EWG (Baukoordinierungsrichtlinie) vom 13.10.1997, AblEG Nr. L 328, S. 1 ff. vom 28.11.1997

Die BKR wurde in ihrer aktuellen Fassung vom 13.10.1997 durch Verabschiedung der Vergabeverordnung vom 09.01.2001, BGBl I, 2001, S. 110 ff. vom 18.01.2001, und die Übernahme in Teil A der VOB/A in der Fassung der Bekanntmachung vom 30.05.2000, BAnz. Nr. 120a vom 30.06.2000 in nationales Recht umgesetzt wurde.

Aus denselben Gründen wie bei der Lieferkoordinierungsrichtlinie (vgl. FN 152) erließ der Rat in den 70er Jahren die Richtlinie zur Koordinierung der Verfahren zur Vergabe öffentlicher Bauaufträge, Richtlinie 71/305/EWG des Rates vom 26.07.1971 über die Koordinierung der Verfahren öffentlicher Bauaufträge, AblEG Nr. L 185, S. 5 ff. vom 16.08.1971. Diese wurde durch die Richtlinie 89/440/EWG des Rates vom 18.07.1989 zur Änderung der Richtlinie 71/305/EWG über die Koordination der Verfahren zur Vergabe öffentlicher Bauaufträge, AblEG 1989, Nr. L 210, S. 1 ff. vom 21.07.1989, ergänzt und geändert durch die Richtlinien 90/531/EWG des Rates vom 17.09.1990 betreffend die Auftragsvergabe durch Auftraggeber im Bereich der Wasser-, Energie- und Verkehrsversorgung sowie im Telekommunikationssektor, AblEG 1990, Nr. L 297, S. 1 ff. vom 29.10.1990, die Richtlinie 92/50/EWG Rates vom 18.06.1992 über die Koordinierung der Verfahren zur Vergabe öffentlicher Dienstleistungsaufträge, AblEG 1992, Nr. L 209, S. 1 ff. vom 24.07.1992, und die Richtlinie 93/4/EWG des Rates vom 08.02.1993 zur Änderung der Richtlinie 71/305/EWG über die Koordination der Verfahren zur Vergabe öffentlicher Bauaufträge, AblEG 1993, Nr. L 38, S. 31 ff. vom 16.02.1993. Durch die Richtlinie 93/37/EWG des Rates vom 09.08.1993 über die Koordinierung zur Vergabe öffentlicher Bauaufträge, AblEG 1993 Nr. L 199, S. 54 ff. vom 09.08.1993 wurde sie überarbeitet und neu gefaßt.

[154] Richtlinie 92/50/EWG des Rates vom 18.06.1992 über die Koordinierung der Verfahren zur Vergabe öffentlicher Dienstleistungsaufträge, AblEG 1993 Nr. L 209, S. 1 ff. vom 24.07.1993, zuletzt geändert durch Richtlinie 97/52/EWG zur Änderung der Richtlinien 92/50/EWG (Dienstleistungsrichtlinie), 93/36/EWG (Lieferkoordinierungsrichtlinie) und 93/37/EWG (Baukoordinierungsrichtlinie) vom 13.10.1997, AblEG Nr. L 328, S. 1 ff. vom 28.11.1997

Die Richtlinie wurde in ihrer geltenden Fassung vom 13.10.1997 durch Verabschiedung der Vergabeverordnung vom 09.01.2001, BGBl I, 2001, S. 110 ff. vom 18.01.2001, und die Übernahme in Teil A der VOL/A in der Fassung der Bekanntmachung vom 17.08.2000, BAnz. Nr. 200a vom 24.10.2000 und die VOF in der Fassung der Bekanntmachung vom 25.07.2000, BAnz. Nr. 173a vom 13.09.2000 in nationales Recht umgesetzt. Die Umsetzung in nationales Recht war zunächst im Jahre 1997 durch Änderung der VOL/A, BAnz. vom 02.09.1997 Nr. 163 a, und durch Erlaß der VOF, BAnz. vom 03.09.1997, Nr. 164 a erfolgt, vgl. *Thieme*, in: *Langen/Bunte*, Kommentar zum deutschen und europäischen Kartellrecht, Bd. I, 9. Aufl. vor § 97, Rdnr. 40.

[155] Richtlinie 93/38/EWG des Rates vom 14.06.1993 zur Koordinierung der Aufgragsvergabe durch Auftraggeber im Bereich der Wasser-, Energie- und Verkehrsversorgung sowie im Telekommunikationssektor, AblEG 1993 Nr. L 199, S. 84 ff. vom 09.08.1993, zuletzt geändert durch die Richtlinie 98/4/EG des Europäischen Parlaments und des Rates vom 16.02.1998 zur Änderung der Richtlinie 93/38/EWG des Rates vom 14.06.1993 zur Koordinierung der Aufgragsvergabe durch Auftraggeber im Bereich der Wasser-, Energie- und Verkehrsversorgung sowie im Telekommunikationssektor, AblEG Nr. L 101, S. 1 ff. vom 01.04.1998

Die SKR wurde in ihrer aktuellen Fassung im Abschnitt 3 der VOB/A in der Fassung vom 30.05.2000 als b-Paragraphen für öffentliche Sektorenauftraggeber, BAnz. vom 30.06.2000,

vergabe von *Bau-, Liefer- oder Dienstleistungsaufträgen* im Sinne der BKR, LKR bzw. DKR durch *Sektorenauftraggeber.* Sektorenauftraggeber sind staatliche Behörden oder öffentliche Unternehmen[156], die im Trinkwasser-, Strom-, Gas-, Wärme-, Telekommunikations- oder Verkehrssektor[157] tätig sind, sowie privatwirtschaftliche Unternehmen, die eine solche Tätigkeit aufgrund eines ausschließlichen Rechts ausüben[158].

Ergänzend zu diesen Koordinierungsrichtlinien wurden zwei Rechtsmittelrichtlinien[159] erlassen. Sie beinhalten die prozessualen Mindestanforderungen hinsichtlich der in den Mitgliedstaaten einzurichtenden Nachprüfungsorgane bei Beschwerden der Bieter über den Verfahrensablauf. Sie sichern damit die in den

---

Nr. 120a, sowie hinsichtlich der Vorgaben für die Vergabe von Lieferungen und Leistungen mit Ausnahme von Dienstleistungen in Abschnitt 3 VOL/A in der Fassung vom 17.08.2000, BAnz. vom 24.10.2000, Nr. 200a, und für Dienstleistungen durch Erlaß der VOF in der Fassung vom 25.07.2000, BAnz. vom 13.09.2000, Nr. 173a umgesetzt, vgl. zur Umsetzung der Fassung vom 17.09.1990 in nationales Recht im Jahre 1992 in Abschnitt 3 der VOB/A durch Einfügung der b-Paragraphen für öffentliche Sektorenauftraggeber, BAnz. vom 27.11.1992, Nr. 223a, sowie hinsichtlich der Vorgaben für die Vergabe von Lieferungen und Leistungen mit Ausnahme von Dienstleistungen in Abschnitt 3 VOL/A 1993, BAnz. vom 02.09.1997, Nr. 163 a, und für Dienstleistungen durch Erlaß der VOF, BAnz. vom 03.09.1997, Nr. 164 a, *Thieme*, in: *Langen/Bunte*, Kommentar zum deutschen und europäischen Kartellrecht, Bd. I, 9. Aufl. vor § 97, Rdnr. 41.

Vorausgegangen war die Richtllinie 90/531/EWG des Rates vom 17.09.1990 über die Auftragsvergabe durch Auftraggeber im Bereich der Wasser-, Energie- und Verkehrsversorgungsunternehmen sowie im Telekommunikationssektor, AblEG Nr. L 297, S. 1 ff. vom 29.10.1990, vgl. *Kokott*, in: *Byok/Jaeger,* Kommentar zum Vergaberecht, 2000, Einleitung, Rdnr. 16, deren Anwendungsbereich durch die Richtlinie 93/38/EWG auf den Bereich der Dienstleistungsverträge ausgedehnt wurde, vgl. *Thieme*, in: *Langen/Bunte*, Kommentar zum deutschen und europäischen Kartellrecht, Bd. I, 9. Aufl. vor § 97, Rdnr. 41.

Zum Teil wird der EG die Kompetenz zum Erlaß einer solchen Richtlinie abgesprochen, vgl. *Elbel*, Das Recht der öffentlichen Aufträge auf dem Prüfstand des europäischen Rechts, DÖV 1999, S. 235 ff. (237).

[156] Vgl. Art. 2 Abs. 1 lit. a) i.V.m. 1 Nr. 1 und Nr. 2 SKR

[157] Vgl. Art. 2 Abs. 2 SKR

[158] Vgl. Art. 2 Abs. 1 lit. b) SKR

[159] Richtlinie 89/665/EWG des Rates vom 21.12.1989 zur Koordinierung der Rechts- und Verwaltungsvorschriften für die Anwendung der Nachprüfungsverfahren im Rahmen der Vergabe öffentlicher Liefer- und Bauaufträge, AblEG Nr. L 395, S. 33 ff. vom 30.12.1989, sog. Rechtsmittelrichtlinie oder Nachprüfungsrichtlinie, vgl. *Kokott*, in: *Byok/Jaeger,* Kommentar zum Vergaberecht, 2000, Einleitung, Rdnr. 19, FN 69; Richtlinie 92/13/EWG des Rates vom 25.02.1992 zur Koordinierung der Rechts- und Verwaltungsvorschriften für die Anwendung der Gemeinschaftsvorschriften über die Auftragsvergabe durch Auftraggeber im Bereich der Wasser-, Energie- und Verkehrsversorgung sowie im Telekommunikationssektor, AblEG Nr. L 76, S. 14 ff. vom 23.03.1992

Vergaberichtlinien verbürgten subjektiven Bieterrechte prozessual ab[160] und verhelfen den Koordinierungsrichtlinien zu ihrer Wirksamkeit und Durchsetzbarkeit.[161]

Die schleppende Umsetzung[162], die komplexen Verfahren und die fehlende Einhaltung der Richtlinien führen dazu, daß diese nicht die erhoffte Schaffung des europäischen Binnenmarktes für öffentliche Aufträge bewirkt haben.[163] Vor diesem Hintergrund hat die Europäische Kommission 1996 das Grünbuch "Das öffentliche Auftragswesen in der Europäischen Union – Überlegungen für die Zukunft"[164] publiziert. Im Anschluß an den 1998 vorgelegten Aktionsplan brachte die Kommission die Reform der Vergaberichtlinien auf den Weg.[165] Der Reformvorschlag faßt BKR, LKR und DKR in einer Richtlinie zusammen.[166] Die

---

[160] *Kulartz*, in: *Niebuhr/Kulartz/Kus/*Portz, Kommentar zum Vergabrecht, Einleitung, Rdnr. 4. Das nationale Vergaberecht gewährte bis zur richtlinienkonformen Umsetzung – und unterhalb der Schwellenwerte bis dato – keine subjektiven Bieterrechte, vgl. hierzu *Dreher*, Vergaberechtsschutz unterhalb der Schwellenwerte, Tagungsband "Zweiter Düsseldorfer Vergaberechtstag am 28.06.2001", Ministerium für Wirtschaft und Mittelstand, Energie und Verkehr des Landes Nordrhein-Westfalen, S. 79 ff.; *Freitag*, Vergaberechtsschutz unterhalb der europäischen "Schwellenwerte", NZBau 2002, S. 204 ff.

[161] *Thieme*, in: *Langen/Bunte*, Kommentar zum deutschen und europäischen Kartellrecht, Bd. I, 9. Aufl. vor § 97, Rdnr. 36

[162] In der Mitteilung der Kommission "Das öffentliche Auftragswesen in der Europäischen Union" vom 11.03.1998, Kom (98) 143, S. 2, wird das öffentliche Beschaffungswesen zu den Bereichen mit dem hchsten Umsetzungsdefizit beschrieben, da in allen Mitgliedstaaten zusammen nur 55,6% der Richtlinien korrekt umgesetzt worden sind

[163] Vgl. Mitteilung der Kommission "Das öffentliche Auftragswesen in der Europäischen Union" vom 11.03.1998, Kom (98) 143, S. 2

[164] KOM (96) 583 Fassung vom 27.11.1996

[165] Angekündigte Reformvorhaben sind insbesondere:

- Das öffentliche Auftragswesen in der EU - Überlegungen für die Zukunft vom 27.11.1996 (Grünbuch), KOM (96) 583 vom 27.11.1996
- Das öffentliche Auftragswesen in der EU vom 11.03.1998 (Weißbuch), KOM (98) 143 vom 11.03.1998
- Mitteilung der Kommission vom 11.03.1998: Das öffentliche Auftragswesen in der Europäischen Union, KOM (98) 143
- Vorschlag der Kommission vom 10.05.2000 über die Koordinierung der Verfahren zur Vergabe öffentlicher Lieferaufträge, Dienstleistungsaufträge und Bauaufträge KOM (2000) 275
- Vorschlag der Kommission vom 10.05.2000 zur Koordinierung der Auftragsvergabe durch Auftraggeber im Bereich der Wasser-, Energie- und Verkehrsversorgung, KOM (2000) 276

[166] Vorschlag der Kommission vom 10.05.2000 für eine Richtlinie des Europäischen Parlaments und des Rates über die Koordinierung der Verfahren zur Vergabe öffentlicher Lieferaufträge, Dienstleistungsaufträge und Bauaufträge, KOM (2000) 275

SKR bildet die zweite Richtlinie.[167] Ziel der Reform ist eine Modernisierung der Vergaberichtlinien durch die Anpassung der Ausschreibungsverfahren an neue Kommunikationstechnologien (elektronisches Ausschreibungsverfahren) und an Veränderungen des wirtschaftlichen Umfelds. Zudem sollen die komplexen Vorschriften vereinfacht werden und die starren Verfahren flexibler ausgestaltet werden.[168]

D. Zusammenfassung

Aufgrund der EG-vertraglichen Neutralität hinsichtlich der wirtschaftlichen Betätigung der Mitgliedstaaten nehmen diese als *Anbieter* und als *Nachfrager* am Wirtschaftsleben teil. Sie decken durch rechtsgeschäftliche Teilnahme am Wirtschaftsleben sowie durch eigene Güterproduktion denjenigen Bedarf an Wirtschaftsgütern, den sie zur Erfüllung der ihnen obliegenden Aufgaben (exogene Zwecke der Bedarfsdeckung) sowie zur Aufrechterhaltung der Funktionsfähigkeit der Verwaltung (endogene Zwecke der Bedarfsdeckung) benötigen.

Die rechtsgeschäftliche Teilnahme der Mitgliedstaaten am Markt erfolgt in der Bundesrepublik Deutschland durch den Abschluß privatrechtlicher Verträge und ist durch das Vergaberecht geregelt. Das Vergaberecht beschreibt die Gesamtheit der Regeln und Vorschriften, die ein Träger öffentlicher Verwaltung oder bestimmte private Unternehmen mit staatsähnlicher Monopolstellung bei der Beschaffung von sachlichen Mitteln und Leistungen, die sie zur Erfüllung von Verwaltungsaufgaben bzw. Aufgaben des Tätigkeitsbereichs benötigen, zu beachten hat. Es dient insbesondere dem Wirtschaftlichkeitsprinzip und dem Willkürverbot.

Das Vergaberecht unterhalb der Schwellenwerte ist als nationales Haushaltsrecht ausgestaltet und in den jeweiligen Haushaltsordnungen des Bundes, der Länder und der Gemeinden verankert, deren genaue verfahrensrechtliche Ausgestaltung durch die Verdingungsordnungen erfolgt.

---

[167] Vorschlag der Kommissionvom 10.05.2000 für eine Richtlinie des Europäischen Parlaments und des Rates über die Koordinierung der Auftragsvergabe durch Auftraggeber im Bereich Wasser-, Energie- und Verkehrsversorgung, KOM (2000) 276

[168] Vgl. Begründung I. und II. des Vorschlags vom 10.05.2000 für eine Richtlinie des Europäischen Parlaments und des Rates über die Koordinierung der Verfahren zur Vergabe öffentlicher Lieferaufträge, Dienstleistungsaufträge und Bauaufträge, KOM (2000) 275 und Begründung I., II.1. und III. 1.1. des Vorschlags der Kommissionvom 10.05.2000 für eine Richtlinie des Europäischen Parlaments und des Rates über die Koordinierung der Auftragsvergabe durch Auftraggeber im Bereich Wasser-, Energie- und Verkehrsversorgung, KOM (2000) 276.

Das in den §§ 97 ff. GWB, der Vergabeverordnung und den Verdingungsordnungen geregelte Vergaberecht oberhalb der Schwellenwerte stellt sich als die Umsetzung europäischer Richtlinien dar. Diese vereinheitlichen die Vergabeverfahren für Bau-, Liefer- und Dienstleistungsverträge durch öffentliche Auftraggeber bzw. Sektorenauftraggeber, um den marktabschottenden Vergabepraktiken der Mitgliedstaaten entgegenzuwirken. Durch Nachprüfungsverfahren werden die materiellen Rechte der Bieter auf Einhaltung des Verfahrens prozessual abgesichert.

Die Bedarfsdeckung in Form mitgliedstaatlicher Eigenleistung zeichnet sich dadurch aus, daß der Staat seinen Bedarf an bestimmten Wirtschaftsgütern nicht oder nicht ausschließlich durch die Nachfrage dieser Wirtschaftsgüter am Markt, sondern (auch) durch ihm zuzurechnende "eigene" Stellen befriedigt, was vor allem für Leistungen mit hoheitsspezfischem Charakter gilt, aber auch im Bereich der Daseinsvorsorge und der Aufrechterhaltung der Funktionsfähigkeit der Verwaltung der Fall ist.

Neben der öffentlich-rechtlichen Organisationsform der unselbständigen Anstalt (Regiebetrieb, Eigenbetrieb, Kommunalunternehmen) ohne eigene Rechtspersönlichkeit und der selbständigen Anstalt mit eigener Rechtspersönlichkeit stehen hierfür auch die privatrechtlichen Organisationsformen zur Verfügung. Aufgrund der gesetzlichen Haftungsbeschränkungen kommen jedoch lediglich die KG, die GmbH und die AG als mögliche Organisationsformen in Betracht. Praktisch relevant sind die GmbH und die AG.

§ 3
Anwendbarkeit der Koordinierungsrichtlinien auf die mitgliedstaatliche Bedarfsdeckung und ihre Konsequenzen für die In-House-Vergabe

Nach der Darstellung der Organisationsformen der mitgliedstaatlichen Bedarfsdeckung kann nachfolgend die eigentliche Problematik der In-House-Vergabe, die unterschiedliche Behandlung der Organisationsformen staatlicher Beschaffungstätigkeit unter dem Regime der Koordinierungsrichtlinien aufgezeigt werden. Organisationsformen mit eigener Rechtspersönlichkeit unterfallen grundsätzlich dem Anwendungsbereich der Koordinierungsrichtlinien. Der Leistungsbezug von diesen Stellen ist daher grundsätzliche ausschreibungspflichtig. Demgegenüber unterliegt die Bedarfsdeckung durch Stellen ohne eigene Rechtspersönlichkeit (In-House-Vergabe im engeren Sinne) grundsätzlich nicht dem Anwendungsbereich der Koordinierungsrichtlinien und ist ausschreibungsfrei. Es stellt sich daher die Frage, ob und unter welchen Umständen die Bedarfsdeckung durch Stellen mit eigener Rechtspersönlichkeit ebenfalls als ausschreibungsfrei zu beurteilen ist (In-House-Vergabe im weiteren Sinne).

Daher ist zunächst zu untersuchen, inwieweit die Koordinierungsrichtlinien die In-House-Vergabe im engeren bzw. im weiteren Sinne regeln, um zu ermitteln, ob eine gesetzliche Regelung für die In-House-Vergabe besteht und inwieweit ein Anwendungsbereich für die vom *EuGH* in der Rs. *Teckal*[169] entwickelten Grundsätze verbleibt. Hierzu bedarf es einer Analyse des Anwendungsbereichs der Koordinierungsrichtlinien auf die In-House-Vergabe. Der Anwendungsbereich der Koordinierungsrichtlinien ist eröffnet, wenn die Leistungserbringung an einen öffentlichen Auftraggeber (persönlicher oder subjektiver Anwendungsbereich) aufgrund eines öffentlichen Auftrags (sachlicher oder objektiver Anwendungsbereich) erfolgt, sofern der Wert der Leistungserbringung die vorgenannten Schwellenwerte[170] überschreitet, wovon nachfolgend auszugehen ist.

---

[169] *EuGH* Urteil vom 18.11.1999, Rs. C-107/98, (Teckal Srl/Gemeinde Viano, u.a.), Slg. I 1999, S. 8139 ff. Tz. 50

[170] Vgl. § 2C.II.3, S. 57 f., insb. auch FN 3

A. Der subjektive Anwendungsbereich der Koordinierungsrichtlinien

Art. 1 lit. b) LKR, Art. 1 lit. b) DKR, Art. 1 lit. b) BKR bzw. Art. 2 SKR nennen die zur Ausschreibung verpflichteten öffentlichen Auftraggeber und definieren damit den subjektiven oder persönlichen Anwendungsbereich der Koordinierungsrichtlinien abschließend.[171]

Nach dem übereinstimmenden Wortlaut von Art. 1 lit. b) LKR, Art. 1 lit. b) DKR, Art. 1 lit. b) BKR gelten als öffentliche Auftraggeber

> "der Staat, Gebietskörperschaften, Einrichtungen des öffentlichen Rechts und Verbände, die aus einer oder mehreren dieser Körperschaften oder Einrichtungen bestehen".

Als Einrichtung des öffentlichen Rechts gilt jede Einrichtung,

- "die zu dem besonderen Zweck gegründet wurde, im Allgemeininteresse liegende Aufgaben zu erfüllen, die nicht gewerblicher Art sind, und
- die Rechtspersönlichkeit besitzt und
- die überwiegend vom Staat, von Gebietskörperschaften oder von anderen Einrichtungen des öffentlichen Rechts finanziert wird oder die hinsichtlich ihrer Leitung der Aufsicht durch letztere unterliegt oder deren Verwaltungs-, Leitungs- oder Aufsichtsorgan mehrheitlich aus Mitgliedern besteht, die vom Staat, von Gebietskörperschaften oder von anderen Einrichtungen des öffentlichen Rechts ernannt worden sind. "[172]

Nach Art. 2 Abs. 1 SKR gelten als öffentliche Auftraggeber im Sinne der SKR

> "a) Staatliche Behörden oder öffentliche Unternehmen, die eine Tätigkeit im Sinne des Absatzes 2 ausüben;
>
> b) oder wenn sie nicht staatliche Behörden oder öffentliche Unternehmen sind, als eine ihrer Tätigkeiten eine Tätigkeit im Sinne des Absatzes 2 oder verschiedene dieser Tätigkeiten auf der Grundlage von besonderen oder ausschließlichen Rechten ausüben, die von einer zuständigen Behörde eines Mitgliedstaats gewährt wurden."

Die in Art. 2 Abs. 2 SKR beschriebenen Tätigkeiten umfassen bestimmte Tätigkeiten im Bereich der Trinkwasser-, Strom-, Gas- oder Wärmeversorgung, der

---

[171] *Dreher*, Der Anwendungsbereich des Kartellvergaberechts, DB 1998, S. 2579 ff. (2579); *Eschenbruch*, in: *Niebuhr/Kulartz/Kus/*Portz, Kommentar zum Vergabrecht, § 98, Rdnr. 4; *Werner*, in: *Byok/Jaeger*, Kommentar zum Vergaberecht, 2000, § 98, Rdnr. 211

[172] Art. 1 lit. b) S. 2 BKR; Art. 1 lit. b) S. 2 LKR; Art. 1 lit. b) S. 2 DKR; Art. 1 Nr. 1 S. 2 SKR

Förderung von fossilen Festbrennstoffen sowie Tätigkeiten in den Bereichen des Verkehrs und der Telekommunikation.[173]

Da sich die In-House-Vergabe als Problem der Reichweite des sachlichen Anwendungsbereichs darstellt, ist im folgenden von der Eigenschaft der beauftragenden Stelle als öffentlicher Auftraggeber auszugehen.

B. Der objektive Anwendungsbereich der Koordinierungsrichtlinien

Die Eröffnung des objektiven oder sachlichen Anwendungsbereichs setzt das Vorliegen eines *öffentlichen Auftrags* voraus. Der Begriff des öffentlichen Auftrags ist in Art. 1 lit. b) BKR, Art. 1 lit. b) LKR, Art. 1 lit. b) DKR bzw. Art. 1 Nr. 4 SKR für die jeweilige Richtlinie legaldefiniert.

I. Der Auftragsbegriff der Koordinierungsrichtlinien

Die einzelnen Richtlinien regeln unterschiedliche Bereiche des öffentlichen Beschaffungswesen, nämlich Bau-, Liefer- und Dienstleistungen sowie die Auftragsvergabe durch Sektorenauftraggeber.[174] Die Abgrenzung der Anwendungsbereiche der einzelnen Richtlinien erfolgt daher grundsätzlich anhand des sachlichen Anwendungsbereichs der jeweiligen Koordinierungsrichtlinie. Die BKR regelt die Vergabe von öffentlichen *Bau-*, die LKR die Vergabe öffentlicher *Liefer-* und die DKR die Vergabe öffentlicher *Dienstleistungsaufträge*. Die SKR hat – unabhängig von der Art des zu vergebenden Auftrags – die Auftragsvergabe durch bestimmte *Sektorenauftraggeber* zum Gegenstand.

Nach Art. 1 lit. a) BKR

> "gelten als öffentliche Bauaufträge: die zwischen einem Unternehmer und einem unter Buchstabe b) näher bezeichneten öffentlichen Auftraggeber geschlossenen *schriftlichen entgeltlichen Verträge*[175] über entweder die Ausführung oder gleichzeitig die Ausführung und die Planung von Bauvorhaben im Zusammenhang mit einer der in Anhang 2 genannten Tätigkeiten oder eines Bauwerks im Sinne des

---

[173] Im Reformentwurf zur SKR ist der Telekommunikationssektor aufgrund seiner bereits weitgehend abgeschlossenen Liberalisierung von den Regelungen ausgenommen, während die übrigen Sektorenbereiche je nach Liberalisierungsgrad vom Anwendungsbereich ausgenommen werden können, vgl. Begründung der Kommission III. 2.2.4 des Vorschlags der Kommissionvom 10.05.2000 für eine Richtlinie des Europäischen Parlaments und des Rates über die Koordinierung der Auftragsvergabe durch Auftraggeber im Bereich Wasser-, Energie- und Verkehrsversorgung, KOM (2000) 276.

[174] Vgl. § 2C.II.3, S. 57 f.

[175] Hervorhebung durch den Verfasser

> Buchstabens c) oder die Erbringung einer Bauleistung durch Dritte, gleichgültig mit welchen Mitteln, gemäß den vom öffentlichen Auftraggeber genannten Erfordernissen."

Nach Art. 1 lit. a) LKR

> "gelten als öffentliche Lieferaufträge die zwischen einem Lieferanten (einer natürlichen oder juristischen Person) und einem unter Buchstabe b) näher bezeichneten öffentlichen Auftraggeber geschlossenen *schriftlichen entgeltlichen Verträge*[176] über Kauf, Leasing, Miete, Pacht oder Ratenkauf, mit oder ohne Kaufoption, von Waren. Diese Lieferung kann auch Nebenarbeiten wie das Verlegen und Anbringen umfassen."

Nach Art. 1 lit. a) DKR

> "gelten als "öffentliche Dienstleistungsaufträge" die zwischen einem Dienstleistungserbringer und einem öffentlichen Auftraggeber geschlossenen *schriftlichen entgeltlichen Verträge*[177], ausgenommen ...*(folgt eine Reihe von Vertragstypen)*[178]."

Art. 1 Nr. 4 SKR definiert Liefer-, Bau- und Dienstleistungsaufträge als

> "die zwischen einem der in Art. 2[179] aufgeführten Auftraggeber und einem Lieferanten, Unternehmer oder Dienstleistungserbringer geschlossenen *entgeltlichen schriftlichen Verträge*[180], die folgenden Gegenstand haben: ...."

Die Unterscheidung der verschiedenen Auftragsarten bildet die Grundlage für das weitere Vergabeverfahren. Die Qualifizierung als Bau-, Liefer- oder Dienstleistungsauftrag ist wegen der Auffangfunktion der DKR, die sämtliche öffentlichen Aufträge erfaßt, die nicht Bau- oder Lieferaufträge sind, für die Frage, ob überhaupt ein Vergabeverfahren durchzuführen ist, grundsätzlich ohne Bedeutung. Demgegenüber ist diese Unterscheidung für die In-House-Vergabe im weiteren Sinne relevant[181], weil die verschiedenen Koordinierungsrichtlinien Aus-

---

[176] Hervorhebung durch den Verfasser

[177] Hervorhebung durch den Verfasser

[178] Anmerkung des Verfassers

[179] Vgl. zu den Auftraggebern im Bereich der SKR § 3A, S. 68 f.

[180] Hervorhebung durch den Verfasser

[181] Im übrigen ist diese Unterscheidung vor allem für die Frage bedeutsam, welche Schwellenwerte gelten, da diese nach der Art des Auftragsgegenstands variieren. So beträgt (vereinfacht dargestellt) der Schwellenwert für Bauaufträge 5.000.000 Euro, derjenige für Liefer- und Dienstleistungsaufträge 200.000 Euro und derjenige für bestimmte Sektorenaufträge 400.000 Euro, vgl. § 1B.I, S. 22 ff., insb. FN 3. Auf nationaler Ebene ist die Qualifizierung des Auftrags darüber hinaus für die Frage relevant, welche Verdingungsordnung Anwendung findet. Wird infolge der fehlerhaften Einqualifizierung eine nicht einschlägige Verdingungsordnung angewandt, führt dies zur Rechtswidrigkeit der Auftragserteilung und kann Schadensersatzansprüche der Mitbewerber nach sich ziehen, *Boesen*, Vergaberecht, 1. Aufl. 2000, § 99, A. II., Rdnr. 7 mit weiteren Nachweisen aus der Rechtsprechung.

nahmevorschriften enthalten, die zum Teil wortlautidentisch[182] sind, zum Teil jedoch nur für Bau-, Liefer- oder Dienstleistungen gelten[183]. Insoweit daher z.B. die In-House-Vergabe im weiteren Sinne unter eine Ausnahmevorschrift fallen sollte, die z.B. nur für Dienstleistungen Anwendung findet, nicht aber für Bau- und/oder Lieferleistungen, ist die Art der zu vergebenden Aufträge für das Verhältnis der In-House-Vergabe zu diesen Ausnahmevorschriften relevant.

II. Konsequenzen des dem einheitlichen Auftragsbegriff zugrundeliegenden Vertragserfordernis

Vergleicht man den Wortlaut der Legaldefinitionen des Bau-, Liefer- und Dienstleistungsauftrags bzw. die Legaldefinition des öffentlichen Auftrags der SKR miteinander, ergibt sich, daß die gemeinsame und entscheidende Voraussetzung der Eröffnung des sachlichen Anwendungsbereichs darin besteht, daß es sich jeweils um

> "schriftliche entgeltliche Verträge zwischen einem Unternehmer/Lieferanten/ Dienstleistungserbringer und einem öffentlichen Auftraggeber"

handelt. So verweist auch Generalanwalt *Fennelly* in der Rs. *Telaustria* darauf, daß

> "der in den Vergabevorschriften der Gemeinschaft verwendete Begriff *schriftliche entgeltliche Verträge*"[184]

sich

> "in allen Richtlinien – von der ersten Richtlinie 71/305, bis zur Richtlinie 93/38 – findet"[185].

Erst im gedanklich zweiten Schritt erfolgt eine Differenzierung nach dem Gegenstand des Vertrags, nämlich danach, ob dieser eine Bau-, Liefer- oder Dienstleistungen zum Gegenstand hat.[186]

---

[182] Z. B. Art. 5 b) BKR und Art 4 b LKR; Art 5b DKR und Art. 12 Nr 2 SKR; Art 5 a BKR, Art 4 a LKR, Art 5 a DKR und Art. 12 Nr 1 SKR; Art 5 c BKR, Art 4 c LKR, Art 5 c DKR und Art. 12 Nr 3 SKR und Art. 4 b BKR, Art. 2 Abs. 1 b LKR, Art 4 Abs. 2 DKR und Art 10 SKR (Art 296 EG)

[183] Vgl. z.B. die nur für die SKR bestehenden Regelungen in Art 7 Abs. 1 SKR, Art 8 Abs. 1 SKR, Art 9 Abs. 1 a SKR, Art 9 Abs. 1 b SKR, Art 13 Abs. 1 SKR oder die nur für die DKR getroffene Regelung in Art 1a, iv DKR, die jeweils keine Entsprechung in den übrigen Koordinierungsrichtlinien finden.

[184] Hervorhebung des Generalanwalts Fennelly

[185] Vgl. auch Schlußantrag des Generalanwalts *Geroges Cosmas* vom 01.07.1999 in der Rs. C-107/98 (Teckal Srl/Gemeinde Viano), Slg. I 1999, S. 8123 ff. (Tz. 52 ff.)

[186] Einen ähnlichen Weg ist auch der deutsche Gesetzgeber gegangen, der in § 99 Abs. 1 GWB erstmalig auf Gesetzesebene öffentliche Aufträge legaldefiniert als "entgeltliche Ver-

Diese einheitliche Definition des Auftragsbegriffs, die sich lediglich nach dem Gegenstand des Auftrags unterscheidet, beruht auf dem Sinn und Zweck der Koordinierungsrichtlinien. Dieser besteht darin in verschiedenen Bereichen diejenigen Beschaffungsakte dem Vergaberecht zu unterwerfen, die im Wege der Auftragsvergabe erfolgen und andere, z.B. solche Beschaffungsakte, die aufgrund von Gesetz, Verordnungen und Konzessionen erfolgen, vom Anwendungsbereich der Koordinierungsrichtlinien auszunehmen.[187]

Das Vorliegen eines schriftlichen entgeltlichen Vertrags im Sinne eines Auftrags setzt das Vorliegen einer

> "Vereinbarung zwischen zwei verschiedenen Personen"[188]

voraus. Die Personenverschiedenheit folgt letztlich schon aus dem Erfordernis einer Vereinbarung, da eine Vereinbarung das Vorliegen übereinstimmender Willenserklärungen von zwei verschiedenen Personen voraussetzt. Für das Vorliegen eines öffentlichen Auftrags ist darüber hinaus erforderlich, daß die Willenserklärung inhaltlich auf die Erbringung einer Bau-, Liefer- oder Dienstleistung als abhängige Gegenleistung für eine Vergütung gerichtet ist.[189] Auch davon ist – ebenso wie von der Eigenschaft der beauftragenden Stelle als öffentlicher Auftraggeber – nachfolgend auszugehen.

Die Konsequenz des dem Auftragsbegriff immanenten Vertragserfordernisses ist, daß die formal-rechtliche Personenverschiedenheit zwischen Auftragnehmer und öffentlichem Auftraggeber die Eröffnung des Anwendungsbereichs der Koordinierungsrichtlinien zur Folge hat. Aufgrund der in der Systematik der Koor-

---

träge zwischen öffentlichen Auftraggebern und Unternehmen, die Liefer-, Bau- oder Dienstleistungen zum Gegenstand haben, und Auslobungsverfahren, die zu Dienstleistungsaufträgen führen sollen." Ausweislich der amtlichen Begründung dient diese Formulierung der Umsetzung der Definition(en) der EG-Richtlinien (Begründung der Bundesregierung zu § 108 zum Entwurf des VgRÄG, BT-Drucksache 13/9340 vom 03.12.1997, S. 15), so daß der historische Wille des Gesetzgebers dahingehend zu verstehen ist, die weite Auslegung der Kommission in ihren nichtamtlichen Ausführungen zur Begründung der LKR ins nationale Recht zu übernehmen. Es wird deutlich, daß in § 99 Abs. 1 GWB die für Bau-, Liefer- und Dienstleistungsaufträgen gleichermaßen enthaltenen Merkmale enthalten sind.

[187] Vgl. 9. Erwägungsgrund zur Richtlinie 92/50/EWG des Rates vom 18.06.1992 über die Koordinierung der Verfahren zur Vergabe öffentlicher Dienstleistungsaufträge, AblEG 1993 Nr. L 209, S. 1 ff. vom 24.07.1992, zuletzt geändert durch Richtlinie zur Änderung der Richtlinien 92/50/EWG (Dienstleistungsrichtlinie), 93/36/EWG (Lieferkoordinierungsrichtlinie) und 93/37/EWG (Baukoordinierungsrichtlinie) vom 13.10.1997, AblEG Nr. L 328, S. 1 ff. vom 28.11.1997, vgl. § 3B.III, S. 74 ff.

[188] *EuGH* Urteil vom 18.11.1999, Rs. C-107/98, (Teckal Srl/Gemeinde Viano, u.a.), Slg. I 1999, S. 8139 ff. (Tz. 50)

[189] Schlußanträge des Generalanwalts *Geroges Cosmas* vom 01.07.1999 in der Rs. C-107/98 (Teckal Srl/Gemeinde Viano), Slg. I 1999, S. 8123 ff. (Tz. 52)

dinierungsrichtlinien angelegten formalen Betrachtungsweise ist damit auch die Beauftragung eines mit dem öffentlichen Auftraggeber verbundenen *rechtspersonenverschiedenen* Leistungserbringers bei Überschreiten der Schwellenwerte grundsätzlich ausschreibungspflichtig, sofern keine Ausnahmevorschrift eingreift. Dies gilt unabhängig davon, ob es sich aufgrund der Rechtsbeziehungen zwischen Auftragnehmer und öffentlichem Auftraggeber um eine Bedarfsdeckung im Wege der staatlichen Eigenleistung handelt oder um eine Leistungsbeschaffung am Markt.

Dagegen ist der Leistungsbezug von einer formal-juristisch sich nicht vom öffentlichen Auftraggeber unterscheidenden Stelle nicht ausschreibungspflichtig. Mangels Auftragsverhältnis ist der Anwendungsbereich der Koordinierungsrichtlinien nicht eröffnet. Das Gemeinschaftsrecht verpflichtet die öffentlichen Auftraggeber somit nicht, das Verfahren, das einen echten Wettbewerb zwischen den Beteiligten gewährleisten soll, einzuhalten, wenn die fraglichen Auftraggeber die Leistung selbst, d.h. durch personenidentische Stellen, erbringen.[190] Überwiegend wird hieraus gefolgert, daß der Leistungsbezug in diesem Fall dem Bereich staatlicher Eigenleistung zuzurechnen ist, der von den Koordinierungsrichtlinien nicht erfaßt wird.[191]

---

[190] Schlußanträge des Generalanwalts *Geroges Cosmas* vom 01.07.1999 in der Rs. C-107/98 (Teckal Srl/Gemeinde Viano), Slg. I 1999, S. 8123 ff. (Tz. 54)

[191] *Boesen*, Vergaberecht, 1. Aufl. 2000, § 100 B. II. 8. c), Rdnr. 89; *Deutscher Städte- und Gemeindebund,* Gespräch der kommunalen Spitzenverbände mit Vertretern der EG-Kommission zum Thema In-House-Geschäfte, DStGB Aktuell 1400-18 vom 17.04.2000, S. 29 ff. (29 und 30); *Dreher*, in: *Immenga/Mestmäcker* Gesetz gegen Wettbewerbsbeschränkungen, Kommentar, 3. Aufl. 2001, § 99, Rdnr. 18; *Eschenbruch*, in: *Niebuhr/Kulartz/Kus/*Portz, Kommentar zum Vergabrecht, § 99, Rdnr. 50; *Faber*, Öffentliche Aufträge an kommunalbeherrschte Unternehmen – in-house-Geschäfte oder Vergabe im Wettbewerb, DVBl 2001, S. 248 ff. (250); *Gallwas*, Das Recht der Vergabe öffentlicher Aufträge – ein Überblick, GewArch 2000, S. 401 ff. (404); *Kulartz/Niebuhr*, Sachlicher Anwendungsbereich und wesentliche Grundsätze des materiellen GWB-Vergaberechts, NZBau 2001, S. 6 ff. (8); Marx, in: *Motzke/Pietzcker/Prieß* (Hrsg.) VOB Teil A, 2001, § 99, Rdnr. 3 ff.; *Müller-Wrede*, in: *Müller-Wrede* (Hrsg.) Verdingungsordnung für freiberufliche Leistungen (VOF), 1999, Einl. Rdnr. 36; *Opitz,* Kontraktive Privatisierung und Kartellvergaberecht, ZVgR 2000, S. 97 ff. (105); *Portz*, Anwendung des Vergaberechts bei der Privatisierung kommunaler Aufgaben, BWGZ 2000, S. 191 ff. (196); *Voppel*, in: *Voppel/Osenbrück/Bubert*, VOF Verdingungsordnung für freiberufliche Leistungen, § 2, Rdnr. 25; Schlußanträge des Generalanwalts *Geroges Cosmas* vom 01.07.1999 in der Rs. C-107/98 (Teckal Srl/Gemeinde Viano), Slg. I 1999, S. 8123 ff. (Tz. 54); Schlußanträge des Generalanwalts *Siegbert Alber* vom 18.03.1999, Rs. C-108/98 (RI.San. Srl/Commune di Ischia u.a.), Slg. I 1999, S. 5221 ff. (Tz. 49); Schlußanträge des Generalanwalts *Antonio La Pergola* vom 19.02.1998, Rs. C-360/96 (BFI Holding/Gemeente Arnhem und Rheden), Slg. I 1998, S. 6821 ff. (Tz. 29); Schlußanträge des Generalanwalts *Philippe Léger* vom 15.06.2000, Rs. C-94/99 (*ARGE* Gewässerschutz/Bundesministerium für Land- und Forstwirtschaft), Slg. I 2000, S. 11039 ff. (Tz. 50)

Damit unterliegt die In-House-Vergabe im engeren Sinne nicht dem Anwendungsbereich der Koordinierungsrichtlinien. Es stellt sich daher die Frage, ob Fälle des Leistungsbezugs von einer sich formal vom öffentlichen Auftraggeber unterscheidenden Stelle denkbar sind, die trotz des Vorliegens der Voraussetzungen für die Anwendung der Koordinierungsrichtlinien von deren Anwendungsbereich auszunehmen sind und ausschreibungsfrei erfolgen können. Vor diesem Hintergrund ist zunächst der Sinn und Zweck des Vertragserfordernisses näher zu untersuchen.

III. Die Funktion des Vertragserfordernis vor dem Hintergrund mitgliedstaatlicher Bedarfsdeckung im Kompetenzgefüge der Europäischen Gemeinschaft

Der Sinn und Zweck des Vertragserfordernisses besteht zum einen darin, einseitige Zuwendungen, wie z.B. staatliche Beihilfen, Kapitalausstattungen oder Haushaltstransfers[192], vom Anwendungsbereich der Koordinierungsrichtlinien auszunehmen. Zum anderen sollten mitgliedstaatliche Eigenleistungen, insbesondere solche auf gesetzlicher Grundlage sowie solche, die auf der Grundlage von Verwaltungsvereinbarungen oder -vorschriften erfolgten, vom Anwendungsbereich der Koordinierungsrichtlinien ausgenommen werden[193].

Die Herausnahme einseitiger staatlicher Zuwendungen aus dem Anwendungsbereich der Koordinierungsrichtlinien beruht darauf, daß diese sachlich dem Beihilfenrecht zuzuordnen sind.

Die Herausnahme mitgliedstaatliche Eigenleistungen aus dem Anwendungsbereich der Koordinierungsrichtlinien beruht auf mehreren Erwägungen. Zum einen ging die Kommission davon aus, daß mitgliedstaatliche Eigenleistungen von Behörden untereinander regelmäßig auf der Grundlage von Verwaltungsverein-

---

[192] Begründungserwägung Nr. 25 des Vorschlags für eine Richtlinie des Rates über die Koordinierung der Verfahren zur Vergabe öffentlicher Dienstleistungsaufträge, KOM (90) 372; Ratsdokument 10958/90, abgedruckt als BR-Drucksache, 13/91 vom 10.01.1991: "25. Auf der anderen Seite liegt kein gegenseitiger Vertrag vor im Fall von einseitigen Zuwendungen, wie zum Beispiel staatlichen Beihifen, Kapitalausstattungen oder Haushaltstransfers, die den Empfänger in die Lage versetzen, bestimmte Tätigkeiten im öffentlichen Interessse auszuüben. Nationale Vorschriften enthalten in vielen Fällen die notwendigen Abgrenzungen. Zum gegenwärtigen Zeitpunkt besteht im Rahmen der vorgeschlagenen Richtlinie kein Handlungsbedarf."

[193] Vgl. 8. Begründungserwägung der DKR und Erwägungsgrund Nr. 13 des Hintergrundpapiers der Kommission der Europäischen Gemeinschaften für eine Richtlinie: Öffentliches Auftragswesen im Dienstleistungsverkehr, abgedruckt als BR-Drucksache, 146/89 vom 08.03.1991; Schlußanträge des Generalanwalts *Geroges Cosmas* vom 01.07.1999 in der Rs. C-107/98 (Teckal Srl/Gemeinde Viano), Slg. I 1999, S. 8123 ff. (Tz. 52, FN 31)

barungen oder Verwaltungsvorschriften erbracht würden. Mit dem Auftragserfordernis sollte daher die Leistungserbringung auf gesetzlicher Grundlage, die keinen Vertrag im Sinne eines öffentlichen Auftrags darstellt, vom Anwendungsbereich der Koordinierungsrichtlinien ausgeklammert werden.[194] Zum anderen vollzieht sich der überwiegende und damit wirtschaftlich bedeutsamere Teil der mitgliedstaatlichen Bedarfsdeckung im Wege der rechtsgeschäftlichen[195] Teilnahme am Markt. Gerade in diesem Bereich der rechtsgeschäftliche Bedarfsdeckung waren jedoch die hierfür relevanten Vergabeverfahren so ausgestaltet, daß sie regelmäßig zu einer Bevorzugung nationaler Bieter bzw. Produkte[196] führten und somit eine Öffnung der Beschaffungsmärkte verhinderten.[197] Zur Verwirklichung des Binnenmarktes erschien es daher vordringlich, diesen Teil der Beschaffungsakte europaweit zu regeln.

Der eigentliche Grund dafür, daß mitgliedstaatliche Eigenleistungen nicht dem Anwendungsbereich der Koordinierungsrichtlinien unterliegen, ist jedoch die primärrechtliche Kompetenzverteilung zwischen den Mitgliedstaaten und der Gemeinschaft hinsichtlich der Bedarfsdeckung. Danach steht der Gemeinschaft lediglich hinsichtlich der Regelung des Verfahrens der rechtsgeschäftlichen Bedarfsdeckung eine Regelungskompetenz zu. Dagegen können die Mitgliedstaaten durch den EG-Gesetzgeber nicht zur Bedarfsdeckung am Markt gezwungen werden, so daß der Bereich der mitgliedstaatlichen Eigenleistung sowie die Entscheidung über die Art der Bedarfsdeckung von der Gemeinschaft in den Koordinierungsrichtlinien nicht geregelt werden konnte.

---

[194] Vgl. die 8. Begründungserwägung der DKR und Erwägungsgrund Nr. 13 des Hintergrundpapiers der Kommission der Europäischen Gemeinschaften für eine Richtlinie: Öffentliches Auftragswesen im Dienstleistungsverkehr, abgedruckt als BR-Drucksache, 146/89 vom 08.03.1991

[195] Je nachdem ob in dem jeweiligen Mitgliedstaat aufgrund historischen Herkommens das sog. privatrechtliche System durch Abschluß eines privatrechtlichen Vertrags oder das öffentlich-rechtliche System vorherrscht, erfolgt die rechtsgeschäftliche Beschaffung durch Abschluß eines privatrechtlichen bzw. eines öffentlich-rechtlichen Vertrags, vgl. zur Darstellung der verschiedenen Beschaffungssysteme *Seidel*, Öffentliches Auftragswesen, in: *Dauses*, Handbuch des EU-Wirtschaftsrecht, Stand: August 2000, Bd. II, H. IV., Rdnr. 22 ff.

[196] Vgl. § 2C.II.3, S. 57 ff.

[197] Allein die aufgrund ihrer unmittelbar Geltung bei der Vergabe zu beachtenden Diskriminierungs- und Beeinträchtigungsverbote hatten nicht zu einer Öffnung der Beschaffungsmärkte geführt, *Kokott*, in: *Byok/Jaeger*, Kommentar zum Vergaberecht, 2000, Einleitung, Rdnr. 16.

1. Die mitgliedstaatliche Bedarfsdeckung im Kompetenzgefüge der Gemeinschaft

Für die Kompetenzverteilung im Hinblick auf die mitgliedstaatliche Bedarfsdeckung sind mangels einer Sonderregelung die allgemeinen Bestimmungen des EG-Vertrags hinsichtlich der Kompetenzverteilung zwischen der Gemeinschaft und den Mitgliedstaaten heranzuziehen.[198] Dies betrifft insbesondere die Vorbehalte zugunsten der Mitgliedstaaten hinsichtlich der Wirtschaftspolitik (Art. 98 ff. EG) und hinsichtlich der Eigentumsordnung (Art. 295 EG) sowie das Binnenmarktkonzept.

a. Das Prinzip der beschränkten Verbandskompetenz und das Prinzip der begrenzten Einzelermächtigung

Nach dem Prinzip der begrenzten Verbandskompetenz (vgl. Art. 5 EG), wird die Gemeinschaft nur innerhalb der ihr im EG-Vertrag gewährten Kompetenzzuweisungen und der darin gesetzten Ziele tätig.[199] Sie darf nur die ihr übertragenen Aufgaben und Befugnisse wahrnehmen und nicht in die den Mitgliedstaaten verbleibenden Zuständigkeiten eingreifen.[200] Das Prinzip der beschränkten Verbandskompetenz wird durch das Prinzip der begrenzten Einzelermächtigung[201] im Hinblick auf die Rechtsetzungskompetenz der Gemeinschaftsorgane ergänzt.[202] Danach ist die Gemeinschaft nur im Rahmen der ihr übertragenen Rechtssetzungsbefugnisse ermächtigt, gesetzgeberisch tätig zu werden.

---

[198] Betrachtet man das Primärrecht, so fällt auf, daß der EG-Vertrag keine ausdrückliche zusammenhängende Regelung über die mitgliedstaatliche Bedarfsdeckung weder hinsichtlich mitgliedstaatlicher Eigenleistung noch hinsichtlich des öffentlichen Auftragswesens enthält. Lediglich im dritten Teil bestimmt der durch die Einheitliche Europäische Akte vom 28.02.1986 eingefügte Titel XVIII "Forschung und technologische Entwicklung" in Art. 163 Abs. 2 EG, daß die Unternehmen in der Gemeinschaft zur Förderung von Forschung und Entwicklung in ihren Zusammenarbeitsbestrebungen u.a. durch eine Öffnung der nationalen Beschaffungsmärkte unterstützt werden sollen. Im vierten Teil über die Assoziierung der überseeischen Länder und Hoheitsgebiete einzelner Mitgliedstaaten sieht Art. 183 Nr. 4 EG eine Spezialregelung für die Nichtdiskriminierung von Bietern aus den assoziierten Überseegebieten vor. Darüber hinaus ist nach Art. 296 Abs. 1 lit. b) EG die Beschaffung von Rüstungsgütern und andere Aufträge, die die Sicherheitsinteressen der Mitgliedstaaten tangieren, von der Anwendung des europäischen Rechts ausgenommen.

[199] *Geiger*, EUV/EG, 3. Aufl. 2000, Art. 5 EG, Rdnr. 2

[200] *Geiger*, EUV/EG, 3. Aufl. 2000, Art. 5 EG, Rdnr. 2

[201] Vgl. Art. 7 Abs. 1 EG

[202] *Geiger*, EUV/EG, 3. Aufl. 2000, Art. 5 EG, Rdnr. 2 und Art. 7, Rdnr. 15. Zwar bleiben die Mitgliedstaaten nach dem Prinzip kumulativer Konkurrenz auch in Bereichen zur Gesetzgebung befugt, die die Gemeinschaft rechtlich geregelt haben. Der Satz vom Vorrang des Gemeinschaftsrechts (*EuGH*, Urteil vom 15.07.1964, Rs. 6/64 (Costa/ENEL), Slg. 1964, S. 1251 ff. (S. 1269 ff.)) hat aber zur Folge, daß mitgliedstatliches Recht, das dem Gemeinschaftsrecht

b. Der Vorbehalt der allgemeinen Wirtschaftspolitik (Art. 98 EG)

Art 98 S. 1 EG enthält einen Vorbehalt zugunsten der Mitgliedstaaten hinsichtlich der allgemeinen Wirtschaftspolitik.

Nach Art. 98 S. 1 EG richten die Mitgliedstaaten ihre Wirtschaftspolitik so aus, daß sie im Rahmen der in Art. 99 Abs. 2 EG genannten Grundzüge zur Verwirklichung der Ziele der Gemeinschaft im Sinne des Art. 2 EG beitragen. Die Mitgliedstaaten und die Gemeinschaft handeln im Einklang mit dem Grundsatz einer offenen Marktwirtschaft mit freiem Wettbewerb, wodurch ein effizienter Einsatz der Ressourcen gefördert wird, und halten sich dabei an die in Art. 4 EG genannten Grundsätze.

Art. 98 EG enthält zunächst in Satz 1 die Grundaussage, daß die Mitgliedstaaten für *ihre* Wirtschaftspolitik zuständig und verantwortlich sind. Wie der Wortlaut "*ihre*" Wirtschaftspolitik verdeutlicht, erkennt Art. 98 S. 1 EG an, daß die Wirtschaftspolitik in der Zuständigkeit der Mitgliedstaaten verbleibt.[203] Eine Wirtschaftsunion im Sinne einer einheitlich von der Gemeinschaft betriebenen Wirtschaftspolitik ist daher derzeit nicht vorgesehen.[204] Art. 98 S. 1 EG schränkt diese Zuständigkeit der Mitgliedstaaten in Halbsatz 2 jedoch wieder ein. Die Mitgliedstaaten müssen die in ihrer Zuständigkeit verbliebene Wirtschaftspolitik so ausrichten, daß sie im Rahmen der nach Art. 99 Abs. 2 EG genannten Grundsätze zur Verwirklichung der Ziele der Gemeinschaft im Sinne des Art. 2 EG beiträgt. Die Art. 98 ff. EG ermächtigen daher nicht zu einseitigen Maßnahmen der Mitgliedstaaten im Widerspruch zum Gemeinschaftsrecht.[205] Die Wirtschaftspolitik der Mitgliedstaaten ist damit zum einen dem Binnemarktziel, zum anderen den darüber hinaus festgelegten gemeinsamen Grundsätzen im Sinne von Art. 99 Abs. 2 EG verpflichtet. Diese Grundsätze sind wirtschaftspolitische Leitlinien, in denen die allgemeinen Ziele für die Gemeinschaft festgelegt und die Mittel zur Erreichung dieser Ziele angegeben werden.[206]

---

widerspricht, unanwendbar ist, *Grabitz*, Europäisches Verwaltungsrecht – Gemeinschaftsrechtliche Grundsätze des Verwaltungsverfahrens, NJW 1989, S. 1776 ff. (1777).

[203] Anders als für die Währungsunion ist eine Wirtschaftsunion im Sinne einer einheitlichen von der Gemeinschaft betriebenen Wirtschaftspolitik demnach nicht vorgesehen, vgl. *Häde*, in: *Calliess/Ruffert* (Hrsg.) Kommentar zu EU-Vertrag und EG-Vertrag, 1999, Art. 98, Rdnr. 1.

[204] *Häde*, in: *Calliess/Ruffert* (Hrsg.) Kommentar zu EU-Vertrag und EG-Vertrag, 1999, Art. 98, Rdnr. 2

[205] *Müller-Graff*, in: *Groeben/Thiesing/Ehlermann* (Hrsg.), Kommentar zum EU-/EG-Vertrag, 5. Aufl., (Ex) Art. 30, Rdnr. 351

[206] Entwurf eines Vertrages zur Änderung des Vertrages zur Gründung der Europäischen Wirtschaftsgemeinschaft im Hinblick auf die Errichtung einer Wirtschafts- und Währungs-

Art. 98 S. 2 EG verpflichtet die Mitgliedstaaten – und anders als Art. 98 S. 1 EG auch die Gemeinschaft selbst – darüber hinaus, ihr wirtschaftspolitisches Handeln im Einklang mit dem Grundsatz einer offenen Marktwirtschaft im freien Wettbewerb zu gestalten und die in Art. 4 Abs. 3 EG aufgezählten Grundsätze zu beachten.[207]

c. Der Vorbehalt der Eigentumsordnung (Art. 295 EG)[208]

Art. 295 EG formuliert einen Vorbehalt zugunsten der Eigentumsordnung der Mitgliedstaaten.[209]

Danach bleibt die Eigentumsordnung der Mitgliedstaaten durch den EG unberührt. Aufgrund der in den Mitgliedstaaten vorherrschenden unterschiedlichen Konzeptionen der Einwirkung des Staates auf den Wirtschaftsablauf und die Eigentumsverhältnisse an den Unternehmen sollte die Befugnis der Eigentumszuordnung[210] als Bestandteil der Wirtschaftspolitik den Mitgliedstaaten erhalten bleiben. Art. 295 EG stellt sich daher nach herrschender Meinung als negative Kompetenzbestimmung dar[211] mit folgenden zwei Funktionen[212]:

---

union vom 10.12.1990, Dok. SEC (90) 2500, abgedruckt bei *Krägenau/Wetter*, Europäische Wirtschafts- und Währungsunion, 1993, Dok. 41., S. 194 ff.

207 Da Art. 98 S. 2 EG bereits den in Art. 4 Abs. 2 EG genannten Grundsatz der offenen Marktwirtschaft mit freiem Wettbewerb ausdrücklich erwähnt, bezieht sich der in Art. 98 S. 2 EG enthaltene Verweis auf die in Art. 4 EG enthaltenen Grundsätze insbesondere auf die in Art. 4 Abs. 3 EG genannten richtungsweisenden Grundsätze stabiler Preise, gesunder öffentlicher Finanzen und monetärer Rahmenbedingungen sowie einer dauerhaft finanzierbaren Zahlungsbilanz, vgl. *Häde*, in: *Calliess/Ruffert* (Hrsg.) Kommentar zu EU-Vertrag und EG-Vertrag, 1999, Art. 98, Rdnr. 5

208 Vgl. hierzu *von Milczewski*, Der grundrechtliche Schutz des Eigentums im Europäischen Gemeinschaftsrecht, S. 23 ff.; *Riegel*, Die Einwirkung des europäischen Gemeinschaftsrechts auf die Eigentumsordnung der Mitgliedstaaten, RIW 1979, S. 744 ff.; *Troberg*, in: *Groeben/Thiesing/Ehlermann* (Hrsg.), Kommentar zum EU-/EG-Vertrag, 5. Aufl., Vorb. zu (Ex) Art. 52 bis 58, Rdnr. 8 ff.: Verstaatlichung nur von Tochterbetrieben ausländischer Muttergesellschaften

209 *Geiger*, EUV/EG, 3. Aufl. 2000, Art. 295 EG, Rdnr. 1

210 *Kingreen*, in: *Calliess/Ruffert* (Hrsg.) Kommentar zu EU-Vertrag und EG-Vertrag, 1999, Art. 295, Rdnr. 3

211 *Geiger*, EUV/EG, 3. Aufl. 2000, Art. 295 EG, Rdnr. 1; *Hochbaum*, in: *Groeben/Thiesing/Ehlermann*, Kommentar zum EWG-Vertrag, 4. Aufl. 1992, Art. 222 (a.F.) EG, Rdnr. 2; *Röttinger*, in: *Lenz*, EG-Vertrag, Kommentar, 2. Aufl. 1999, Art. 295, Rdnr. 3; a.A. *Kingreen*, in: *Calliess/Ruffert* (Hrsg.) Kommentar zu EU-Vertrag und EG-Vertrag, 1999, Art. 295, Rdnr. 4 und 5, die darin eine Kompetenzausübungsnorm sieht. Einigkeit besteht darüber, daß Art. 295 EG kein subjektives Eigentumsrecht beinhaltet, vgl. *Geiger*, EUV/EG, 3. Aufl. 2000, Art. 295 EG, Rdnr. 4; *Röttinger*, in: *Lenz*, EG-Vertrag, Kommentar, 2. Aufl. 1999, Art. 295, Rdnr. 3

Die erste Funktion besteht darin, klarzustellen, daß der Vertrag die *bei seinem Abschluß* geltende Eigentumsordnung nicht berührt.[213] Diese Klarstellung ist angesichts der beim Abschluß des Vertrags bereits bestehenden Verstaatlichungen und ihrer möglichen negativen Auswirkungen auf den Gemeinsamen Markt von Bedeutung.[214] Sie schließt aber die grundsätzliche Geltung der Grundfreiheiten und der Wettbewerbsregeln in diesem Bereich nicht aus.

Die zweite Funktion des Art. 295 EG besteht in einer Beschränkung der Rechtsetzungskompetenz der Gemeinschaftsorgane.[215] Wie Wortlaut und Stellung der Vorschrift im sechsten Teil des Vertrages zeigen, dürfen die Gemeinschaftsorgane die Generalermächtigung der Art. 94, 95 und 308 EG nicht dazu nutzen, den Mitgliedstaaten die grundsätzliche Befugnis[216] zur Eigentumszuordnung zu nehmen.[217] Die Gemeinschaftsorgane dürfen also weder private Unternehmen in öffentliches Eigentum überführen noch im öffentlichen Eigentum stehende Unternehmen (re)privatisieren.[218] Andererseits haben sich die Mitgliedstaaten bei der Ausübung ihrer Kompetenz hinsichtlich der Eigentumszuordnung an die allgemeinen Vorgaben des EG-Vertrags zu halten. Denn nach der Rechtsprechung

---

[212] Vgl. *Kingreen*, in: *Calliess/Ruffert* (Hrsg.) Kommentar zu EU-Vertrag und EG-Vertrag, 1999, Art. 295, Rdnr. 11-13; *Weis*, Verstaatlichungen aus gemeinschaftsrechtlicher Sicht, NJW 1982, S. 1910 ff. (1913)

[213] *Hochbaum*, in: *Groeben/Thiesing/Ehlermann*, Kommentar zum EWG-Vertrag, 4. Aufl. 1992, Art. 222 (a.F.) EG, Rdnr. 5; *Weis*, Verstaatlichungen aus gemeinschaftsrechtlicher Sicht, NJW 1982, S. 1910 ff. (1913)

[214] *Weis*, Verstaatlichungen aus gemeinschaftsrechtlicher Sicht, NJW 1982, S. 1910 ff. (1913)

[215] *Weis*, Verstaatlichungen aus gemeinschaftsrechtlicher Sicht, NJW 1982, S. 1910 ff. (1913)

[216] Hinsichtlich des Kompetenzvorbehalt ist umstritten, wie der Begriff der Eigentumsordnung zu verstehen ist. Nach dem von Teilen der Literatur vertretenen *weiten* Begriffsverständnis umfaßt die Eigentumsordnung im Sinne von Art. 295 EG die Gesamtheit der Vorschriften, die in jedem Mitgliedstaat die mit dem Eigentum verbundenen Rechte und Pflichten, die Möglichkeiten zur Beschränkung oder Einziehung von Eigentumsrechten sowie insbesondere auch die Rechte und Pflichten bei der Überführung von privatem Eigentum in Gemeineigentum oder andere Formen der Gemeinwirtschaft regeln (*Hochbaum*, in: *Groeben/Thiesing/Ehlermann*, Kommentar zum EWG-Vertrag, 4. Aufl. 1992, Art. 222 (a.F.) EG, Rdnr. 3). Nach dem *engen* Begriffsverständnis, das an die Bindung der Gemeinschaft an die sonstigen Vorschriften des Vertrags anknüpft, erlaubt Art. 295 EG den Mitgliedstaaten allein die *wirtschaftspolitisch motivierte* Übertragung von Eigentumsrechten auf die öffentliche Hand bzw. ihre Rückführung in Privathand (*Kingreen*, in: *Calliess/Ruffert* (Hrsg.) Kommentar zu EU-Vertrag und EG-Vertrag, 1999, Art. 295, Rdnr. 11; *von Milczewski*, Der grundrechtliche Schutz des Eigentums im Europäischen Gemeinschaftsrecht, 1994, S. 30, *Thiel*, Europa 1992 – Grundrechtlicher Eigentumsschutz im EG-Recht, JuS 1991, S. 274 ff. (276)).

[217] *Hochbaum*, in: *Groeben/Thiesing/Ehlermann*, Kommentar zum EWG-Vertrag, 4. Aufl. 1992, Art. 222 (a.F.) EG, Rdnr. 5; *Kingreen*, in: *Calliess/Ruffert* (Hrsg.) Kommentar zu EU-Vertrag und EG-Vertrag, 1999, Art. 295, Rdnr. 12

[218] *Weis*, Verstaatlichungen aus gemeinschaftsrechtlicher Sicht, NJW 1982, S. 1910 ff. (1913)

des *EuGH*[219] ist der Begriff der Eigentumsordnung in der systematischen Zusammenschau mit anderen Normen des EG-Vertrags zu bestimmen, woraus folgt,

> "... daß zwar Artikel 222 EWG-Vertrag die Befugnis der Mitgliedstaaten, ein System der staatlichen Enteignung einzurichten, nicht in Frage stellt, daß aber auch für ein solches System der Grundsatz der Nichtdiskriminierung, der dem Kapitel des EWG-Vertrags über das Niederlassungsrecht zugrunde liegt, gilt."[220]

Art. 295 EG kann also nicht als eine Rechtfertigung für eine mit der Verstaatlichung einhergehende Beeinträchtigung der Grundfreiheiten und der Wettbewerbsregeln herangezogen werden. Jede Maßnahme der Verstaatlichung ist vielmehr an den einschlägigen Grundfreiheiten zu messen.[221]

d. Das Binnenmarktkonzept

Am weitesten zugunsten gemeinschaftlicher Zuständigkeit geht der EG-Vertrag im Bereich der Verwirklichung des Gemeinsamen Marktes (vgl. Art. 94 EG)

---

[219] *EuGH*, Urteil vom 20.10.1993, verb. Rs. C-92/92 und C-326/92 (Phil Collins u.a.), Slg. I 1993, S. 5171 ff. (Tz. 22 ff.); *EuGH*, Urteil vom 06.11.1984, Rs. 182/83 (Fearon/Irish Land Commission), Slg. 1984, S. 3677 ff. (Tz. 7). So auch die herrschende Literatur *Kingreen*, in: *Calliess/Ruffert* (Hrsg.) Kommentar zu EU-Vertrag und EG-Vertrag, 1999, Art. 295, Rdnr. 13, der darauf verweist, daß sich auch die wirtschaftspolitisch motivierten Eigentumszuordnungen der Mitgliedstaaten in den gemeinschaftsrechtlichen Rahmen einfügen müssen; *Roth*, Niederlassungs- und Dienstleistungsfreiheit, in: *Dauses,* Handbuch des EU-Wirtschaftsrecht, Stand: August 2000, Bd. I, E. I., Rdnr. 88; a.A. *Weis*, Verstaatlichungen aus gemeinschaftsrechtlicher Sicht, NJW 1982, S. 1910 ff. (1914), der dies lediglich für die Verstaatlichung ganzer Industriezweiger annimmt und die Geltung der Grundfreiheiten hinsichtlich der Verstaatlichungsmaßnahme entgegen ihrer Ausgestaltung als allgemeines Beschränkungsverbot auf ein Diskriminierungsverbot reduziert, vgl. *Roth*, Niederlassungs- und Dienstleistungsfreiheit, in: *Dauses,* Handbuch des EU-Wirtschaftsrecht, Stand: August 2000, Bd. I, E. I., Rdnr. 88.

[220] *EuGH*, Urteil vom 06.11.1984, Rs. 182/83 (Fearon/Irish Land Commission), Slg. 1984, S. 3677 ff. (Tz. 7)

[221] *Kingreen*, in: *Calliess/Ruffert* (Hrsg.) Kommentar zu EU-Vertrag und EG-Vertrag, 1999, Art. 295, Rdnr. 13, der darauf verweist, daß sich auch die wirtschaftspolitisch motivierten Eigentumszuordnungen der Mitgliedstaaten in den gemeinschaftsrechtlichen Rahmen einfügen müssen; *Roth*, Niederlassungs- und Dienstleistungsfreiheit, in: *Dauses,* Handbuch des EU-Wirtschaftsrecht, Stand: August 2000, Bd. I, E. I., Rdnr. 88; a.A. *Weis*, Verstaatlichungen aus gemeinschaftsrechtlicher Sicht, NJW 1982, S. 1910 ff. (1914), der dies lediglich für die Verstaatlichung ganzer Industriezweiger annimmt und die Geltung der Grundfreiheiten hinsichtlich der Verstaatlichungsmaßnahme entgegen ihrer Ausgestaltung als allgemeines Beschränkungsverbot auf ein Diskriminierungsverbot reduziert, vgl. *Roth*, Niederlassungs- und Dienstleistungsfreiheit, in: *Dauses,* Handbuch des EU-Wirtschaftsrecht, Stand: August 2000, Bd. I, E. I., Rdnr. 88.

bzw. des Binnenmarktes (vgl. Art. 95 EG).[222] Die Errichtung eines Systems des unverfälschten Wettbewerbs (Art. 3 lit. g) EG) und die Schaffung eines Raums ohne Binnengrenzen, in dem der freie Verkehr von Waren, Personen, Dienstleistungen und Kapital gewährleistet ist (Art. 14 EG), erfolgt auf der Grundlage des Gemeinschaftsrechts und der Gemeinschaftspolitik. Hier sind die Zuständigkeiten (z.B. hinsichtlich der Grundfreiheiten oder eines Systems des unverfälschten Wettbewerbs) weitgehend auf die Gemeinschaft übertragen. Eine Einschränkung ergibt sich lediglich gemäß Art. 5 EG aus dem Subsidiaritätsprinzip. Nach dem Subsidiaritätsprinzip wird die Gemeinschaft außerhalb ihrer ausschließlichen Zuständigkeit

> "nur tätig, sofern und soweit die Ziele der in Betracht gezogenen Maßnahmen auf Ebene der Mitgliedstaaten nicht ausreichend erreicht werden können und daher wegen ihres Umfangs oder ihrer Wirkungen besser auf Gemeinschaftsebene erreicht werden können."[223]

Da die Verwirklichung der Grundfreiheiten in die ausschließliche Zuständigkeit der Gemeinschaft fällt, unterliegen die Kompetenzen des Art. 47 Abs. 2 EG und des Art. 95 EG nicht dem Subsidiaritätsprinzip.[224] Nach Art. 47 Abs. 2 EG kann der Rat im Verfahren nach Art. 251 EG Richtlinien zur Koordinierung der Rechts- und Verwaltungsvorschriften der Mitgliedstaaten zur Erleichterung der Aufnahme und Ausübung selbständiger Tätigkeiten erlassen, um die Aufnahme

---

[222] Der Gemeinsame Markt im Sinne von Art. 2 EG setzt sich aus drei Elementen zusammen (vgl. *Zulegg*, in: *Groeben/Thiesing/Ehlermann* (Hrsg.), Kommentar zum EU-/EG-Vertrag, 5. Aufl., (Ex) Art. 2, Rdnr. 13, die mit den Stichworten der Marktfreiheit, Marktgleichheit und Wettbewerbsverfreiheit zusammengefaßt werden können, vgl. *Ahlt*, Europarecht, 2. Aufl. 1996, S. 129): (1) Freiheit nach innen, Einigkeit nach außen, d.h. Verwirklichung der Grundfreiheiten einschließlich des freinen Zahlungsverkehrs sowie das einheitliche Auftreten nach außen (Zollunion, gemeinsame Handelspolitik), (2) gleiche Wettbewerbsbedingungen, d.h. Vermeidung und Beseitigung von Wettbewerbsverfälschungen und (3) Verbot von privaten oder staatlichen Wettbewerbsbeschränkungen. Während nach einer einschränkenden Auffassung der Binnenmarkt lediglich die Verwirklichung der Grundfreiheiten (Marktfreiheit) umfaßt (vgl. *Epiney*, Gemeinschaftsrechtlicher Umweltschutz und Verwirklichung des Binnenmarktes – "Harmonisierung" auch der Rechtsgrundlagen? JZ 1992, S. 564 ff. (566 f.)) bzw. umgekehrt das Binnenmarktziel als völliger Abbau der Grenzkontrollen weitergehend sei als das Konzept des Gemeinsamen Marktes (vgl. *Müller-Graff*, EuR 1989, S. 107 ff. (125), werden nach einer dritten Auffassung diese Begriffe synonym verwendet, weil anderfalls Art. 95 Abs. 2 EG weitgehend überflüssig wäre (vgl. *Langenheine*, *Grabitz/Hilf*, Das Recht der Europäischen Union, Bd. I, Archivband, (Ex) Art. 100a, Rdnr. 20 und 21 und ist dies wohl auch die Auffassung des *EuGH*, vgl. *EuGH*, Urteil vom 05.05.1982, Rs. 15/81 (Gaston Schul), Slg. 1982, S. 1409 ff. (Tz. 33 ff.), wonach durch die Schaffung des Gemeinsamen Marktes alle Hemmnisse im innergemeinschaftlichen Handel mit dem Ziel der Verschmelzung der nationalen Märtke zu einem einheitlichen Markt, der einem Binnenamrkt möglichst nahe kommt, beseitigt werden sollen.

[223] Vgl. Art. 5 EG

[224] *Heinemann*, Grenzen staatlicher Monopole im EG-Vertrag, 1996, S. 48

und Ausübung derselben zu erleichtern. Über Art. 55 EG gilt dies auch für Dienstleistungen. Art. 95 EG beinhaltet die Kompetenz der Gemeinschaft zur funktionalen Rechtsangleichung der Rechts- und Verwaltungsvorschriften der Mitgliedstaaten, die die Errichtung oder das Funktionieren des Binnenmarktes zum Gegenstand haben, sofern keine vorrangige Kompetenzregelung des Gemeinschaftsrechts gegeben ist. Vor dem Hintergrund der Bereichsausnahmen des Art. 95 Abs. 2 EG verbleibt für den Anwendungsbereich des Art. 95 Abs. 1 EG im Kern der freie Warenverkehr.[225]

e. Folgerungen der Kompetenzverteilung für die mitgliedstaatliche Bedarfsdeckung

Aufgrund der im Recht der Europäischen Union geltenden Prinzipien der begrenzten Verbandskompetenz und der beschränkten Einzelermächtigung ergibt sich für die Kompetenzverteilung zwischen der Gemeinschaft und den Mitgliedstaaten hinsichtlich der mitgliedstaatlichen Bedarfsdeckung ein gespaltenes Bild. Bei der Analyse der Kompetenzverteilung hinsichtlich der mitgliedstaatlichen Bedarfsdeckung ist zu berücksichtigen, daß die mitgliedstaatliche Bedarfsdeckung mehrere Anknüpfungspunkte hat. Zum einen sind mit der Wahl der organisatorischen Ausgestaltung der bedarfsdeckenden Stellen (staats-) organisationsrechtliche Gesichtspunkte berührt. Mit der Entscheidung über den zweckgebundenen Einsatz von Haushaltsmitteln zur Erfüllung staatlicher Aufgaben sind zum anderen auch haushaltspolitische Aspekte betroffen. Darüber hinaus sind die mit der Nachfragemacht des Staates verbundenen Auswirkungen auf die Verwirklichung des Binnenmarktes zu berücksichtigen.

Als Ausgangspunkt für die Bestimmung der Verteilung der Bedarfsdeckungskompetenz zwischen den Mitgliedstaaten und der Gemeinschaft kann die Kompetenzverteilung über den Verwaltungsvollzug herangezogen werden, da die Kompetenz zum Verwaltungsvollzug die Beschaffungskompetenz als Teil der Organisationsgewalt, die aus der Kompetenz zum Verwaltungsvollzug folgt, mit umfaßt.[226] Die Befugnis zur Errichtung einer Behörde setzt unweigerlich die Be-

---

[225] *Kahl*, in: *Calliess/Ruffert* (Hrsg.) Kommentar zu EU-Vertrag und EG-Vertrag, 1999, Art. 95, Rdnr. 6

[226] Dies dürfte ebenso wie für die Bedarfsdeckungskompetenz deutscher Behörden unabhängig davon gelten, ob man die Bedarfsdeckungskompetenz als Annexkompetenz zur Aufgabenerfüllung (*Altenmüller*, Die Vergabe öffentlicher Aufträge durch Kommunen, DVBl 1982, S. 241 ff; (242); *Kirchhof*, Verwalten durch mittelbares Einwirken, S. 356, der dies damit umschreibt, daß die Beschaffung der von der Staatsbehörde benötigten Güter, die Errichtung von Anstalten und gemeindlichen Einrichtungen oder die Anwerbung der für den Staatsdienst erforderlichen Arbeitskräfte "zulässig" ist; *OLG* München, Urteil vom 24.10.1957, Az: 6 U 1010/57, BB 1957, S. 1160 ff), als Teil der Organisatsiongewalt (*Böckenförde*, Die Orga-

fugnis voraus, für die Herstellung und Aufrechterhaltung der Einsatzbereitschaft dieser Stelle zu sorgen. Daraus folgt, daß die Verteilung der Beschaffungskompetenz zwischen der Gemeinschaft und den Mitgliedstaaten der Verteilung der Verwaltungsvollzugskompetenz entspricht.

Hinsichtlich der verwaltungsorganisationsrechtlichen Kompetenzverteilung zwischen der Gemeinschaft und den Mitgliedstaaten gilt der Grundsatz der institutionellen Eigenständigkeit. Dieser besagt, daß den Gemeinschaftsorganen im Rahmen der der Gemeinschaft zugewiesenen Kompetenzen und der Berufung zur Aufgabenerfüllung kraft der ihnen im EG-Vertrag gewährten Kompetenzen die Befugnis zusteht, die hierzu erforderliche Organisation in den Grenzen der Verträge zu bestimmen. Damit sind die Organe der Gemeinschaft nach dem Prinzip der begrenzten Einzelermächtigung kraft der ihnen im Rahmen ihrer Kompetenz zur Aufgabenerfüllung zustehenden Organisationsgewalt auch zur Errichtung behördlicher Stellen auf Gemeinschaftsebene befugt. Dies gilt insbesondere soweit ihnen aufgrund einer Ermächtigungsgrundlage der Vollzug von EG-Recht zugewiesen werden konnte (direkter Verwaltungsvollzug). Damit steht ihnen auch insoweit zur Aufrechterhaltung der Funktionsfähigkeit ihrer Stellen die Bedarfsdeckungskompetenz zu. Dies ist insbesondere hinsichtlich der gemeinschaftsinternen[227] Verwaltung, d.h. der Personal- und Materialverwaltung sowie der Haushaltsplanung und Kontrolle, der Fall. Es gilt aber auch hinsichtlich der gemeinschaftsexternen[228] Verwaltung, d.h. dem Vollzug des Gemeinschaftsrechts gegenüber dem Bürger, insbesondere in den Bereichen der Rechtsangleichung aufgrund sekundären Gemeinschaftsrechts, dem Wettbewerbsrecht (Art. 81 und 82 EG) und der Beihilfenaufsicht (Art. 87 ff. EG).[229]

Im übrigen steht die Befugnis zur Errichtung einer Behörde und damit auch die Befugnis, deren Funktionsfähigkeit durch Maßnahmen der Bedarfsdeckung zu sichern, den Mitgliedstaaten zu.[230] Dies gilt jedenfalls für diejenigen Bereiche,

---

nisatsiongewalt im Bereich der Regierung – Eine Untersuchung zum Staatsrecht der Bundesrepublik Deutschalnd, 1964, S. 48; *Rudolf*, in: *Erichsen* (Hrsg.) Allgemeines Verwaltungsrecht, 11. Aufl. 1998, § 52, Rdnr. 1; *Stern*, Das Staatrecht der Bundesrepublik Deutschland, Bd. I, 2. Aufl. 1984, § 20 IV 4 d, S. 824; *Wolff/Bachof/Stober*, Verwaltungsrecht Bd. II, 5 Aufl. 1987, § 86, Rdnr. 51 und 52, 104 a Rdnr. 28) oder als unmittelbar an die Befugnis zur Errichtung von Organisationseinheiten (*Wallerath*, Öffentliche Bedarfsdeckung und Verfassungsrecht, 1987, S. 198 f.) anknüpft.

227 *Schwarze*, Europäisches Verwaltungsrecht, Bd. I, S. 25

228 *Schwarze*, Europäisches Verwaltungsrecht, Bd. I, S. 27

229 *Grabitz*, Europäisches Verwaltungsrecht – Gemeinschaftsrechtliche Grundsätze des Verwaltungsverfahrens, NJW 1989, S. 1776 ff. (1777); *Oppermann*, Europarecht, 2. Aufl. 1999, Rdnr. 638; *Schwarze*, Europäisches Verwaltungsrecht, Bd. I, S. 27 ff.

230 Zur Bundesdeutschen Organisationskompetenz, vgl. § 2C.I.1, S. 44

die in der Kompetenz der Mitgliedstaaten verblieben sind, aber auch hinsichtlich des Vollzugs von EG-Recht. Denn selbst in denjenigen Bereichen, in denen die Mitgliedstaaten Gemeinschaftsrecht vollziehen (indirekter Vollzug), steht ihnen nach dem Grundsatz der institutionellen Eigenständigkeit die Befugnis zu, die hierzu erforderlichen Behörden zu errichten und das Verfahren zu bestimmen.[231]

In Durchbrechung des Grundsatzes der institutionellen Eigenständigkeit läßt sich über die ausdrücklichen Ermächtigungen des EG-Vertrags hinaus aus den einzelnen der Gemeinschaft zugewiesenen Rechtsetzungs- und Verwaltungsbefugnissen eine punktuelle Kompetenz der Gemeinschaft zur Regelung des Verfahrens- und Organisationsrechts, und damit des Beschaffungswesens, als stillschweigend mitgeschrieben ableiten,[232] soweit die Gemeinschaftsorgane hiervon

---

[231] *Oppermann*, Europarecht, 2. Aufl. 1999, Rdnr. 641

Hiervon zu unterscheiden ist die ebenfalls mit dem Grundsatz der institutionellen Eigenständigkeit verbundene Frage, in welchem Verfarhen das EG-Recht durch die Mitgliedstaaten zu vollziehen ist und wie dieses ausgestaltet zu sein hat. Im Fall des *mittelbar* anwendbaren Gemeinschaftsrechts, insbesondere als der Richtlinienumsetzung, die nach Art. 249 Abs. 3 EG den Staaten nur die Ergbnisse eines zu erreichenden Rechtszustands verbindlich aufgibt, ihnen aber die Umsetzung dieser Ergebnisse in Normen staatlichen Rechts überläßt, vollziehen die Mitgliedstaaten staatliches (inhaltlich europarechtlich determiniertes) Recht. In den Fällen des *unmittelbar* anwendbaren Gemeinschaftsrechts, insbesondere auf Gebieten des Argrar-, Zoll- und Sozialrechts (*Grabitz*, Europäisches Verwaltungsrecht – Gemeinschaftsrechtliche Grundsätze des Verwaltungsverfahrens, NJW 1989, S. 1776 ff. (1777)), richtet sich der Vollzug nach den Vorschriften des Gemeinschaftsrechts. Soweit das Gemeinschaftsrecht keine Regelung über das anzuwendende Verfahren enthält, gilt der Grundsatz der institutionellen Eigenständigkeit (*Oppermann*, Europarecht, 2. Aufl. 1999, Rdnr. 641), d.h. welche nationalen Behörden das EG-Recht vollziehen und in welchem Verfahren ist Angelegenheit der Mitgliedstaaten (*EuGH*, Urteil vom 12.06.1980, Rs. 130/79, Slg. 1980, S. 1887 ff (Tz. 12 ff.); *EuGH*, Urteil vom 11.02.1971, Rs. 39/70 (Norddeutsches Vieh- und Fleischkontor GmbH), Slg. 1971, S. 49 ff. (Tz. 4 ff.). Allerdings dürfen bei der Anwendung nationaler Rechtsvorschriften keine Unterschiede im Vergleich zu Verfahren gemacht werden, in denen über gleichartige, aber rein innerstaatliche, Sachverhalte entschieden wird (Diskriminierungsverbot) (*Ahlt*, Europarecht, 2. Aufl. 1996, S. 48), und darf zum anderen die Anwendung des mitgliedstaatlichen Verwaltungsverfahrens nicht dazu führen, daß die Verwirklichung der Gemeinschaftsrechtsregelung praktisch unmöglich wird (*EuGH*, Urteil vom 21.09.1983, Verb. Rs. 205-213/82 (Milchkontor), Slg. 1983, S. 2633 ff. (Tz. 19 ff.); *Streinz*, in: *Isensee/Kirchhof* (Hrsg.) Handbuch des Staatsrechts der Bundesrepublik Deutschland, Bd. VII 1. Aufl. 1992, § 182, Rdnr. 25 f.). Soweit eine einheitliche Anwendung des Gemeinschaftsrechts durch Verweis auf die mitgliedstaatlichen Regelungen allein nicht gewährleistet werden kann, läßt sich daher eine punktuelle Kompetenz zur Regelung der Verfahrens- und Organistationsrechts sowie des allgemeinen materiellen Verwaltungsrechts aus den entsprechenden Rechtssetzungskompetenzen der Gemeinschaft herleiten (*Schwarze*, Europäisches Verwaltungsrecht, Bd. I, S. 50).

[232] *Schwarze*, Europäisches Verwaltungsrecht, Bd. I, S. 50

Diese punktuelle Kompetenz zur Regelung der Verwaltungsverfahren läßt dies die Befugnis der Mitgliedstaaten zur Errichtung der Behörde unberührt. Der mittelbare Vollzug von EG-Recht stellt sich vielmehr als Konkretisierung des allgemeinen Verwaltungsauftrags der durch

Gebrauch machen.[233] So steht der Gemeinschaft nach Art. 47 Abs. 2 EG (i.V.m. Art. 55) EG die Befugnis zu, die Rechts- und Verwaltungsvorschriften der Mitgliedstaaten für die Ausgestaltung der Vergabeverfahren zu harmonisieren. Die einheitliche Ausgestaltung der Vergabeverfahren erleichtert die Ausübung einer selbständigen Tätigkeit bzw. die Erbringung von Dienstleistungen innerhalb der Gemeinschaft im Sinne der Voraussetzungen des Art. 47 Abs. 2 EG. Durch die einheitliche Ausgestaltung der Vergabeverfahren wird die Art und Weise der Beschaffungsverfahren innerhalb der Gemeinschaft vereinheitlicht. Damit wird die Anknüpfung an verschiedene Modalitäten der Leistungserbringung innerhalb der jeweiligen Mitgliedstaaten, die den innergemeinschaftlichen Handel beeinträchtigen[234], verhindert. Das gleiche gilt für die Lieferung von Waren nach Art. 95 Abs. 2 EG. Bis zum Erlaß der Koordinierungsrichtlinien wirkte sich die unterschiedliche Ausgestaltung der Vergabeverfahren durch deren marktabschottende Wirkung unmittelbar auf das Funktionieren des Binnenmarktes aus. Die Vereinheitlichung dieser Vorschriften konnte einen substantiellen Beitrag zur Errichtung des Binnenmarktes leisten.

Demgegenüber ist die Entscheidung über die *Art der Bedarfsdeckung*, d.h. über die Frage, ob der Bedarf mitgliedstaatlicher Stellen durch die rechtsgeschäftliche Teilnahme am Markt oder durch Eigenproduktion gedeckt wird, den Mitgliedstaaten vorbehalten.

Die Entscheidung darüber, ob die Bedarfsdeckung im Wege der rechtsgeschäftlichen Teilnahme am Markt oder im Wege der staatlichen Eigenproduktion erfolgt, beinhaltet stets auch eine Entscheidung über die zweckmäßige Verwendung von Haushaltsmitteln. Die Aufgabe des Staates besteht nämlich darin, im Rahmen gestaltender öffentlicher Verwaltungsführung die jeweils für die Befriedigung eines öffentlichen Interesses nach dem Grundsatz der Zweckmäßigkeit am besten geeignete Organisationsform zu finden und anzuwenden.[235] Als

---

die Mitgliedstaaten errichteten Behörden dar, vgl. zur parallen Argumentation auf nationaler Ebene, *Wallerath*, Öffentliche Bedarfsdeckung und Verfassungsrecht, 1987, S. 195 ff., insb. S. 199.

[233] Im Rahmen der Rechtssetzungskompetenz bleiben die Mitgliedstaaten nach dem Prinzip kumulativer Konkurrenz auch in Bereichen zur Gesetzgebung befugt, die die Gemeinschaft rechtlich geregelt haben, hat jedoch der Satz vom Vorrang des Gemeinschaftsrechts (*EuGH*, Urteil vom 15.07.1964, Rs. 6/64 (Costa/ENEL), Slg. 1964, S. 1251 ff. (S. 1269 ff.)) zur Folge, daß mitgliedstatliches Recht, das dem Gemeinschaftsrecht widerspricht, unanwendbar ist (*Grabitz*, Europäisches Verwaltungsrecht – Gemeinschaftsrechtliche Grundsätze des Verwaltungsverfahrens, NJW 1989, S. 1776 ff. (1777)).

[234] Vgl. zu den den einheitlichen Binnemarkt beeinträchtigenden Vergabepraktiken der Mitgliedstaaten, § 2C.II.3, S. 57 f.

[235] *Wolff/Bachof/Stober*, Verwaltungsrecht Bd. I, 11. Aufl. 1999, § 23 Rdnr. 14

haushaltspolitische Grundsatzentscheidung ist sie daher Teil der allgemeinen Wirtschaftspolitik und damit dem Vorbehalt des Art. 98 S. 1 EG zuzuordnen, da der Begriff der Wirtschaftspolitik im Sinne von Art. 98 S. 1 EG die gesamte Wirtschaftspolitik einschließlich der Haushaltspolitik umfaßt. Die Zusammenschau mit den Regelungen über die Währungspolitik in Art. 122 EG und 124 EG, den Sonderregelungen für bestimmte Sektoren mit wirtschaftspolitischen Auswirkungen, wie z.B. die Sozialpolitik, und den umfassenden Kompetenzen im Bereich des Binnenmarktkonzepts zur Verwirklichung der Grundfreiheiten im Rahmen des Dritten Teils zeigen, daß mit Art. 98 EG nur der Bereich der *allgemeinen* Wirtschaftspolitik gemeint sein kann[236], der insbesondere die makroökonomischen Politikfelder der Haushalts-, Einkommens- und Wechselkurspolitik umfaßt[237].

Die Entscheidung über die Art der Bedarfsdeckung als haushaltspolitische Grundsatzentscheidung über den wirtschaftlichen und zweckmäßigen Einsatz der zur Verfügung stehenden Haushaltsmittel betrifft die Frage, wie die Mittel zu beschaffen sind, die zur Erfüllung von Aufgaben, die der bedarfsdeckenden Stelle obliegen, benötigt werden. Aufgrund dieser haushaltsrechtlichen Komponente ist die Entscheidung den Bedarf im Wege mitgliedstaatlicher Eigenleistung zu decken der Rechtsetzungskompetenz der Gemeinschaft entzogen.[238] Aufgrund des Vorbehalts gilt dies trotz der Auswirkungen, die die Entscheidung den Beschaffungsbedarf im Wege der Eigenleistung zu beziehen auf den Binnenmarkt haben kann, und obwohl es ein riesiges Wachstumspotential für den Binnenmarkt darstellen würde, wenn die Mitgliedstaaten Leistungen, die sie im Wege der Eigenleistung beschaffen am Markt einkaufen würden.

Dieses Ergebnis wird auch durch den Vorbehalt des Art. 295 EG gestützt. Danach ist es den Mitgliedstaaten vorbehalten, über Umfang und Aufgabenbereich des öffentlichen Sektors zu befinden.[239] Der Gemeinschaft steht keine Kompe-

---

[236] *Bandilla*, in: *Grabitz/Hilf* (Hrsg.), Das Recht der Europäischen Union, Bd. I, Stand: Januar 2001, Art. 98, Rdnr. 4; *Häde*, in: *Calliess/Ruffert* (Hrsg.) Kommentar zu EU-Vertrag und EG-Vertrag, 1999, Art. 4, Rdnr. 2

[237] *Estorff/Molitor*, in: *Groeben/Thiesing/Ehlermann*, Kommentar zum EWG-Vertrag, 4. Aufl. 1992, Art. 102 a (a.F.) EG, Rdnr. 2

[238] Erwägungsgrund Nr. 49 ff. des Hintergrundpapiers der Kommission der Europäischen Gemeinschaften für eine Richtlinie: Öffentliches Auftragswesen im Dienstleistungsverkehr, abgedruckt als BR-Drucksache, 146/89 vom 08.03.1991

[239] Nach *Hochbaum* betrifft Art. 295 nicht das Eigentum der Mitgliedstaaten an Produktionsmitteln, also die Frage, ob Unternehmen im öffentlichen oder privaten Eigentum stehen können, sondern nur die in den verschiedenen Mitgliedstaaten bestehenden Regelungen, die die Ausübung des Eigentums zum Gegenstand haben, z.B. Bebauungsvorschriften, Nachbarschaftsrechte, Rechte und Pflichten der Eigentümer. Er kommt jedoch zum gleichen Ergebnis, da er davon ausgeht, daß die Mitgliedstaaten stillschweigende vom gleichzeitigen Vorhanden-

tenz zu, darüber zu entscheiden, wie die Eigenbedarfsdeckung der Mitgliedstaaten ausgestaltet ist. Insbesondere steht der Gemeinschaft keine Kompetenz zu, die Mitgliedstaaten zu verpflichten, ihre zur Bedarfsdeckung eingerichteten Stellen zu "privatisieren", d.h. in Privateigentum zu überführen.[240]

Demzufolge verbleibt die Befugnis darüber zu entscheiden, ob die Leistungsbeschaffung im Wege der Eigenleistung oder der Teilnahme am Markt erfolgt, bei den Mitgliedstaaten. Ebenso ist es den Mitgliedstaaten vorbehalten, staatliche Eigenproduktion vorzuhalten, die ebenfalls zur Leistungsbeschaffung herangezogen werden darf. Demgegenüber fällt die Ausgestaltung des Verfahrens bei der rechtsgeschäftlichen Bedarfsdeckung der Mitgliedstaaten am Markt – wie dargestellt – in die Regelungskompetenz der Gemeinschaft.

Die Tatsache, daß den Mitgliedstaaten die Entscheidungsbefugnis über die Art der Bedarfsdeckung und deren organisatorische Ausgestaltung vorbehalten ist, würde bei fehlender Beschränkung dieser Kompetenzen der Errichtung eines wettbewerblich geprägten Binnenmarktes durch die Gemeinschaft entgegenstehen, so daß der EG-Vertrag versucht, diesen Konflikt zu einem Ausgleich zu bringen. Dies ergibt sich daraus, daß Art. 98 S. 2 EG die mitgliedstaatliche Wirtschaftspolitik auf das Binnenmarktziel verpflichtet[241]. Zudem sind die Mitgliedstaaten bei der Ausübung ihrer Kompetenz im Rahmen des Art. 295 EG an die allgemeinen Vorgaben des EG-Vertrags gebunden.[242] Im übrigen verpflichtet

---

sein von öffentlichen und privaten Unternehmen ausgegangen seien und davon, daß ihr Recht, diesen Zustand zu ändern, nicht berührt würde (*Hochbaum*, in: *Groeben/Thiesing/Ehlermann*, Kommentar zum EWG-Vertrag, 4. Aufl. 1992, Art. 90 (a.F.) EG, Rdnr. 2).

[240] A.A. *Emmerich-Fritsche*, Privatheitsprinzip des Binnenmarktes-Rechtfertigungszwang für Grundfreiheiten einschränkende staatliche Regelungen, EWS 2001, S. 365 ff. (369), die aus dem Privatheitsprinzip der Grundfreiheiten folgert, daß Deienstleistungen an Private vergeben werden müssen und damit entgegen der Wertung des Art. 295 EG aus Art. 45 EG einen Pflicht der Mitgliedstaaten zur Privatisierung herleitet. Zwar findet Art. 295 EG seine Grenzen in den Grundfreiheiten, eine Privatisierungspflicht läßt sich daraus jedoch nicht herleiten.

[241] *Müller-Graff*, in: *Groeben/Thiesing/Ehlermann* (Hrsg.), Kommentar zum EU-/EG-Vertrag, 5. Aufl., (Ex) Art. 30, Rdnr. 351

[242] Vgl. § 3B.III.1.c, S. 78 ff. sowie *Kingreen*, in: *Calliess/Ruffert* (Hrsg.) Kommentar zu EU-Vertrag und EG-Vertrag, 1999, Art. 295, Rdnr. 13, der darauf verweist, daß sich auch die wirtschaftspolitisch motivierten Eigentumszuordnungen der Mitgliedstaaten in den gemeinschaftsrechtlichen Rahmen einfügen müssen; *Roth*, Niederlassungs- und Dienstleistungsfreiheit, in: *Dauses*, Handbuch des EU-Wirtschaftsrecht, Stand: August 2000, Bd. I, E. I., Rdnr. 88; a.A. *Weis*, Verstaatlichungen aus gemeinschaftsrechtlicher Sicht, NJW 1982, S. 1910 ff. (1914), der dies lediglich für die Verstaatlichung ganzer Industriezweiger annimmt und die Geltung der Grundfreiheiten hinsichtlich der Verstaatlichungsmaßnahme entgegen ihrer Ausgestaltung als allgemeines Beschränkungsverbot auf ein Diskriminierungsverbot reduziert, vgl. *Roth*, Niederlassungs- und Dienstleistungsfreiheit, in: *Dauses*, Handbuch des EU-Wirtschaftsrecht, Stand: August 2000, Bd. I, E. I., Rdnr. 88

Art. 10 Abs. 2 EG die Mitgliedstaaten zur Unterlassung aller Maßnahmen, die die Verwirklichung der Vertragsziele gefährden oder eine Vorschrift des Vertrages verletzen könnten.[243]

Im Hinblick auf den Sinn und Zweck des Auftragsbegriffs ist unabhängig von den Beschränkungen jedoch entscheidend, daß der Gemeinschaft weder eine Kompetenz zur Entscheidung über die Art der Bedarfsdeckung der mitgliedstaatlichen Stellen noch über die organisatorische Ausgestaltung der Bedarfsdeckung im Wege der Eigenleistung zusteht und daher auch nicht von der Gemeinschaft in den Koordinierungsrichtlinien geregelt werden konnte.

2. Folgerungen der Verteilung der Bedarfsdeckungskompetenz für die Behandlung der In-House-Vergabe im Rahmen der Koordinierungsrichtlinien

Angesichts dessen, daß den Mitgliedstaaten die Entscheidung über die Art der Bedarfsdeckung zusteht, konnte die Entscheidung über die Art der Bedarfsdeckung nicht durch den Gemeinschaftsgesetzgeber in den Koordinierungsrichtlinien geregelt werden. Der Auftragsbegriff der Koordinierungsrichtlinien ist daher vor dem Hintergrund dieser Kompetenzverteilung zu verstehen. Ihm kommt daher die Aufgabe zu, zwischen der im Kompetenzbereich der Mitgliedstaaten stehenden Bedarfsdeckung im Wege der staatlichen Eigenleistung und der in den Kompetenzbereich der Gemeinschaft fallenden Bedarfsdeckung im Wege der rechtsgeschäftlichen Leistungsbeschaffung am Markt abzugrenzen.

Dies belegen die Begründungserwägungen der Kommission bei Erlaß der DKR.

> "76. Viele öffentliche Auftraggeber können ihren Bedarf an bestimmten Dienstleistungen dadurch decken, daß sie die erforderlichen Tätigkeiten mit ihren eigenen Mitteln ausführen. Dies gilt insbesondere in solchen Gebieten, wo die Behörden selbst die notwendigen Fachkräfte beschäftigen, zum Beispiel Computerspezialisten, Architekten, Ingenieure, Wirtschaftler, Wissenschaftler, u.s.w. In solchen Fällen ist die Wahl relativ offen, ob die betreffende Dienstleistung von außen beschafft oder mit eigenen Mitteln erbracht werden soll.
>
> 77. EG-Vergabevorschriften mischen sich nicht in die Entscheidung der öffentlichen Auftraggeber ein, ob ihr Bedarf durch Auftragsvergabe nach außen oder mit eigenen Mitteln gedeckt wird. Es handelt sich um ein wirtschaftspolitisches Grundsatzproblem in der Zuständigkeit der Mitgliedstaaten. Wenn Dienstleistungen innerhalb einer juristischen Person erbracht werden, zum Beispiel wenn eine Abteilung Dienstleistungen an eine andere erbringt, handelt es sich nicht um Be-

[243] *Heinemann*, Grenzen staatlicher Monopole im EG-Vertrag, 1996, S. 50

schaffungsmaßnahmen, selbst wenn sich daraus besondere Haushaltskonsequenzen ergeben." [244]

Im Hintergrundpapier der Kommission für eine Richtlinie *Öffentliches Auftragswesen im Dienstleistungsverkehr* führt die Kommission hierzu aus:

"52. Die EG-Vorschriften im öffentlichen Auftragswesen können jedoch nicht dazu dienen, die einzelstaatliche Politik in diesem Bereich zu ändern. Es ist Sache der Regierungen, in Übereinstimmung mit ihrer Wirtschaftspolitik Privatisierungsbeschlüsse zu fassen oder besondere Aufgaben abzutreten. Der Grundsatz des freien Dienstleistungsverkehrs in Artikel 50 des Vertrages verbietet den Regierungen im gegenwärtigen Auslegungsstadium nicht, den Umfang der öffentlichen Aufträge durch die Erbringung eigener Leistungen einzuschränken." [245]

Damit zog der Richtliniengeber letztlich die Konsequenzen aus der Verteilung der Beschaffungskompetenz zwischen den Mitgliedstaaten und der Gemeinschaft, obwohl die Einschränkung staatlicher Eigenleistung ein riesiges Wachstumspotential für den privaten Sektor darstellen würde[246] und eine Einbeziehung staatlicher Eigenleistung in den Anwendungsbereich der Koordinierungsrichtlinien wirtschaftspolitisch wünschenswert gewesen wäre. Die Koordinierungsrichtlinien sollten demnach lediglich die Bedarfsdeckung durch die Teilnahme der Mitgliedstaaten am Markt, nicht aber den Bereich der mitgliedstaatlichen Eigenleistung bzw. die Entscheidung über die Art der Bedarfsdeckung regeln.

Wie die Begründungserwägungen[247] zeigen, ging der Richtliniengeber davon aus, daß mitgliedstaatliche Eigenleistungen in der Regel dadurch gekennzeichnet sind, daß sie von rechtlich mit dem öffentlichen Auftraggeber personenidentischen Einrichtungen erbracht werden. Eine Abgrenzung sollte daher über das Auftragserfordernis, das eine formal-rechtliche Personenverschiedenheit voraussetzt, erfolgen.

"78. Auf der anderen Seite ist nicht zu verkennen, daß die aus der Anwendung der EG-Vergabevorschriften resultierenden Umstände relativ leicht zu vermeiden

---

[244] Begründungserwägung Nr. 76 und 77 des Vorschlags für eine Richtlinie des Rates über die Koordinierung der Verfahren zur Vergabe öffentlicher Dienstleistungsaufträge, KOM (90) 372; Ratsdokument 10958/90, abgedruckt als BR-Drucksache, 13/91 vom 10.01.1991

[245] Erwägungsgrund Nr. 52 des Hintergrundpapiers der Kommission der Europäischen Gemeinschaften für eine Richtlinie: Öffentliches Auftragswesen im Dienstleistungsverkehr, abgedruckt als BR-Drucksache, 146/89 vom 08.03.1991

[246] Nr. 51 des Hintergrundpapiers der Kommission der Europäischen Gemeinschaften für eine Richtlinie: Öffentliches Auftragswesen im Dienstleistungsverkehr, abgedruckt als BR-Drucksache 146/98 vom 08.03.1989

[247] Vgl. neben den vorstehenden Erwägungsgründen auch Erwägungsgrund Nr. 51 und 55 des Hintergrundpapiers der Kommission der Europäischen Gemeinschaften für eine Richtlinie: Öffentliches Auftragswesen im Dienstleistungsverkehr, abgedruckt als BR-Drucksache, 146/89 vom 08.03.1991

sind, indem die betreffende Dienstleistung einfach nicht nach außen vergeben wird. Angesichts dieser Umstände könnte die Richtlinie dazu führen, daß der Beschaffungsmarkt eher schrumpft, als weiter geöffnet wird. Die Auswirkungen staatlicher Eigenleistungen müssen deshalb bei der Überprüfung dieser Richtlinie nach drei Jahren (Artikel 42) [*des Vorschlags*[248]] besonders berücksichtigt werden."[249]

Die mit dieser formalen Abgrenzung verbundene Umgehungsgefahr nahm der Richtliniengeber bewußt in Kauf. Als ausreichendes Mittel dieser zu begegnen erschien die in Art. 43 S. 2 DKR angeordnete Überprüfung der Auswirkungen staatlicher Eigenleistungen auf den Beschaffungsmarkt.

Vor dem Hintergrund der möglichen Organisationsformen mitgliedstaatlicher Eigenleistung hat die durch den Richtliniengeber gewählte formale Abgrenzung zur Folge, daß die Leistungserbringung durch die öffentlich-rechtlichen Organisationsformen des Regie- und Eigenbetriebs ausschreibungsfrei erfolgen kann (In-House-Vergabe im engeren Sinne). Demgegenüber zieht die Leistungserbringung durch rechtlich selbständige Anstalten (einschließlich des Kommunalunternehmens) sowie insbesondere privatrechtliche Organisationsformen, d.h. in der Form der GmbH oder AG, aufgrund ihrer Rechtssubjektivität per se eine Ausschreibungspflicht nach sich. Dies ist insofern bemerkenswert, da die Organisationsform keinen materiellen Aussagegehalt darüber enthält, ob die leistungserbringende Stelle der staatlichen Sphäre zuzurechnen ist und ob deren Leistungserbringung trotz formaler Personenverschiedenheit als nicht vom Anwendungsbereich der Koordinierungsrichtlinien erfaßte *Eigenleistung* zu qualifizieren ist (In-House-Vergabe im weiteren Sinne).

Im Zuge der Privatisierungsbestrebungen der Mitgliedstaaten spalten sich öffentlich-rechtliche Körperschaften zunehmend in mehr oder weniger verselbständigte Einheiten auf oder schließen sich zu solchen zusammen, um die Bedarfsdeckung möglichst wirtschaftlich und effektiv zu gestalten. Es kommt daher zu Spannungen mit dem Vergaberecht. Aufgrund der formellen Personenverschiedenheit zwischen dem öffentlichen Auftraggeber und der von ihm gegründeten und sich in seinem Anteilsbesitz befindlichen mit ihm verbundenen Gesellschaft ist die Beauftragung derselben grundsätzlich nicht ohne vorherige Ausschreibung möglich. Dies gilt auch dann und obwohl diese Gesellschaft dieselben Funktionen wahrnimmt wie eine öffentlich-rechtlich organisierte Stelle

[248] Anmerkung des Verfassers

[249] Begründungserwägung Nr. 78 des Vorschlags für eine Richtlinie des Rates über die Koordinierung der Verfahren zur Vergabe öffentlicher Dienstleistungsaufträge, KOM (90) 372; Ratsdokument 10958/90, abgedruckt als BR-Drucksache, 13/91 vom 10.01.1991

ohne eigene Rechtspersönlichkeit von der diese Leistung als Eigenleistung ausschreibungsfrei bezogen werden könnte.

Für die Behandlung der In-House-Vergabe unter dem Regime der Koordinierungsrichtlinien läßt sich daher als Zwischenresultat festhalten, daß die In-House-Vergabe im engeren Sinne, d.h. die Leistungserbringung durch eine mit dem öffentlichen Auftraggeber personenidentische Stelle, nicht dem Anwendungsbereich der Koordinierungsrichtlinien unterfällt. Sie ist ausschreibungsfrei. Demgegenüber wird die Leistungserbringung durch eine Stelle mit eigener Rechtspersönlichkeit grundsätzlich vom sachlichen bzw. objektiven Anwendungsbereich der Koordinierungsrichtlinien erfaßt. Sie ist ausschreibungspflichtig. Dies gilt auch dann, wenn diese Stelle mit dem öffentlichen Auftraggeber verbunden ist und die gleichen Funktionen wahrnimmt wie eine Stelle ohne eigene Rechtspersönlichkeit. Es ist daher zu prüfen, in welchen Fällen, diese Leistungserbringung nach dem Regime der Koordinierungsrichtlinien ebenfalls ausschreibungsfrei erfolgen kann (In-House-Vergabe im weiteren Sinne).

C. Die Bedeutung der Ausnahmevorschriften für die In-House-Vergabe

Während mitgliedstaatliche Leistungen durch personenidentische Stellen (In-House-Vergabe im engeren Sinne) mangels Auftragserfordernis grundsätzlich nicht dem Anwendungsbereich der Koordinierungsrichtlinien unterliegen, ist die Vergabe von Aufträgen durch den öffentlichen Auftraggeber an eine mit ihm verbundene aber personenverschiedene Stelle grundsätzlich vom Anwendungsbereich der Koordinierungsrichtlinien erfaßt und daher ausschreibungspflichtig. Es ist daher zu prüfen, inwieweit der Leistungsbezug von Stellen mit eigener Rechtspersönlichkeit in den Anwendungsbereich einer der Ausnahmevorschriften fällt und daher, trotz Rechtspersonenverschiedenheit zwischen Auftraggeber und Auftragnehmer, ausschreibungsfrei erfolgen kann (In-House-Vergabe im weiteren Sinne). Mit der Analyse derjenigen Fälle der In-House-Vergabe im weiteren Sinne, die eine gesetzliche Regelung durch die Koordinierungsrichtlinien erfahren haben, ergibt sich gleichzeitig der potentielle Anwendungsbereich der von der Rechtsprechung entwickelten Grundsätze der In-House-Vergabe.

Die Ausnahmen von der Ausschreibungspflicht sind in den jeweiligen Koordinierungsrichtlinien für Bau-, Liefer- und Dienstleistungen teils übereinstimmend, teils unterschiedlich geregelt.[250] Für die In-House-Vergabe im weiteren

---

[250] Im Vorschlag der Kommission vom 10.05.2000 für eine Richtlinie des Europäischen Parlaments und des Rates über die Koordinierung der Verfahren zur Vergabe öffentlicher Liefer-

Sinne sind vor allem die Ausnahmevorschriften des Art. 6 Abs. 1 DKR[251] sowie des Art. 13 SKR relevant, da beide Ausnahmetatbestände Fallgestaltungen erfassen, in denen die beauftragte rechtsformverschiedene Stelle (gesellschaftsrechtlich) mit dem öffentlichen Auftraggeber verbunden ist. Sowohl Art. 6 DKR als auch Art. 13 SKR erfassen jeweils die Vergabe von *Dienstleistungen*. Demgegenüber finden sich keine einschlägigen Ausnahmevorschriften für *Bauleistungen* in der BKR oder *Lieferleistungen* in der LKR. Vor diesem Hintergrund ist eine unmittelbar sich aus dem Gesetz ergebende Begründung der In-House-Vergabe im weiteren Sinne grundsätzlich allein für die Vergabe von *Dienstleistungsaufträgen* durch öffentliche Auftraggeber im Rahmen von Art. 6 DKR bzw. für die Vergabe von *Dienstleistungsaufträgen* durch *Sektorenauftraggeber* im Rahmen von Art. 13 SKR denkbar.

I. Die Ausnahmeregelung des Art. 6 Abs. 1 DKR und ihre Bedeutung für die In-House-Vergabe

Nach Art. 6 Abs. 1 DKR[252] gilt die DKR

> "..nicht für die Vergabe von *Dienstleistungsaufträgen*[253], die an eine Stelle vergeben werden, die ihrerseits ein Auftraggeber im Sinne des Artikels 1 Buchstabe b) ist, aufgrund eines ausschließlichen Rechts derselben, das diese gemäß veröffentlichter, mit dem Vertrag übereinstimmender Rechts- oder Verwaltungsvorschriften innehat."

Soweit Art. 6 Abs. 1 DKR die Beauftragung eines rechtspersonenverschiedenen Auftragnehmers – und damit, soweit dieser mit dem öffentlichen Auftraggeber verbunden ist – Fälle der In-House-Vergabe im weiteren Sinne erfaßt, ist zu beachten, daß der Anwendungsbereich von Art. 6 Abs. 1 DKR sehr begrenzt ist.

---

aufträge, Dienstleistungsaufträge und Bauaufträge, KOM (2000) 275, wurden die gleichlautenden Ausnahmevorschriften der BKR, LKR und DKR zusammengefaßt, vgl. Art. 16-19 und die entsprechend die Analyse der einzelnen Artikel der BKR, LKR und DKR.

Im Vorschlag der Kommissionvom 10.05.2000 für eine Richtlinie des Europäischen Parlaments und des Rates über die Koordinierung der Auftragsvergabe durch Auftraggeber im Bereich Wasser-, Energie- und Verkehrsversorgung, KOM (2000) 276 werden diese Ausnahmetatbestände *inhaltlich weitestgehend unverändert* zusammengefaßt, vgl. Art. 20 ff.

[251] Vgl. auch den wortlautidentischen Art. 11 SKR

[252] Vgl auch den wortlautidentischen Art. 11 SKR, wonach in diesen Fällen die SKR keine Geltung beansprucht.

[253] Hervorhebung durch den Verfasser

1. Der sachliche und persönliche Anwendungsbereich des Art. 6 Abs. 1 DKR

Der sachliche Anwendungsbereich des Art. 6 Abs. 1 DKR erfaßt ausweislich des Wortlauts und wie der Vergleich mit der BKR und LKR, die keine entsprechende Regelung enthalten, zeigt, lediglich *Dienstleistungen*, nicht aber *Bau-* und/oder *Lieferleistungen*.[254] Die Vergabe von Bau- und Lieferleistungen an öffentliche Auftragnehmer unterfällt daher selbst bei Vorliegen der übrigen Voraussetzungen des Art. 6 Abs. 1 DKR dem Anwendungsbereich der BKR bzw. LKR und ist damit – vorbehaltlich einer analogen Anwendung des Art. 6 DKR[255] – ausschreibungspflichtig.[256] Dies hat der *EuGH* in der Rs. *Teckal* bestätigt. In dem zugrundeliegenden Sachverhalt handelte es sich um die Erbringung von Dienstleistungen und die Lieferung von Waren. Das nationale Gericht war noch von der Anwendung der DKR ausgegangen und hatte die Ausschreibungsfreiheit der Auftragsvergabe daher auf Art. 6 DKR gestützt.[257] Der *EuGH* entschied demgegenüber, daß nicht die DKR, sondern die LKR anzuwenden sei, weil der wertmäßige Anteil der Lieferung von Waren überwog. Dies hatte zur Folge, daß die Ausnahmevorschrift des Art. 6 DKR nicht zur Rechtfertigung der ausschreibungsfrei erfolgten Vergabe an die AGAC herangezogen werden konnte.[258] Zur Begründung verwies der *EuGH* darauf, daß die LKR keine Art. 6 DKR vergleichbare Vorschrift enthalte. Gleichzeitig nahm der *EuGH* allerdings das Fehlen einer Art. 6 DKR vergleichbaren Ausnahmevorschrift in der LKR zum Anlaß, darauf zu verweisen, daß unter bestimmten Voraussetzungen, eben den

---

[254] Demgegenüber sieht § 100 Abs. 2 lit. g) GWB nach seinem Wortlaut "Aufträge" entgegen der Regelung des Art. 6 Abs. 1 DKR eine Ausnahme auch für Bau- und Lieferleistungen vor. Während zum Teil eine europarechtskonforme einschränkende Auslegung gefordert wird (vgl. *Dreher*, in: *Immenga/Mestmäcker* Gesetz gegen Wettbewerbsbeschränkungen, Kommentar, 3. Aufl. 2001, § 100, Rdnr. 20), wird die mit der nationalen Umsetzung verbundene Ausdehnung der Ausnahme auf Bau- und Lieferleistungen unter Hinweis auf Sinn und Zweck der Vorschrift zum Teil auch befürwortet (Marx, in: *Motzke/Pietzcker/Prieß* (Hrsg.) VOB Teil A, 2001, § 100, Rdnr. 21). Vgl. hierzu unten die Diskussion der analogen Anwendung von Art. 6 DKR, § 4B.II, S. 129 ff. Vgl. zu diesem Ergebnis auch Schlußanträge des Generalanwalts *Geroges Cosmas* vom 01.07.1999 in der Rs. C-107/98 (Teckal Srl/Gemeinde Viano), Slg. I 1999, S. 8123 ff. (Tz. 66).

[255] Vgl. § 4B.II; S. 129

[256] Beachte allerdings die im Vergleich zu Art. 6 DKR weitere Umsetzung in § 102 Abs. 2 lit. g) GWB, ausführlich hierzu FN 375

[257] *EuGH* Urteil vom 18.11.1999, Rs. C-107/98, (Teckal Srl/Gemeinde Viano, u.a.), Slg. I 1999, S. 8139 ff. (Tz. 24)

[258] *EuGH* Urteil vom 18.11.1999, Rs. C-107/98, (Teckal Srl/Gemeinde Viano, u.a.), Slg. I 1999, S. 8139 ff. (Tz. 40)

von ihm zur In-House-Vergabe im weiteren Sinne aufgestellten Voraussetzungen, eine Ausschreibungspflicht entfallen könnte.[259]

Der persönliche Anwendungsbereich des Art. 6 DKR setzt voraus, daß es sich bei der Person des beauftragten Leistungserbringers um eine vom öffentlichen Auftraggeber formal zu unterscheidende juristische Person handelt.[260] Der persönliche Anwendungsbereich von Art. 6 DKR ist jedoch auf solche *Auftragnehmer* beschränkt, die selbst öffentliche *Auftraggeber* im Sinne des Artikels 1 Buchstabe b) DKR sind. Das bedeutet, daß z.B. die Auftragsvergabe *an Sektorenauftraggeber* von der Ausnahmevorschrift des Art. 6 DKR nicht erfaßt ist, da diese nicht Auftraggeber im Sinne von Art. 1 lit. b) DKR sind, sondern solche im Sinne von Art. 2 SKR. Sofern die Eigenschaft des Auftragnehmers als öffentlicher Auftraggeber darauf gestützt wird, daß es sich um eine öffentliche Einrichtung im Sinne von Art. 1 lit. b) Unterabsatz 2 DKR handelt, ist zu beachten, daß die Auslegung dieses Tatsbestandsmerkmals außerordentlich umstritten ist.[261] Insbesondere bei Auftragnehmern, die kommerzielle Dienstleistungen erbringen dürfte die Eigenschaft als öffentlicher Auftraggeber regelmäßig zu verneinen sein.[262]

2. Das Ausschließlichkeitsrecht des Art. 6 DKR

Zentrales Kriterium der Ausnahme des Art. 6 Abs. 1 DKR ist, daß dem Auftragnehmer im Zeitpunkt der Auftragsvergabe ein Ausschließlichkeitsrecht zustehen muß. Art. 6 DKR beschreibt dieses Ausschließlichkeitsrecht der leistungserbringenden Stelle als Recht,

> "... das diese gemäß veröffentlichter, mit dem Vertrag übereinstimmender Rechts- oder Verwaltungsvorschrift inne hat."

Damit ist gemeint, daß dem Auftragnehmer, z.B. aufgrund eines absoluten Ausschließlichkeitsrechts wie es ein gewerbliches Schutzrecht oder ein Patent ge-

---

[259] *EuGH* Urteil vom 18.11.1999, Rs. C-107/98, (Teckal Srl/Gemeinde Viano, u.a.), Slg. I 1999, S. 8139 ff. (Tz. 52)

[260] Vgl. *Boesen*, Vergaberecht, 1. Aufl. 2000, § 100, Rdnr. 74. Andernfalls würde es mangels zweier verschiedener Rechtspersönlichkeiten bereits an einem Auftrag im Sinne von Art. 1 lit. a) DKR fehlen. Im übrigen ergibt sich dieses Erfordernis daraus, daß der Auftragnehmer als öffentlicher Auftraggeber i.S.v. Art. 1 lit. b) DKR Rechtspersönlichkeit besitzen muß. Für "Einrichtungen des öffentlichen Rechts", die als öffentliche Auftraggeber gelten wird das Erfordernis einer eigenen Rechtspersönlichkeit in Art. 1 lit. b) Spiegelstrich 2 ausdrücklich vorgeschrieben, vgl. Art. 1 lit. b) Spiegelstrich 2 DKR.

[261] Vgl. hierzu näher § 3C.I.3104 ff., insb. FN 311

[262] Vgl. hierzu näher § 3C.I.3104 ff.

währt[263], das ausschließliche Recht zur Leistungserbringung an den öffentlichen Auftraggeber zusteht.

Da die DKR als sekundäres Gemeinschaftsrecht die Geltung des primären Gemeinschaftsrechts unberührt läßt, ist zunächst erforderlich, daß das Ausschließlichkeitsrecht mit dem EG-Vertrag, insbesondere mit den Vorschriften des Art. 81 ff. EG, vereinbar ist.[264] Das Erfordernis der Vereinbarkeit des Ausschließlichkeitsrechts mit dem EG-Vertrag beruht darauf, daß die Übertragung eines Ausschließlichkeitsrechts an eine im Wettbewerb agierende Unternehmung und damit die Herausnahme dieser Leistungserbringung aus dem freien Wettbewerb angesichts der Grundfreiheiten des EG einer besonderen Rechtfertigung bedarf.[265] Die Art. 81 ff. EG führen jedoch lediglich zu einer relativ geringfügigen Einschränkung, da sie – anders als die Koordinierungsrichtlinien, die auch bei rein nationalen Sachverhalten anwendbar sind – nur dann Anwendung finden, wenn ein grenzüberschreitender Bezug gegeben ist.[266] Dieser dürfte insbesondere bei regionalen bzw. kommunalen Auftragsvergaben nur schwer zu begründen sein. Desweiteren ist die Freistellungsmöglichkeit des Art. 86 Abs. 2 EG zu beachten, die den Anwendungsbereich der Art. 81 ff. EG weiter einschränkt.[267]

Umstritten ist, ob es sich bei dem Ausschließlichkeitsrecht im Sinne von Art. 6 Abs. 1 DKR um ein *absolutes* Recht, das gegenüber *jedermann* zur Leistungserbringung berechtigt[268], wie z.B. ein Monopol, Patent, Geschmacksmuster,

---

[263] Vgl. hierzu § 3C.I.2, S. 94 ff.

[264] Begründungserwägung Nr. 81 des Vorschlags für eine Richtlinie des Rates über die Koordinierung der Verfahren zur Vergabe öffentlicher Dienstleistungsaufträge, KOM (90) 372; Ratsdokument 10958/90, abgedruckt als BR-Drucksache, 13/91 vom 10.01.1991; *EuGH* Urteil vom 10.11.1998, Rs. C-360/96 (BFI Holding/Gemeente Arnhem und Rheden), Slg. I 1998, S. 6846 ff. (Tz. 45). Die Umsetzung von Art. 6 DKR in § 100 Abs. 2 lit. g) GWB verlangt demgegenüber aus Gründen der Rechtssicherheit und der Schaffung einer höheren Hürde für eine Ausnahme vom Anwendungsbereich des Vergaberechts weitergehend, daß das ausschließliche Recht auf Gesetz oder Verordnung, nicht bloß auf Verwaltungsvorschrift wie in Art. 6 DKR vorgehen, beruhen muß. Insofern ist die nationale Umsetzung strenger als die europarechtliche Vorgabe. Dies ist zulässig, da die Richtlinien insofern lediglich einen Mindeststandard vorschreiben, vgl. *Dreher*, in: *Immenga/Mestmäcker* Gesetz gegen Wettbewerbsbeschränkungen, Kommentar, 3. Aufl. 2001, § 100, Rdnr. 20. Darüber hinaus fehlt in § 100 Abs. 2 lit. g) GWB das in Art. 6 DKR aufgestellte Erfordernis der Vereinbarkeit des Ausschließlichkeitsrechts mit dem EG-Recht, was im Wege europarechtskonformer Auslegung in § 100 Abs. 2 lit. g) GWB hineinzulesen ist, vgl. Marx, in: *Motzke/Pietzcker/Prieß* (Hrsg.) VOB Teil A, 2001, § 100, Rdnr. 22.

[265] *Marx*, in: *Motzke/Pietzcker/Prieß* (Hrsg.) VOB Teil A, 2001, § 100, Rdnr. 22

[266] *Opitz*, Kontraktive Privatisierung und Kartellvergaberecht, ZVgR 2000, S. 97 ff. (106)

[267] *Opitz*, Kontraktive Privatisierung und Kartellvergaberecht, ZVgR 2000, S. 97 ff. (106)

[268] *Korbion*, Vergaberechtsänderungsgesetz, § 100, Rdnr. 16

Gebrauchsmuster, Gemeindewirtschaftsplan oder ein Andienungsrecht,[269] handeln muß oder ob auch ein *relativ* wirkendes Recht ausreichend ist.

Nach dem überwiegenden Teil des Schrifttums ist es ausreichend, daß das ausschließliche Recht als *relatives* Recht gegenüber dem öffentlichen Auftraggeber wirke, so daß auch schuldrechtlich vereinbarte ausschließliche Rechte für eine ausschreibungsfreie Vergabe ausreichend sind.[270] Hierfür spreche der Sinn und Zweck des Art. 6 DKR, zentrale Einheiten für die Erbringung bestimmter Dienstleistungen schaffen zu können.[271] Dieser werde nicht erreicht, wenn die Vorschrift auf die seltenen Fälle beschränkt werde, in denen der Leistungserbringer ein absolutes Recht inne habe.[272] Auch sei eine weite Auslegung von Art. 6 DKR schon deshalb geboten, weil andernfalls Fälle von Organisationsprivatisierung dem Vergaberecht unterlägen, was mit dem Wahlrecht der öffentlichen Hand hinsichtlich der Organisationsform unvereinbar wäre.[273] Schließlich ergebe sich aus der Rechtsprechung des *EuGH* zu Art. 6 Abs. 1 DKR in der Rs. *Gemeente Arnhem und Rheden*[274], daß die Auftragsvergabe an kommunale Eigengesellschaften nicht ausschreibungspflichtig sei und daher auch relative Rechte für die Anwendung des Art. 6 DKR ausreichend seien.[275]

Diese Auffassung ist jedoch abzulehnen.

Zunächst überzeugt die Berufung auf die Organisationshoheit nicht. Es ist nämlich zu bedenken, daß auf kommunaler Ebene die Berufung auf die aus Art. 28

---

[269] *Eschenbruch*, in: *Niebuhr/Kulartz/Kus/*Portz, Kommentar zum Vergabrecht, § 100, Rdnr. 33 *Thieme*, in: *Langen/Bunte*, Kommentar zum deutschen und europäischen Kartellrecht, Bd. I, 9. Aufl. § 100, Rdnr. 36; *Thieme*, in: *Langen/Bunte*, Kommentar zum deutschen und europäischen Kartellrecht, Bd. I, 9. Aufl. § 100, Rdnr. 36

[270] *Boesen*, Vergaberecht, 1. Aufl. 2000, § 100, Rdnr. 78; *Dreher*, in: *Immenga/Mestmäcker* Gesetz gegen Wettbewerbsbeschränkungen, Kommentar, 3. Aufl. 2001, § 100, Rdnr. 20; *Jasper*, Das Vergaberechtsänderungsgesetz, DB 1998, S. 2151 ff. (2153); offengelassen bei *Eschenbruch*, in: *Niebuhr/Kulartz/Kus/*Portz, Kommentar zum Vergabrecht, § 100, Rdnr. 33

[271] *Dreher*, in: *Immenga/Mestmäcker* Gesetz gegen Wettbewerbsbeschränkungen, Kommentar, 3. Aufl. 2001, § 100, Rdnr. 20

[272] *Boesen*, Vergaberecht, 1. Aufl. 2000, § 100, Rdnr. 78

[273] *Jasper*, Das Vergaberechtsänderungsgesetz, DB 1998, S. 2151 ff. (2153); *Tucker*, Privatisation and Concessions, EuR 2/96, S. 73 ff. (75)

[274] *EuGH* Urteil vom 10.11.1998, Rs. C-360/96 (BFI Holding/Gemeente Arnhem und Rheden), Slg. I 1998, S. 6846 ff. (Tz. 18, 20, 21, 22). In diesem Verfahren hatte ein privates Müllentsorgungsunternehmen gerügt, daß die niederländischen Gemeinden Arnhem und Rheden Aufträge zur Erledigung der kommunalen Hausmüllentsorgung ohne Ausschreibung an eine von ihnen gemeinsam gegründete Aktiengesellschaft vergeben hatten, vgl. zum Sachverhalt § 4C.I.1, S. 148 ff.

[275] *Bechthold*, Kartellgesetz - Gesetz gegen Wettbewerbsbeschränkungen, Kommentar, 2. Aufl. 1999, § 100, Rdnr. 12

GG verfassungsrechtlich verbürgte kommunale Organisationsfreiheit der Anwendung des Vergaberechts in diesen Fällen nicht entgegensteht. Denn – unabhängig vom ohnehin geltenden Vorrang des EG-Rechts vor dem nationalen Verfassungsrecht[276] – ist die Organisationswahlfreiheit lediglich im Rahmen der Gesetze gewährleistet. Die durch das GWB in nationales Recht umgesetzten Koordinierungsrichtlinien sind daher als Teil dieses Rahmen zu beachten.[277] Auch soweit das Argument der Organisationsprivatisierung auf die generelle Freiheit der Mitgliedstaaten, die Form der Leistungserbringung frei zu wählen, gestützt wird, überzeugt es nicht.[278] Diese Argumentationsweise verkennt, daß eine solche Freiheit den Mitgliedstaaten nach dem EG-Recht – anders als den Gemeinden in Art. 28 Abs. 2 GG – nicht positiv gewährleistet wird. Die Freiheit der Mitgliedstaaten, die Organisationsform der Leistungserbringung frei zu wählen, läßt sich nur negativ abgrenzen: Den Mitgliedstaaten ist alles erlaubt, was nicht gegen die Grundsätze des EG-Vertrages, und hier vor allem die Warenverkehrs-, Niederlassungs- und Dienstleistungsfreiheit, verstößt.[279] Die Freiheit der Mitgliedstaaten reicht daher nur soweit, wie diese Wahl der Organisationsform mit dem EG-Vertrag vereinbar ist. Statt sich auf die Organisationsfreiheit der Mitgliedstaaten zu berufen, ist vielmehr umgekehrt zu fragen, ob die Wahl der Organisationsform bzw. die Gewährung eines Ausschließlichkeitsrechts nicht den Wettbewerb bzw. die Niederlassungs- oder Dienstleistungsfreiheit beeinträchtigt bzw. ob diese Beeinträchtigung ausnahmsweise zu rechtfertigen ist. Gerade dieser Gedanke spiegelt sich in dem von Art. 6 DKR postulierten Erfordernis der Vereinbarkeit des Ausschließlichkeitsrechts mit dem EG-Vertrag wieder. Die Freiheit der Mitgliedstaaten wird nicht positiv gewährt, sondern negativ geduldet, solange sie mit dem Wettbewerbsrecht vereinbar ist. Sie ist daher kein Argument, das sich gegenüber dem positiv gewährleisteten Wettbewerb durchzusetzen vermag.

Auch kann die Rechtsprechung des *EuGH* in der Rs. *Gemeente Arnhem und Rheden* nicht dafür herangezogen werden, daß eine schuldrechtliche Vereinbarung für die Begründung eines ausschließlichen Rechts ausreichend ist.[280] Die

---

[276] *EuGH*, Urteil vom 15.07.1964, Rs. 6/64 (Costa/ENEL), Slg. 1964, S. 1251 ff. (S. 1269 ff.)

[277] *Faber*, Öffentliche Aufträge an kommunalbeherrschte Unternehmen - in-house-Geschäfte oder Vergabe im Wettbewerb, DVBl 2001, S. 248 ff. (252)

[278] *Tucker*, Privatisation and Concessions, EuR 2/96, S. 73 ff. (75)

[279] Vgl. § 3B.III.1.e, S. 82 ff. und § 3B.III.2, S. 88 ff. sowie Erwägungsgrund Nr. 52 des Hintergrundpapiers der Kommission der Europäischen Gemeinschaften für eine Richtlinie: Öffentliches Auftragswesen im Dienstleistungsverkehr, abgedruckt als BR-Drucksache, 146/89 vom 08.03.1991

[280] So aber *Bechthold*, Kartellgesetz - Gesetz gegen Wettbewerbsbeschränkungen, Kommentar, 2. Aufl. 1999, § 98, Rdnr. 12'.

vom *EuGH* zu beurteilende Vorlagefrage erstreckte sich nämlich nicht darauf, ob die von den beiden niederländischen Gemeinden zum Zweck der kommunalen Hausmüllentsorgung gemeinsam gegründete Aktiengesellschaft aufgrund eines ausschließlichen Rechts tätig geworden sei. Sie betraf lediglich die Frage, ob das gegründete Konsortium öffentlicher Auftraggeber im Sinne des Art. 6 Abs. 1 i.V.m. Art. 1 lit. a) DKR ist oder nicht.[281] Das Urteil des *EuGH* spricht im Gegenteil dafür, daß schuldrechtliche Vereinbarungen für die Begründung eines Ausschließlichkeitsrechts im Sinne von Art. 6 Abs. 1 DKR gerade nicht ausreichend sind. Der *EuGH* betont in seiner Entscheidung, daß

> "...es für die Anwendung des Artikel 6 der Richtlinie 92/50 wesentlich ist, daß das ausschließliche Recht seine Rechtsgrundlage in veröffentlichten *Rechts- oder Verwaltungsvorschriften*[282] hat".[283]

Die Rechtsprechung des *EuGH* spricht zudem – ebenso wie der Wortlaut "beruhen"[284] und die Gesetzesbegründung[285] – dafür, daß das Ausschließlichkeitsrecht

---

[281] *Hailbronner*, in: *Byok/Jaeger*, Kommentar zum Vergaberecht, 2000, § 99, Rdnr. 381; *Sura*, Anmerkung zur Auslegung des Begriffs der Nichtgewerblichkeit iSv § 98 Nr 2 GWB durch den *EuGH* in Gemeente Arnhem/BFI Holding, EuZW 1999, S. 19 ff. (19); *Weidemann/Otting*, Der Begriff des öffentlichen Auftraggebers i. S. der Dienstleistungsrichtlinie, EWS 1999, S. 41 ff. (41); VK Düsseldorf, Beschluß vom 07.07.2000, Az.: VK 12/2000, NZBau 2001, S. 46 ff. (47); *EuGH* Urteil vom 10.11.1998, Rs. C-360/96 (BFI Holding/Gemeente Arnhem und Rheden), Slg. I 1998, S. 6846 ff., (Tz. 22, 60); vgl. hierzu auch § 4C.I.1, S. 148 ff.

[282] Hervorhebung des Verfassers

[283] *EuGH* Urteil vom 10.11.1998, Rs. C-360/96 (BFI Holding/Gemeente Arnhem und Rheden), Slg. I 1998, S. 6846 ff. (Tz. 60)

[284] *Thieme*, in: *Langen/Bunte*, Kommentar zum deutschen und europäischen Kartellrecht, Bd. I, 9. Aufl. § 100, Rdnr. 36

Demgegenüber halten *Boesen*, Vergaberecht, 1. Aufl. 2000, § 100, Rdnr. 81 und *Portz*, Anwendung des Vergaberechts bei der Privatisierung kommunaler Aufgaben, BWGZ 2000, S. 191 ff., (196 f.) den Wortlaut für neutral.

Zwar kann "beruhen" auch dahingehend verstanden werden, daß eine Gewährung durch untergesetzliche abgeleitete Rechtsakte, wie z.B. einen Verwaltungsakt, möglich ist. In diesem Fall wäre jedoch die Erwähnung der Verordnung neben dem Gesetz nicht nötig gewesen, da auch Verordnungen auf Gesetz beruhen, so daß sich daraus schließen läßt, daß das ausschließliche Recht sich unmittelbar aus einem Gesetz oder einer Verordnungen ergeben muß (*Boesen*, Vergaberecht, 1. Aufl. 2000, § 100, Rdnr. 82). Neben der Unmittelbarkeit der Rechtsgewährung ist damit auch die Form der Gewährung auf nationaler Ebene abschließend festgelegt. Der Begriff der Rechts- oder Verwaltungsvorschrift, so wie er in der DKR verwandt wird, hätte kommunale Satzungen ausreichen lassen, möglicherweise sogar Verwaltungsakte, um ein besonderes ausschließliches Recht zu begründen. Diese Möglichkeit ist nach dem Wortlaut von § 100 Abs. 2 lit. g) GWB ausgeschlossen. Kommunale Satzungen und erst recht Verwaltungsakte sind keine Rechtsverordnungen. Kommunen, die möglicherweise aus eigener Tätigkeit ein besonderes ausschließliches Recht begründen wollen, sind daran durch die Regelung des § 100 Abs. 2 lit. g) GWB gehindert. Vgl. zum vorstehenden Themenkomplex *Boesen*, Vergaberecht, 1. Aufl. 2000, § 100, Rdnr. 82; *Brinker*, Anmerkung zum *EuGH* Urteil

unmittelbar durch eine Rechts- bzw. Verwaltungsvorschrift gewährt werden muß, so daß auch aus diesem Grund schuldrechtlich gewährte Ausschließlichkeitsrechte nicht ausreichend sind.[286] In diesem Sinne wurde die Richtlinie auch in deutsches Recht umgesetzt, da § 100 Abs. 2 lit. g) GWB verlangt, daß das Ausschließlichkeitsrecht auf Gesetz oder Verordnung beruhen muß. Sie ist insoweit strenger als die Richtlinie.[287] Eine einfache Satzung ist daher nicht ausreichend.[288] Dies spricht dafür, daß im Rahmen des Art. 6 DKR ein *absolutes* Ausschließlichkeitsrecht erforderlich ist, während schuldrechtliche Vereinbarungen, die lediglich gegenüber dem öffentlichen Auftraggeber wirken, als *relative* Ausschließlichkeitsrechte für Art. 6 DKR unzureichend sind.[289]

Hierfür spricht auch der Vergleich mit Art. 86 EG. Art. 86 EG schützt lediglich solche Rechte,

> "die von einem Mitgliedstaat oder einer Behörde einer oder mehreren öffentlichen oder privaten Einrichtungen auf dem Gesetzes- oder Verwaltungsweg gewährt werden und diesen die Erbringung einer Dienstleistung oder die Ausübung einer bestimmten Tätigkeit vorbehalten".[290]

---

vom 10.11.1998, Rs. C-360/96 (BFI Holding/Gemeente Arnhem und Rheden), Slg. I 1998, S. 6846 ff., JZ 1999, S. 892 ff (892); *Dreher*, in: *Immenga/Mestmäcker* Gesetz gegen Wettbewerbsbeschränkungen, Kommentar, 3. Aufl. 2001, § 100, Rdnr. 20; *EuGH* Urteil vom 18.11.1999, Rs. C-107/98, (Teckal Srl/Gemeinde Viano, u.a.), Slg. I 1999, S. 8139 ff. (Tz. 44 und 45).

[285] Begründungserwägung Nr. 81 des Vorschlags für eine Richtlinie des Rates über die Koordinierung der Verfahren zur Vergabe öffentlicher Dienstleistungsaufträge, KOM (90) 372; Ratsdokument 10958/90, abgedruckt als BR-Drucksache, 13/91 vom 10.01.1991: "Die Richtlinie selbst sieht in Artikel 7 eine weitere begrentz Ausnahme vor. Dieser Artikel schließt Verträge von der Richtlinie aus, nach denen Dienstleistungen zwische n verschiedenen Behörden erbtracht werden, vorausgesetzt der Auftragnehmer hat ein vertragskonformes, *förmliches* [Hervorhebung durch den Verfasser] und allgemein bekanntes, ausschließliches Recht zur Durchführung der Dienstleistung. ..."

[286] So im Ergebnis auch *Weidemann/Otting*, Der Begriff des öffentlichen Auftraggebers i. S. der Dienstleistungsrichtlinie, EWS 1999, S. 41 ff. (42).

[287] Eine solche Verschärfung durch den nationalen Gesetzgeber ist zulässig, da die Richtlinie nur Mindestanforderungen stellt (vgl. *Dreher*, in: *Immenga/Mestmäcker* Gesetz gegen Wettbewerbsbeschränkungen, Kommentar, 3. Aufl. 2001, § 99, Rdnr. 20) bzw. eine Ausnahme verengt wurde und damit den Anwendungsbereich des Vergaberechts erweitert (so *Sura*, Anmerkung zur Auslegung des Begriffs der Nichtgewerblichkeit iSv § 98 Nr 2 GWB durch den EuGH in Gemeente Arnhem/BFI Holding, EuZW 1999, S. 19 ff. (20)).

[288] *Sura*, Anmerkung zur Auslegung des Begriffs der Nichtgewerblichkeit iSv § 98 Nr 2 GWB durch den EuGH in Gemeente Arnhem/BFI Holding, EuZW 1999, S. 19 ff. (20).

[289] *Korbion*, Vergaberechtsänderungsgesetz, § 100, Rdnr. 16

[290] Art. 1 der Richtlinie 90/338/EWG des Rates vom 28.06.1990 über den Wettbewerb auf dem Markt für Telekommunikationsdienstleistungen, AblEG 1990 Nr. L 192, S. 10 ff. vom 24.07.1990

Maßgeblich für die Frage, welche Art von Recht im Sinne von Art. 6 DKR erforderlich ist, ist jedoch der Sinn und Zweck der Vorschrift. Dieser besteht nach einem Teil der Literatur allein darin, Doppelausschreibungen zu vermeiden. Der Auftrag*nehmer*, der selbst öffentlicher Auftraggeber im Sinne der DKR ist, müsse nämlich bei der Beschaffung der für die *Leistungserbringung erforderlichen Leistungen* wiederum selbst ausschreiben.[291] Transparenz, Wettbewerb und Gleichbehandlung der Unternehmen würden in diesem Fall auf einer nachgeordneten Stufe – der Ausschreibung durch den Auftragnehmer – stattfinden.[292] Dies würde für ein relatives Recht sprechen[293], weil die Gewährung einer Ausnahme von der Ausschreibungspflicht auf der ersten Stufe der Vergabe durch die Ausschreibungspflicht auf der zweiten Stufe kompensiert wird und es daher keinen Grund für eine restriktive Auslegung des Ausschließlichkeitsrechts gibt.

Die innere Rechtfertigung der in Art. 6 DKR geregelten Ausnahme kann jedoch nicht *allein* in der Vermeidung von Doppelausschreibungen gesehen werden.[294] Wäre dies der Fall, müßte Art. 6 DKR bzw. der gleichlautende Art. 11 SKR auch eine Ausnahme für die sog. Sektorenauftraggeber vorsehen, da auch diese auf der zweiten Stufe ausschreiben müßten. Gerade dies ist jedoch nicht der Fall, da Art. 11 SKR – ebenso wie Art. 6 DKR – lediglich auf die öffentlichen Auftraggeber im Sinne von Art. 1 lit. a) DKR verweist. Dies hat zur Folge, daß Sektorenauftraggeber, die nicht auch unter Art. 1 lit. a) DKR fallen, nicht Adressaten des Ausnahmetatbestands des Art. 6 DKR bzw. Art. 11 SKR sind, so daß die Regelung für Sektorenauftraggeber nicht eingreift, obwohl dies zur Vermeidung einer Doppelausschreibung notwendig wäre. Darüber hinaus läßt sich den Koordinierungsrichtlinien auch kein Grundsatz entnehmen, wonach Ausschreibungen auf zwei Stufen nicht erfolgen sollten.[295] So ist z. B. im Bereich der Vergabe von Baukonzessionen eine Doppelausschreibung möglich. Vergibt ein öffentlicher Auftraggeber eine Baukonzession im Sinne eines öffentlichen Bauauftrags im

---

[291] *Jasper*, Das Vergaberechtsänderungsgesetz, DB 1998, S. 2151 ff. (2153); *Bechthold*, Kartellgesetz - Gesetz gegen Wettbewerbsbeschränkungen, Kommentar, 2. Aufl. 1999, § 100, Rdnr. 12

[292] *Marx*, in: *Motzke/Pietzcker/Prieß* (Hrsg.) VOB Teil A, 2001, § 100, Rdnr. 21

[293] Vor diesem Hintergrund wird zum Teil sogar vertreten, daß es überhaupt überflüssig sei zu fordern, daß dem öffentlichen Auftraggeber ein ausschließliches Recht zustehen müsse, da dieser auf der zweiten Stufe ja ohnehin noch einmal ausschreiben müsse, eine zweite Ausschreibung jedoch vom Vergaberecht nicht gewollt sei (*Jasper*, Das Vergaberechtsänderungsgesetz, DB 1998, S. 2151 ff. (2153)).

[294] So aber *Boesen*, Vergaberecht, 1. Aufl. 2000, § 100, Rdnr. 72; *Jasper*, Das Vergaberechtsänderungsgesetz, DB 1998, S. 2151 ff. (2153), insofern widersprüchlich Marx, in: *Motzke/Pietzcker/Prieß* (Hrsg.) VOB Teil A, 2001, § 100, Rdnr. 21.

[295] *Opitz*, Kontraktive Privatisierung und Kartellvergaberecht, ZVgR 2000, S. 97 ff. (105)

Anwendungsbereich der BKR, ist der Baukonzessionär selbst nach Art. 3 Abs. 3 und Abs. 4 BKR zur öffentlichen Auftragsvergabe verpflichtet.

Der primäre Zweck des Art. 6 DKR besteht vielmehr darin, eine Ausnahme für Bereiche zu schaffen, in denen der Staat diese Leistung aufgrund eines bestehenden (vertragskonformen) Ausschließlichkeitsrechts des Leistungserbringers nicht im Wettbewerb einkauft, weil sich weder einheimische Unternehmen noch Unternehmen aus anderen Mitgliedstaaten um diese Aufträge bemühen können.[296] Hierfür spricht auch das Erfordernis der Vereinbarkeit des Ausschließlichkeitsrechts mit dem EG-Vertrag und die historische Auslegung. Die Vorschrift wurde erlassen, weil bestimmte Staaten der EU so organisiert sind, daß bestimmte Dienstleistungen an den öffentlichen Sektor oder Teilen des öffentlichen Sektors nur durch bestimmte dem öffentlichen Bereich angehörende Stellen erbracht werden können. Weder einheimische Firmen noch Firmen aus anderen Mitgliedstaaten ist es erlaubt, sich um diese Aufträge zu bewerben.[297] So bestehen in Griechenland Rechtsvorschriften wonach alle öffentlichen Unternehmen verpflichtet sind, bestimmte Buchhaltungs- und Wirtschaftsprüfungsgesellschaften zu beauftragen.[298]

Weiterer Beleg dafür, daß der Grundgedanke für die in Art. 6 DKR geregelte Ausnahme im fehlenden Wettbewerb um die bezogene Leistung besteht, ist, daß die Leistungserbringung zwischen zwei öffentlichen Auftraggebern statt durch Vertrag auch als Haushaltsmaßnahme oder als Verwaltungsmaßnahme ausgestaltet werden könnte.[299] Auf diese würden die Koordinierungsrichtlinien schon

---

[296] *Weidemann/Otting*, Der Begriff des öffentlichen Auftraggebers i. S. der Dienstleistungsrichtlinie, EWS 1999, S. 41 ff. (41); Hintergrundpapier der Kommission der Europäischen Gemeinschaften für eine EG-Richtlinie: Öffentliches Auftragswesen im Dienstleistungsverkehr: Anwendungsbereich einer EG-Richtlinie, abgedruckt als BR-Drucksache 146/89 vom 08.03.1999, S. 41 Erwägungsgrund Nr. 14: "Schwieriger ist der Fall, daß eine dem öffentlichen Bereich angehörende Stelle aufgrund einer Absprache und gegen Entgeld Dienstleistungen an eine andere öffentliche Stelle erbringt. Damit scheint ein Vertrag vorzuliegen, der falls keine entsprechende Klausel vorhanden ist, von der Richtlinie erfaßt würde. Auf der anderen Seite sind einige Mitgliedstaaten so organisiert, daß bestimmte Deinstleistungen an den öffentlichen Sektor, oder Teile davon, nur durch bestimmte dem öffentlichen Bereich angehörende Stellen erbracht werden können. Auch einheimische Firmen können sich um diese Aufträge nicht bemühen; um so weniger hätten Unternehmen aus anderen Mitgliedstaaten eine Chance."

[297] Hintergrundpapier der Kommission der Europäischen Gemeinschaften für eine EG-Richtlinie: Öffentliches Auftragswesen im Dienstleistungsverkehr: Anwendungsbereich einer EG-Richtlinie, abgedruckt als BR-Drucksache 146/89 vom 08.03.1999, S. 41 Nr. 14

[298] *Prieß* in: *Jestaedt/Kemper/Marx/Prieß*, Das Recht der Auftragsvergabe, 1999, S. 90

[299] *Boesen*, Vergaberecht, 1. Aufl. 2000, § 99, Rdnr. 10; *Dreher*, in: *Immenga/Mestmäcker* Gesetz gegen Wettbewerbsbeschränkungen, Kommentar, 3. Aufl. 2001, § 100, Rdnr. 20; *Marx*, in: *Motzke/Pietzcker/Prieß* (Hrsg.) VOB Teil A, 2001, § 100, Rdnr. 21, der in FN 26 zu

mangels Vertragserfordernis keine Anwendung finden. Die Begründung zur DKR zieht daraus den Schluß,

> ".. eine spezielle Ausnahme aufgrund der Überlegung zuzulassen, daß in den betreffenden Mitgliedstaaten die fragliche Dienstleistung nicht auf einem Markt beschafft wird. Der Vertrag wäre demnach lediglich ein nützliches Instrument für einen Zweck, der ebenso durch Verwaltungs- oder Haushaltsmaßnahmen erreicht werden könnte, die ihrerseits, wie bereits erläutert, mit Sicherheit nicht von der Richtlinie erfaßt würden. Es ist in jedem Falle notwendig, daß solche Ausnahmen klare Grenzen haben müssen, die sie von der Beschaffung auf einem Markt unterscheiden." [300]

Der Umstand, daß bestimmte Leistungen dem Wettbewerb von vornherein entzogen werden, spricht dafür, daß Art. 6 DKR ein absolutes Recht voraussetzt. Denn nur in Fällen eines gegenüber jedermann wirkenden Ausschließlichkeitsrecht ist es auch anderen Unternehmen nicht möglich, sich um diese Leistungen zu bemühen. Im Falle eines relativen Rechts würde zwar der öffentliche Auftraggeber vertraglich gebunden sein, es wäre jedoch ein Bemühen um diese Leistungen seitens Dritter rechtlich möglich. Auch würde die Einbeziehung vertraglicher Ausschließlichkeitsrechte dazu führen, daß sowohl die Rechtsgewährung[301] als auch die Beauftragung ausgeschrieben werden müßte.[302] Dies macht jedoch keinen Sinn, da die Rechtsgewährung ohne Auftragsvergabe sinnentleert wäre.

Im Ergebnis ist daher festzuhalten, daß unter Berücksichtigung der Begründung zu Art. 6 DKR[303] allein ein *absolutes* Recht für Art. 6 DKR ausreichend ist.[304]

---

recht darauf hinweist, daß es sich dann bei Art. 6 DKR möglicherweise tatsächlich eher um eine Klarstellung als um eine Einschränkung des Auftragsbegriffs handelt, vgl. *Bechthold*, Kartellgesetz - Gesetz gegen Wettbewerbsbeschränkungen, Kommentar, 2. Aufl. 1999, § 100, Rdnr. 7

[300] Hintergrundpapier der Kommission der Europäischen Gemeinschaften für eine EG-Richtlinie: Öffentliches Auftragswesen im Dienstleistungsverkehr: Anwendungsbereich einer EG-Richtlinie, abgedruckt als BR-Drucksache 146/89 vom 08.03.1999, S. 42 Nr. 15

[301] Hiervon ausgenommen ist die vertragliche Gewährung von Dienstleistungskonzessionen, die aufgrund historischer Auslegung nicht dem Anwendungsbereich der DKR unterliegt, vgl. EuGH, Urteil vom 07.12.2000, Rs. C-324/98 (Telaustria Verlags GmbH, Telefonadress GmbH/Telekom Austria AG), Slg. I 2000, S. 10770 ff. (Tz. 58).

[302] Es ist zu beachten, daß diese Form der Doppelausschreibung sich von der oben, FN 291, erwähnten Form der Doppelausschreibung unterscheidet, da es hier um die Rechtsbeziehungen zwischen dem öffentlichen Auftraggeber und dem Auftragnehmer auf der ersten Stufe geht, nämlich der Rechtsgewährung und der Beauftragung, während im obigen Zusammenhang die Vergabe zwischen dem öffentlichen Auftraggeber und dem Auftragnehmer einerseits und die Ausschreibungspflicht des Auftragnehmers als öffentlichem Auftraggeber auf der sog. zweiten Stufe inmitten stand.

[303] Begründungserwägung Nr. 14 und 15 des Vorschlags für eine Richtlinie des Rates über die Koordinierung der Verfahren zur Vergabe öffentlicher Dienstleistungsaufträge, KOM (90)

Vor diesem Hintergrund liegt ein ausschließliches Recht zur Leistungserbringung also nur dann vor, wenn sich andere Unternehmen als das begünstigte nicht um die Auftragsausführung bemühen können.[305]

In der Zusammenschau mit dem persönlichen und sachlichen Anwendungsbereich des Art. 6 DKR läßt sich zusammenfassend festhalten: Art. 6 Abs. 1 DKR erfaßt lediglich die Auftragsvergabe von *Dienstleistungen*, nicht aber von Bau- und Lieferleistungen. Darüber hinaus werden auch nur Aufträge *an öffentliche Auftraggeber*, nicht aber solche an Sektorenauftraggeber erfaßt. Darüber hinaus setzt Art. 6 DKR voraus, daß der Auftragnehmer Inhaber eines bereits vor der Auftragserteilung unmittelbar auf der Grundlage einer Verwaltungsvorschrift gewährten absoluten Ausschließlichkeitsrechts ist.

372; Ratsdokument 10958/90, abgedruckt als BR-Drucksache, 13/91 vom 10.01.1991, vgl. zum Wortlaut FN 296

[304] Läßt man – entgegen der hier vertretenen Auffassung – auch die vertragliche Gewährung von Ausschließlichkeitsrechten für das Eingreifen von Art. 6 DKR ausreichen, stellt sich die Frage, ob das Ausschließlichkeitsrecht gleichzeitig mit der Beauftragung uno actu gewährt werden kann oder aber die Gewährung des Ausschließlichkeitsrechts der Beauftragung zeitlich vorgelagert und unabhängig von der Beauftragung erfolgen muß. Gegen diese Trennung von Rechtsgewährung und Auftragserteilung spricht zwar die Gestaltungfreiheit (*Dreher*, in: *Immenga/Mestmäcker* Gesetz gegen Wettbewerbsbeschränkungen, Kommentar, 3. Aufl. 2001, § 100, Rdnr. 20 a.E.). Dafür spricht jedoch der Wortlaut des Art. 6 DKR, wonach ein Auftrag an eine Stelle "*aufgrund*" eines Ausschließlichkeitsrechts vergeben wird, das diese "*innehat*". Andernfalls hätte der Richtliniengeber die Formulierung "gewährt wird" wählen können. Aber auch der Sinn und Zweck der Regelung sprechen für eine Rechtsgewährung, die zeitlich vor der Beauftragung erfolgt. Denn die Ausnahme der Vergabe vom Anwendungsbereich der DKR rechtfertigt sich daraus, daß der konkrete Auftragnehmer Inhaber eines Rechts zur Leistungserbringung ist, das sinnentleert wäre, wenn er nicht den Auftrag erhalten würde. Der Vertragstext ist daher so zu verstehen, daß die Auftragsvergabe an ein bestimmtes Unternehmen *aufgrund* des diesem Unternehmen zustehenden Rechts erfolgt. Die Entscheidung für ein bestimmtes Unternehmen liegt also gerade darin begründet, daß diesem Unternehmen ein ausschließliches Recht zur Leistungserbringung zusteht. Darüber hinaus spricht auch die Gefahr der Umgehung dafür, aus Gründen der Rechtssicherheit und der Transparenz zu fordern, daß der Akt der Rechtsgewährung und der Akt der Beauftragung voneinander getrennt erfolgen. Vgl. zu diesem Themenkomplex *Boesen*, Vergaberecht, 1. Aufl. 2000, § 100, Rdnr. 83; *Kulartz*, Neue Wege kommunaler Wirtschaftsbetätigung, VergR2/1998, S. 25 ff (29); *Stapenhorst*, Outsourcing und Vergaberecht, VergR 3/97, Vergabe Special, S. V ff. (X); *Tucker*, Privatisation and Concessions, EuR 2/96, S. 73 ff. (75); Schlußanträge des Generalanwalts *Philippe Léger* vom 15.06.2000, Rs. C-94/99 (*ARGE* Gewässerschutz/Bundesministerium für Land- und Forstwirtschaft), Slg. I 2000, S. 11039 ff. (Tz. 91).

[305] *Opitz*, Kontraktive Privatisierung und Kartellvergaberecht, ZVgR 2000, S. 97 ff. (106)

3. Folgerungen für die Behandlung der In-House-Vergabe im weiteren Sinne

Unter Berücksichtigung der vorstehend ermittelten Reichweite des Anwendungsbereichs des Art. 6 DKR bedeutet das für die In-House-Vergabe im weiteren Sinne: Sofern bei der Auftragsvergabe an verbundene Unternehmen die Voraussetzungen des Art. 6 DKR erfüllt sind, ist diese ausschreibungsfrei. Insoweit kann daher auch die In-House-Vergabe im weiteren Sinne als von den Koordinierungsrichtlinien erfaßt angesehen werden. Nicht von Art. 6 DKR erfaßt – und damit für die Frage relevant, ob nicht entsprechend der vom *EuGH* in der Rs. *Teckal*[306] entwickelten Grundsätzen eine Ausschreibungsfreiheit geboten wäre – sind daher folgende Fallgestaltungen:

- Hinsichtlich des Gegenstands der Auftragsvergabe: Wie im Fall *Teckal* selbst, die Vergabe von anderen Aufträgen als Dienstleistungsaufträgen, d.h. *Bau-* und *Lieferleistungen*.

- Hinsichtlich der Person des Auftragnehmers: Die Vergabe von öffentlichen Aufträgen an öffentliche Auftraggeber, die *nicht Inhaber eines ausschließlichen Rechts im Sinne von Art. 6 DKR sind*, z.B. weil es sich lediglich um ein relativ wirkendes Recht handelt oder dieses durch Vertrag oder zeitlich nicht vor bzw. unabhängig von der Beauftragung gewährt worden ist.

- Ein Beispiel für diesen Anwendungsfall bietet die in der Einführung dargestellte BGH-Entscheidung[307], die die Erbringung von Dienstleistungen zum Gegenstand hatte. Da die landeseigene Gesellschaft jedoch kein Ausschließlichkeitsrecht im Sinne von Art. 6 DKR inne hatte, konnte der BGH die ausschreibungsfreie Vergabe dieser Leistungen an die landeseigene Gesellschaft nicht mit der Anwendung von Art. 6 DKR begründen. Die Begründung der Ausschreibungsfreiheit war daher nur unter Berufung auf die vom *EuGH* in der Rs. *Teckal*[308] entwickelten Grundsätze zur In-House-Vergabe im weiteren Sinne möglich. Vor dem Hintergrund, daß die nationale Umsetzung von Art. 6 DKR in § 100 Abs. 2 lit. g) GWB dem Wortlaut nach – entgegen Art. 6 DKR – Satzungen nicht als ausreichende Rechtsgrundlage für ein ausschließliches Recht ausreichen läßt, würde in dem praktisch relevanten Be-

---

[306] *EuGH* Urteil vom 18.11.1999, Rs. C-107/98, (Teckal Srl/Gemeinde Viano, u.a.), Slg. I 1999, S. 8139 ff. Tz. 50

[307] *BGH*, Beschluß vom 12.06.2001, Az: X ZB 10/01, BGHZ 148, S. 55 ff., vgl. § 1B.III, S. 28 ff.

[308] *EuGH* Urteil vom 18.11.1999, Rs. C-107/98, (Teckal Srl/Gemeinde Viano, u.a.), Slg. I 1999, S. 8139 ff. (Tz. 52)

reich kommunaler Unternehmen ein Ausschließlichkeitsrecht darüber hinaus regelmäßig schon an der Form der Gewährung scheitern.[309] Selbst wenn bei europarechtskonformer Auslegung von § 100 Abs. 2 lit. g) GWB ein durch Satzung eingeräumtes Ausschließlichkeitsrecht als den Formerfordernissen entsprechend angesehen würde, würde es doch am Merkmal der Ausschließlichkeit fehlen, da diese Unternehmen nur eine von jedermann erbringbare Leistung zur Verfügung stellen.[310] Dies würde ein weites Anwendungsfeld für die vom *EuGH* begründete Ausnahme der In-House-Vergabe im weiteren Sinne darstellen.

- Hinsichtlich der Person des Auftragnehmers: Die Vergabe von Dienstleistungs-, Bau- und Lieferaufträgen an *öffentliche Sektorenauftraggeber* und *Unternehmen, die nicht öffentliche Auftraggeber im Sinne von Art. 1 lit. b) DKR sind.* Letzteres betrifft insbesondere solche privaten, mit dem öffentlichen Auftraggeber verbundene Unternehmen, die keine Einrichtungen des öffentlichen Rechts sind, weil sie keine im Allgemeininteresse liegende Aufgabe wahrnehmen.

Bei der Beauftragung von privatrechtlichen Gesellschaften (Eigengesellschaften, gemischt-wirtschaftlichen Unternehmen bzw. gemischt-öffentlichen Unternehmen) stellt sich regelmäßig die Frage, ob es sich bei der beauftragten Gesellschaft, wie von Art. 6 DKR gefordert, um einen öffentlichen Auftraggeber im Sinne einer öffentlichen Einrichtung nach Art. 1 lit. b) Unterabsatz 2 DKR handelt. Voraussetzung hierfür ist, daß der Auftragnehmer zu dem besonderen Zweck gegründet wurde, im Allgemeininteresse liegende Aufgaben zu erfüllen, die nicht gewerblicher Art sind. Die Auslegung dieses Tatsbestandsmerkmals ist außerordentlich umstritten.[311] Während die Eigen-

---

309 *Portz*, Anwendung des Vergaberechts bei der Privatisierung kommunaler Aufgaben, BWGZ 2000, S. 191 ff. (196 f.)

310 *Thieme*, in: *Langen/Bunte*, Kommentar zum deutschen und europäischen Kartellrecht, Bd. I, 9. Aufl. § 100, Rdnr. 36

311 *Dreher*, in: *Immenga/Mestmäcker* Gesetz gegen Wettbewerbsbeschränkungen, Kommentar, 3. Aufl. 2001, § 98, Rdnr. 12, bezeichnet die Auslegung dieses Tatbestandsmerkmals als "eines der Hauptprobleme des Kartellvergaberechts", das auch nicht durch die Leitentscheidungen des *EuGH*, Urteil vom 15.01.1998, Rs. C-44/96 (Mannesmann Anlagenbau Austria AG/Strohal Rotationsdruck GmbH), Slg. I 1998, S. 73 ff. und *EuGH*, Urteil vom 10.11.1998, Rs. C-360/96 (BFI Holding/Gemeente Arnhem und Rheden), Slg. I 1998, S. 6846 ff., gelöst werden konnte, vgl. zur zusammenfassenden Darstellung dieser Entscheidungen und der Versuche der Literatur dieses Tatsbestandsmerkmal zu konkretisieren *Marx*, in: *Motzke/Pietzcker/Prieß* (Hrsg.) VOB Teil A, 2001, § 98, Rdnr. 7 und Rdnr. 6.

Vgl. im übrigen zu diesem Problem die Kommentierungen zu § 98 GWB bei *Boesen*, Vergaberecht, 1. Aufl. 2000; *Dreher*, in: *Immenga/Mestmäcker* Gesetz gegen Wettbewerbsbeschränkungen, Kommentar, 3. Aufl. 2001; *Eschenbruch*, in: Niebuhr/*Kulartz/Kus*/Portz,

schaft des Auftragnehmers als öffentlicher Auftraggeber sowohl in der Entscheidung des EuGH in der Rs. *Gemeente Arnhem und Rheden*[312] als auch in dem vom BGH entschiedenen Fall zu bejahen wäre, ist dies für eine Reihe kommerzieller Dienstleistungen, wie z.B. Software-, Ingenieur-, Planungs-, Architektur-, und Beratungsdienstleistungen etc. nicht der Fall. Damit sind

---

Kommentar zum Vergabrecht; Marx, in: *Motzke/Pietzcker/Prieß* (Hrsg.) VOB Teil A, 2001; *Werner*, in: *Byok/Jaeger*, Kommentar zum Vergaberecht, 2000 sowie aus der umfangreichen Literatur: *Bornheim/Stockmann*, Die neuen Vergabevorschriften – Sind auch private Auftraggber zur europaweiten öffentlichen Vergabe von Bauaufträgeln verpflichtet?, BB 1995, S. 577 ff.; *Börner*, Keine Ausschreibungspflicht kommunaler Versorgungsunternehmen für den Bezug von Erdgas, DB 1998, S. 610 ff.; *Brinker*, Anmerkung zum EuGH Urteil vom 10.11.1998, Rs. C-360/96 (BFI Holding/Gemeente Arnhem und Rheden), JZ 1999, S. 892 ff.; *Dreher*, Der Anwendungsbereich des Kartellvergaberechts, DB 1998, S. 2579 ff.; *Dreher*, Bestehender Wettbewerb und Auftraggeberbegriff des Kartellvergaberechts, WuW 1999, S. 244 ff.; *Dietlein*, Der Begriff des "funktionalen Auftraggebers Nach § 98 Nr. 2 GWB, Tagungsband "Zweiter Düsseldorfer Vergaberechtstag am 28.06.2001", S. 43 ff.; Ministerium für Wirtschaft und Mittelstand, Energie und Verkehr des Landes Nordrhein-Westfalen; *Gallwas*, Das Recht der Vergabe öffentlicher Aufträge – ein Überblick, GewArch 2000, S. 401 ff.; *Hailbronner*, Der Begriff des öffentlichen Auftraggebers nach den EG-Richtlinien zur Vergabe öffentlicher Aufträge, EWS 1995, S. 285 ff.; *Heegemann*, Der Begriff der "Einrichtung öffentlichen Rechts" im EG-Vergaberecht - am Beispiel öffentlicher Finanzdienstleistungsunternehmen, ZBB 1995, S. 387 ff.; *Heegemann*, Ausschreibung von Finanzdienstleistungen, VergR 1/1996, S. 38 ff.; *Heegemann*, Kreditinstiute als Vergabestellen, EuR 2/1996, S. 101 ff.; *Heiermann*, Neueste Entwicklungen im deutschen Vergaberecht, BB 1998, S. 1541 ff.; *Prieß*, Das Öffentliche Auftragswese in den Jahren 1997 und 1998, EuZW 1999, S. 196 ff.; *Prieß*, Sind kommunale Wohnungsunternehmen Auftraggeber im Sinne des EG-Vergaberechts?, BauR 1999, S. 1354 ff.; *Prieß*, Ausschreibungspflichten kommunaler Versorgungsunternehmen, DB 1998, S. 405 ff.; *Pietzcker*, Die neue Gestalt des Vergaberechts, ZHR 162 (1998), S. 427 ff.; *Pietzcker*, Der persönliche und sachliche Anwendungsbereich des neuen Vergaberechts, ZVgR 1999, S. 24 ff.; *Heise*, Der Begriff des "öffentlichen Auftraggebers" im neuen Vergaberecht, LKV 1999, S. 210 ff.; *Lienemeyer*, "Öffentlicher Auftraggeber" im Vergaberecht – das Beispiel der Messegesellschaft, EWS 2000, S. 448 ff.; *Mader*, Entwicklungslinien in der neueren EuGH-Rechtsprechung zum materiellen Recht, EuZW 1999, S. 331 ff.; *Noch*, Ausschreibungspflicht privater Unternehmen, DÖV 1998, S. 623 ff.; *Noch*, Der Begriff des öffentlichen Auftraggebers, NVwZ 1999, S. 1083 ff.; *Ohler*, Zum Begriff des öffentlichen Auftraggebers im europäischen Vergaberecht, Diss. 2000; *Schlette*, Der Begriff des öffentlichen Auftraggebers im EG-Vergaberecht – Zur Entscheidung des EuGH in den Fällen Mannesmann Anlagenbau Austria AG und Gemeente Arnhem, EuR 2000, S. 119 ff.; *Seidel*, Zur Wandelung des Begriffsinhalts "öffentlicher Auftraggeber" im EG-Vergaberecht vom institutionellen zum funktionallen Begriff, sowie zu aktuellen Anwendungsfragen des erweiterten Begriffs, ZfBR 1995, S. 227 ff.; *Sura*, Anmerkung zur Auslegung des Begriffs der Nichtgewerblichkeit iSv § 98 Nr 2 GWB durch den EuGH in Gemeente Arnhem/BFI Holding, EuZW 1999, S. 19 ff.; *Thode*, Zum vergaberechtlichen Status von juristischen Personen des Privatrechts, ZIP 2000, S. 2 ff.; *Weidemann/Otting*, Der Begriff des öffentlichen Auftraggebers i.S. der Dienstleistungsrichtlinie – Zur Entscheidung des EuGH vom 10.11.1998 - Rs. C-360/96, EWS 1999, S. 41 ff.

[312] *EuGH* Urteil vom 10.11.1998, Rs. C-360/96 (BFI Holding/Gemeente Arnhem und Rheden), Slg. I 1998, S. 6846 ff. (Tz. 18, 20, 21, 22)

eine Vielzahl von Fällen denkbar, in denen die Eigenschaft des Auftragnehmers als öffentlichem Auftraggeber nicht gegeben sein dürfte und die Ausnahmevorschrift des Art. 6 DKR nicht eingreift. Auch in diesen Fällen würde sich daher ein Anwendungsbereich für die von der Rechtsprechung des *EuGH* in der Rs. *Teckal* entwickelten Grundsätze ergeben.

Die Reichweite der Ausnahmevorschrift des Art. 6 DKR hat im Hinblick auf die In-House-Vergabe im weiteren Sinne daher folgende Konsequenz: Die Auftragsvergabe an personenverschiedene Auftragnehmer, die eng mit dem öffentlichen Auftraggeber verbunden sind, unterliegt dem Anwendungsbereich der Koordinierungsrichtlinien. Sie ist grundsätzlich auszuschreiben. Art. 6 DKR erfaßt aufgrund seiner engen Voraussetzungen nur einen Teil dieser Fälle. Insoweit ist die In-House-Vergabe im weiteren Sinne gesetzlich durch die Koordinierungsrichtlinien geregelt. Es verbleibt jedoch eine Vielzahl von praktisch bedeutsamen Fällen der Beauftragung einer mit dem öffentlichen Auftraggeber verbundenen Körperschaft, die nicht von Art. 6 DKR erfaßt werden, sei es, weil es um die Vergabe von Bau- und Lieferleistungen geht, sei es weil die beauftragte Stelle nicht öffentlicher Auftraggeber ist oder kein absolutes Ausschließlichkeitsrecht inne hat. Unter Berücksichtigung der Rechtsprechung des *EuGH* in der Rs. *Teckal*[313] stellt sich daher die Frage, ob diese Fälle nicht unter bestimmten Voraussetzungen vom Anwendungsbereich der Koordinierungsrichtlinien auszunehmen sind (In-House-Vergabe im weiteren Sinne), weil sie wertungsmäßig der ausschreibungsfreien In-House-Vergabe im engeren Sinne gleichzustellen sind[314] bzw. der Sinn und Zweck der Koordinierungsrichtlinien in diesen Fällen nicht erreicht werden kann[315].

II. Die Ausnahmeregelung des Art. 13 SKR und ihre Bedeutung für die In-House-Vergabe

Die zweite für die In-House-Vergabe im weiteren Sinne relevante Ausnahmevorschrift der Koordinierungsrichtlinien ist Art. 13 SKR. Nach Art. 13 Abs. 1 SKR gilt die SKR nicht

> ".... für Dienstleistungsaufträge,
>
> a) die ein Auftraggeber an ein mit ihm verbundenes Unternehmen vergibt;

[313] *EuGH* Urteil vom 18.11.1999, Rs. C-107/98, (Teckal Srl/Gemeinde Viano, u.a.), Slg. I 1999, S. 8139 ff. (Tz. 50)
[314] Vgl. § 4C.II, S. 159 ff.
[315] Vgl. § 5, S. 190

> b) die ein gemeinsames Unternehmen, das mehrere Auftraggeber zur Durchführung von Tätigkeiten im Sinne des Artikels 2 Absatz 2 gebildet haben, an einen dieser Auftraggeber oder an ein Unternehmen vergibt, das mit einem dieser Auftraggeber verbunden ist,
>
> sofern mindestens 80% des von diesem Unternehmen während der letzten drei Jahre in der Gemeinschaft erzielten durchschnittlichen Umsatzes im Dienstleistungssektor aus der Erbringung dieser Dienstleistungen für die mit ihm verbundenen Unternehmen stammen..."[316]

Voraussetzung für die Privilegierung der Leistungserbringung nach Art. 13 SKR durch mit dem öffentlichen Auftraggeber verbundene Körperschaften ist, daß diese zwei Voraussetzungen erfüllen. Zum einen muß es sich um ein mit dem öffentlichen Auftraggeber verbundenes Unternehmen im Sinne von Art. 13 SKR handeln. Zum anderen müssen 80 % des erzielten Umsatzes innerhalb der EG während der letzten drei Jahre aus der Erbringung der zu vergebenden Dienstleistung an den beauftragenden verbundenen öffentlichen Auftraggeber bzw. an ein von mehreren öffentlichen Auftraggeber gegründetes Gemeinschaftsunternehmen stammen.

Sinn und Zweck dieser Regelung ist nach der Richtlinienbegründung die Anerkennung der Unternehmensgruppe als reale Struktur.[317] Die Unternehmensgruppe zeichnet sich dadurch aus, daß mehrere selbständige Unternehmen auf der Grundlage bestimmter gesellschaftsrechtlicher Instrumentarien miteinander verbunden sind.[318] Man spricht deshalb von verbundenen Unternehmen, die üblicherweise auch als Konzerne bezeichnet werden.[319]

1. Der sachliche und persönliche Anwendungsbereich des Art. 13 SKR

Der sachliche Anwendungsbereich des Art. 13 Abs. 1 SKR erfaßt – ebenso wie Art. 6 DKR – nach seinem Wortlaut nur die Vergabe von *Dienstleistungen*, nicht aber die Vergabe von *Bau-* und/oder *Lieferleistungen*. Ebenso wie bei

---

[316] Vgl. Art. 13 SKR

[317] Begründungserwägung Nr. 20 des Vorschlags der Kommission vom 06.11.1991 für eine Richtlinie des Rates zur Änderung der Richtlinie 90/531/EWG betreffend die Auftragsvergabe durch Auftraggeber im Bereich der Wasser-, Energie- und Verkehrsversorgung sowie im Telekommunikationssektor, KOM (91) 347

[318] *Habersack*, in: *Emmerich/Habersack*, Aktien- und GmbH-Konzernrecht, 2. Aufl. 2001, Einl., Rdnr. 1

[319] *Habersack*, in: *Emmerich/Habersack*, Aktien- und GmbH-Konzernrecht, 2. Aufl. 2001, Einl., Rdnr. 1

Art. 6 Abs. 1 DKR, gestattet der Wortlaut allenfalls eine analoge Anwendung des Art. 13 SKR auf Bau- und Lieferleistungen.[320]

Der persönliche Anwendungsbereich des Art. 13 Abs. 1 SKR setzt voraus, daß es sich bei der Person des Beauftragenden um einen sog. *Sektorenauftraggeber* handelt. Art. 2 Abs. 1 SKR definiert den Begriff des Auftraggebers für die Zwecke der SKR als

> ".... Auftraggeber, die
>
> a) staatliche Behörden[321] oder öffentliche Unternehmen[322] sind und die eine Tätigkeit im Sinne des Absatzes 2 ausüben;
>
> b) oder wenn sie nicht staatliche Behörden oder öffentliche Unternehmen sind, als eine ihrer Tätigkeiten eine Tätigkeit im Sinne des Absatzes 2 oder verschiedene dieser Tätigkeiten auf der Grundlage von besonderen oder ausschließlichen Rechten ausüben, die von einer zuständigen Behörde eines Mitgliedstaats gewährt wurden."

Diese Begriffsdefinition erfaßt einerseits mit dem Verweis auf "staatliche Behörden" in Buchstabe a), die nach Art. 1 Nr. 1 SKR identisch sind mit den öffentlichen Auftraggebern der Art. 1 lit. b) BKR, Art. 1 lit. b) DKR, und Art. 1 lit. b) LKR, grundsätzlich auch die "klassischen" öffentlichen Auftraggeber der BKR, LKR und DKR. Sie geht mit dem Einbezug bestimmter öffentlicher Unternehmen[323] sogar darüber hinaus.[324] Andererseits ist der Auftraggeberbegriff des Art. 2 Abs. 1 SKR gegenüber demjenigen der LKR, der BKR und der DKR aber auch enger, da er nach dem Wortlaut die Auftraggebereigenschaft zusätz-

---

[320] Vgl. § 4B.III.2, S. 143 ff.

[321] Vgl. Art. 1 Nr. 1 SKR

[322] Vgl. Art. Nr. 2 SKR

[323] Art. 1 Nr. 2 SKR definiert öffentliche Unternehmen als "jedes Unternehmen, auf das die staatlichen Behörden aufgrund von Eigentum, finanzieller Beteiligung oder der für das Unternehmen einschlägigen Vorschriften unmittelbar oder mittelbar einen beherrschenden Einfluß ausüben können. Es wird vermutet, daß ein beherrschender Einfluß ausgeübt wird, wenn die staatlichen Behörden unmittelbar oder mittelbar die Mehrheit des gezeichneten Kapitals des Unternehmens besitzen oder über die Mehrheit der mit den Anteilen des Unternehmen verbundenen Stimmrechte verfügen oder mehr als die Hälfte der Mitglieder der Verwaltungs-, Leitungs- oder Aufsichtsorgans des Unternehmens bestellen können."

[324] Der Begriff des Sektorenauftraggebers ist aber auch deshalb weiter als der Begriff des öffentlichen Auftraggebers im Sinne der BKR, DKR und LKR, weil er auch *private* Unternehmen umfaßt, die diese Tätigkeit auf der Grundlage von besonderen oder ausschließlichen Rechten ausüben. Ein besonderes oder ausschließliches Recht im Sinne von Art. 2 Nr. 1 lit. b) SKR ist ein Recht, daß sich aus einer Genehmigung ergibt, die die Tätigkeit einem oder mehreren Auftraggebern vorbehält. Ein besonderes oder ausschließliches Recht liegt nach Art. 2 Nr. 3 SKR insbesondere dann vor, wenn der Auftraggeber zum Bau näher umschriebener Netze oder Einrichtungen durch Enteignungsverfahren oder Gebrauchsrechte begünstigt werden kann oder Einrichtungen am öffentlichen Wegenetz anbringen darf.

lich an die Ausübung einer in Art. 2 Abs. 2 SKR bestimmten Tätigkeit anknüpft. Das hat zur Folge, daß sich die öffentlichen Auftraggeber der DKR, der BKR und der LKR, sofern sie nicht eine Tätigkeit im Sinne des Art. 2 Abs. 2 SKR ausüben, nicht auf den Ausnahmetatbestand des Art. 13 Abs. 1 SKR berufen können. Zum einen ist mangels Sektorenauftraggebereigenschaft schon nicht der Anwendungsbereich der SKR eröffnet. Zum anderen hat das Fehlen der Eigenschaft eines Sektorenauftraggebers zur Folge, daß es an einem Tatbestandsmerkmal des Art. 13 Abs. 1 SKR fehlt. Dieser Anwendungsvorrang der SKR gegenüber der BKR, LKR bzw. DKR für öffentliche Auftraggeber, die in den Sektoren tätig sind, ist ausdrücklich in den Begründungserwägungen Nr. 4 der BKR, Nr. 9 der LKR bzw. Nr. 17 DKR bzw. in Art. Art. 4 Lit. a) BKR, Art. 2 lit. a) LKR bzw. Art. 1 lit. a) Ziffer ii) DKR erwähnt. Danach gilt die jeweilige Richtlinie nicht für bestimmte unter die Richtlinie 90/531/EWG fallende Bau- bzw. Liefer- bzw. Dienstleistungsaufträge im Bereich der Wasser- und Energieversorgung, des Verkehrs und der Telekommunikation.[325] Sinn und Zweck dieser Regelung ist, daß die weniger strengen Verfahrensvorschriften der SKR *allen*, d.h. privaten wie öffentlichen Auftraggebern, die in diesem Bereich tätig sind, zugute kommen sollen, um gleiche Wettbewerbsvoraussetzungen in diesen Bereichen zu schaffen und um eine Ungleichbehandlung von öffentlichen und privaten Auftraggebern in diesen Sektoren zu vermeiden.[326]

---

[325] Anders die deutsche Umsetzung, wonach Auftraggeber im Sinne von § 98 Nr. 1 – 3 GWB, die in den Sektoren tätig sind, gemäß § 7 Abs. 1 VgV Abschnitt 3 der VOL/A bzw. der VOB/A anzuwenden haben. Diese Abschnitte enthalten nicht nur die eingeschränkten Anforderungen der SKR, sondern unterwerfen die Auftraggeber auch den allgemeinen Vergabebestimmungen der jeweiligen Abschnitte 1, vgl. *Bechthold*, Kartellgesetz – Gesetz gegen Wettbewerbsbeschränkungen, Kommentar, 2. Aufl. 1999, § 98, Rdnr. 5 zum wortlautidentischen § 4 Abs. 1 VgV a.F. vom 22.02.1994, BGBl I 1994, S. 321 ff. vom 25.02.1994.

[326] Begründungserwägung Nr. 6 des Vorschlags der Kommission vom 10.05.2000 für eine Richtlinie des Europäischen Parlaments und des Rates über die Koordinierung der Verfahren zur Vergabe öffentlicher Lieferaufträge, Dienstleistungsaufträge und Bauaufträge, KOM (2000) 275

Infolge des mittlerweie herrschenden Wettbewerbs auf dem Telekommunikationssektor wurde dieser vom Anwendungsbereich der SKR ausgeklammert, vgl. Begründung der Kommission III. 2.2.4 des Vorschlags der Kommissionvom 10.05.2000 für eine Richtlinie des Europäischen Parlaments und des Rates über die Koordinierung der Auftragsvergabe durch Auftraggeber im Bereich Wasser-, Energie- und Verkehrsversorgung, KOM (2000) 276. Für die klassischen öffentlichen Auftraggeber, die in diesem Bereich tätig waren, hätte dies zur Folge gehabt, daß sie hinsichtlich der Vergabe von Bau-, Liefer- bzw. Dienstleistungsaufträgen dann dem Anwendungsbereich der BKR, LKR bzw. DKR unterliegen würden, was die Beschaffungen für den Telekommunikationssektor angeht. Es würde jedoch der Logik der gegenwärigen Richtlinien widersprechen, wenn die Einrichtung der öffentlichen Hand, die – auch als es keinen echten Wettbewerb im Telekommunkationssektor gab – den felxibleren Bestimmungen der SKR unterlegen hat, nunmehr bei Vorliegen des Wettbewerbs den strengeren Vorschriften der BKR, LKR bzw. DKR unterliegen würde. Entsprechend wurden – wie

Im Ergebnis können sich damit öffentliche Auftraggeber, die nicht Sektorenauftraggeber sind, nicht auf Art. 13 SKR berufen. Insofern käme allenfalls eine analoge Anwendung des Art. 13 SKR in Betracht.[327]

2. Die Anforderungen des Art. 13 Abs. 1 SKR an die beauftragte Stelle

Nach Art. 13 Abs. 1 SKR ist allein die Vergabe von Dienstleistungsaufträgen an *bestimmte Auftragnehmer* privilegiert. Art. 13 Abs. 1 SKR stellt zwei Anforderungen an die beauftragte Stelle. Zum einen muß es sich um ein mit dem beauftragenden Sektorenauftraggeber *verbundenes Unternehmen* handeln. Zum anderen muß dieses verbundene Unternehme 80 % des in den letzten drei Jahren in der Gemeinschaft erzielten Umsatzes im Dienstleistungssektor aus der Erbringung der vergebenen Dienstleistung für die mit ihm verbundenen Unternehmen erzielt haben.

Darüber hinaus privilegiert Art. 13 Abs. 1 SKR *nicht jede* Beauftragung eines verbundenen Unternehmens durch einen Sektorenauftraggeber, sondern nur die in Art. 13 Abs. 1 lit. a) und b) SKR genannten Fallgruppen. Insoweit unterscheidet Art. 13 Abs. 1 SKR danach, ob die Beauftragung durch *einen* öffentlichen Auftraggeber selbst (Art. 13 Abs. 1 lit. a) SKR) oder durch ein *Gemeinschaftsunternehmen mehrerer* öffentlicher Auftraggeber (Art. 13 Abs. 1 lit. b) SKR) erfolgt.

Bei der in Art. 13 Abs. 1 lit. a) SKR geregelten Auftragserteilung durch *einen* Sektorenauftraggeber muß das leistungserbringende Unternehmen mit dem Sektorenauftraggeber, der es beauftragt, verbunden sein. Verbundenheit und Leistungsbeziehung müssen zwischen denselben Personen vorliegen. Nach Art. 1 Nr. 3 SKR ist ein verbundenes Unternehmen[328] in zwei Fällen anzunehmen:

Begründungserwägung Nr. 6 und Art. 14 des Vorschlags der Kommission vom 10.05.2000 für eine Richtlinie des Europäischen Parlaments und des Rates über die Koordinierung der Verfahren zur Vergabe öffentlicher Lieferaufträge, Dienstleistungsaufträge und Bauaufträge, KOM (2000) 275 klarstellen – öffentliche Auftraggeber, die im Bereich des Telekommunikationssektors tätig sind vom Anwendungsbereich der Richtlinie zur Vergabe von Bau-, Liefer- bzw. Dienstleistungsaufträgen ausgenommen, um zu verhindern, daß sie, nachdem sie *bis* zur Liberalisierung dieses Sektors lediglich die weniger strengen Vorschriften der SKR beachten mußten, *nach* der Liberalisierung nicht die strengen Vergabevorschriften hinsichtlich der Vergabe von Bau-, Liefer- bzw. Dienstleistungsaufträgen zu beachten haben.

[327] Vgl. § 4B.III.1, S.135 ff.

[328] Da Sinn und Zweck des Art. 13 SKR die Privilegierung der Unternehmensgruppe bezweckt, die sich als ein Verbund von mehreren selbständigen Unternehmen auf der Grundlage bestimmter gesellschaftsrechtlicher Instrumentarien darstellt, war es notwendig ein verbundenes Unternehmen zu definieren, da eine umfassende Regelung des Rechts der verbundenen

- Entweder in dem Fall, daß der Jahresabschluß des leistungserbringenden Unternehmens mit demjenigen des öffentlichen (Sektoren-) Auftraggebers konsolidiert ist,[329]

Unternehmen bzw. des Konzernrechts auf europäischer Ebene ist bisher nicht erfolgt ist. Zwar gibt es eine Reihe von Richtlinien mit konzernrechtlichen Bezügen, bedeutsam sind in diesem Zusammenhang jedoch lediglich (1) die *Richtlinie über den konsolidierten Jahresabschluß* (Siebente Richtlinie 83/349/EWG des Rates vom 13. Juni 1983 – gestützt auf Artikel 54 Absatz 3 Buchstabe g) des Vertrags – über den konsolidierten Abschluß AblEG 1983 Nr. L 193, S. 1 ff. vom 18.07.1983 und (2) die sog. *Transparenzrichtlinie* (Richtlinie 80/723/EWG der Kommission vom 25.06.1980 über die Transparenz der finanziellen Beziehungen zwischen den Mitgliedstaaten und den öffentlichen Unternehmen, AblEG 1980 Nr. L 195, S. 35 ff. vom 29.07.1980).

Die Transparenzrichtlinie dient der Verhinderung der Gewährung EG-rechtswidriger Beihilfen, indem durch die Statuierung von Meldepflichten die finanziellen Beziehungen der öffentlichen Unternehmen mit der öffentlichen Hand offengelegt werden und so zwischen dem Tätigwerden des Staates als öffentliche Hand und als Eigentümer unterschieden werden kann. Die Richtlinie über den konsolidierten Jahresabschluß war vor dem Hintergrund erlassen worden, daß eine bedeutende Anzahl von Gesellschaften Unternehmenszusammenschlüssen zur Kenntnis der Gesellschafter und Dritter gebracht werden sollte, vgl. 1. Begründungserwägung der Siebente Richtlinie 83/349/EWG des Rates vom 13. Juni 1983 – gestützt auf Artikel 54 Absatz 3 Buchstabe g) des Vertrags – über den konsolidierten Abschluß AblEG 1983 Nr. L 193, S. 1 ff. vom 18.07.1983. Dementsprechend nimmt die SKR zur Definition des verbundenen Unternehmens auf diese Richtlinie Bezug.

[329] Nach Art. 1 der Siebenten Richtlinie des Rates vom 13.06.1983 aufgrund von Artikel 54 Absatz 3 Buchstabe g) des Vertrages über den konsolidierten Abschluß 83/349/EWG, AblEG Nr. L 193, S. 1 ff. vom 18.07.1983 haben diejenigen (Mutter-) Unternehmen einen konsolidierten Jahresabschluß zu erstellen,

"wenn dieses Unternehmen (Mutterunternehmen)

die Mehrheit der Stimmrechte der Aktionäre oder Gesellschafter eines Unternehmens (Tochterunternehmen) hat

oder das Recht hat, die Mehrheit der Mitglieder des Verwaltungs-, Leitungs- oder Aufsichtsorgans eines Unternehmens (Tochterunternehmen) zu bestellen oder abzuberufen und gleichzeitig Aktionär oder Gesellschafter des Unternehmens ist

oder das Recht hat, auf ein Unternehmen (Tochterunternehmen), dessen Aktionär oder Gesellschafter es ist, einen beherrschenden Einfluß aufgrund eines mit diesem Unternehmen geschlossenen Vertrags oder aufgrund einer Satzungsbestimmung dieses Unternehmens auszuüben, sofern das Recht, dem dieses Tochterunternehmen unterliegt, es zuläßt, daß dieses solchen Verträgen oder Satzungsbestimmungen unterworfen wird. Die Mitgliedstaaten brauchen nicht vorzuschreiben, daß das Mutterunternehmen Aktionär oder Gesellschafter des Tochterunternehmens sein muß. Mitgliedstaaten, deren Recht derartige Verträge oder Satzungsbestimmungen nicht vorsieht, sind nicht gehalten diese Bestimmungen anzuwenden

oder Aktionär oder Gesellschafter eines Unternehmens ist und

aa) allein durch die Ausübung seiner Stimmrechte die Mehrheit der Mitglieder des Verwaltungs-, Leitungs- oder Aufsichtsorgans dieses Unternehmens (Tochterunternehmens), die während des Geschäftsjahres sowie des vorhergehenden Geschäftsjahres bis zur Erstellung des konsolidierten Abschlusses im Amt sind, bestellt worden sind

oder

- oder, falls ein konsolidierter Jahresabschluß nicht erstellt werden muß, ein Fall der Beherrschung im Sinne von Art. 1 Nr. 2 SKR gegeben ist, d.h. wenn
    - der öffentliche Auftraggeber unmittelbar oder mittelbar einen beherrschenden Einfluß auf den Leistungserbringer ausüben kann oder
    - umgekehrt der öffentliche Auftraggeber dem beherrschenden Einfluß des Leistungserbringers unterliegt oder
    - Leistungsempfänger und Leistungserbringer dem beherrschenden Einfluß eines Dritten unterliegen.

Art. 1 Nr. 3 SKR verweist zur Definition des beherrschenden Einflusses auf Art. 1 Nr. 2 SKR. Art. 1 Nr. 2 SKR definiert die Art des beherrschenden Einflusses, der erforderlich ist, um ein privatrechtlich organisiertes Unternehmen als *öffentliches* und damit ausschreibungspflichtiges *Unternehmen* im Sinne der SKR zu qualifizieren. Nach Art. 1 Nr. 2 SKR liegt ein beherrschender Einfluß vor, wenn:

> "...die staatlichen Behörden aufgrund von Eigentum, finanzieller Beteiligung oder der für das Unternehmen einschlägigen Vorschriften unmittelbar oder mittelbar einen beherrschenden Einfluß ausüben können. Es wird vermutet, daß ein beherrschender Einfluß ausgeübt wird, wenn die staatlichen Behörden unmittelbar oder mittelbar
>
> - die Mehrheit des gezeichneten Kapitals des Unternehmens besitzen oder
> - über die Mehrheit der mit den Anteilen des Unternehmens verbundenen Stimmsrechte verfügen oder
> - mehr als die Hälfte der Mitglieder des Verwaltungs-, Leitungs- oder Aufsichtsorgans des Unternehmens bestellen können"[330].

Ähnlich wie bei Vorliegen eines verbundenen Unternehmens aufgrund eines konsolidierten Jahresabschlusses[331] knüpft das Konzept der in Art. 1 Nr. 2 SKR gewählten Beherrschung in erster Linie an gesellschaftsrechtliche Vorstellungen an. Maßgeblich sind insbesondere die Befugnisse eines Mehrheitsaktionärs und

---

bb) aufgrund einer Vereinbarung mit anderen Aktionären oder Gesellschaftern dieses Unternehmens allein über die Mehrheit der Stimmrechte der Aktionäre oder Gesellschafter dieses Unternehmens (Tochterunternehmens) verfügt. Die Mitgliedstaaten können nähere Bestimmungen über Form und Inhalt dieser Vereinbarung treffen."

In der Bundesrepublik sind hiervon Unternehmen erfaßt, deren Mutterunternehmen oder eines oder mehrere der Tochterunternehmen eine Aktiengesellschaft, eine Kommanditgesellschaft auf Aktien, eine Gesellschaft mit beschränkter Haftung, eine offene Handelsgesellschaft oder eine Kommanditgesellschaft sind.

330 Art. 1 Nr. 2 SKR

331 Vgl. FN 329

sein möglicher Einfluß auf die Geschäftspolitik der beherrschten Gesellschaft. Von unmittelbarem Einfluß kann gesprochen werden, wenn ein Dritter die Geschäftspolitik des beherrschten Unternehmens durch direkte Einwirkung, z.B. Weisungserteilung, auf die Organe der Geschäftsführung beeinflussen kann.[332] Ein nur mittelbarer Einfluß liegt vor, wenn den Verwaltungsorganen eine selbständige Entscheidungsbefugnis verbleibt, sie jedoch hinsichtlich ihres Verbleibs in dieser Position von einem Dritten abhängig sind.[333] Dies ist z.B. der Fall, wenn der Dritte die Wahl und Zusammensetzung der geschäftsführenden Organe beeinflussen kann.

Obwohl sich das Beherrschungskonzept der Richtlinie über den konsolidierten Jahresabschluß und das Beherrschungskonzept des Art. 1 Nr. 2 SKR sehr ähnlich sind, stehen beide zur Definition des verbundenen Unternehmens alternativ nebeneinander. Dies hat seinen Grund darin, daß die Einbeziehung von Art. 1 Nr. 2 SKR im Rahmen des Art. 13 SKR notwendig war, um die Privilegierung des Art. 13 SKR auch Sektorenauftraggebern zugute kommen zu lassen, die nicht in der Form einer Kapitalgesellschaft organisiert sind. Dies betrifft vor allem die Gebietskörperschaften. Die Richtlinie über den konsolidierten Jahresabschluß räumt den Mitgliedstaaten bei der Umsetzung in Art. 4 Abs. 2 nämlich ein Wahlrecht ein. Die Pflicht zur Erstellung eines konsolidierten Jahresabschlusses besteht grundsätzlich dann, wenn die Mutter- *oder* die Tochtergesellschaft eine *Kapitalgesellschaft* ist. Die Mitgliedstaaten können von dieser Pflicht befreien, wenn die Muttergesellschaft *keine* Kapitalgesellschaft ist. Von diesem Wahlrecht hat z.B. Deutschland[334] Gebrauch gemacht.[335] Dies hat zur Folge, daß Unternehmensgruppen, die dem herrschenden Einfluß eines *öffentlichen Auftraggebers* in Form einer *Gebietskörperschaft* unterliegen, nicht als verbundene Unternehmen anzusehen ist. In diesen Fällen hat das beherrschende Mutterunternehmen nicht die Form einer Kapitalgesellschaften. Daher wurde in Art. 13 SKR als Ergänzungstatbestand das Kriterium des beherrschenden Einflusses unter Verweis auf Art. 1 Nr. 2 SKR aufgenommen.[336]

---

[332] In Anlehnung an die deutsche Begriffsverwendung in § 17 AktG *Emmerich*, in: *Emmerich/Habersack*, Aktien- und GmbH-Konzernrecht, 2. Aufl. 2001, § 17, Rdnr. 5

[333] In Anlehnung an die deutsche Begriffsverwendung in § 17 AktG *Emmerich*, in: *Emmerich/Habersack*, Aktien- und GmbH-Konzernrecht, 2. Aufl. 2001, § 17, Rdnr. 5

[334] Vgl. in § 290 HGB

[335] *Busse von Colbe*, in: *Ebke* (Hrsg.) Münchener Kommentar Handelsgesetzbuch, Bd. IV, § 290, Rdnr. 2

[336] Die Richtlinie über den konsolidierten Jahresabschluß stellt darüber hinaus die Anforderung, daß das beherrschende Unternehmen Anteilseigner sein muß. Demgegenüber ist dieses einschränkende Erfordernis nach Art. 1 Nr. 2 SKR nicht erforderlich. Zudem reicht nach Art. 1 Nr. 2 SKR – anders als nach der Richtlinie über den konsolidierten Jahresabschluß - die

Damit sind von Art. 13 Abs. 1 lit. a) SKR neben dem Fall des konsolidierten Jahresabschlusses nach Art. 1 Nr. 2 i.V.m. Art. 1 Nr. 3 SKR drei Fälle erfaßt, nämlich

- die Auftragserteilung eines beherrschenden Sektorenauftraggebers an das beherrschte Tochterunternehmen,
- die Auftragserteilung eines beherrschten Sektorenauftraggeber an das beherrschende Mutterunternehmen und
- die Auftragserteilung eines beherrschten Sektorenauftraggebers an das beherrschte Schwesterunternehmen.

Wie eingangs erwähnt, ist im Rahmen des Art. 13 Abs. 1 SKR zwischen der in Art. 13 Abs. 1 lit. a) SKR geregelten Auftragsvergabe durch *einen* Sektorenauftraggeber und der in Art. 13 Abs. 1 lit. b) SKR geregelten Auftragsvergabe durch ein von *mehreren* öffentlichen Auftraggebern gegründetes *Gemeinschaftsunternehmen* zu unterscheiden. Im Fall der in Art. 13 Abs. 1 lit. b) SKR geregelten Beauftragung durch ein *Gemeinschaftsunternehmen mehrerer* als Gesellschafter beteiligter öffentlicher Auftraggeber ist nach Art. 13 Abs. 1 lit. b) SKR weiter zwischen zwei Möglichkeiten der Beauftragung zu differenzieren:

- zum einen die Beauftragung eines der an dem Gemeinschaftsunternehmen als Gesellschafter beteiligten öffentlichen Auftraggebers selbst, wobei es auf die Eigenschaft als verbundenes Unternehmen nicht ankommt, und
- zum anderen die Beauftragung eines mit einem der als Gesellschafter beteiligten öffentlichen Auftraggebers verbundenen Unternehmen im Sinne des Art. 1 Nr. 3 SKR, d.h.
    - die Beauftragung eines von dem beauftragenden Sektorenauftraggeber beherrschten Unternehmens,
    - die Beauftragung eines den beauftragenden Sektorenauftraggeber beherrschenden Unternehmens und

---

bloße Mehrheit des gezeichneten Kapitals des Unternehmens aus, um eine Beherrschungsvermutung auszulösen, obwohl damit nicht notwendigerweise die Stimmrechtsmehrheit verbunden ist. Daher sind die in Art. 1 Nr. 2 SKR aufgeführten Beherrschungstatbestände als bloße Vermutungstatbestände ausgestaltet, um der Vielgestaltigkeit der gesellschaftsrechtlich möglichen Verhätlnisse Rechnung zu tragen. Rechtstatsächlich stellen die aufgeführten Sachverhalte in der überwiegenden Vielzahl der Fälle eine Beherrschung dar und bilden daher den Regelfall. Sollte dies aufgrund abweichender Umstände einmal anders sein, obliegt daher die Beweislast demjenigen der sich auf den Ausnahmefall beruft.

- die Beauftragung eines Schwesterunternehmens des beauftragenden Sektorenauftraggebers.

Im Ergebnis ist daher festzustellen, daß vom Ausnahmetatbestand des Art. 13 SKR die Vergabe von *Dienstleistungen* durch *Sektorenauftraggeber* erfaßt wird, sofern das beauftragte Unternehmen ein verbundenes Unternehmen ist. Hinsichtlich der Voraussetzung des verbundenen Unternehmens ist zwischen der Auftragsvergabe durch *einen* Sektorenauftraggeber und der Auftragsvergabe durch ein von mehreren öffentlichen Auftraggebern gegründetes Gemeinschaftsunternehmen nach Maßgabe der vorstehend entwickelten Fallgruppen zu unterscheiden.

3. Folgerungen für die Behandlung der In-House-Vergabe im weiteren Sinne

Die Reichweite des Anwendungsbereichs des Art. 13 SKR hat für die Behandlung der In-House-Vergabe im weiteren Sinne zur Folge, daß diese, soweit der Art. 13 SKR eingreifen sollte, die Vergabe von Aufträgen an mit dem öffentlichen Auftraggeber verbundene Unternehmen ausschreibungsfrei erfolgen kann. Insoweit ist die In-House-Vergabe im weiteren Sinne daher durch die Koordinierungsrichtlinien geregelt. Nicht geregelt sind aber diejenigen Fälle der Auftragsvergabe an verbundene Unternehmen, die nicht unter den Ausnahmetatbestand des Art. 13 SKR fallen. Damit stellt sich – ebenso wie im Rahmen von Art. 6 DKR – die Frage, ob diese nicht nach den vom *EuGH* in der Rs. *Teckal*[337] aufgestellten Grundsätzen unter bestimmten Voraussetzungen ebenfalls vom Anwendungsbereich der Koordinierungsrichtlinien auszunehmen sind.

Nach der Analyse des Tatbestands des Art. 13 SKR kommen hierfür folgende nicht vom Anwendungsbereich des Art. 13 SKR erfaßte Fallkonstellationen in Betracht:

- die Vergabe von Bau- bzw. Lieferleistungen durch Sektorenauftraggeber,
- die Vergabe von Dienstleistungen durch öffentliche Auftraggeber, die nicht Sektorenauftraggeber sind, und
- die Vergabe von Bau- bzw. Lieferleistungen durch öffentliche Auftraggeber, die nicht Sektorenauftraggeber sind,

---

337 *EuGH* Urteil vom 18.11.1999, Rs. C-107/98, (Teckal Srl/Gemeinde Viano, u.a.), Slg. I 1999, S. 8139 ff. Tz. 50

jeweils an verbundene Unternehmen, auch wenn diese den geforderten Umsatzanteil mit den jeweiligen öffentlichen Auftraggeber durch die jeweilige Leistung erbringen.

Aufgrund der Definition des verbundenen Unternehmens in Art. 1 Nr. 3 SKR ist es nicht erforderlich, daß der beherrschende Einfluß von dem Sektorenauftraggeber gegenüber dem beauftragten Unternehmen ausgeübt wird. Vielmehr sind von Art. 13 Abs. 1 SKR auch diejenigen Fälle erfaßt, in denen der beherrschende Einfluß vom beauftragten Unternehmen gegenüber dem Sektorenauftraggeber ausgeht bzw. Auftraggeber und Auftragnehmer dem beherrschenden Einfluß eines Dritten Unternehmens unterliegen. Auch insoweit es sich bei den leistungserbringenden Stellen jedoch nicht um verbundene Unternehmen im Sinne des Art. 13 SKR handelt, käme daher eine Anwendung der Grundsätze über die In-House-Vergabe in Betracht.

D. Zusammenfassung

Die Analyse der Anwendbarkeit der Koordinierungsrichtlinien auf die mitgliedstaatliche Bedarfsdeckung zeigt unterschiedliche Konsequenzen für die In-House-Vergabe. Die In-House-Vergabe im engeren Sinne unterliegt aufgrund der Personenidentität zwischen öffentlichem Auftraggeber und Auftragnehmer nicht dem Anwendungsbereich der Koordinierungsrichtlinien. Sie kann daher stets ausschreibungsfrei erfolgen. Demgegenüber fällt die Auftragsvergabe an Auftragnehmer, die mit dem öffentlichen Auftraggeber verbunden sind, unter den Anwendungsbereich der Koordinierungsrichtlinien. Sie hat daher grundsätzlich im Wege einer Ausschreibung zu erfolgen.

Im Zuge der Privatisierungsbestrebungen der Mitgliedstaaten spalten sich öffentlich-rechtliche Körperschaften zunehmend in mehr oder weniger verselbständigte Einheiten auf oder schließen sich zu solchen zusammen, um die Bedarfsdeckung möglichst wirtschaftlich und effektiv zu gestalten. Daher kommt es zu Spannungen mit dem Vergaberecht. Aufgrund der formellen Personenverschiedenheit zwischen dem öffentlichen Auftraggeber und der von ihm gegründeten und sich in seinem Anteilsbesitz befindlichen Gesellschaft ist die Beauftragung derselben grundsätzlich nicht ohne vorherige Ausschreibung möglich, da die Voraussetzungen eines öffentlichen Auftrags gegeben sind. Dies sogar dann, wenn diese Gesellschaft dieselben Funktionen wahrnimmt wie eine öffentlich-rechtlich organisierte Stelle ohne eigene Rechtspersönlichkeit von der diese Leistung als Eigenleistung ausschreibungsfrei bezogen werden könnte.

Der Grund für diese Differenzierung ist das Auftragserfordernis der Koordinierungsrichtlinien, das deren sachlichen Anwendungsbereich umschreibt. Das Vorliegen eines Auftrags setzt einen schriftlichen entgeltlichen Vertrag zwischen einem Unternehmer/Lieferanten oder Dienstleistungserbringer und einem öffentlichen Auftraggeber über die Erbringung einer Bau-, Liefer- oder Dienstleistung, voraus. Dieser wiederum erfordert das Vorliegen zweier Willenserklärungen, wofür begriffsnotwendig die formale Rechtspersonenverschiedenheit zwischen öffentlichem Auftraggeber und Auftragnehmer gegeben sein muß. Diese ist bei der In-House-Vergabe im engeren Sinne jedoch *nie*, bei der Beauftragung eines verbundenen Unternehmens dagegen *stets* gegeben. Hintergrund dieser Differenzierung ist der Sinn und Zweck des Auftragsbegriffs. Dieser besteht unter anderem darin, die rechtsgeschäftliche Bedarfsdeckung von der Bedarfsdeckung im Wege mitgliedstaatlicher Eigenleistung abzugrenzen. Vor allem aufgrund der primärrechtlichen Kompetenzverteilung zwischen der Gemeinschaft und den Mitgliedstaaten hinsichtlich der Bedarfsdeckung konnte in den Koordinierungsrichtlinien lediglich die rechtsgeschäftliche Bedarfsdeckung auf Gemeinschaftsebene geregelt werden. Zwar konnte die Europäische Gemeinschaft aufgrund der ihr in Art. 47 Abs. 2 (i.V.m. Art. 55) und in Art. 95 Abs. 1 EG zustehenden Rechtsetzungskompetenz die Rechts- und Verwaltungsvorschriften der Mitgliedstaaten betreffend die Ausgestaltung der Vergabeverfahren harmonisieren. Aufgrund des Vorbehalts in Art. 98 S. 1 EG und in Art. 295 EG steht den Mitgliedstaaten jedoch die Entscheidung über die Art der Bedarfsdeckung zu, da diese neben organisationsrechtlichen Gesichtspunkten der Ausgestaltung der zur Bedarfsdeckung berufenen Stellen mit der Entscheidung über den zweckgebundenen Einsatz von Haushaltsmitteln zur Erfüllung staatlicher Aufgaben haushaltspolitische Aspekte berührt. Diese ist nach Art. 98 EG den Mitgliedstaaten vorbehalten. Die Mitgliedstaaten können daher nicht von der Gemeinschaft verpflichtet werden, ihren Bedarf durch die Teilnahme am Markt zu decken.

Die Beauftragung einer mit dem öffentlichen Auftraggeber verbundenen Körperschaft ist nur in den eng begrenzten Ausnahmefällen des Art. 6 DKR bzw. des Art. 13 SKR vom Anwendungsbereich der Koordinierungsrichtlinien ausgenommen. Nur insoweit ist die In-House-Vergabe im weiteren Sinne von den Koordinierungsrichtlinien ausdrücklich geregelt. Im übrigen verbleibt ein weiter Anwendungsbereich für die vom *EuGH* in der Rs. *Teckal* entwickelten Grundsätze der In-House-Vergabe im weiteren Sinne.

Art. 6 DKR sieht eine Ausnahme für die Beauftragung von Stellen vor, die selbst öffentliche Auftraggeber sind und denen ein ausschließliches mit dem EG-Wettbewerbsrecht vereinbares Recht zur Erbringung der fraglichen Dienstleistung zusteht. Art. 6 DKR erfaßt nach seinem Wortlaut lediglich die Vergabe von *Dienstleistungsaufträgen* durch *öffentliche Auftraggeber*. Sektorenauftraggeber sind – wie der Vergleich mit Art. 11 SKR zeigt – nicht erfaßt. Im praktisch relevanten Bereich der kommunalen Eigengessellschaften, gemischtwirtschaftlichen Unternehmen und gemischt-öffentlichen Unternehmen findet Art. 6 DKR daher regelmäßig keine Anwendung. Zum einen sind diese in der Regel nicht Inhaber von absoluten, sondern regelmäßig von relativen Ausschließlichkeitsrechten. Diese sind jedoch für die Anwendung des Art. 6 DKR nicht ausreichend. Wie sich aus dem Sinn und Zweck der Vorschrift, dem Vergleich mit Art. 86 EG sowie dem Umstand, daß das Ausschließlichkeitsrecht seine Grundlage in einer Rechts- oder Verwaltungsvorschrift haben muß, ergibt, ist es erforderlich, daß es sich um absolutes Ausschließlichkeitsrecht handeln muß. Darüber hinaus dürfte auch die Eigenschaft als öffentlicher Auftraggeber in Form einer öffentlichen Einrichtung im Sinne von Art. 6 DKR i.V.m. Art. 1 lit. a) DKR häufig nicht gegeben sein. Zum einen ergibt sich dies aus den mit diesem Tatbestand verbundenen Auslegungsschwierigkeiten. Zum anderen dürfte es insbesondere für eine Reihe kommerzieller Dienstleistungen an dem Erfordernis der Erfüllung der im Allgemeininteresse liegenden Aufgaben fehlen. In diesen Fällen sowie in Fällen, in denen andere Leistungen als Dienstleistungen betroffen sind, wäre der Anwendungsbereich für die Grundsätze der In-House-Vergabe im weiteren Sinne eröffnet.

Nach Art. 13 SKR ist die Auftragsvergabe einer *Dienstleistung* innerhalb des Konzernverbunds eines Sektorenauftraggeber an ein verbundenes Unternehmen vom Anwendungsbereich der SKR ausgenommen, sofern das beauftragte Unternehmen 80 % seines Umsatzes auf dem Gebiet der EG in den letzten drei Jahre mit der Erbringung dieser Dienstleistung innerhalb des Verbunds erwirtschaftet hat. Ein verbundenes Unternehmen ist ein Unternehmen, das im Falle der Organisation des Auftraggebers als AG oder GmbH mit diesem einen konsolidierten Jahresabschluß zu erstellen hat oder, falls dies nicht der Fall ist, bei dem sich eine Verbundenheit aufgrund eines Beherrschungsverhältnisses ergibt.

Darüber hinaus wird auch die Auftragserteilung durch ein *Konsortium mehrerer Sektorenauftraggeber* an einen dieser beteiligten Sektorenauftraggeber oder an ein mit ihm verbundenes Unternehmen erfaßt. Aufgrund der Definition des verbundenen Unternehmens in Art. 1 Nr. 3 SKR ist es nicht erforderlich, daß der beherrschende Einfluß von dem Sektorenauftraggeber gegenüber dem beauftragten Unternehmen ausgeübt wird. Vielmehr sind von Art. 13 Abs. 1 SKR auch diejenigen Fälle erfaßt, in denen der beherrschende Einfluß vom beauftragten Unternehmen ausgeht bzw. Auftraggeber und Auftragnehmer dem beherrschenden Einfluß eines dritten Unternehmens unterliegen.

Da Art. 13 SKR nur für *Sektorenauftraggeber* und nur für die Erbringung von *Dienstleistungen* gilt, wird die Auftragsvergabe durch *klassische öffentliche Auftraggeber*, die nicht Sektorenauftraggeber sind, und die Vergabe von *Bau-* bzw. *Lieferleistungen* von dem Ausnahmetatbestand des Art. 13 SKR nicht erfaßt. Damit kommt ein Anwendungsbereich der Grundsätze der In-House-Vergabe im weiteren Sinne grundsätzlich für die Vergabe von *Bau-* und *Lieferleistungen* durch *Sektorenauftraggeber*, aber auch für die Vergabe von *Bau-*, *Liefer-* und *Dienstleistungen* durch *öffentliche Auftraggeber*, die nicht Sektorenauftraggeber sind, an verbundene Unternehmen in Betracht.

§ 4
Zulässigkeit der In-House-Vergabe im weiteren Sinne und Analyse der dogmatischen Begründungsansätze

Die Analyse der Anwendbarkeit der Koordinierungsrichtlinien auf die mitgliedstaatliche Bedarfsdeckung hat gezeigt, daß die In-House-Vergabe im engeren Sinne als mitgliedstaatliche Eigenleistung nicht dem Anwendungsbereich der Koordinierungsrichtlinien unterliegt. Demgegenüber ist die Beauftragung eines verbundenen Unternehmens unabhängig von der rechtlichen Beziehung zwischen öffentlichem Auftraggeber und Auftragnehmer als Fremdbeschaffung der Leistung zu qualifizieren und fällt daher stets in den Anwendungsbereich der Koordinierungsrichtlinien. Nur in den eng begrenzten Ausnahmefällen des Art. 6 DKR und des Art. 13 SKR ist diese vom Anwendungsbereich der Koordinierungsrichtlinien ausgenommen. Insoweit sind Fälle der In-House-Vergabe im weiteren Sinne von den Koordinierungsrichtlinien erfaßt und hat die In-House-Vergabe im weiteren Sinne eine gesetzliche Regelung erfahren. Insoweit dagegen die Beauftragung einer mit dem öffentlichen Auftraggebern verbundenen Körperschaft/Gesellschaft – wie in der Rs. *Teckal* – nicht in den Anwendungsbereich der Ausnahmevorschriften der Artt. 6 DKR bzw. 13 SKR fällt und daher ausschreibungspflichtig ist, stellt sich die Frage, inwieweit diese Auftragsvergaben über die gesetzlichen Ausnahmevorschriften hinaus unter bestimmten Voraussetzungen vom Anwendungsbereich der Koordinierungsrichtlinien ausgenommen sind und daher ausschreibungsfrei erfolgen können. Dies ist in der Rechtsprechung und Literatur umstritten. Die zum Teil in der Literatur vertretene formale Betrachtungsweise lehnt dies ab und hält die In-House-Vergabe im weiteren Sinne daher für unzulässig. Demgegenüber hält die überwiegende Literatur sowie die Rechtsprechung dies grundsätzlich für zulässig, wobei jedoch die dogmatische Begründung sowie die konkreten Voraussetzungen, unter denen die In-House-Vergabe im weiteren Sinne zulässig ist, umstritten sind.

Die nachfolgende Darstellung setzt sich mit den Argumenten der formalen Betrachtungsweise gegen die Zulässigkeit der In-House-Vergabe (vgl. § 4 A.) und den dogmatischen Lösungsansätzen der Befürworter einer In-House-Vergabe im weiteren Sinne (vgl. § 4 B. und C.) auseinander. Zur Begründung einer Ausschreibungsfreiheit für die Beauftragung eines mit dem öffentlichen Auftraggeber verbundenen Auftragnehmers wird erstens eine Analogie zu den Ausnahmevorschriften des Art. 6 (vgl. § 4 B. II.) bzw. des Art. 13 SKR (vgl. § 4 B. III.) und zweitens eine funktionale Auslegung des Auftragsbegriffs (vgl. § 4 C.) diskutiert.

A. Die formale Betrachtungsweise

Die zum Teil in der Literatur vertretene formale Betrachtungsweise hält an der durch den Auftragsbegriff der Koordinierungsrichtlinien vorgegebenen formalen Abgrenzung zwischen ausschreibungsfreier staatlicher Eigenleistung und der ausschreibungspflichtigen Inanspruchnahme von Fremdleistung fest. Diese Abgrenzung sei schließlich durch die Anwendungsvoraussetzungen der Koordinierungsrichtlinien vorgegeben. So sei der sachliche Anwendungsbereich der Koordinierungsrichtlinien eröffnet, wenn die Leistungserbringung auf der Grundlage eines öffentlichen Auftrags erfolge. Da ein öffentlicher Auftrag als schriftlicher entgeltlicher Vertrag[338] das Vorliegen einer

> "Vereinbarung zwischen zwei verschiedenen Personen"[339]

in Form übereinstimmender Willenserklärungen[340] voraussetze und diese Voraussetzungen bei formal-rechtlicher Personenverschiedenheit zwischen öffentlichem Auftraggeber und Auftragnehmer vorliegen, seien solche Beschaffungsvorgänge stets ausschreibungspflichtig.

Konsequenz dieser Auffassung ist, daß – anders als nach der Rechtsprechung des *EuGH* in der Rs. *Teckal*[341] – unabhängig von den Rechtsbeziehungen zwischen Leistungserbringer und öffentlichem Auftraggeber, allein aufgrund der formal-rechtlichen Personenverschiedenheit zwischen öffentlichem Auftraggeber und Auftragnehmer eine Anwendbarkeit der Koordinierungsrichtlinien, und damit eine Ausschreibungspflicht, zu bejahen ist. Konsequenterweise wird daher auch die In-House-Vergabe im weiteren Sinne über die von den Ausnahmevorschriften erfaßten Sachverhalte hinaus für unzulässig erachtet.[342]

Neben der gebotenen strikten Subsumtion unter die sachlichen Anwendungsvoraussetzungen der Koordinierungsrichtlinien stützt sich diese Auffassung darauf, daß ein formal-rechtlich vom öffentlichen Auftraggeber zu unterscheidender Auftragnehmer als selbständiges Zuordnungsobjekt von Rechten und Pflichten

---

338 Art. 1 lit. a) BKR, Art. 1it. a) LKR; Art. 1 lit. a) DKR; Art. 1 Nr. 4. SKR

339 *EuGH* Urteil vom 18.11.1999, Rs. C-107/98, (Teckal Srl/Gemeinde Viano, u.a.), Slg. I 1999, S. 8139 ff. (Tz. 50)

340 Schlußanträge des Generalanwalts *Geroges Cosmas* vom 01.07.1999 in der Rs. C-107/98 (Teckal Srl/Gemeinde Viano), Slg. I 1999, S. 8123 ff. (Tz. 52)

341 *EuGH* Urteil vom 18.11.1999, Rs. C-107/98, (Teckal Srl/Gemeinde Viano, u.a.), Slg. I 1999, S. 8139 ff. (Tz. 50)

342 *Arrowsmith*, The Law of Public and Utilities Procurement, 1996, S. 118 und S. 414 f.; Schlußanträge des Generalanwalts *Geroges Cosmas* vom 01.07.1999 in der Rs. C-107/98 (Teckal Srl/Gemeinde Viano), Slg. I 1999, S. 8123 ff. (Tz. 59-67, insbesondere Tz. 65)

eigenständig handele.[343] Aus diesem Grund sei die für eine staatliche Eigenleistung erforderliche Identität zwischen Auftragnehmer und Auftraggeber nicht gegeben.

Gegen eine generelle Privilegierung von Auftragnehmern mit Personenverschiedenheit und damit für eine formale Abgrenzung sprächen auch die Entstehungsgeschichte, die engen Ausnahmebestimmungen der Koordinierungsrichtlinien und der Sinn und Zweck der Koordinierungsrichtlinien. Ausweislich der Entstehungsgeschichte erfaßt

> "... die Richtlinie alle Fälle, in denen der Auftraggeber und der Auftragnehmer juristisch getrennte Personen sind, und in denen die Grundlage für die Erbringung von Dienstleistungen vertraglicher Art ist. Einige Ausnahmen von diesem Grundsatz ergeben sich aus dem Vertrag selbst, zum Beispiel Artikel 223 wie in Artikel 4 Absatz 1 der Richtlinie geregelt, und Artikel 55 und 56 wie in den Erwägungsgründen ausgeführt. Solche Ausnahmen müssen restriktiv ausgelegt werden. Sie stellen die Anwendung der Richtlinie in den oben genannten Fällen nicht allgemein in Frage."[344]

Dementsprechend sehe die Rechtsprechung die Ausnahmevorschriften als *abschließend* an.[345] Die im Rahmen der In-House-Vergabe im weiteren Sinne maßgeblichen Ausnahmevorschriften des Art. 6 DKR und des Art. 13 SKR zeigten, daß eine Auftragsvergabe an einen mit dem öffentlichen Auftraggeber verbundenen Auftragnehmer nur unter engen Voraussetzungen nicht dem Vergaberecht unterliege. Greife eine solche Ausnahme nicht ein, so sei die Vergabe öffentlich auszuschreiben.[346]

Aber auch Sinn und Zweck der Koordinierungsrichtlinien sprächen für dieses Ergebnis. Sinn und Zweck der Koordinierungsrichtlinien sei es, durch die Koordinierung der Verfahren zur Vergabe öffentlicher Bau-, Liefer- bzw. Dienstleistungsaufträge zwischenstaatliche Hemmnissen abzubauen und die Warenverkehrs-, Niederlassungs- und Dienstleistungsfreiheit in der Gemeinschaft[347] zum Schutz der in einem Mitgliedstaat niedergelassenen Wirtschaftsteilnehmer, die

---

343 *Müller-Serten*, Gemeindewirtschafts- und Vergaberecht, NZBau 2000, S. 120 ff. (123)

344 Begründungserwägung Nr. 80 des Vorschlags für eine Richtlinie des Rates über die Koordinierung der Verfahren zur Vergabe öffentlicher Dienstleistungsaufträge, KOM (90) 372, Ratsdokument 10958/90, abgedruckt als BR-Drucksache, 13/91 vom 10.01.1991

345 *EuGH*, Urteil vom 17.11 1993, Rs. C-71/92 (Kommission/Spanien), Slg. I 1993, S. 5923 ff. (Tz. 10)

346 *Faber*, Öffentliche Aufträge an kommunalbeherrschte Unternehmen - in-house-Geschäfte oder Vergabe im Wettbewerb, DVBl 2001, S. 248 ff. (252); *Niebuhr/Eschenbruch*, Das neue Vergaberecht 1998, in: *Kapellmann/Vygen* (Hrsg.), Jahrbuch Baurecht 1998, S. 195 ff. (220); *Opitz*, Kontraktive Privatisierung und Kartellvergaberecht, ZVgR 2000, S. 97 ff. (105)

347 Vgl. 2. Begründungserwägung der BKR, 5. Begründungserwägung der LKR, 2. und 3. Begründungserwägung der DKR

den in einem anderen Mitgliedstaat niedergelassenen öffentlichen Auftraggebern Waren oder Dienstleistungen anbieten möchten[348], zu verwirklichen. Diesem Zweck werde eine formale Abgrenzung besonders gut gerecht, weil sie einen möglichst weiten Anwendungsbereich der Koordinierungsrichtlinien gewährleiste.[349] Die mit der In-House-Vergabe im weiteren Sinne eröffnete Möglichkeit der ausschreibungsfreien Beauftragung von mit den öffentlichen Auftraggebern verbundenen Unternehmen führe dagegen zu einer Abschottung der nationalen Märkte und sei daher mit dem Zweck der Koordinierungsrichtlinien unvereinbar.

Ebenso spreche der den Koordinierungsrichtlinien zugrundeliegende Wirtschaftlichkeitsgrundsatz für eine formale Abgrenzung. Die formale Abgrenzung bringe nämlich das Vergabeverfahren in möglichst vielen Fällen zur Anwendung, während die In-House-Vergabe im weiteren Sinne eine Einschränkung des Anwendungsbereichs darstelle. Eine möglichst weite Anwendung des Vergabeverfahrens sei jedoch aus Wirtschaftlichkeitsgründen wünschenswert. Die Beauftragung des im Wettbewerb und in einem transparenten Verfahren ermittelten Anbieters, der die benötigte Leistung am wirtschaftlichsten erbringen kann, biete die Grundlage dafür, die Kosten für die Beschaffung der von öffentlichen Auftraggeber benötigten Leistungen zu senken. So könne ein Einsparungspotential von geschätzten 17,5 Mrd. pro Jahr[350] realisiert werden.[351] Die ausschreibungsfreie Vergabe von Aufträgen an mit dem öffentlichen Auftraggeber verbundene Unternehmen würde diesem Zweck zuwider laufen, weil damit eine Vergabe außerhalb des Wettbewerbs erfolgen würde. Entgegen dem Wirtschaftlichkeitsgrundsatz würde nicht der wirtschaftlichste Anbieter, sondern das ver-

---

[348] *EuGH,* Urteil vom 10.11.1998, Rs. C-360/96 (BFI Holding/Gemeente Arnhem und Rheden), Slg. I 1998, S. 6846 ff. (Tz. 41)

[349] *Pauly/Figgen/Hünnekens,* Gemischtwirtschaftliche Entsorgungsunternehmen, S. 86

[350] *Cecchini,* Europa '92 - Der Vorteil des Binnenmarktes, 1988, S. 39; *Seidel,* Öffentliches Auftragswesen, in: *Dauses,* Handbuch des EU-Wirtschaftsrechts, Stand: August 2000, Bd. II, H. IV. 5. spricht sogar von bis zu DM 80 Mrd., wobei unter Hinweis auf Studien des Bundesministeriums für Verkehr 1990 für den Bau von Verkehrswegen und des Ifo Instituts München für den Baubereich festgehalten wird, daß Bauen eine "natürliche Regionalität" immanent ist, was zur Frage führt, ob in diesem Bereich ein freier EG-weiter Wettbewerb zu anderen Ausschreibungsergebnissen führen würde.

[351] Zu beachten ist, daß dieses Gebot aufgrund des nationalen Haushaltsrecht, vgl. z.B. Art. 61 Abs. 2 BayGO unabhängig von der Geltung des Vergaberechts zu beachten ist. Auch gebietet der gebührenrechtliche Grundsatz der Erforderlichkeit, daß bei der Ermittlung des Gebührenaufwands nur solche Aufwendungen für Drittleistungen berücksichtigt werden, die unter Beachtung des Ausschreibungsgebots vergeben wurden, um die Gebührenschuldner nicht unangemessen zu belasten, vgl. *Faber,* Öffentliche Aufträge an kommunalbeherrschte Unternehmen – in-house-Geschäfte oder Vergabe im Wettbewerb?, DVBl 2000, S. 248 ff. (252, FN 27) mit weiteren Nachweisen zur entsprechenden Rechtsprechung.

bundene Unternehmen die Leistung erbringen. Daher sei die Einbeziehung der mit den öffentlichen Auftraggebern verbundenen Unternehmen in den Wettbewerb wirtschaftspolitisch sinnvoll.[352] Zudem würde auch dem Bedürfnis nach transparenteren Märkten Rechnung getragen werden.[353]

Auch der Gedanke der Rechtssicherheit spreche für eine formale Abgrenzung und damit gegen die Zulässigkeit der In-House-Vergabe im weiteren Sinne. Wie der *EuGH* in der Rs. *Mannesmann Anlagenbau*[354] betone, verlange der Grundsatz der Rechtssicherheit, daß der Anwendungsbereich einer Norm des Gemeinschaftsrechts klar und ihre Anwendung für alle Betroffenen vorhersehbar sein müsse.[355] Dem werde durch eine formale Abgrenzung Rechnung getragen.

Für eine formal-rechtlich Abgrenzung spreche schließlich auch der historische Gesetzgebungswille. In Begründungserwägung Nr. 76 und 78 zur DKR heiße es nämlich:

> "76. Viele öffentliche Auftraggeber können ihren Bedarf an bestimmten Dienstleistungen dadurch decken, daß sie die erforderlichen Tätigkeiten mit ihren eigenen Mitteln ausführen. Dies gilt insbesondere in solchen Gebieten, wo die Behörden selbst die notwendigen Fachkräfte beschäftigen, zum Beispiel Computerspezialisten, Architekten, Ingenieure, Wirtschaftler, Wissenschaftlicher, u.s.w. In solchen Fällen ist die Wahl relativ offen, ob die betreffende Dienstleistung von außen beschafft oder mit eigenen Mitteln erbracht werden soll."[356]

> "78. Auf der anderen Seite ist nicht zu verkennen, daß die aus der Anwendung der EG-Vergabevorschriften resultierenden Umstände relativ leicht zu vermeiden sind, indem die betreffende Dienstleistung einfach nicht nach außen vergeben wird. Angesichts dieser Umstände könnte die Richtlinie dazu führen, daß der Beschaffungsmarkt eher schrumpft, als weiter geöffnet wird. Die Auswirkungen staatlicher Eigenleistungen müssen deshalb bei der Überprüfung dieser Richtlinie nach drei Jahren (Artikel 42) [*des Vorschlags*[357]] besonders berücksichtigt werden."[358]

---

[352] *Müller-Serten*, Gemeindewirtschafts- und Vergaberecht, NZBau 2000, S. 120 ff. (123)

[353] *Müller-Serten*, Gemeindewirtschafts- und Vergaberecht, NZBau 2000, S. 120 ff. (123)

[354] *EuGH*, Urteil vom 15.01.1998, Rs. C-44/96 (Mannesmann Anlagenbau Austria AG/Strohal Rotationsdruck GmbH), Slg. I 1998, S. 73 ff.

[355] *EuGH*, Urteil vom 15.01.1998, Rs. C-44/96 (Mannesmann Anlagenbau Austria AG/Strohal Rotationsdruck GmbH), Slg. I 1998, S. 73 ff. (Tz. 34)

[356] Begründungserwägung Nr. 76 des Vorschlags für eine Richtlinie des Rates über die Koordinierung der Verfahren zur Vergabe öffentlicher Dienstleistungsaufträge, KOM (90) 372; Ratsdokument 10958/90, abgedruckt als BR-Drucksache, 13/91 vom 10.01.1991

[357] Hervorhebung des Verfassers

[358] Begründungserwägung Nr. 76 und 78 des Vorschlags für eine Richtlinie des Rates über die Koordinierung der Verfahren zur Vergabe öffentlicher Dienstleistungsaufträge, KOM (90) 372; Ratsdokument 10958/90, abgedruckt als BR-Drucksache, 13/91 vom 10.01.1991, vgl. zum Wortlaut Text zu FN 244und 249

Der historische Gesetzgebungswille habe seinen Niederschlag in Art. 43 S. 2 DKR gefunden[359], wonach die Kommission

> ".. die Aussichten für eine uneingeschränkte Anwendung der Richtlinie auf die Erbringung der in Anhang Abs. 1 B angeführten Dienstleistungen und die Auswirkungen staatlicher Eigenleistungen auf die Liberalisierung des Auftragswesens"

untersuche. Zwar enthielten die BKR und die LKR ebensowenig wie die SKR keine Art. 43 S. 2 DKR entsprechende Regelung. Der Rechtsgedanke des Art. 43 S. 2 DKR sei jedoch ebenso für die BKR und die LKR heranzuziehen[360], da deren sachlicher Anwendungsbereich von der ausschreibungsfreien Eigenbedarfsdeckung ebenso wie derjenige der DKR über das Auftragserfordernis abgegrenzt werde.[361] Zudem dienten die BKR, die LKR und die SKR – ebenso wie die DKR – der Verwirklichung der Grundfreiheiten und verfolgten daher ein einheitliches Ziel. Sie würden daher auch im Reformentwurf der Kommission in einer Richtlinie zusammengefaßt.[362]

Zudem würde die mit der formalen Abgrenzung einhergehende Ausschreibungspflicht von Aufträgen an verbundene Unternehmen auch keine unangemessene Benachteiligung der öffentlichen Auftraggeber darstellen. Diese könnten jederzeit eine Organisationsform ohne eigenständige Rechtspersönlichkeit wählen, um – wie Begründungserwägung Nr. 78 zeigt – zulässigerweise dem Anwendungsbereich der Koordinierungsrichtlinien zu entgehen.[363]

---

[359] So ausdrücklich für die SKR Begründungserwägung Nr. 9 des Vorschlags der Kommission vom 06.11.1991 für eine Richtlinie des Rates zur Änderung der Richtlinie 90/531/EWG betreffend die Auftragsvergabe durch Auftraggeber im Bereich der Wasser-, Energie- und Verkehrsversorgung sowie im Telekommunikationssektor, KOM (91) 347; Ratsdokument 9560/91, abgedruckt als Bundesratsdrucksache, BR-Drucksache 749/91 vom 03.12.1991, in dem es heißt: "Dienstleistungen hingegen, die von einem Auftraggeber, der rechtlich gesehen ein und dieselbe juristische Person darstellt, selbst erbracht werden, werden nicht als Dienstleistungsaufträge angesehen und fallen somit auch nicht in den Anwendungsbereich der vorliegenden Richtlinie."

[360] *Dreher*, in: *Immenga/Mestmäcker* Gesetz gegen Wettbewerbsbeschränkungen, Kommentar, 3. Aufl. 2001, § 99, Rdnr. 19; ohne nähere Begründung *Arrowsmith*, The Law of Public and Utilities Procurement, S. 118 ff.

[361] Vgl. Art. 1 lit. a) BKR; Art. 1 lit. a) LKR; Art. 1 lit a) DKR, Art. 1 Nr. 4 SKR

[362] Vgl. Begründung I.1.2. des Vorschlags der Kommission vom 10.05.2000 über die Koordinierung der Verfahren zur Vergabe öffentlicher Lieferaufträge, Dienstleistungsaufträge und Bauaufträge KOM (2000) 275

[363] Begründungserwägung Nr. 78 des Vorschlags für eine Richtlinie des Rates über die Koordinierung der Verfahren zur Vergabe öffentlicher Dienstleistungsaufträge, KOM (90) 372; Ratsdokument 10958/90, abgedruckt als BR-Drucksache, 13/91 vom 10.01.1991

Im Ergebnis sei daher an der durch den Auftragsbegriff der Koordinierungsrichtlinien formalen Abgrenzung zwischen mitgliedstaatlicher Eigenleistung und der rechtsgeschäftlichen Bedarfsdeckung festzuhalten. Während die Leistungserbringung durch Stellen ohne eigene Rechtspersönlichkeit ausschreibungsfrei erfolgen könne (In-House-Vergabe im engeren Sinne), sei die Leistungserbringung durch Stellen mit eigener Rechtspersönlichkeit stets ausschreibungspflichtig. Dies gelte unabhängig von der Beziehung zwischen öffentlichem Auftraggeber und Auftragnehmer. Nur in den Ausnahmefällen des Art. 6 bzw. des Art. 13 SKR sei daher die In-House-Vergabe im weiteren Sinne zulässig. Im übrigen sei sie unzulässig.

B. Begründung der ausschreibungsfreien Auftragserteilung an mit dem öffentlichen Auftraggeber verbundene Auftragnehmer durch eine analoge Anwendung des Art. 6 DKR bzw. des Art. 13 SKR

Folgt man dieser streng formalen Abgrenzung ließe sich die Rechtsprechung des *EuGH* in der Rs. *Teckal*[364] bzw. die In-House-Vergabe im weiteren Sinne nur über eine analoge Anwendung[365] der für die In-House-Vergabe im weiteren Sinne relevanten Ausnahmevorschriften des Art. 6. DKR (bzw. des wortlautidentischen Art. 11 SKR) oder der Ausnahmevorschrift des Art. 13 SKR rechtfertigen. Eine analoge Anwendung ist geboten, da diese Vorschriften ihrem Wortlaut nach nur *Dienstleistungen*, nicht aber *Bauleistungen* oder – wie in der Rs. *Teckal*[366] – *Lieferleistungen* erfassen. Da Art. 13 SKR seinem Wortlaut nach nur für *Sektorenauftraggeber*, nicht aber für *klassische öffentliche Auftraggeber* gilt, wäre bei der Auftragsvergabe durch klassische öffentliche Auftraggeber auch insoweit eine analoge Anwedung erforderlich. Eine solche beruht darauf, daß eine gesetzliche Regel auf einen vom Gesetz nicht geregelten, aber ähnlichen Tatbestand übertragen werden kann, weil die beiden Tatbestände aufgrund ihrer Ähnlichkeit in den für die gesetzlichen Bewertung maßgeblichen Hinsichten, insbesondere des Sinn und Zwecks der Regelung, gleich zu bewerten sind.[367] Es stellt sich daher die Frage, ob Art. 6 DKR bzw. Art. 13 SKR über ihren Wortlaut

[364] *EuGH* Urteil vom 18.11.1999, Rs. C-107/98, (Teckal Srl/Gemeinde Viano, u.a.), Slg. I 1999, S. 8139 ff. (Tz. 50)

[365] Vgl. zur Zulässigkeit der Analogie im EG-Recht, *Arweiler*, Die Auslegungsmethoden des Gerichtshofs der Europäischen Gemeinschaften, S. 59 ff. und S. 305 ff.

[366] *EuGH* Urteil vom 18.11.1999, Rs. C-107/98, (Teckal Srl/Gemeinde Viano, u.a.), Slg. I 1999, S. 8139 ff. (Tz. 39)

[367] Vgl. *Larenz/Canaris*, Methodenlehre der Rechtswissenschaft, 3. Aufl., S. 202

hinaus ihrem jeweiligen Sinn und Zweck nach auch für die Vergabe von *Bau-* und *Lieferleistungen* Anwendung finden bzw. ob Art. 13 SKR über seinen Wortlaut hinaus seinem Sinn und Zweck nach auch auf klassische öffentliche Auftraggeber anwendbar ist.

I. Ausnahmevorschriften und Analogieverbot

Eine solche Lösung hat zunächst den Einwand zu entkräften, daß Ausnahmebestimmungen, die grundsätzlich eng auszulegen sind[368] – und dies gilt nach der Rechtsprechung des *EuGH* auch für die Ausnahmebestimmungen der Koordinierungsrichtlinien[369] – nicht analogiefähig sind[370].

Dieser aus dem Gebot der engen Auslegung gezogene Schluß ist in dieser Pauschalität nicht zutreffend.[371] Er steht daher einer näheren Prüfung dieses Lösungswegs nicht grundsätzlich entgegen. Denn das Analogieverbot von Ausnahmevorschriften beruht auf dem Gedanken, daß bei extensiver bzw. analoger Anwendung der Ausnahmevorschrift, das gesetzlich normierte Regel-Ausnahme-Verhältnis in sein Gegenteil verkehrt würde. Es ist jedoch durchaus möglich, daß der Wortsinn einer Ausnahmevorschrift den Sinn und Zweck derselben in zu enger Weise zum Ausdruck bringt, so daß sich insoweit eine An-

---

[368] *Larenz/Canaris*, Methodenlehre der Rechtswissenschaft, 3. Aufl., S. 175 f.; ausführlich zur engen Auslegung von Ausnahemvorschriften der Koordinierungsrichtlinien *Dreher*, in: *Immenga/Mestmäcker* Gesetz gegen Wettbewerbsbeschränkungen, Kommentar, 3. Aufl. 2001, Vor §§ 97, Rdnr. 79 und 80.

[369] Zur Auslegung der Ausnahmevorschrift des Art. 9 Richtlinie L 71/305 des Rates vom 26.07.1971 zur Aufhebung der Beschränkungen des freien Dienstleistungsverkehrs auf dem Gebiet der öffentlichen Bauaufträge und bei öffentlichen Bauaufträgen, die an die Auftragnehmer über ihre Agenturen oder Zweigniederlassungen vergeben werden, AblEG 1971 Nr. L 185, S. 5 ff. vom 16.08.1971, einer Vorläuferin der BKR, führt der *EuGH*, Urteil vom 10.03.1987, Rs. 199/85 (Kommission/Italien, Stadtreinigung Mailand), Slg. 1987, S. 1059 ff. (Tz. 14) auS. "Diese Bestimmungen, die Ausnahmen von den Vorschriften zulassen, die die Wirksamkeit der durch den EWG-Vertrag im Bereich der öffentlichen Bauaufträge eingeräumten Rechte gewährleisten sollen, sind eng auszulegen. Und die Beweislast dafür, daß die außergewöhnlichen Umstände, die die Ausnahme rechtfertigen, tatsächlich vorliegen, obliegt demjenigen, der sich auf sie berufen will." Vgl. auch *EuGH*, Urteil vom 18.05.1995, Rs. C-57/94 (Kommission/Italien), Slg. I 1995, S. 1263 ff. (Tz. 23).

[370] *Dreher*, in: *Immenga/Mestmäcker* Gesetz gegen Wettbewerbsbeschränkungen, Kommentar, 3. Aufl. 2001, § 100, Rdnr. 22, der eine Erweiterung der Ausnahmevorschrift des § 100 Abs. 2 lit. i) GWB auf andere als Dienstleistungen mit dem Ausnahmecharakter der Vorschrift ablehnt.

[371] *Larenz/Canaris*, Methodenlehre der Rechtswissenschaft, 3. Aufl., S. S. 176; *Gallwas*, Faktische Beeinträchtigungen im Bereich der Grundrechte, S. 46, FN 103; *Kramer*, Juristische Methodenlehre, III. 5. a.ii); *Schmalz*, Methodenlehre, 4. Aufl. 1998, Rdnr. 398

wendung über den Wortsinn hinaus aufdrängt.[372] Die analoge Anwendung einer Ausnahmevorschrift ist daher jedenfalls dann nicht von vornherein ausgeschlossen, wenn die Analogie der Ausnahmevorschrift – wie hier – dazu dient, einen Ausnahmefall zu begründen.[373]

II. Begründung der ausschreibungsfreien Auftragserteilung an mit dem öffentlichen Auftraggeber verbundene Auftragnehmer durch eine analoge Anwendung von Art. 6 DKR

Nach Art. 6 Abs. 1 DKR bzw. dem gleichlautenden Art. 11 SKR gilt die DKR bzw. SKR

> "..nicht für die Vergabe von *Dienstleistungsaufträgen*[374], die an eine Stelle vergeben werden, die ihrerseits ein Auftraggeber im Sinne des Artikels 1 Buchstabe b) ist, aufgrund eines ausschließlichen Rechts derselben, das diese gemäß veröffentlichter, mit dem Vertrag übereinstimmender Rechts- oder Verwaltungsvorschriften innehat."

Die Begründung der ausschreibungsfreien Auftragserteilung an mit dem öffentlichen Auftraggeber verbundene Auftragnehmer durch eine analoge Anwendung von Art. 6 DKR setzt voraus, daß Art. 6 DKR, der eine Ausnahme für die Erbringung von *Dienstleistungen* durch andere öffentliche Auftraggeber, die Inhaber eines Ausschließlichkeitsrechts sind, vorsieht, analog auf *Bau- und Lieferleistungen* angewandt werden kann.[375]

Voraussetzung einer Analogie[376] ist das Vorliegen einer planwidrigen Regelungslücke der Koordinierungsrichtlinien im Hinblick auf die Vergabe von Bau- und Lieferleistungen durch öffentliche Auftraggeber an rechtspersonenverschiedene mit dem öffentlichen Auftraggeber verbundene Auftragnehmer. Desweiteren ist die Vergleichbarkeit der Interessenlage zwischen der Vergabe von

---

[372] Kramer, Juristische Methodenlehre, III. 5. a.ii)

[373] *Schmalz*, Methodenlehre, 4. Aufl. 1998, Rdnr. 398

[374] Hervorhebung des Verfassers

[375] Diese Frage erlangt für die Umsetzung des Art. 6 DKR im nationalen Recht durch § 100 Abs. 2 lit. g) GWB insbesondere deshalb Bedeutung, weil der Wortlaut von § 100 Abs. 2 lit. g) GWB entgegen Art. 6 DKR nicht von *Dienstleistungaufträgen*, sondern lediglich von *Aufträgen* spricht, so daß dem Wortlaut nach auch Bau- und Lieferleistungen erfaßt wären. In diesem Zusammenhang wird daher eine analoge Anwendung von Art. 6 DKR – zur Rechtfertigung der gegenüber dem EG-Recht weitergehenden nationalen Regelung – befürwortet; Marx, in: *Motzke/Pietzcker/Prieß* (Hrsg.) VOB Teil A, 2001, § 100, Rdnr. 21; so im Ergebenis wohl auch *Portz*, Anwendung des Vergaberechts bei der Privatisierung kommunaler Aufgaben, BWGZ 2000, S. 191 ff., (196 f.).

[376] *Larenz/Canaris*, Methodenlehre der Rechtswissenschaft, 3. Aufl., S. S. 202 ff.; *Schmalz*, Methodenlehre, 4. Aufl. 1998, Rdnr. 383 ff.

Dienstleistungen als dem gesetzlich geregelten Fall mit der Vergabe von Bau- und Lieferleistungen als dem nicht gesetzlich geregelten Fall erforderlich.

Eine Regelungslücke liegt vor, wenn es für die Vergabe von Bau- und Lieferleistungen durch öffentliche Auftraggeber, die keine Sektorenauftraggeber sind, keine Rechtsnorm gibt, die diesen Fall positiv oder negativ regelt.[377] Die Vergabe von Bau- und Lieferleistungen ist jedoch insofern als geregelt anzusehen, als es für diese mangels einer entsprechenden Ausnahmevorschrift in der BKR bzw. LKR bei der Anwendung der BKR bzw. LKR verbleibt und diese – anders als Dienstleistungen – auch in den Fallkonstellationen des Art. 6 DKR auszuschreiben sind. Auf der Grundlage dieser Argumentation wäre daher schon das Vorliegen einer Regelungslücke zu verneinen.[378]

Es stellt sich jedoch die Frage, ob eine planwidrige Regelungslücke nicht darin besteht, daß eine entsprechende Ausnahmevorschrift der BKR bzw. LKR fehlt, weil der Gesetzgebungsplan dieser Richtlinien in dieser Hinsicht unvollständig ist. Die Unvollständigkeit des Gesetzgebungsplans ist gegeben, wenn eine Frage regelungsbedürftig ist und nicht angenommen werden kann, daß der Richtliniengeber den Fall bewußt ohne Rechtsfolge lassen wollte.[379] Ob dies der Fall ist, ist vom Standpunkt des Gesetzes selbst zu beantworten, d.h. anhand der zugrunde liegenden Regelungsabsicht, des mit der Regelung verfolgten Zwecks und des gesetzgeberischen Plans, der im Wege der Auslegung zu ermitteln ist.[380] Hierbei sind neben den Absichten und bewußt getroffenen Entscheidungen des Richtliniengebers auch objektive Regelungszwecke und allgemeine Rechtsprin-

---

[377] *Schmalz*, Methodenlehre, 4. Aufl. 1998, Rdnr. 383

[378] Zum gleichen Ergebnis gelangt man mit *Larenz/Canaris,* Methodenlehre der Rechtswissenschaft, 3. Aufl., S. 202 , der als Voraussetzung für eine eine Analogie eine "offene" Lücke im Unterschied zu einer "verdeckten" Lücke fordert. Eine offene Lücke (S. 198) liegt vor, wenn "das Gesetz für eine bestimmte Fallgruppe keine Regel enthält, die auf sie anwendbar wäre, obgleich es nach seiner eigenen Teleologie eine solche Regel enthalten sollte." Eine verdeckte Lücke ist gegeben, "wenn das Gesetz zwar eine auch auf Fälle solcher Art anwendbare Regel enthält, diese aber ihrem Sinn und Zweck nach hier nicht paßt, weil sie die für die Wertung gerade dieser Fälle relevante Beonderheit derselben außer acht läßt." Die Lücke besteht hier in dem Fehlen einer Einschränkung. Sie ist deshalb verdeckt, weil es, wenigstens für den ersten Blick, an einer hier anwenbaren Regel nicht fehlt. Das Vorliegen einer Lücke bemißt sich am Sinn und Zweck der Regelung und kann damit nicht eindeutig von der Planwidrigkeit der Lücke unterschieden werden, so daß vorliegend ein anderer Lückenbegriff verwendet wurde, um die Teleolgoie der Regelung im Rahmen der Planwidrigkeit zu erläutern. Je nach der nachfolgend vorzunehmenden Beurteilung des Gesetzgebungsplans steht dann auch fest, ob es sich um eine offene Lücke handelt.

[379] *Larenz/Canaris*, Methodenlehre der Rechtswissenschaft, 3. Aufl., S. 193; *Schmalz*, Methodenlehre, 4. Aufl. Rdnr. 386

[380] *Larenz/Canaris*, Methodenlehre der Rechtswissenschaft, 3. Aufl., S. 194

zipien zu berücksichtigen, insbesondere der Grundsatz, daß Gleichartiges gleich zu behandeln ist.[381]

Stellt man allein auf die Regelungsabsicht des Richtliniengebers ab, wäre eine Unvollständigkeit des Gesetzgebungsplans der BKR und der LKR zu verneinen. Wie die Gesetzesbegründung zeigt, hat der Richtliniengeber nämlich mit Art. 6 DKR gerade die in einigen EG-Staaten bestehenden Besonderheiten im Hinblick auf *Dienstleistungen* regeln wollen. Diese Besonderheiten bestehen darin, daß bestimmte *Dienstleistungen* an den öffentlichen Sektor oder Teile hiervon in bestimmten Mitgliedstaaten nur durch bestimmte dem öffentlichen Bereich angehörende Stellen erbracht werden können. Dies hat zur Folge, daß sich weder einheimische Firmen noch Firmen aus anderen Mitgliedstaaten um diese Aufträge bewerben können.[382] Diese Besonderheiten bestehen gerade und nur für Dienstleistungen, nicht dagegen für Bau- und Lieferleistungen, so daß eine Planwidrigkeit der Lücke allein aufgrund der Regelungsabsicht des Richtliniengebers zu verneinen wäre.

Für die Ermittlung des Gesetzeszwecks sind jedoch nicht nur die Absicht des Richtliniengebers, sondern auch der objektive Regelungszweck der Vorschrift heranzuziehen. Der Regelungszweck des Art. 6 DKR besteht darin, die Leistungserbringung vom Anwendungsbereich der Koordinierungsrichtlinien auszunehmen, weil diese Leistungen einerseits aufgrund des Ausschließlichkeitsrechts nicht am Markt beschafft werden können und andererseits der Leistungsbezug auf der Grundlage eines Auftrags beliebig durch eine Verwaltungs- oder Haushaltsmaßnahmen erfolgen könnte.[383] Der eigentliche Grund für die Privilegierung des Art. 6 DKR liegt damit in dem wettbewerbsrechtskonformen ausschließlichen Recht zur Leistungserbringung, das der Leistungserbringer schon vor der Auftragsvergabe inne hat.[384] Dies hat zur Folge, daß hinsichtlich der betreffenden Leistung ein Wettbewerb zwischen verschiedenen Leistungsanbietern ausgeschlossen ist. Eine Ausschreibung würde keinen Sinn machen. Vor diesem Hintergrund erscheint auch die Interessenlage zwischen der Erbringung von Dienstleistungen aufgrund eines ausschließlichen Rechts mit der Erbringung von Bau- und Lieferleistung aufgrund eines ausschließlichen Rechts vergleich-

---

[381] *Larenz/Canaris*, Methodenlehre der Rechtswissenschaft, 3. Aufl., S. 195

[382] Hintergrundpapier der Kommission der Europäischen Gemeinschaften für eine EG-Richtlinie: Öffentliches Auftragswesen im Dienstleistungsverkehr: Anwendungsbereich einer EG-Richtlinie, abgedruckt alsBR-Drucksache 146/89 vom 08.03.1999, S. 41 Nr. 14

[383] Vgl. hierzu § 3C.I.2, S. 94 ff.

[384] Vgl. hierzu § 3C.I.2, S. 94 ff.

bar. Damit ließe sich – entgegen der Rechtsprechung des *EuGH*[385] – eine analoge Anwendung des Art. 6 DKR auf Bau- und Lieferleistungen durchaus begründen. Hierfür spricht auch der Vorschlag des parlamentarischen Rechts- und Binnenmarktausschusses, den Reformentwurf zur BKR, LKR und DKR zu ergänzen und die Regelung des Art. 6 DKR auf Bau- und Lieferleistungen zu erweitern.[386]

Dies darf jedoch nicht darüber hinwegtäuschen, daß Art. 6 Abs. 1 DKR nicht zur Begründung einer Ausschreibungspflicht bei der Beauftragung verbundener Unternehmen und damit zur Begründung der In-House-Vergabe im weiteren Sinne herangezogen werden kann.[387] Zum einen fehlt es in den von der Rechtsprechung entschiedenen Fällen der In-House-Vergabe[388] regelmäßig an einem Ausschließlichkeitsrecht des Auftragnehmers. Dies dürfte auch in den praktisch relevanten Fällen der kommunalen Daseinsvorsorge regelmäßig der Grund sein, warum Art. 6 Abs. 1 DKR weder direkt noch analog zur Begründung einer Ausschreibungsfreiheit bei der Beauftragung eines dem öffentlichen Auftraggeber nahestehenden Unternehmens herangezogen werden kann. Zum anderen ist es nach Ansicht des *EuGH* – anders als im Rahmen des Art. 6 Abs. 1 DKR – für die Zulässigkeit der In-House-Vergabe unerheblich, ob die beauftragte Einrichtung selbst öffentlicher Auftraggeber ist.[389] Darüber hinaus fehlt es an der Vergleichbarkeit der Interessenlage zwischen Art. 6 Abs. 1 DKR und der In-House-Vergabe im weiteren Sinne. Art. 6 Abs. 1 DKR bezieht seine innere Rechtfertigung für eine Ausnahme von der Ausschreibungspflicht gerade daraus, daß ein Vergabewettbewerb gegen das dem Auftragnehmer zustehende Ausschließlichkeitsrecht zur Leistungserbringung verstoßen würde. Eine Ausschreibung hat

---

385 In seinem Urteil vom 18.11.1999, Rs. C-107/98, (Teckal Srl/Gemeinde Viano, u.a.), Slg. I 1999, S. 8139 ff. Tz. 40, bestätigt der *EuGH*, daß Art. 6 DKR gerade für Lieferleistungen keine Anwendung findet, was auch als Ablehnung einer Analogie gedeutet werden kann.

386 Vgl. Änderungsantrag 38 des Berichts des Ausschusses für Recht und Binnenmarkt über den Vorschlag für eine Richtlinie des Europäischen Partlaments und des Rates über die Koordinierung der Verfahren zur Vergabe öffentlicher Lieferaurträge, Dienstleistungsaufträge und Bauaufträge (KOM (2000) 275), A5-0378/2001 vom 29.10.2001

387 So aber wohl *Portz*, Anwendung des Vergaberechts bei der Privatisierung kommunaler Aufgaben, DStGB Aktuell vom 07.04.2000, S. 29 ff. (31 f.), der das Ausschließlichkeitsrecht mit der vom *EuGH* in der Rs. *Teckal* geforderten "*Tätigkeit im wesentlichen für den öffentlichen Auftraggeber...*" gleichsetzt.

388 *EuGH* Urteil vom 18.11.1999, Rs. C-107/98, (Teckal Srl/Gemeinde Viano, u.a.), Slg. I 1999, S. 8139 ff.; *EuGH* Urteil vom 07.12.2000, Rs. C-94/99 (*ARGE* Gewässerschutz/Bundesministerium für Land- und Forstwirtschaft), Slg. I 2000, S. 11037 ff.; *BGH*, Beschluß vom 12.06.2001, Az: X ZB 10/01, BGHZ 148, S. 55 ff.

389 *EuGH* Urteil vom 07.12.2000, Rs. C- 94/99 (*ARGE* Gewässerschutz/Bundesministerium für Land- und Forstwirtschaft), Slg. I 2000, S. 11037 ff. (Tz. 40); a.A. *Hailbronner*, in: *Byok/Jaeger*, Kommentar zum Vergaberecht, 2000, § 99, Rdnr. 381 a.E.

daher zu unterbleiben. Ein solches Ausschließlichkeitsrecht fehlt bei den zur In-House-Vergabe im weiteren Sinne entschiedenen Fällen, so daß die Interessenlage nicht vergleichbar ist. Dementsprechend stellt auch die Kommission in ihrer Begründung zur DKR fest, daß Art. 6 DKR zwar das Problem der ausschließlichen Rechte zur Erbringung bestimmter Leistungen an die öffentliche Hand sowie die Frage mitgliedstaatlicher Eigenleistungen behandelt, jedoch nicht versucht, Rahmenbedingungen für solche Entscheidungen festzulegen.[390] Dies belegt auch die Stellungnahme des parlamentarischen Rechts- und Binnenmarktausschusses zum Reformentwurf der Kommission zur BKR, LKR und DKR. Neben der Erweiterung des Anwendungsbereichs des Art. 6 DKR auf Bau- und Lieferleistungen schlägt er eine gesonderte Regelung für die In-House-Vergabe vor.[391]

Im Ergebnis ist daher festzuhalten, daß eine analoge Anwendung von Art. 6 DKR auf die Vergabe von Bau- und Lieferleistungen zur Begründung der In-House-Vergabe im weiteren Sinne abzulehnen ist.

III. Begründung der ausschreibungsfreien Auftragserteilung an mit dem öffentlichen Auftraggeber verbundene Auftragnehmer durch eine analoge Anwendung von Art. 13 SKR

Nach Art. 13 SKR ist die Vergabe von *Dienstleistungsaufträgen durch Sektorenauftraggeber* an Auftragnehmer unter zwei Voraussetzungen vom Anwendungsbereich der SKR ausgenommen.[392] Zum einen muß es sich bei dem Auftragnehmer um ein *verbundenes Unternehmen* handeln, d.h. um ein Unternehmen, das der Beherrschung durch den Auftraggeber unterliegt, diesen beherrscht oder ebenso wie der Auftraggeber von einem dritten Unternehmen beherrscht wird.[393] Diese Voraussetzung weist eine gewisse Ähnlichkeit zu dem vom *EuGH* aufgestellten Kriterium der *Kontrolle des öffentlichen Auftraggebers über den Leistungserbringer wie über eine eigene Dienststelle* auf.[394] Zweite Vorausset-

[390] Begründungserwägung Nr. 8 des Vorschlags für eine Richtlinie des Rates über die Koordinierung der Verfahren zur Vergabe öffentlicher Dienstleistungsaufträge, KOM (90) 372; Ratsdokument 10958/90, abgedruckt als BR-Drucksache, 13/91 vom 10.01.1991

[391] Vgl. Änderungsantrag 38 und 40 des Berichts des Ausschusses für Recht und Binnenmarkt über den Vorschlag für eine Richtlinie des Europäischen Partlaments und des Rates über die Koordinierung der Verfahren zur Vergabe öffentlicher Lieferaurträge, Dienstleistungsaufträge und Bauaufträge (KOM (2000) 275), A5-0378/2001 vom 29.10.2001

[392] Vgl hierzu ausführlich § 3C.II.2, S. 111 ff.

[393] Vgl. Art. 1 Nr. 3 SKR

[394] *EuGH* Urteil vom 18.11.1999, Rs. C-107/98, (Teckal Srl/Gemeinde Viano, u.a.), Slg. I 1999, S. 8139 ff. Tz. 50

zung des Art. 13 SKR ist, daß das beauftragte Unternehmen 80 % seines Umsatzes über einen bestimmten Zeitraum mit der Erbringung von *Dienstleistungen* an das/die verbundenen Unternehmen erzielt. Diese Voraussetzung ähnelt dem vom *EuGH* aufgestellten Kriterium, daß das beauftragte Unternehmen seine *Tätigkeit im Wesentlichen für die Gebietskörperschaft oder die Gebietskörperschaften verrichtet, die seine Anteile innehaben.*[395]

Aufgrund dieser Parallelen zwischen den vom *EuGH* in der Rs. *Teckal*[396] aufgestellten Kriterien und den Voraussetzungen des Art. 13 SKR, stellt sich die Frage, ob sich eine Ausschreibungsfreiheit für die Auftragsvergabe an ein mit dem öffentlichen Auftraggeber verbundenes Unternehmen nicht durch eine analoge Anwendung von Art. 13 SKR auf die Vergabe von *Bau-* und *Lieferleistungen* bzw. die Auftragsvergabe durch *öffentliche Auftraggeber* begründen ließe.[397]

Zur Begründung einer ausschreibungsfreien Vergabe an mit dem öffentlichen Auftraggeber verbundene Auftragnehmer über Art. 13 SKR wäre eine Analogie in zweifacher Hinsicht erforderlich: Zum einen findet Art. 13 SKR nach seinen Wortlaut nur auf die Vergabe von *Dienstleistungen*[398] Anwendung, nicht aber auf die Vergabe von *Bau-* und *Lieferleistungen.* Zum anderen gilt Art. 13 SKR nur für *Sektorenauftraggeber*, nicht aber für die in den von der Rechtsprechung entschiedenen Fällen betroffenen *klassischen öffentlichen Auftraggeber* im Sinne der BKR, der DKR bzw. der LKR. Es ist daher zu prüfen, ob Art. 13 SKR über die Vergabe von *Dienstleistungen* hinaus – vorbehaltlich des Vorliegens der übrigen Voraussetzungen des Art. 13 SKR – auf die Vergabe von Aufträgen durch *klassische öffentliche Auftraggeber* (1. Analogie) bzw. die Vergabe von *Bau- und Lieferleistungen* (2. Analogie) anwendbar ist.[399]

---

395 *EuGH* Urteil vom 18.11.1999, Rs. C-107/98, (Teckal Srl/Gemeinde Viano, u.a.), Slg. I 1999, S. 8139 ff. Tz. 50

396 *EuGH*, Urteil vom 18.11.1999, Rs. C-107/98, (Teckal Srl/Gemeinde Viano, u.a.), Slg. I 1999, S. 8139 ff. Tz. 52

397 *Jasper*, Die Anwendung der neuen Vergabeverordnung in der Praxis, Tagungsband "Zweiter Düsseldorfer Vergaberechtstag am 28.06.2001", Ministerium für Wirtschaft und Mittelstand, Energie und Verkehr des Landes Nordrhein-Westfalen, S. 11 ff. (17)

398 *EuGH* Urteil vom 07.12.2000, Rs. C-94/99 (*ARGE* Gewässerschutz/Bundesministerium für Land- und Forstwirtschaft), Slg. I 2000, S. 11037 ff.; *BGH*, Beschluß vom 12.06.2001, Az: X ZB 10/01, BGHZ 148, S. 55 ff.

399 Genau genommen sind im Hinblick auf die möglichen Fallgestaltungen der In-House-Vergabe drei logisch denkbar Fälle der Analogie zu unterscheiden: Erstens die analoge Anwendung von Art. 13 SKR auf die Vergabe von Bau- und Lieferleistungen durch Sektorenauftraggeber. Zweitens die analoge Anwendung von Art. 13 SKR auf die Vergabe von Dienstleistungen durch öffentliche Auftraggeber, die nicht Sektorenauftraggeber sind. Drittens die (doppelt) analoge Anwendung von Art. 13 SKR auf die Vergabe von Bau- bzw. Lieferleistun-

1. Analoge Anwendung des Art. 13 SKR auf klassische öffentliche Auftraggeber

Die analoge Anwendung von Art. 13 SKR auf klassische öffentliche Auftraggeber (1. Analogie) setzt voraus, daß eine planwidrige Regelungslücke im Hinblick auf die Behandlung der Auftragsvergabe durch *klassische öffentliche Auftraggeber* vorliegt, und, daß die Interessenlage zwischen der Vergabe durch Sektorenauftraggeber als dem gesetzlich geregelten Fall mit der Vergabe durch klassische öffentliche Auftraggeber als dem nicht gesetzlich geregelten Fall vergleichbar ist.[400]

Eine Regelungslücke liegt vor, wenn es für die Vergabe von Bau- und Lieferleistungen durch öffentliche Auftraggeber, die keine Sektorenauftraggeber sind, keine Rechtsnorm gibt, die diesen Fall positiv oder negativ regelt.[401] Das ist zu bejahen, da eine entsprechende Ausnahmevorschrift in den übrigen Koordinierungsrichtlinien nicht besteht.[402]

Die Planwidrigkeit der Regelungslücke setzt voraus, daß eine Frage regelungsbedürftig ist und nicht angenommen werden kann, daß der Richtliniengeber diesen Fall bewußt ohne Rechtsfolge lassen wollte.[403] Dies ist aufgrund des Gesetzgebungsplans zu beantworten, der in historischer, systematischer und teleologischer Auslegung unter Berücksichtigung allgemeiner Rechtsprinzipien, insbesondere des Grundsatzes, daß Gleichartiges gleich zu behandeln ist, zu ermitteln ist.[404]

Die Planwidrigkeit könnte sich daraus ergeben, daß der Richtliniengeber die Notwendigkeit einer Art. 13 SKR entsprechenden Ausnahmevorschrift zur Zeit

---

gen (erste Analogie) durch öffentliche Auftraggeber, die nicht Sektorenauftraggeber sind (zweite Analogie).

[400] Vgl. zu den Voraussetzungen der Analogie § 4B.II, S. 129 ff.

[401] *Schmalz*, Methodenlehre, 4. Aufl. 1998, Rdnr. 383

[402] Ebenso wie bei Art. 6 DKR könnte argumentiert werden, daß es an einer Regelungslücke fehlt, weil die Vergabe von Bau- und Lieferleistungen durch Sektorenauftraggeber bzw. die Vergabe von Bau-, Liefer- oder Dienstleistungsaufträgen durch (klassische) öffentliche Auftraggeber an verbundene Unternehmen insofern als geregelt anzusehen ist, als diese Fälle mangels Vorliegen einer Ausnahmevorschrift dem Anwendungsbereich der SKR bzw. dem Anwendungsbereich der BKR, LKR bzw. DKR unterfallen, so daß an sich schon das Vorliegen einer Regelungslücke zu verneinen ist. Es ist jedoch zu prüfen, ob die Regelungslücke nicht in dem Fehlen einer Ausnahmevorschrift besteht. Vgl. zum methodischen Vorgehen FN 378.

[403] *Larenz/Canaris*, Methodenlehre der Rechtswissenschaft, 3. Aufl., S. 193; *Schmalz*, Methodenlehre, 4. Aufl. Rdnr. 386

[404] *Larenz/Canaris*, Methodenlehre der Rechtswissenschaft, 3. Aufl., S. 194 und 195

des Erlasses der BKR, LKR bzw. DKR nicht gesehen bzw. übersehen hat. Dies ist jedoch mit Blick auf die Entstehungsgeschichte der Koordinierungsrichtlinien abzulehnen. Art. 13 SKR war als Art. 11 a SKR bereits im Vorschlag der Kommission vom 06.11.1991 für eine Richtlinie des Rates zur Änderung der Richtlinie 90/531/EWG betreffend die Auftragsvergabe durch Auftraggeber im Bereich der Wasser-, Energie- und Verkehrsversorgung sowie im Telekommunikationssektor[405] enthalten. Zu diesem Zeitpunkt galt für Lieferleistungen die Richtlinie 88/295/EWG[406], für Bauleistungen die Richtlinie 89/440/EWG[407] und für die Vergabe von Bau- und Lieferleistungen (nicht Dienstleistungen) im Sektorenbereich die Richtlinie 90/531/EWG[408]. Parallel zum ersten Entwurf der SKR bis zu ihrer Verabschiedung war auch die DKR beraten und verabschiedet worden. Gleichzeitig wurden die Richtlinien für Bau-[409] und Lieferleistungen[410] überar-

[405] KOM (91) 347

[406] Richtlinie 88/295/EWG des Rates vom 22.03.1988 zur Änderung der Richtlinie 77/62/EWG über die Koordinierung der Verfahren zur Vergabe öffentlicher Lieferaufträge und zur Aufhebung einiger Bestimmungen der Richtlinie 80/767/EWG, AblEG 1988 Nr. L 127, S. 1 ff. vom 20.05.1988

[407] Richtlinie 89/440/EWG des Rates vom 18.07.1989 zur Änderung der Richtlinie 71/395/EWG über die Koordinierung der Verfahren zur Vergabe öffentlicher Bauaufträge, AblEG 1989, Nr. L 210, S. 1 ff. vom 21.07.1989

[408] Richtllinie 90/531/EWG des Rates vom 17.09.1990 über die Auftragsvergabe durch Auftraggeber im Bereich der Wasser-, Energie- und Verkehrsversorgungsunternehmen sowie im Telekommunikationssektor, AblEG 1990 Nr. L 297, S. 1 ff. vom 29.10.1990

[409] Vorschlag der Kommission vom 10.01.1992 für eine Richtlinie des Rates zur Kodifizierung der Richtlinie zur Koordinierung der Verfahren zur Vergabe öffentlicher Bauaufträge, AblEG 1992 Nr. C 46, S. 79 ff. vom 20.02.1992

Stellungnahme des Wirtschafts- und Sozialausschusses vom 25.03.1992 zu dem Vorschlag der Kommission vom 10.01.1992 für eine Richtlinie zur Koordinierung der Verfahren zur Vergabe öffentlicher Lieferaufträge, AblEG 1992, Nr. C 106 S. 11 ff. vom 27.04.1992

Erste Lesung des Europäischen Parlaments vom 08.04.1992 zu dem Vorschlag der Kommission vom 10.01.1992 für eine Richtlinie des Rates zur Kodifizierung der Richtlinie zur Koordinierung der Verfahren zur Vergabe öffentlicher Bauaufträge, AblEG 1992 Nr. C 125, S. 171 vom 18.05.1992

Geänderter Vorschlag der Kommission vom 28.07.1992 für eine Richtlinie des Rates zur Änderung der Richtlinie 71/305/EWG über die Koordinierung der Verfahren zur Vergabe öffentlicher Bauaufträge, AblEG 1992 Nr. C 225, S. 11 vom 01.09.1992

Stellungnahme des Wirtschafts- und Sozialausschusses vom 22.10.1992 zu dem Vorschlag der Kommission vom 28.07.1992 für eine Richtlinie des Rates zur Änderung der Richtlinie 71/305/EWG über die Koordinierung der Verfahren zur Vergabe öffentlicher Bauaufträge, AblEG 1992, Nr. C. 332, S. 71 ff. vom 16.12.1992

Zweite Lesung des Europäischen Parlaments vom 28.10.1992 zu dem Vorschlag der Kommission vom 28.07.1992 für eine Richtlinie des Rates zur Kodifizierung der Richtlinie zur Koordinierung der Verfahren zur Vergabe öffentlicher Bauaufträge, AblEG 1992 Nr. C 305, S. 73 ff. vom 23.11.1992

beitet. Sie wurden innerhalb von zwei Monaten, nämlich am 14.06.1993 (LKR) bzw. am 09.08.1993 (BKR), mit der SKR vom 14.06.1993 verabschiedet. Zum Zeitpunkt der Einführung von Art. 11 a SKR durch den Vorschlag der Kommission vom 06.11.1991 wäre es dem Richtliniengeber daher ein leichtes gewesen, eine ähnliche Regelung für die Vergabe von Bau- und Lieferleistungen durch *Sektorenauftraggeber* in die SKR bzw. für die Vergabe von Dienstleistungen und/oder Bau- oder Lieferleistungen durch *öffentlichen Auftraggeber* in die DKR, die LKR oder die BKR aufzunehmen.

Daß dies nicht geschehen ist, ergibt sich aus dem Sinn und Zweck des Art. 13 SKR. Dieser spricht daher ebenfalls gegen eine Planwidrigkeit. Mit der aktuellen Fassung der SKR sollten die bereits im Sektorenbereich bestehenden Regelungen für die Vergabe von Bau- und Lieferleistungen[411] unter Berücksichtigung der Besonderheiten von Dienstleistungen[412] auf die Vergabe von Dienstleis-

---

09.08.1993 Richtlinie 93/37/EWG des Rates vom 09.08.1993 über die Koordinierung der Verfahren zur Vergabe öffentlicher Bauaufträge, AblEG 1993 Nr. L 199, S. 54 ff. vom 09.08.1993

[410] Vorschlag der Kommission vom 08.09.1992 für eine Richtlinie des Rates zur Kodifizierung der Richtlinie zur Koordinierung der Verfahren zur Vergabe öffentlicher Lieferaufträge, KOM (92) 346

Vorschlag der Kommission vom 08.09.1992 für eine Richtlinie des Rates zur Kodifizierung der Richtlinie zur Koordinierung der Verfahren zur Vergabe öffentlicher Lieferaufträge, AblEG 1992 Nr. C 277, S. 1 ff. vom 26.10.1992

Erste Lesung des Europäischen Parlaments vom 10.02.1993 zu dem Vorschlag der Kommission vom 08.09.1992 für eine Richtlinie des Rates zur Kodifizierung der Richtlinie zur Koordinierung der Verfahren zur Vergabe öffentlicher Bauaufträge, AblEG 1993 Nr. C 72, S. 73 vom 15.03.1993

Stellungnahme des Wirtschafts- und Sozialausschusses vom 22.10.1992 zu dem Vorschlag der Kommission vom 08.09.1992 für eine Richtlinie des Rates zur Kodifizierung der Richtlinie zur Koordinierung der Verfahren zur Vergabe öffentlicher Lieferaufträge, AblEG 1992 Nr. C 332, S. 72 ff. vom 16.12.1992

Zweite Lesung des Europäischen Parlaments vom 26.05.1993 zu dem Vorschlag der Kommission vom 08.09.1992 für eine Richtlinie des Rates zur Kodifizierung der Richtlinie zur Koordinierung der Verfahren zur Vergabe öffentlicher Lieferaufträge, AblEG 1993 Nr. C 176, S. 73 ff. vom 28.06.1993

14.06.1993 Richtlinie 93/36/EWG des Rates vom 14.06.1993 über die Koordinierung der Verfahren zur Vergabe öffentlicher Lieferaufträge, AblEG 1993 Nr. L 199, S. 1 ff. vom 09.08.1993

[411] Richtllinie 90/531/EWG des Rates vom 17.09.1990 über die Auftragsvergabe durch Auftraggeber im Bereich der Wasser-, Energie- und Verkehrsversorgungsunternehmen sowie im Telekommunikationssektor (AblEG 1990 Nr. L 297, S. 1 ff. vom 29.10.1990)

[412] Begründungserwägung Nr. 6 des Vorschlags der Kommission vom 06.11.1991 für eine Richtlinie des Rates zur Änderung der Richtlinie 90/531/EWG betreffend die Auftragsvergabe durch Auftraggeber im Bereich der Wasser-, Energie- und Verkehrsversorgung sowie im Telekommunikationssektor, KOM (91) 347

tungsaufträgen ausgeweitet werden.[413] Ziel war es die Vorteile des Wettbewerbs (Transparenz, Nichtdiskriminierung, Kosteneinsparungspotentiale)[414] auch für die Vergabe von Dienstleistungen zu nutzen. In diesem Zusammenhang wurde auch Art. 13 SKR in die SKR aufgenommen. Der Zweck von Art. 13 SKR besteht daher zum einen in der Anerkennung der Organisationsstruktur der in den Sektoren tätigen Unternehmen, die häufig als verbundene Unternehmen (Konzerne) organisiert sind.[415] Zum anderen sollte den Besonderheiten von Dienstleistungen im Vergleich zu Bau- und Lieferleistungen für diese Konzerne Rechnung getragen werden, um die Wettbewerbsfähigkeit der Sektorenauftraggeber im internationalen Wettbewerb zu gewährleisten.[416]

> "Art. 11 a sieht den Ausschluß bestimmter Dienstleistungsaufträge vor, für die der Zuschlag an einen Dienstleistungserbringer ergeht, der mit dem Auftraggeber verbunden ist, oder an einen Dienstleistungserbringer, der mit einem Auftraggeber verbunden ist, welcher für die Ausübung einer in den Anwendungsbereich der Richtlinie fallenden Tätigkeiten an der Errichtung eines Gemeinschaftsunternehmens beteiligt ist.
>
> Dienstleistungsaufträge, die vom Anwendungsbereich ausgenommen sind, sind Aufträge, die einem verbundenen Unternehmen zugeschlagen werden, dessen Hauptfunktion darin besteht, zentraler Dienstleistungserbringer für die Unternehmensgruppe zu sein, der es angehört, und das seine Dienstleistungen nicht kommerziell auf dem Markt vertreibt. Auf diese Weise wird anerkannt, welche besondere Rolle bestimmte Dienstleistungstätigkeiten für die kommerzielle Überlegenheit und den Gemeinschaftscharakter von Unternehmen spielen. Gleichzeitig wird hierdurch die Unternehmensgruppe als reale Struktur, in deren Rahmen viele so-

---

[413] Begründungserwägung Nr. 5 des Vorschlags der Kommission vom 06.11.1991 für eine Richtlinie des Rates zur Änderung der Richtlinie 90/531/EWG betreffend die Auftragsvergabe durch Auftraggeber im Bereich der Wasser-, Energie- und Verkehrsversorgung sowie im Telekommunikationssektor, KOM (91) 347

[414] Begründungserwägung Nr. 1 des Vorschlags der Kommission vom 06.11.1991 für eine Richtlinie des Rates zur Änderung der Richtlinie 90/531/EWG betreffend die Auftragsvergabe durch Auftraggeber im Bereich der Wasser-, Energie- und Verkehrsversorgung sowie im Telekommunikationssektor, KOM (91) 347

Hintergrund dieser Überlegung war Mitteilung der Kommission: Eine Gemeinschaftsregelung für Beschaffungen in den ausgenommenen Sektoren: Wasser, Energie, Verkehr und Telekommunikation vom 11.10.1988 (KOM (88) 276), in der die Kommission den wirtschaftlichen Hintergrund der Auftragsvergabe in den Bereichen Wasser, Energie, Verkehr und Telekommunikation untersucht hat.

[415] Begründungserwägung Nr. 20 des Vorschlags der Kommission vom 06.11.1991 für eine Richtlinie des Rates zur Änderung der Richtlinie 90/531/EWG betreffend die Auftragsvergabe durch Auftraggeber im Bereich der Wasser-, Energie- und Verkehrsversorgung sowie im Telekommunikationssektor, KOM (91) 347

[416] Begründungserwägung Nr. 20 des Vorschlags der Kommission vom 06.11.1991 für eine Richtlinie des Rates zur Änderung der Richtlinie 90/531/EWG betreffend die Auftragsvergabe durch Auftraggeber im Bereich der Wasser-, Energie- und Verkehrsversorgung sowie im Telekommunikationssektor, KOM (91) 347

> wohl öffentliche als auch private Auftraggeber ihre Tätigkeiten ausüben, akzeptiert."[417]

Wie sich aus den Begründungserwägungen ergibt, weisen Dienstleistungen die Besonderheit auf, daß sie – anders als Warenlieferungen – den *Unternehmenscharakter* und den *Wettbewerbsvorteil* des Unternehmens ausmachen, weil sie auf das beauftragende Unternehmen zugeschnitten sind und *nur diesem* Unternehmen zur Verfügung stehen.[418] Dieser Wettbewerbsvorteil entfällt, sobald Dritte Zugang zu diesen Dienstleistungen erhalten. Dem leistungserbringenden Unternehmen ist es daher auch nicht gestattet, diese Leistung kommerziell zu vermarkten. In der Gesetzesbegründung zu Art. 13 SKR (bzw. Art. 11a des Entwurfs zur SKR) führt die Kommission hierzu aus:

> "Die Verfügbarkeit der Dienstleistungen bestimmt nämlich den Charakter der Unternehmensgruppe (gemeinsames Management, Personaleinstellung, Buchhaltung) und ihre Wettbewerbsfähigkeit (Know-how, zu dem die Gruppe Zugang hat und das sie anderen nur durch die Tätigkeiten der gesamten Gruppe zur Verfügung stellt). Diese besondere Merkmale rechtfertigen eine außergewöhnliche Behandlung. Nimmt hingegen ein mit der Gruppe verbundenes Unternehmen eine Dienstleistung in Anspruch, die frei vermarktet wird, so unterscheidet sich dieser Vorgang in keiner Weise von der Belieferung eines Unternehmens der Gruppe mit Waren. Der besondere Charakter und der Wettbewerbsvorteil der Unternehmensgruppe würden durch die Verpflichtung, sich Dienstleistungen oder Waren in einem offenen Wettbewerbsumfeld zu beschaffen, nicht beeinträchtigt."[419]

Art. 13 SKR sieht daher vor, daß das Unternehmen 80% seines Umsatzes mit der Leistungserbringung an das verbundene Unternehmen erzielen muß.

Daß es entscheidend auf die Besonderheit der Dienstleistung für die Wettbewerbsfähigkeit des Sektorenauftraggebers ankommt, folgt auch aus der systematischen Stellung dieser Regelung im Zusammenhang mit der Regelung über vertrauliche Informationen. Auch vertrauliche Informationen stehen nur dem beauftragenden Unternehmen zur Verfügung und machen daher dessen Wettbewerbs-

---

[417] Begründungserwägung Nr. 20 des Vorschlags der Kommission vom 06.11.1991 für eine Richtlinie des Rates zur Änderung der Richtlinie 90/531/EWG betreffend die Auftragsvergabe durch Auftraggeber im Bereich der Wasser-, Energie- und Verkehrsversorgung sowie im Telekommunikationssektor, KOM (91) 347

[418] Vgl. Begründungserwägung Nr. 5 des Vorschlags der Kommission vom 06.11.1991 für eine Richtlinie des Rates zur Änderung der Richtlinie 90/531/EWG betreffend die Auftragsvergabe durch Auftraggeber im Bereich der Wasser-, Energie- und Verkehrsversorgung sowie im Telekommunikationssektor, KOM (91) 347

[419] Vgl. Überschrift zu V. der Einleitung "Besondere Fragen, die sich in Bezug auf die Dienstleistungen in den vier Sektoren stellen" im Vorschlag der Kommission vom 06.11.1991 für eine Richtlinie des Rates zur Änderung der Richtlinie 90/531/EWG betreffend die Auftragsvergabe durch Auftraggeber im Bereich der Wasser-, Energie- und Verkehrsversorgung sowie im Telekommunikationssektor, KOM (91) 347

fähigkeit aus, weil sie Dritten nicht zugänglich sind. Art. 13 SKR schafft damit – ähnlich dem wettbewerbsrechtlichen Konzernprivileg – eine Privilegierung der Dienstleistungen sowie angestrebter Joint-Venture-Gründungen, deren Sinn und Zweck darin besteht, wettbewerbsvorteilhaftes internes Know-how in einer Gesellschaft zu bündeln.

Würde man allein auf den Zweck des Art. 13 SKR abstellen, die bestehenden realen Unternehmensstrukturen anzuerkennen, ließe sich eine Vergleichbarkeit der Interessenlage bei der Auftragsvergabe durch *Sektorenauftraggeber* und der Auftragsvergabe durch *Nicht-Sektorenauftraggeber* bejahen. Konzernrechtliche Unternehmensstrukturen finden sich angesichts der andauernden Privatisierungstendenzen und dem Rückgriff der öffentlichen Hand auf flexiblere, effizientere Rechtsformen des Privatrechts nämlich nicht nur im Sektorenbereich.[420]

Maßgeblicher Zweck des Art. 13 SKR ist es jedoch, die *Wettbewerbsfähigkeit der Sektorenauftraggeber* zu gewährleisten. Dieser Zweck ist auf die klassischen öffentlichen Auftraggeber nicht übertragbar, weil diese – anders als die Sektorenauftraggeber – nicht im Wettbewerb stehen. Anders als die klassischen öffentlichen Auftraggeber stehen Sektorenauftraggeber hinsichtlich der Wirtschaftsgüter, zu deren Produktion sie die Leistung des verbundenen (Tochter-) Unternehmens benötigen, im Wettbewerb sowohl auf europäischer als auch auf internationaler Ebene. Ausweislich der Gesetzesbegründung wurde daher auch der Begriff der Sektorenauftraggeber eingeführt[421], weil unabhängig davon, ob

> "... es sich nun um öffentliche oder private Auftraggeber handelt, alle unterscheiden sich von den eigentlichen Verwaltungsorganisationen, die durch die beste-

[420] Viele Bürgermeister sehen sich daher auch als Chef einer Holdinggesellschaft.

[421] Ausweislich der Gesetzesbegründung wurde der Begriff der Sektorenauftraggeber auch eingeführt, weil die Sektorentätigkeiten in den Mitgliedstaaten zum Teil "öffentlichen" Auftraggebern, zum Teil "privaten" Unternehmen zugewiesen sind. Daher konnte der öffentliche Auftraggeberbegriff nicht auf die in den Sektoren tätigen Unternehmen übertragen werden, vgl. Begründungserwägung Nr. 7 des Vorschlags der Kommission für eine Richtlinie des Rates betreffend die Auftragsvergabe im Bereich der Wasser-, Energie- und Verkehrsversorgung vom 11.10.1988, KOM (88) 377: "Wie schon dargelegt, wurde die Ausnahme der maßgeblichen Bereiche in erster Linie damit begründet, daß in manchen Staaten eine besondere Tätigkeit einem "öffentlichen Auftraggeber, dagegen in anderen einem "privaten" Auftraggeber oder auch beiden zugewiesen wurde. Überdies ist sogar der Begriff öffentlicher Auftraggeber entsprechend dem jeweiligen nationalen Regelungsrahmen höchst unterschiedlich. Daher würde jeglicher gemeinsame Ansatz zur Lösung des Problems, bei dem versucht wird, sich einfach auf eine Unterscheidung zwischen öffentlichen und privaten Auftragggebern zu stützen, von Anfang an auf enorme Schwierigkeiten stoßen und wäre voraussichtlich zum Scheitern verurteilt. Es muß ein Begriff entwickelt weren, der das Problem des Auftragswesens in einer Weise anspricht, die über die Unterscheidung zwischen öffentlich und privat hinausgeht und es ermöglicht, im wesentlichen gleiche Verhältnisse ungeachtet ihrer Unterschiede in der Rechtsform in gleicher Weise zu regeln."

henden Richtlinien erfaßt worden sind, dadurch, daß sie wirtschaftliche oder industrielle Zwecke verfolgen."[422]

Der Wettbewerb der Sektorenauftraggeber auf internationaler Ebene sorgt auch dafür, daß sie die Leistungen des verbundenen (Tochter-) Unternehmens nach wirtschaftlichen Gesichtspunkten beziehen. Demgegenüber fehlt es dem öffentlichen Auftraggeber an einem externen Kostendruck, da er die bezogene Leistung nicht zur Herstellung eines wettbewerbsfähigen Wirtschaftsgutes benötigt, sondern zur Deckung des endogen und exogen induzierten Bedarfs, der keinem Wettbewerbsdruck unterliegt. Der Leistungsbezug klassischer öffentlicher Auftraggeber vom mit ihnen verbundenen Unternehmen dient daher nicht der Steigerung der Wettbewerbsfähigkeit. Daher ist der Sinn und Zweck von Art. 13 SKR auch nicht auf die Auftragsvergabe von klassischen öffentlichen Auftraggebern übertragbar.

Der zur Ermittlung des Gesetzgebungsplans als allgemeines Rechtsprinzip heranzuziehende Grundsatz, daß gleichartige Sachverhalte gleich zu behandeln sind, bestätigt dieses Ergebnis. Der Umstand, daß Sektorenauftraggeber im Wettbewerb stehen, öffentliche Auftraggeber dagegen nicht, ist der sachliche Differenzierungsgrund für die durch Art. 13 SKR bewirkte Ungleichbehandlung dieser Auftraggeber hinsichtlich der Auftragsvergabe an verbundene Unternehmen.[423] Art. 13 SKR soll durch die Privilegierung des Bezugs von Dienstleistungen innerhalb des Konzerns die Wettbewerbsfähigkeit der Sektorenauftraggeber stärken.[424] Da klassische öffentliche Auftraggeber diesen Leistungsbezug nicht zur Vermarktung eines Produkts benötigen, hinsichtlich dessen sie im Wettbewerb stehen, bedürfen sie auch keiner Privilegierung. Die Ungleichbehandlung ist daher sachlich gerechtfertigt.

---

[422] Begründungserwägung Nr. 16 des Vorschlags der Kommission für eine Richtlinie des Rates betreffend die Auftragsvergabe im Bereich der Wasser-, Energie- und Verkehrsversorgung vom 11.10.1988, KOM (88) 377; Begründungserwägung Nr. 24 des Vorschlags der Kommission für eine Richtlinie des Rates über die Auftragsvergabe durch Unternehmen im Telekommunikationssektor vom 11.10.1988, KOM (88) 378

[423] Dementsprechend verweist die Kommission in ihrem Vorschlag für eine Richtlinie des Rates über die Koordinierung der Verfahren zur Vergabe öffentlicher Dienstleistungsaufträge vom 13.12.1990 (KOM (90) 372, abgedruckt als Bundesratsdrucksache13/91 vom 10.01.1991, darauf, daß es "wegen der besonderen Situation der Versorgungsunternehmen erforderlich werden" könnte, "andere Sondervorschriften vorzusehen, etwa bezüglich deren Eigenleistungen, Verträgen zwischen verbundenen Unternehmen, Schutz von Geschäftsgeheimnissesn und Konzessionen", was mit der Einführung von Art. 13 SKR dann auch geschehen ist.

[424] Begründungserwägung Nr. 20 des Vorschlags der Kommission vom 06.11.1991 für eine Richtlinie des Rates zur Änderung der Richtlinie 90/531/EWG betreffend die Auftragsvergabe durch Auftraggeber im Bereich der Wasser-, Energie- und Verkehrsversorgung sowie im Telekommunikationssektor, KOM (91) 347

Vor diesem Hintergrund ist eine analoge Anwendung des Art. 13 SKR auf klassische öffentliche Auftraggeber abzulehnen. Zum einen fehlt es schon an einer Planwidrigkeit der Regelungslücke der BKR, der LKR bzw. der DKR, da öffentliche Auftraggeber nicht im Wettbewerb stehen und ihre Wettbewerbsfähigkeit durch den ausschreibungsfreien Bezug von bestimmten die Wettbewerbsfähigkeit ausmachenden Dienstleistungen nicht gewährleistet werden muß. Aus diesem Grund fehlt es zum anderen auch an der Vergleichbarkeit der Interessenlage.

Dieses Ergebnis wird auch durch die aktuelle Reformgesetzgebung bestätigt. Im aktuellen Reformentwurf wurde Art. 13 SKR zwar unter Hinweis auf die Rechtsprechung des *EuGH* in der Rs. *Teckal* ausgeweitet, um die In-House-Vergabe im weiteren Sinne zu erfassen.[425] Jedoch wurde der Adressatenkreises des Art. 13 SKR nicht auf klassische öffentliche Auftraggeber ausgedehnt.[426] Auch

[425] Änderungsantrag 6, 26 und 27 des Berichts des Ausschusses für Recht und Binnenmarkt über den Vorschlag für eine Richtlinie des Europäischen Partlaments und des Rates über die Koordinierung der Auftragsvergabe durch Auftraggeber im Bereich der Wasser-, Energie- und Verkehrsversorgung (KOM (2000) 276), A5-0379/2001 vom 05.11.2001

[426] Zwar heißt es in den Erläuterungen zu Art. 26 SKR Reformentwurf: "Dieser Artikel wurde nicht geändert. Die Absätze 1 und 3 entsprechen dem geltenden Art. 13. Die Definition des verbundenen Unternehmens des Artikel 1 Absatz 3 der geltenden Richtlinie wurde zum besseren Verständnis in diesen neuen Artikel aufgenommen, da dieser Begriff nur im Zusammenhang mit Artikel 26 dieses Vorschlags gebraucht wird. Durch die Stelle, an der diese Ausnahme in der neuen Struktur aufscheint, wird jedoch klar, daß sie auf alle Auftraggeber anzuwenden ist, unabhängig von deren Rechtsstatus und ausgeübter Tätigkeit, jedoch nur im Zusammenhang mit Dienstleistungsaufträgen. Der Passus "auf *alle* Auftraggeber anzuwenden ist" ist im Kontext der Systematik der Richtlinie zu verstehen. Gemeint ist damit nicht etwa, daß diese Vorschrift auf alle Auftraggeber im Sinne von Sektorenauftraggebern und sonstigen öffentlichen Auftraggebern anzuwenden ist. Vielmehr differenziert der Reformentwurf zur SKR in seinem Kapitel II "Anwendungsbereich: Schwellenwerte und Ausnahmen" in Abschnitt 2 "Aufträge, die nicht unter die Richtlinie fallen oder für die besondere Regelungen gelten" zwischen zwei Unterabschnitten. Unterabschnitt 1: "Auf alle Auftraggeber und alle Auftragsarten anwendbare Ausnahmebestimmungen", Unterabschnitt 2: "Ausnahmebestimmungen, die auf *alle* Auftraggeber, jedoch nur für Dienstleistungsaufträge anwendbar sind," Unterabschnitt 3: "Ausnahmebestimmungen, die nur für *bestimmte* Auftraggeber anwendbar sind". Art. 26 SKR Reformentwurf steht im zweiten Unterabschnitt, d.h. er gilt für alle Auftraggeber jedoch nur für Dienstleistungen. Die mit Unterabschnitt 3 gemeinten "bestimmten" Auftraggeber sind, wie Art. 27 SKR Reformentwurf zeigt, bestimmte *Sektoren*auftraggeber, da Art. 27 SKR Reformentwurf Auftraggeber zur Beschaffung von Wasser nennt. "Alle" Auftraggeber im Sinne von Art. 26 SKR Reformentwurf meint damit entsprechend der Systematik Sektorenauftraggeber in *allen* Sektoren im Unterschied zu Sektorenauftraggebern aus *bestimmten* Sektoren.

Vgl. auch Änderungsantrag 6, 26 und 27 des Berichts des Ausschusses für Recht und Binnenmarkt über den Vorschlag für eine Richtlinie des Europäischen Partlaments und des Rates über die Koordinierung der Auftragsvergabe durch Auftraggeber im Bereich der Wasser-, Energie- und Verkehrsversorgung (KOM (2000) 276), A5-0379/2001 vom 05.11.2001 wurde Art. 13 SKR nicht in den Reformentwurf zur BKR, DKR und LKR übernommen. Die In-House-Vergabe im Bereich der klassischen öffentlichen Auftraggeber wurde vielmehr durch die Übernahme der Kriterien des *EuGH* in den Reformentwurf geregelt[427]. Dies belegt, daß Art. 13 SKR jedenfalls nicht analog auf klassische öffentliche Auftraggeber anwendbar ist.

2. Analoge Anwendung des Art. 13 SKR auf Bau- und/oder Lieferleistungen

Ebenso wie eine analoge Anwendung von Art. 13 SKR auf klassische öffentliche Auftraggeber ist auch eine analoge Anwendung von Art. 13 SKR auf Bau- und Lieferleistungen abzulehnen.

Vor dem Hintergrund des Sinn und Zwecks der Regelung des Art. 13 SKR ist der Gesetzgebungsplan der Koordinierungsrichtlinien hinsichtlich der Vergabe von *Bau-* und *Lieferleistungen* nicht unvollständig bzw. ist die Interessenlage nicht vergleichbar. Eine analoge Anwendung des Art. 13 SKR auf die Vergabe von *Bau-* und *Lieferleistungen* ist daher abzulehnen. Während *Dienstleistungen*, die nur dem im Wettbewerb stehenden Sektorenauftraggeber zur Verfügung stehen, dessen Wettbewerbsfähigkeit gewährleisten sollen, weil sie auf diesen zugeschnitten sind, ist dies für Bau- oder Lieferleistungen nicht der Fall. Dies folgt aus der Gesetzesbegründung.

> "...Zwischen der Dienstleistungserbringung innerhalb einer Unternehmensgruppe und der Warenlieferung kann ein erheblicher Unterschied bestehen. Die Verfügbarkeit von Dienstleistungen bestimmt nämlich den Charakter der Unternehmensgruppe (gemeinsames Management, Personaleinstellung, Buchhaltung) und ihre Wettbewerbsfähigkeit (Know-how, zu dem die Gruppe Zugang hat und das sie anderen nur durch die Tätigkeiten der gesamten Gruppe zur Verfügung stellt). Diese besonderen Merkmale rechtfertigen eine außergewöhnliche Behandlung.
>
> Nimmt hingegen ein mit der Gruppe verbundenes Unternehmen eine Dienstleistung in Anspruch, die frei vermarktet wird, so unterscheidet sich dieser Vorgang in keiner Weise von der Belieferung eines Unternehmens der Gruppe mit Waren. Der besondere Charakter und der Wettbewerbsvorteil der Unternehmensgruppe würden durch die Verpflichtung, sich Dienstleistungen oder Waren in einem offenen Wettbewerbsumfeld zu beschaffen, nicht beeinträchtigt."[428]

---

[427] Änderungsantrag 4, 38 und 40 des Berichts des Ausschusses für Recht und Binnenmarkt über den Vorschlag für eine Richtlinie des Europäischen Partlaments und des Rates über die Koordinierung der Verfahren zur Vergabe öffentlicher Lieferaurträge, Dienstleistungsaufträge und Bauaufträge (KOM (2000) 275), A5-0378/2001 vom 29.10.2001

[428] Begründungserwägung Nr. 22 des Vorschlags der Kommission vom 06.11.1991 für eine Richtlinie des Rates zur Änderung der Richtlinie 90/531/EWG betreffend die Auftragsvergabe durch Auftraggeber im Bereich der Wasser-, Energie- und Verkehrsversorgung sowie im Telekommunikationssektor, KOM (91) 347

Der historische Gesetzgeber hat aus diesem Grund bewußt Dienstleistungen anders behandeln wollen als Lieferleistungen. Nichts anderes kann für Bauleistungen gelten, die Lieferleistungen näher stehen als Dienstleistungen. Die Ungleichbehandlung von Bau- und Lieferleistungen im Verhältnis zu Dienstleistungen ist daher sachlich durch den besonderen Charakter der Dienstleistung für die Wettbewerbsfähigkeit des Unternehmens begründet.

Auch der Reformentwurf der Kommission für eine SKR[429] spricht gegen eine analoge Anwendung des Art. 13 SKR. Der Art. 13 SKR entsprechende Art. 26 des Reformentwurfs wurde in Kenntnis der Rechtsprechung des *EuGH*[430] zur In-House-Vergabe im weiteren Sinne nicht auf Bau- oder Lieferleistungen ausdehnt. Das bloße Schweigen des Gesetzes reicht für die Annahme einer Unvollständigkeit nicht aus. Vielmehr deutet die Kenntnis der Kommission von dem Urteil des *EuGH* in der Rs. *Teckal*[431] darauf hin, daß es sich um ein sog. "beredtes Schweigen" handelt. Ein solches liegt vor, wenn der Richtliniengeber eine Regelung in Kenntnis der Sach- und Rechtslage – wie im Fall der In-House-Vergabe – bewußt nicht in die Richtlinie aufnimmt.[432] Im Hinblick auf die In-House-Vergabe wäre es – wie auch von Wirtschafts- und Sozialausschuß in seiner Stellungnahme vom 26.04.2001 gefordert[433] – vielleicht rechtspolitisch wünschenswert, eine solche Regelung aufzunehmen. Vor dem bestehenden Regelungsplan sind die Koordinierungsrichtlinien jedoch nicht als unvollständig anzusehen.

Dementsprechend hat das Parlament vorgeschlagen, die Regelung des Art. 13 SKR bzw. Art. 26 des Reformentwurfs (Änderungsantrag 6 und 26), auf Bau- und Lieferleistungen auszudehnen. Gleichzeitig sollte die Umsatzgrenze auf

---

429 Vorschlag der Kommission vom 20.05.2000 für eine Richtlinie des Europäischen Parlaments und des Rates zur Koordinierung der Auftragsvergabe durch Auftraggeber im Bereich der Wasser-, Energie- und Verkehrsversorgung, COM (2000) 276

430 Die Kommission hat, wie sich aus der Stellungnahme des Wirtschafts- und Sozialausschusses zum Vorschlag der Kommission vom 10.05.2000 für eine Richtlinie des Europäischen Parlaments und des Rates über die Koordinierung der Verfahren zur Vergabe öffentlicher Lieferaufträge, Dienstleistungsaufträge und Bauaufträge, KOM (2000) 275, AblEG 2001 Nr. C 193, S. 6 ff (9), ergibt, bereits zu diesem Zeitpunkt den Entwurf einer Mitteilung zur In-House-Vergabe vorgelegt gehabt.

431 *EuGH,* Urteil vom 18.11.1999, Rs. C-107/98, (Teckal Srl/Gemeinde Viano, u.a.), Slg. I 1999, S. 8139 ff. Tz. 50

432 *Larenz/Canaris*, Methodenlehre der Rechtswissenschaft, 3. Aufl., S. 191

433 Stellungnahme des Wirtschafts- und Sozialausschusses zum Vorschlag der Kommission vom 10.05.2000 für eine Richtlinie des Europäischen Parlaments und des Rates über die Koordinierung der Verfahren zur Vergabe öffentlicher Lieferaufträge, Dienstleistungsaufträge und Bauaufträge, KOM (2000) 275, AblEG 2001 Nr. C 193, S. 6 ff (9)

50 % gesenkt werden.[434] Ausweislich der Gesetzesbegründung soll diese Änderung der Rechtsprechung des *EuGH* in der Rs. *Teckal*[435] Rechnung tragen.[436] Hieraus ließe sich schließen, daß eine derzeit bestehende Regelungslücke geschlossen werden soll. Dieser Schluß ist jedoch nicht zwingend. Sofern der Richtliniengeber mit dieser Änderung die In-House-Vergabe im Rahmen der SKR umfassend zu regeln beabsichtigt, würde dies den Gesetzeszweck des Art. 13 SKR vollständig verändern. Dann wäre nicht mehr die Erhaltung der Wettbewerbsfähigkeit der Konzerne Sinn und Zweck des Gesetzes, sondern allein die Regelung der In-House-Vergabe. Diese bezieht ihre Rechtfertigung jedoch daraus, daß der Wettbewerb durch die Beauftragung von mit dem öffentlichen Auftraggeber verbundenen Auftragnehmern nicht beeinträchtigt wird. Sie zielt – anders als der Gesetzeszweck des derzeit geltenden Art. 13 SKR – aber nicht darauf ab, die Wettbewerbsfähigkeit der klassischen öffentlichen Auftraggeber zu stärken. Art. 26 des Entwurfs würde im Vergleich zu Art. 13 SKR damit einen vollkommen neuen Regelungszweck erhalten. Das würde jedoch bedeuten, daß der Neuregelung ein neuer Regelungsplan zugrundeliegt. Das Vorliegen einer Lücke der derzeitigen Regelung ist jedoch anhand des Regelungsplans der aktuellen Richtlinie zu bestimmen, wonach gerade keine Regelungslücke anzunehmen ist.[437]

---

[434] Änderungsantrag 38 des Berichts des Ausschusses für Recht und Binnenmarkt über den Vorschlag für eine Richtlinie des Europäischen Partlaments und des Rates über die Koordinierung der Auftragsvergabe durch Auftraggeber im Bereich der Wasser-, Energie- und Verkehrsversorgung (KOM (2000) 276), A5-0379/2001 vom 05.11.2001

[435] *EuGH,* Urteil vom 18.11.1999, Rs. C-107/98, (Teckal Srl/Gemeinde Viano, u.a.), Slg. I 1999, S. 8139 ff. Tz. 50

[436] Änderungsantrag 6 und 27 des Berichts des Ausschusses für Recht und Binnenmarkt über den Vorschlag für eine Richtlinie des Europäischen Partlaments und des Rates über die Koordinierung der Auftragsvergabe durch Auftraggeber im Bereich der Wasser-, Energie- und Verkehrsversorgung (KOM (2000) 276), A5-0379/2001 vom 05.11.2001

[437] Zum gleichen Ergebnis gelangt man mit *Larenz/Canaris,* wonach als Voraussetzung für eine eine Analogie eine "offene" Lücke im Unterschied zu einer "verdeckten" Lücke fordert (*Larenz/Canaris,* Methodenlehre der Rechtswissenschaft, 3. Aufl., S. 198). Eine offene Lücke (S. 198) liegt vor, "..wenn wenn das Gesetz für eine bestimmte Fallgruppe keine Regel enthält, die auf sie anwendbar wäre, obgleich es nach seiner eigenen Teleologie eine solche Regel enthalten sollte." Eine verdeckte Lücke ist gegeben, "wenn das Gesetz zwar eine auch auf Fälle solcher Art anwendbare Regel enthält, diese aber ihrem Sinn und Zweck nach hier nicht paßt, weil sie die für die Wertung gerade dieser Fälle relevante Beonderheit derselben außer acht läßt. Die Lücke besteht hier in dem Fehlen einer Einschränkung. Sie ist deshalb verdeckt, weil es, wenigstens für den ersten Blick, an einer hier anwenbaren Regel nicht fehlt." Da die Fälle der In-House-Vergabe im weiteren Sinne an sich dem Anwendungsbereich der Koordinierungsrichtlinien unterliegen, enthält das Gesetz eine Regel für diese Fälle, so daß es an einer für eine Analogie erforderlichen offenen Lücke fehlt. Dies wird dadurch bestätigt, daß sich der Sinn und Zweck der Ausnahmevorschrift des Art. 13 SKR nicht auf die Auftragsvergabe von Bau- und Lieferleistungen durch klassische öffentliche Auftraggeber übertragen

Im Ergebnis ist eine analoge Anwendung von Art. 13 SKR auf Bau- und Lieferleistungen daher abzulehnen.

IV. Zusammenfassung

Zusammenfassend ist daher festzuhalten, daß zur Begründung der In-House-Vergabe weder eine analoge Anwendung der Ausnahmevorschrift des Art. 6 DKR noch eine (doppelt) analoge Anwendung der Ausnahmevorschrift des Art. 13 SKR in Betracht kommt.

Dem steht der Charakter der Vorschriften als Ausnahmevorschriften nicht grundsätzlich entgegen, da die analoge Anwendung zur Begründung einer weiteren Ausnahme von dem Grundsatz der Ausschreibungspflicht bei formaler Personenverschiedenheit dient. Insoweit wäre daher eine analoge Anwendung einer Ausnahmevorschrift rechtsmethodisch vertretbar.

Art. 6 DKR ist jedoch deshalb nicht analog auf die Vergabe von *Bau-* und *Lieferleistungen* anwendbar, weil Art. 6 DKR seine Rechtfertigung daraus ableitet, daß in denjenigen Fällen, in denen dem Auftragnehmer ein (absolutes) Ausschließlichkeitsrecht zur Erbringung der zu vergebenden Dienstleistung zusteht, dieses Ausschließlichkeitsrecht einen Wettbewerb gerade verbietet. In den für die In-House-Vergabe im weiteren Sinne relevanten Sachverhalten wird der Auftragnehmer jedoch regelmäßig ein solches Ausschließlichkeitsrecht nicht inne haben, so daß der Sinn und Zweck des Art. 6 DKR nicht auf die In-House-Vergabe im weiteren Sinne übertragbar ist.

Auch eine Begründung der In-House-Vergabe im weiteren Sinne durch eine analoge Anwendung von Art. 13 SKR ist abzulehnen. Art. 13 SKR ist

- weder auf die Vergabe von *Bau-* oder *Lieferleistungen* an verbundene Unternehmen durch Sektorenauftraggeber bzw. öffentliche Auftraggeber, die nicht Sektorenauftraggeber sind,
- noch auf die Vergabe von *Dienstleistungen durch öffentliche Auftraggeber, die nicht Sektorenauftraggeber sind*,

analog anwendbar.

läßt. Vielmehr liegt der Fall einer verdeckten Lücke vor, da die Koordinierungsrichtlinien eine auf die Fälle der In-House-Vergabe im weiteren Sinne anwendbare Regel enthalten, wobei noch zu prüfen wäre, ob diese ihrem Sinn und Zweck nach nicht paßt, weil sie für die Wertung dieser Fälle relevante Besonderheit der In-House-Vergabe im weiteren Sinne außer acht läßt, vgl. hierzu § 5, S. 190 ff.

Sinn und Zweck des Art. 13 SKR ist es, die Wettbewerbsfähigkeit der Sektorenauftraggeber auf zweierlei Weise zu stärken. Zum einen soll die Beauftragung von Tochterunternehmen, die bestimmte die Konkurrenzfähigkeit des Sektorenauftraggebers stärkende Dienstleistungen, erbringen ausschreibungsfrei erfolgen können. Zum anderen soll dadurch, daß diese Dienstleistung nur dem Auftraggeber zur Verfügung gestellt werden darf, ein Mißbrauch dieser Ausnahme verhindert und zugleich der dadurch geschaffene Wettbewerbsvorteil abgesichert werden. Anders als Dienstleistungen sind Bau- und Lieferleistungen austauschbare von beliebigen Dritten erbringbare Leistungen, die am Markt beschafft werden können. Sie sind nicht auf den Sektorenauftraggeber zugeschnitten und es kommt ihnen daher auch kein die Wettbewerbsfähigkeit des Leistungsempfängers fördernder Charakter zu. Sinn und Zweck des Art. 13 SKR können daher nicht auf den Bezug von Bau- und Lieferleistungen übertragen werden. Aber auch eine analoge Anwendung von Art. 13 SKR auf öffentliche Auftraggeber scheidet aus. Öffentliche Auftraggeber sind – anders als Sektorenauftraggeber, die hinsichtlich der unter Inanspruchnahme dieser Dienstleistung produzierten Güter mit anderen Produzenten dieses Gutes im Wettbewerb stehen – einem solchen Wettbewerb nicht ausgesetzt. Mit der ausschreibungsfreien Beschaffung einer Leistung durch einen klassischen öffentlichen Auftraggeber kann daher dessen Wettbewerbsfähigkeit auch nicht erhalten und verbessert werden. Insofern kann die analoge Anwendung von Art. 13 SKR daher nicht zur Begründung einer Ausschreibungspflicht der In-House-Vergabe im weiteren Sinne herangezogen werden.

C. Begründung der ausschreibungsfreien Auftragserteilung an mit dem öffentlichen Auftraggeber verbundene Auftragnehmer im Wege einer funktionalen Betrachtungsweise

Die überwiegende Literatur und die Rechtsprechung halten – anders als die formale Betrachtungsweise – die In-House-Vergabe im weiteren Sinne auch über die in den Ausnahmevorschriften des Art. 6 DKR bzw. Art. 13 SKR geregelten Fälle hinaus für zulässig. Dogmatisch begründet wird die Ausschreibungsfreiheit der In-House-Vergabe im weiteren Sinne mit Hilfe des sog. *funktionalen Auftragsbegriffs*[438]. Danach fällt die Vergabe von Bau-, Liefer- oder Dienstleis-

[438] Bei genauer Betrachtung handelt es sich dabei – wie noch zu zeigen sein wird (vgl. § 4C.II., S. 159 ff.) – nicht um ein funktionales Verständnis des öffentlichen Auftrags, sondern um eine funktionale Betrachtung des Auftraggebers bzw. des Staates, da es im Kern um die Frage geht, ob der Auftragnehmer funktional betrachtet noch der Sphäre des Auftraggeber zuzurechnen ist mit der Folge, daß sich der Leistungsbezug aufgrund der funktionlalen Perso-

tungen an Leistungserbringer, die mit dem öffentlichen Auftraggeber verbunden sind, dann nicht in den Anwendungsbereich der Koordinierungsrichtlinien, wenn der Leistungserbringer funktional betrachtet eine dem öffentlichen Auftraggeber zuzurechnende Stelle darstellt. In diesem Fall stelle sich die Leistungsbeziehung aufgrund der *funktionalen* Personenidentität zwischen öffentlichem Auftraggeber und der leistungserbringenden Stelle als ausschreibungsfreie staatliche Eigenleistung im Gegensatz zu einer Beschaffung der Leistung am Markt dar.

Um die dogmatische Begründung dieser Ansicht sowie die auf dieser Grundlage vertretenen verschiedenen Kriterien der In-House-Vergabe umfassend würdigen zu können, soll nachfolgend zunächst die historische Entwicklung dieses Lösungsansatzes skizziert werden (vgl. § 4C.I.) bevor anschließend die dogmatische Begründung (vgl. § 4C.II.) und die für die In-House-Vergabe vorgeschlagenen Kriterien (vgl. § 4C.III.) analysiert werden. Die historische Vorgehensweise bietet sich vor allem deshalb an, weil sowohl die dogmatische Begründung dieses Lösungsansatzes als auch die von den verschiedenen Vertretern dieser Ansicht entwickelten Kriterien für eine In-House-Vergabe im weiteren Sinne durch ihre historische Entwicklung geprägt sind. In dieser Entwicklung stellt die Entscheidung des *EuGH* in der Rs. *Teckal* die entscheidende zeitliche Zäsur dar. Bis zu dieser Entscheidung wurden die argumentativen Grundlagen sowohl für die dogmatische Begründung dieses Lösungsansatzes als auch für die Kriterien der In-House-Vergabe von den Generalanwälten des *EuGH* erarbeitet. Nach der Entscheidung des *EuGH* ist die Entwicklung im wesentlichen durch die in der Literatur einsetzende Diskussion um die Auslegung der vom *EuGH* aufgestellten Kriterien der In-House-Vergabe geprägt, die argumentativ an die von den Generalanwälten entwickelten Lösungsansätze anknüpft.

I. Die Entwicklung der funktionalen Betrachtungsweise

1. Die Schlußanträge des Generalanwalts *Antonio La Pergola* in der Rs. *Gemeente Arnhem und Rheden*

Die Auffassung, daß die Beauftragung einer mit dem öffentlichen Auftraggeber verbundenen Körperschaft (In-House-Vergabe im weiteren Sinne), auch ohne Eingreifen einer Ausnahmevorschrift, nicht in den Anwendungsbereich der Ko-

---

nenidentität zwischen öffentlichem Auftraggeber und Auftragnehmer als *eigene* Leistung des Auftraggebers darstellt und sich damit die Leistungserbringung im Binnenbereich staatlicher Organisation abspielt.

ordinierungsrichtlinien fällt, hat ihren Ursprung in den Schlußanträgen des Generalanwalts *La Pergola* in der Rs. *Gemeente Arnhem und Rheden.*[439]

Die niederländischen Gemeinden Arnhem und Rheden hatten mit der von ihnen gemeinsam gegründeten Aktiengesellschaft (ARA)[440] eine Rahmenvereinbarung geschlossen, wonach die Gemeinden bestimmte im Abfallgesetz vorgesehene Aufgaben ausschließlich der ARA übertragen würden. Zu diesem Zweck erteilte jede der Gemeinden der ARA eine Konzession, übertrug dieser die Aufgabenwahrnehmung und beauftragte nachfolgend die ARA mit der Müllentsorgung in den jeweiligen Gemeindegebieten. Da die Gemeinden der Auffassung waren, daß die ARA öffentlicher Auftraggeber im Sinne des Art. 1 lit. b) DKR sei und die übrigen Voraussetzungen der Ausnahmevorschrift des Art. 6 DKR gegeben seien, wurde die Beauftragung nicht ausgeschrieben. Zentraler Gegenstand der Vorlagefrage war die für die Anwendbarkeit von Art. 6 DKR entscheidende Eigenschaft der ARA als öffentlicher Auftraggeber.[441] Der *EuGH* präzisierte daher lediglich die Voraussetzungen, die nach Art. 1 lit. b) DKR an die Eigenschaft als öffentlicher Auftraggeber zu stellen sind.[442]

Demgegenüber war Generalanwalt *La Pergola* der Auffassung, daß die DKR schon von vornherein nicht auf das Vertragsverhältnis zwischen den Gemeinden

---

439 Schlußanträge des Generalanwalts *Antonio La Pergola* vom 19.02.1998, Rs. C-360/96 (BFI Holding/Gemeente Arnhem und Rheden), Slg. I 1998, S. 6821 ff.

440 Artikel 2 der Satzung der ARA beschreibt den Gesellschaftszweck der ARA als "a) die Vornahme aller Handlungen auf wirtchaftlichem Gebiet, die darauf gerichtet sind, Abfälle - wie z.B. Hausmüll, Industriemüll und die verschiedenen Sorten dieses Mülls - auf effiziente, wirksame und umweltverträgliche Weise abzuholen (und wenn möglich wiederzuverwerten), sowie die Ausübung von Tätigkeiten auf dem Gebiet der Reinigung von Straßen und Kanälen, der Ungezieferbekämpfung und der Desinfektion, b) die (Mit-) Gründung von, die Zusammenarbeit mit, die Beteiligung an, die (Mit-) Leitung von und die Beaufsichtigung von sowie die Übernahme und Finanzierung von anderen Unternehmen, deren Tätigkeiten irgendeinen Bezug zu den unter a) beschriebenen Tätigkeiten hat, c) die Vornahme aller Handlungen auf wirtschaftlichem Gebiet, die mit den oben genannten Tätigkeiten zusammenhängen oder ihnen förderlich sein können (sofern dadurch im Allgemeininteresse liegende Aufgaben erfüllt werden)", vgl. *EuGH* Urteil vom 10.11.1998, Rs. C 360/96 (BFI Holding/Gemeente Arnhem und Rheden), Slg. I 1998, S. 6846 ff. (Tz. 9).

441 a. A. *Bechthold*, Kartellgesetz - Gesetz gegen Wettbewerbsbeschränkungen, Kommentar, 2. Aufl. 1999, § 100, Rdnr. 12, der diese Entscheidung zur Begründung dafür heranzieht, daß für die Anwendbarkeit der Ausnahmevorschrift des Art. 6 DKR auch ein relatives Ausschließlichkeitsrecht ausreichend sei und daher die ausschreibungsfreie Auftragsvergabe an kommunale Eigengesellschaften als Inhaber solcher Rechte auf Art. 6 DKR gestützt werden könne, vgl. § 3C.I.2, S. 94 ff., insb. FN 275 und 280.

442 *EuGH* Urteil vom 10.11.1998, Rs. C-360/96 (BFI Holding/Gemeente Arnhem und Rheden), Slg. I 1998, S. 6846 ff. (Tz. 36, 53, 58, 63)

und der ARA anzuwenden sei.[443] Nach der Auffassung des Generalanwalts sei die DKR schon deshalb nicht auf die Rechtsbeziehungen zwischen den Gemeinden und der ARA anzuwenden, weil die von den Gemeinden gewählte Organisation von dem Willen getragen gewesen sei, die betreffenden Dienste zusammenzulegen und in der Gemeindezuständigkeit zu behalten. Sie sollten gerade nicht an einen Dritten übertragen werden. Dieser Wille komme durch die Gesellschafts- und Finanzierungsstruktur der ARA zum Ausdruck. So sehe die Gesellschaftssatzung der ARA vor, daß nur die Gesellschaft selbst, juristische Personen des öffentlichen Rechts oder Gesellschaften, deren Anteile zu mindestens 90% von diesen juristischen Personen gehalten werden, Aktionäre der ARA sein dürfen.[444] Dementsprechend seien die beiden Gemeinden die einzigen Gesellschafter der ARA und bestimmten damit über die Zusammensetzung der Leitungsorgane. Die gewählte Finanzierungsstruktur[445] sehe vor, daß die Gemeinden der ARA entsprechend der von dieser bestimmten Entwicklung der Tätigkeit Haushaltsmittel zur Verfügung zu stellen hätten. Dies bewirke, daß das wirtschaftliche Überleben der ARA nicht vom Umfang der Tätigkeit, sondern von der Zuweisung von Haushaltsmitteln abhänge.[446] Damit sei die ARA trotz ihrer rechtlichen Form als Kapitalgesellschaft in die Organisationsstruktur der Gemeinde eingegliedert.[447] Es fehle der ARA daher gegenüber den Gemeinden an der für einen öffentlichen Auftrag im Sinne des Art. 1 lit. a) DKR erforderlichen "*Drittstellung*"[448] und damit an der "*wesenhaften Eigenständigkeit*"[449]. Dies habe zur Folge, daß es sich bei der Beauftragung der ARA um eine Form "*zwischenorganschaftlicher Delegation*" handele, "*die den Verwaltungsbereich der*

---

[443] Schlußanträge des Generalanwalts *Antonio La Pergola* vom 19.02.1998, Rs. C-360/96 (BFI Holding/Gemeente Arnhem und Rheden), Slg. I 1998, S. 6821 ff. (Tz. 39). Die Vorlagefrage erörterte der Generalanwalt daher nur hilfsweise.

[444] *EuGH* Urteil vom 10.11.1998, Rs. C-360/96 (BFI Holding/Gemeente Arnhem und Rheden), Slg. I 1998, S. 6846 ff. (Tz. 10)

[445] Die vertraglichen Vereinbarungen sahen vor, daß die Gemeinden in ihren Haushaltsplänen auf der Grundlage der von der ARA an die Gemeinden übermittelten Informationen über die Entwicklung der Abfallbeseitigung vierteljährliche Vorauszahlungen an die ARA vorzusehen hätten, die am Ende eines jeden Haushaltsjahres auf der Grundlage monatlicher von der ARA erstellter Abrechnungen verrechnet wurden, Schlußanträge des Generalanwalts *Antonio La Pergola* vom 19.02.1998, Rs. C-360/96 (BFI Holding/Gemeente Arnhem und Rheden), Slg. I 1998, S. 6821 ff. (Tz. 7 und 8).

[446] Schlußanträge des Generalanwalts *Antonio La Pergola* vom 19.02.1998, Rs. C-360/96 (BFI Holding/Gemeente Arnhem und Rheden), Slg. I 1998, S. 6821 ff. (Tz. 35)

[447] Schlußanträge des Generalanwalts *Antonio La Pergola* vom 19.02.1998, Rs. C-360/96 (BFI Holding/Gemeente Arnhem und Rheden), Slg. I 1998, S. 6821 ff. (Tz. 36)

[448] Schlußanträge des Generalanwalts *Antonio La Pergola* vom 19.02.1998, Rs. C-360/96 (BFI Holding/Gemeente Arnhem und Rheden), Slg. I 1998, S. 6821 ff. (Tz. 38)

[449] Schlußanträge des Generalanwalts *Antonio La Pergola* vom 19.02.1998, Rs. C-360/96 (BFI Holding/Gemeente Arnhem und Rheden), Slg. I 1998, S. 6821 ff. (Tz. 38)

Gemeinden" nicht verlasse.[450] Nicht jede Form der Verwaltungsorganisation auf vertraglicher Grundlage werde von den Koordinierungsrichtlinien erfaßt. Dies zeige der Vergleich mit der vertraglichen Gewährung einer Dienstleistungskonzession[451], die nicht dem Anwendungsbereich der DKR unterliege[452]. Zum andere ergebe sich dies auch aus Art. 6 DKR. Wenn nämlich Art. 6 DKR schon eine Ausnahme für wirkliche Dienstleistungsverträge vorsehe, müsse dies erst recht für Organisationsformen gelten, die den Verwaltungsbereich nicht verließen.[453]

2. Die Schlußanträge des Generalanwalts *Siegbert Alber* in der Rs. *RI.San*

Den Ansatz von Generalanwalt *La Pergola* griff Generalanwalt *Alber* in der Rs. *RI.San* auf und entwickelte ihn fort.

In diesem Fall hatte die Gemeinde Ischia zusammen mit der GEPI SpA, einer staatlichen Finanzgesellschaft, durch Gemeinderatsbeschluß vom 06.07.1996 die Ischia Ambiente SpA gegründet. Die Gemeinde Ischia war mit 51%, die GEPI SpA mit 49% des Aktienkapitals beteiligt. Mit Gemeinderatsbeschluß vom 07.11.1996 wurde die Ischia Ambiente SpA durch die Gewährung einer Dienstleistungskonzession mit der Entsorgung der Siedlungsabfälle im Gemeindegebiet Ischia beauftragt.

Auf die Vorlagefrage des nationalen Gericht, ob Art. 55 EG so auszulegen sei, daß er es einer Gemeinde erlaube, ohne vorherige Ausschreibung eine Finanzierungsgesellschaft als Mitgesellschafter einer Gesellschaft auszuwählen, deren Aufgabe der Betrieb der Müllabfuhr ist[454], ging der *EuGH* nicht weiter ein. Nach

---

[450] Schlußanträge des Generalanwalts *Antonio La Pergola* vom 19.02.1998, Rs. C-360/96 (BFI Holding/Gemeente Arnhem und Rheden), Slg. I 1998, S. 6821 ff. (Tz. 38)

[451] Schlußanträge des Generalanwalts *Antonio La Pergola* vom 19.02.1998, Rs. C-360/96 (BFI Holding/Gemeente Arnhem und Rheden), Slg. I 1998, S. 6821 ff. (Tz. 37)

[452] Für Dienstleistungskonzessionen ergibt sich dies aus der Historie der DKR, wonach diese im urpsrünglichen Entwurf der DKR vom Anwendungsbereich umfaßt sein sollten, die Kommission diese jedoch nachträglich wieder herausgenommen hatte und zur Klarstellung die 8. Begründungserwägung in die DKR aufgenommen hat. Diese Auffassung wurde zwischenzeitlich vom *EuGH* in der Rs. Telaustria (EuGH, Urteil vom 07.12.2000, Rs. C-324/98 (Telaustria Verlags GmbH, Telefonadress GmbH/Telekom Austria AG), Slg. I 2000, S. 10770 ff.) bestätigt.

[453] Schlußanträge des Generalanwalts *Antonio La Pergola* vom 19.02.1998, Rs. C-360/96 (BFI Holding/Gemeente Arnhem und Rheden), Slg. I 1998, S. 6821 ff. (Tz. 37)

[454] Zwar unterliegt die Vergabe von Dienstleistungskonzessionen nicht dem Anwendungsbereich der DKR. Es ist jedoch nicht ausgeschlossen, daß sich aus der Geltung der Grundfreiheiten – hier der Dienstleistungsfreiheit des Art. 49 EG – eine Ausschreibungspflicht ergibt, vgl. *EuGH*, Urteil vom 09.09.1999, Rs. C-108/98 (RI.San. Srl/Commune di Ischia u.a.), Slg. I

Auffassung des *EuGH* fehlte es bereits an einem für die Anwendbarkeit des Art. 55 EG erforderlichen grenzüberschreitenden Element.[455]

Demgegenüber nahm Generalanwalt *Alber* über die Vorlagefrage hinaus Stellung.[456] Seiner Meinung nach könne ein ausschreibungsfreier In-House-Dienst angenommen werden, wenn die Gemeinde und die Ischia Ambiente SpA Teile derselben öffentlichen Verwaltung seien. In diesem Fall fehle es bereits an einem Auftragsverhältnis im Sinne der DKR.[457] Allein der Umstand, daß es sich bei der Ischia Ambiente SpA um eine Aktiengesellschaft handele, schließe die Einordnung der Gesellschaft als Teil der öffentlichen Verwaltung nicht aus.[458] Vielmehr sei – wie bei der Auslegung des Begriffs des öffentlichen Auftraggebers durch den *EuGH* – eine "*funktionelle Betrachtungsweise*"[459] geboten. Danach sei entscheidend, welchen Einfluß die öffentliche Verwaltung auf die Gesellschaft habe. Dies sei anhand der finanziellen Verflechtung zwischen öffentlichem Auftraggeber und Auftragnehmer zu beurteilen. Anders als nach der Ansicht von Generalanwalt *La Pergola* in der Rs. *Gemeente Arnhem und Rheden*[460] sei jedoch über die funktionale Zuordnung des Auftragnehmers zur öffentlichen Verwaltung hinaus erforderlich, daß die Beauftragung dem Zweck einer "*interorganischen Aufgabenübertragung*"[461] diene. Dies sei z.B. dann der Fall, wenn die weitere Tätigkeit der Ischia Ambiente SpA von der Bereitstellung weiterer Haushaltsmittel durch die Gemeinde abhänge oder die Festsetzung der Gebühren für die Abfuhr der Siedlungsabfälle durch die Gemeinde vorgenommen würde.[462] Ob diese Voraussetzungen erfüllt seien, bestimme sich nach den natio-

---

1999, S. 5238 ff. (Tz. 20); Mitteilung der Kommission zu Auslegungsfragen im Konzessionsbereich vom 12.04.2000, NZBau 2000, S. 413 ff. (3.1).

[455] *EuGH* Urteil vom 09.09.1999, Rs. C-108/98 (RI.San. Srl/Commune di Ischia u.a.), Slg. I 1999, S. 5238 ff. (Tz. 18, 21 und 22)

[456] Schlußanträge des Generalanwalts *Siegbert Alber* vom 18.03.1999, Rs. C-108/98 (RI.San. Srl/Commune di Ischia u.a.), Slg. I 1999, S. 5221 ff. (Tz. 46)

[457] Schlußanträge des Generalanwalts *Siegbert Alber* vom 18.03.1999, Rs. C-108/98 (RI.San. Srl/Commune di Ischia u.a.), Slg. I 1999, S. 5221 ff. (Tz. 49)

[458] Schlußanträge des Generalanwalts *Siegbert Alber* vom 18.03.1999, Rs. C-108/98 (RI.San. Srl/Commune di Ischia u.a.), Slg. I 1999, S. 5221 ff. (Tz. 52)

[459] Schlußanträge des Generalanwalts *Siegbert Alber* vom 18.03.1999, Rs. C-108/98 (RI.San. Srl/Commune di Ischia u.a.), Slg. I 1999, S. 5221 ff. (Tz. 52, einschließlich FN 20)

[460] Schlußanträge des Generalanwalts *Antonio La Pergola* vom 19.02.1998, Rs. C-360/96 (BFI Holding/Gemeente Arnhem und Rheden), Slg. I 1998, S. 6821 ff.; vgl. § 4C.I.1, S. 148 ff.

[461] Schlußanträge des Generalanwalts *Siegbert Alber* vom 18.03.1999, Rs. C-108/98 (RI.San. Srl/Commune di Ischia u.a.), Slg. I 1999, S. 5221 ff. (Tz. 54)

[462] Schlußanträge des Generalanwalts *Siegbert Alber* vom 18.03.1999, Rs. C-108/98 (RI.San. Srl/Commune di Ischia u.a.), Slg. I 1999, S. 5221 ff. (Tz. 54)

nalen Rechtsvorschriften, so daß deren Feststellung aufgrund der Kompetenzverteilung zwischen den nationalen Gerichten und dem *EuGH*[463] dem nationalen Gericht obliege.[464]

Die erforderliche finanzielle Verflechtung sah Generalanwalt *Alber* in der Rs. *RI.San* als gegeben an, weil die Gemeinde Ischia mit 51% an der Ischia Ambiente SpA beteiligt war.[465] Die 49 %ige Beteiligung der GEPI SpA an der Ischia Ambiente SpA rechtfertige keine andere Beurteilung, da die GEPI SpA selbst zu 100% im Eigentum des italienischen Staates stehe. Damit sei der italienische Staat an der Ischia Ambiente SpA beteiligt. Die Ischia Ambiente SpA stehe daher unter der Kontrolle öffentlicher Stellen, so daß es gerechtfertigt sei, die Ischia Ambiente SpA funktionell als Teil des Staates anzusehen.[466] Für die Frage, ob die Beauftragung auch dem zusätzlichen Erfordernis der interorganischen Aufgabenübertragung diene, sei eine weitere Sachaufklärung durch das nationale Gericht geboten.[467]

3. Die Schlußanträge des Generalanwalts *Georges Cosmas* in der Rs. *Teckal*

Generalanwalt *Cosmas* knüpft in seinen Schlußanträgen in der Rs. *Teckal*[468] zur Begründung der In-House-Vergabe im weiteren Sinne an die Selbständigkeit des Vertragspartners an. Bei einer *hierarchischen* Kontrolle des öffentlichen Auftraggebers über den Auftragnehmer sei diese zu verneinen. Dies habe zur Folge,

---

[463] Der *EuGH* ist nach Art. 234 EG im Vorlagenverfahren auf Auslegung europäischen Rechts beschränkt (*EuGH*, Urteil vom 19.06.1973, Rs. 77/72 (Capolongo), Slg. 1973. S. 611 ff. (Tz. 8); *EuGH* Urteil vom 18.11.1999, Rs. C-107/98, (Teckal Srl/Gemeinde Viano, u.a.), Slg. I 1999, S. 8139 ff. (Tz. 33)). Es ist Sache der nationalen Gerichte, die für die Subsumtion der durch den *EuGH* ausgelegten Rechtsvorschriften maßgeblichen Tatsachen zu ermitteln und – sollte hierzu, z.B. zur Ermittlung der Kontrolle über die beauftragte Geselschaft durch den öffentlichen Auftraggeber, die Auslegung nationaler Rechtsvorschriften erforderlich machen – diese auszulegen und anzuwenden, Schlußanträge des Generalanwalts *Philippe Léger* vom 15.06.2000, Rs. C-94/99 (*ARGE* Gewässerschutz/Bundesministerium für Land- und Forstwirtschaft), Slg. I 2000, S. 11039 ff. (Tz. 56).

[464] Schlußanträge des Generalanwalts *Siegbert Alber* vom 18.03.1999, Rs. C-108/98 (RI.San. Srl/Commune di Ischia u.a.), Slg. I 1999, S. 5221 ff. (Tz. 53)

[465] Schlußanträge des Generalanwalts *Siegbert Alber* vom 18.03.1999, Rs. C-108/98 (RI.San. Srl/Commune di Ischia u.a.), Slg. I 1999, S. 5221 ff. (Tz. 53)

[466] Schlußanträge des Generalanwalts *Siegbert Alber* vom 18.03.1999, Rs. C-108/98 (RI.San. Srl/Commune di Ischia u.a.), Slg. I 1999, S. 5221 ff. (Tz. 53)

[467] Schlußanträge des Generalanwalts *Siegbert Alber* vom 18.03.1999, Rs. C-108/98 (RI.San. Srl/Commune di Ischia u.a.), Slg. I 1999, S. 5221 ff. (Tz. 54)

[468] Schlußanträge des Generalanwalts *Geroges Cosmas* vom 01.07.1999 in der Rs. C-107/98 (Teckal Srl/Gemeinde Viano), Slg. I 1999, S. 8123 ff.

daß es an einem für die Anwendbarkeit der LKR (bzw. der übrigen Koordinierungsrichtlinien[469]) erforderlichen Auftragsverhältnis fehle.[470] In diesem Fall würden sich die Rechtsbeziehung zwischen den Vertragspartnern als "*eine Art interne Delegation*"[471] darstellen, "*die den Rahmen der eigenen Verwaltungsorganisation nicht verließe*"[472]. Demgegenüber sei die Selbständigkeit des Auftragnehmers und damit auch das Vorliegen eines Auftrags und die Anwendbarkeit der LKR zu bejahen, wenn der Abschluß des Rechtsverhältnisses mit derjenigen Situation zu vergleichen sei, in der gewöhnlich zwei eigenständige Rechtssubjekte miteinander in Beziehung treten. Ob dies der Fall sei, beurteile sich danach, ob den Vertragsbedingungen z.B. Verhandlungen vorausgegangen seien und ob sich das Ergebnis dieser Verhandlungen in den Vertragsbedingungen, z.B. durch Aufnahme von Schadensersatzklauseln für den Fall der Schlechterfüllung oder von Schiedsabreden, widerspiegele.[473] Anders als Generalanwalt *Alber* in der Rs. *RI.San* war Generalanwalt *Cosmas* der Auffassung, daß die Auftragserteilung nicht zusätzlich dem Zweck der interorganischen Aufgabenübertragung dienen müsse.

In der Rs. *Teckal*[474] hatte die Gemeinde Viano der AGAC, einem mit selbständiger Rechtspersönlichkeit ausgestatteten Konsortium von Gemeinden, an der die Gemeinde Viano selbst zu 0,9% am Gewinn und Verlust beteiligt war und ein entsprechendes Stimmrecht inne hatte, ohne Durchführung einer Ausschreibung die Erbringung von Lieferleistungen übertragen.[475] Aufgrund der geringen Beteiligung der Gemeinde Viano fehlte es nach Auffassung des Generalanwalts an der erforderlichen hierarchischen Kontrolle der Gemeinde Viano über das Konsortium, die es rechtfertigen würde, die AGAC als eine interne Stelle der Gemeinde Viano und nicht als eine selbständige, fremde Interessen verkörpernde Stelle anzusehen.[476] Die Auftragsvergabe hätte demnach ausgeschrieben werden müssen.

---

[469] Anmerkung des Verfassers, vgl. hierzu § 3B.II, S. 71 ff.

[470] Schlußanträge des Generalanwalts *Geroges Cosmas* vom 01.07.1999 in der Rs. C-107/98 (Teckal Srl/Gemeinde Viano), Slg. I 1999, S. 8123 ff. (Tz. 64)

[471] Schlußanträge des Generalanwalts *Geroges Cosmas* vom 01.07.1999 in der Rs. C-107/98 (Teckal Srl/Gemeinde Viano), Slg. I 1999, S. 8123 ff. (Tz. 59)

[472] Schlußanträge des Generalanwalts *Geroges Cosmas* vom 01.07.1999 in der Rs. C-107/98 (Teckal Srl/Gemeinde Viano), Slg. I 1999, S. 8123 ff. (Tz. 59)

[473] Schlußanträge des Generalanwalts *Geroges Cosmas* vom 01.07.1999 in der Rs. C-107/98 (Teckal Srl/Gemeinde Viano), Slg. I 1999, S. 8123 ff. (Tz. 64)

[474] Vgl. zum Sachverhalt § 1B.I, S. 22 ff.

[475] Schlußanträge des Generalanwalts *Geroges Cosmas* vom 01.07.1999 in der Rs. C-107/98 (Teckal Srl/Gemeinde Viano), Slg. I 1999, S. 8123 ff. (Tz. 61)

[476] Schlußanträge des Generalanwalts *Geroges Cosmas* vom 01.07.1999 in der Rs. C-107/98 (Teckal Srl/Gemeinde Viano), Slg. I 1999, S. 8123 ff. (Tz. 61)

Der *EuGH* folgt in seiner Entscheidung dem Generalanwalt und erkennt an, daß trotz formaler Personenverschiedenheit zwischen öffentlichem Auftraggeber und Auftragnehmer eine Ausschreibungspflicht entfallen kann, auch wenn keine Ausnahmevorschrift eingreift.

> "49. Zur Beantwortung der Frage, ob ein Vertrag vorliegt, muß das vorlegende Gericht prüfen, ob eine Vereinbarung zwischen zwei verschiedenen Personen getroffen wurde".
>
> 50. Dazu genügt es nach Art. 1 a) der RL 93/36 grundsätzlich, daß der Vertrag zwischen einer Gebietskörperschaft und einer rechtlich von dieser verschiedenen Person geschlossen wurde. Etwas anderes kann nur dann gelten, wenn die Gebietskörperschaft über die fragliche Person eine *Kontrolle ausübt, wie über ihre eigenen Dienststellen*[477] und wenn diese Person zugleich ihre *Tätigkeit im Wesentlichen für die Gebietskörperschaft oder die Gebietskörperschaften verrichtet, die ihre Anteile innehaben*[478]."[479]

Mit dem Erfordernis der *Kontrolle wie über ihre eigenen Dienststellen* scheint der *EuGH* in Zusammenschau mit Tz. 49 – ebenso wie Generalanwalt *Cosmas* – an die Selbständigkeit des Vertragspartners anzuknüpfen. Als zusätzliche Voraussetzung verlangt der *EuGH,* daß der Leistungserbringer *im wesentlichen für den oder die öffentlichen Auftraggeber tätig wird, die an dem Leistungserbringer beteiligt sind.*

4. Die Schlußanträge des Generalanwalts *Philippe Léger* in der Rs. *ARGE*

In der Rs. *ARGE*[480] konkretisiert der *EuGH* die von ihm in der Rs. *Teckal* für die In-House-Vergabe aufgestellten Voraussetzungen dahingehend, daß es unerheblich sei, ob die beauftragte Einrichtung selbst öffentlicher Auftraggeber sei.[481]

Der *EuGH* entschied, daß die in Streit stehende Beteiligung staatlich subventionierter Stellen gemeinsam mit privaten Bietern weder eine versteckte Diskrimi-

---

[477] Hervorhebung des Verfassers

[478] Hervorhebung des Verfassers

[479] *EuGH* Urteil vom 18.11.1999, Rs. C-107/98, (Teckal Srl/Gemeinde Viano, u.a.), Slg. I 1999, S. 8139 ff. Tz. 49 und 50

[480] *EuGH* Urteil vom 07.12.2000, Rs. C-94/99 (*ARGE* Gewässerschutz/Bundesministerium für Land- und Forstwirtschaft), Slg. I 2000, S. 11037 ff., vgl. zum Sachverhalt § 1B.II, S. 25 ff.

[481] *EuGH* Urteil vom 07.12.2000, Rs. C-94/99 (*ARGE* Gewässerschutz/Bundesministerium für Land- und Forstwirtschaft), Slg. I 2000, S. 11037 ff. (Tz. 40); a.A. *Hailbronner*, in: *Byok/Jaeger*, Kommentar zum Vergaberecht, 2000, § 99, Rdnr. 381 a.E.

nierung noch eine mit Art. 59 EG unvereinbare Beschränkung darstelle.[482] Dies hatte zur Folge, daß die von dem vorlegenden Gericht gestellte Vorlagefrage, ob die in der Rs. *Teckal* für Lieferaufträge entwickelten Grundsätze der In-House-Vergabe auch auf Dienstleistungsverträge anwendbar seien, nicht mehr relevant war. Der *EuGH* mußte hierzu daher nicht mehr Stellung nehmen.[483] Abgesehen von einem Verweis auf seine Entscheidung in der Rs. *Teckal* brauchte er daher nicht auf die Problematik der In-House-Vergabe einzugehen.

Demgegenüber nahm Generalanwalt *Philippe Léger* in seinen Schlußanträgen zu den vom *EuGH* in der Rs. *Teckal* entwickelten Kriterien ausführlich Stellung.[484]

Aus der Begründungserwägung Nr. 8 der DKR ergebe sich, daß nur Dienstleistungen auf der Grundlage eines Auftrags vom Anwendungsbereich der DKR erfaßt seien.[485] Umgekehrt sehe das Gemeinschaftsrecht nicht die Einhaltung eines den tatsächlichen Wettbewerb zwischen den Anbietern gewährleistenden Verfahrens vor, wenn sich die öffentlichen Auftraggeber selbst mit den benötigten Leistungen versorgten.[486] Damit seien In-House-Dienste, d.h. Leistungen, die eine Behörde durch ihre eigenen Dienststellen oder von ihr zwar organisatorisch zu unterscheidende, aber abhängige Dienststellen erbringe, nicht vom Anwendungsbereich der Richtlinie erfaßt.[487]

---

[482] *EuGH* Urteil vom 07.12.2000, Rs. C-94/99 (*ARGE* Gewässerschutz/Bundesministerium für Land- und Forstwirtschaft), Slg. I 2000, S. 11037 ff. (Tz. 38)

[483] Vgl. *EuGH* Urteil vom 07.12.2000, Rs. C-94/99 (*ARGE* Gewässerschutz/Bundesministerium für Land- und Forstwirtschaft), Slg. I 2000, S. 11037 ff. (Tz. 21, 39 und 40), wobei er in Tz. 40 zur In-House-Vergabe ausführt: "Es sei jedoch darauf hingewiesen, daß der Gerichtshof im Urteil vom 18. Novermber 1999 in der Rechtssache C-107/98 (Teckal, Slg. I 1999, S. 8121) eine ähnliche Frage in Bezug auf die Richtlinie 93/36/EWG des Rates vom 14.06.1993 über die Koordinierung der Verfahren zur Vergabe öffentlicher Lieferaufträge, AblEG 1993 Nr. L 199, S. 1 ff. vom 09.08.1993 geprüft und für Recht erkannt hat, daß diese Richtlinie anwendbar ist, wenn ein öffentlicher Auftraggeber wie etwa eine Gebietskörperschaft beabsichtigt, mit einer Einrichtung, die sich formal von ihm unterscheidet und die ihm gegenüber eigene Entscheidungsgewalt besitzt, einen schriftlichen entgeltlichen Vertrag über die Lieferung von Waren zu schließen, wobei unerheblich ist, ob diese Einrichtung selbst ein öffentlicher Auftraggeber ist." Vgl. auch § 1B.II, S. 25 ff.

[484] Schlußanträge des Generalanwalts *Philippe Léger* vom 15.06.2000, Rs. C-94/99 (*ARGE* Gewässerschutz/Bundesministerium für Land- und Forstwirtschaft), Slg. I 2000, S. 11039 ff. (Tz. 50 ff.)

[485] Schlußanträge des Generalanwalts *Philippe Léger* vom 15.06.2000, Rs. C-94/99 (*ARGE* Gewässerschutz/Bundesministerium für Land- und Forstwirtschaft), Slg. I 2000, S. 11039 ff. (Tz. 48)

[486] Schlußanträge des Generalanwalts *Philippe Léger* vom 15.06.2000, Rs. C-94/99 (*ARGE* Gewässerschutz/Bundesministerium für Land- und Forstwirtschaft), Slg. I 2000, S. 11039 ff. (Tz. 49)

[487] Auch die Kommission spricht in den Begründungsewägungen zur DKR bzw. in ihrer Mitteilung über Dienstleistungskonzessionen von der Leistungserbringung von *technischen Ab-*

Voraussetzung für ein dem Anwendungsbereich der Richtlinien unterfallendes Auftragsverhältnis sei, daß zwei formell verschiedene juristische Personen, die als solche die Fähigkeit besitzen, sich durch eine Willenserklärung zu verpflichten, einander gegenüberstehen. Dies setze wiederum voraus, daß der Dienstleistungserbringer im Verhältnis zur Behörde, die ihn beauftragt, sich formell unterscheide und hinreichend selbständig handeln könne.[488] Die tatsächliche Selbständigkeit sei anhand der vom *EuGH* in der Rs. *Teckal* für den Anwendungsbereich der LKR entwickelten Kriterien zu ermitteln. Diese würden auch für den Anwendungsbereich der DKR gelten, da beide Richtlinien an das Vertragserfordernis zur Bestimmung des sachlichen Anwendungsbereichs anknüpften.[489]

Eine Ausnahme vom Anwendungsbereich der DKR setze daher neben der Kontrolle des öffentlichen Auftraggeber über die leistungserbringende Stelle auch voraus, daß der Leistungserbringer seine Leistungen im wesentlichen für den öffentlichen Auftraggeber erbringe. Zur Begründung verweist der Generalanwalt darauf, daß eine Einrichtung in erheblichem Umfang Leistungen für andere Wirtschaftsteilnehmer erbringe, ein Indiz für die Selbständigkeit der Einrichtung sei.[490] Nur wenn praktisch alle Leistungen an den *konkreten* die leistungserbringende Stelle kontrollierenden Auftraggeber erbracht würden, sei eine für das Fehlen der Selbständigkeit notwendige vollständige Abhängigkeit gegeben. Erst diese Abhängigkeit vom *konkreten* Auftraggeber führe dazu, daß die Leistungserbringung als vom öffentliche Auftraggeber selbst erbracht anzusehen sei. Erst

---

teilungen, Behörden, Beamten (vgl. Erwägungsgrund Nr. 53 des Hintergrundpapiers der Kommission der Europäischen Gemeinschaften für eine Richtlinie: Öffentliches Auftragswesen im Dienstleistungsverkehr, abgedruckt als BR-Drucksache, 146/89 vom 08.03.1991), *eigene Angestellten der Behörde* (Begründungserwägung Nr. 26 des Vorschlags für eine Richtlinie des Rates über die Koordinierung der Verfahren zur Vergabe öffentlicher Dienstleistungsaufträge, KOM (90) 372; Ratsdokument 10958/90, abgedruckt als BR-Drucksache, 13/91 vom 10.01.1991) sowie der *Leistungserbringung zwischen zwei Behörden* (Begründungserwägung Nr. 77 des Vorschlags für eine Richtlinie des Rates über die Koordinierung der Verfahren zur Vergabe öffentlicher Dienstleistungsaufträge, KOM (90) 372; Ratsdokument 10958/90, abgedruckt als BR-Drucksache, 13/91 vom 10.01.1991) bzw. der *innerorganische Übertragung von Aufgaben*, die über den *Verwaltungsbereich des Auftraggebers nicht hinausgeht* (Mitteilung der Kommission zu Auslegungsfragen im Konzessionsbereich vom 12.04.2000, NZBau 2000, S. 413 ff. (2.4)).

488 Schlußanträge des Generalanwalts *Philippe Léger* vom 15.06.2000, Rs. C-94/99 (*ARGE* Gewässerschutz/Bundesministerium für Land- und Forstwirtschaft), Slg. I 2000, S. 11039 ff. (Tz. 49 und 53)

489 Schlußanträge des Generalanwalts *Philippe Léger* vom 15.06.2000, Rs. C-94/99 (*ARGE* Gewässerschutz/Bundesministerium für Land- und Forstwirtschaft), Slg. I 2000, S. 11039 ff. (Tz. 53)

490 Schlußanträge des Generalanwalts *Philippe Léger* vom 15.06.2000, Rs. C-94/99 (*ARGE* Gewässerschutz/Bundesministerium für Land- und Forstwirtschaft), Slg. I 2000, S. 11039 ff. (Tz. 72, 73)

dann sei es gerechtfertigt, die vergaberechtlichen Vorschriften zur Herstellung eines Wettbewerbs unangewendet zu lassen.[491] Darüber hinaus verweist der Generalanwalt darauf, daß allein die Herkunft und der öffentliche Charakter eines Leistungserbringers die mit der ausschreibungsfreien Beauftragung dieser Stelle einhergehende Ungleichbehandlung gegenüber anderen Wirtschaftsteilnehmern dann nicht rechtfertigen könne, wenn die beauftragte Stelle unter denselben Bedingungen wie andere Wirtschaftsteilnehmer dieselben Leistungen in derselben kommerziellen Absicht anbieten würde.[492] Diese Ungleichbehandlung sei erst durch die besondere Nähe zum *konkret beauftragenden* öffentlichen Auftraggeber gerechtfertigt, die dadurch zum Ausdruck komme, daß der Leistungserbringer seine Leistung im wesentlichen an den öffentlichen Auftraggeber erbringe und sich damit über das Erfordernis der Kontrolle hinaus in dessen Abhängigkeit begebe.[493] Andernfalls würde sich die Leistungserbringung im Verhältnis zu *anderen* öffentlichen Auftraggebern in keiner Weise von der Leistungserbringung eines Konkurrenten unterscheiden und sei eine Ungleichbehandlung in diesem Fall nicht zu rechtfertigen.[494]

Im vorliegenden Fall bedurfte es nach Ansicht des Generalanwalts weiterer Sachverhaltsaufklärung durch das nationale Gericht. Dieses hätte festzustellen, in welchem Umfang der Auftragnehmer die für das Vergabeverfahren relevanten Tätigkeiten auch für andere Wirtschaftsteilnehmer als den öffentlichen Auftraggeber, der ihn kontrolliert und beauftragt hatte, erbringe.

---

[491] Schlußanträge des Generalanwalts *Philippe Léger* vom 15.06.2000, Rs. C-94/99 (*ARGE* Gewässerschutz/Bundesministerium für Land- und Forstwirtschaft), Slg. I 2000, S. 11039 ff. (Tz. 72, 73)

[492] Schlußanträge des Generalanwalts *Philippe Léger* vom 15.06.2000, Rs. C-94/99 (*ARGE* Gewässerschutz/Bundesministerium für Land- und Forstwirtschaft), Slg. I 2000, S. 11039 ff. (Tz. 78)

[493] Schlußanträge des Generalanwalts *Philippe Léger* vom 15.06.2000, Rs. C-94/99 (*ARGE* Gewässerschutz/Bundesministerium für Land- und Forstwirtschaft), Slg. I 2000, S. 11039 ff. (Tz. 78)

[494] Schlußanträge des Generalanwalts *Philippe Léger* vom 15.06.2000, Rs. C-94/99 (*ARGE* Gewässerschutz/Bundesministerium für Land- und Forstwirtschaft), Slg. I 2000, S. 11039 ff. (Tz. 80)

II. Analyse des dogmatischen Begründungsansatzes der funktionalen Betrachtungsweise

Wie die Schlußanträge der Generalanwälte sowie die Rechtsprechung des *EuGH* in der Rs. *Teckal*[495] zeigen, wird die Ausschreibungsfreiheit der In-House-Vergabe im weiteren Sinne mit einer funktionalen Betrachtungsweise begründet, die an die Selbständigkeit des Vertragspartners des öffentlichen Auftraggebers im Verhältnis zu diesem anknüpft.

1. Der dogmatische Begründungsansatz der funktionalen Betrachtungsweise

Ausgangspunkt dieser Argumentation ist, daß die Anwendbarkeit der Koordinierungsrichtlinien gemäß Art. 1 lit. a) DKR, Art. 1 lit. a) BKR, Art. 1 lit. a) LKR bzw. Art. 1 Nr. 4 SKR sachlich davon abhängig ist, daß ein Bau-, Liefer- oder Dienstleistungsvertrag zwischen dem öffentlichen Auftraggeber und dem Auftragnehmer geschlossen wird. Ein Bau-, Liefer- oder Dienstleistungsvertrag setze einen

> "schriftlichen entgeltlichen Vertrag[496]"

voraus,[497] was wiederum übereinstimmende Willenserklärungen von zwei verschiedenen Personen voraussetze. Über die formale Personenverschiedenheit hinaus sei jedoch erforderlich, daß sich zwei Willenserklärungen gegenüberstehen, die von zwei im *wesentlichen unabhängigen* Personen abgegeben worden seien und unterschiedliche Interessen verkörperten.[498] Der Vertragspartner des öffentlichen Auftraggebers müsse daher nicht nur rechtlich, sondern auch *tat-*

---

495 *EuGH* Urteil vom 18.11.1999, Rs. C-107/98, (Teckal Srl/Gemeinde Viano, u.a.), Slg. I 1999, S. 8139 ff.

496 Art. 1 lit. a) DKR; Art. 1 lit. a) BKR, Art. 1 lit. a) LKR; Art. 1 Nr. 4 SKR

497 Schlußanträge des Generalanwalts *Geroges Cosmas* vom 01.07.1999 in der Rs. C-107/98 (Teckal Srl/Gemeinde Viano), Slg. I 1999, S. 8123 ff. (Tz. 54)

498 Schlußanträge des Generalanwalts *Geroges Cosmas* vom 01.07.1999 in der Rs. C-107/98 (Teckal Srl/Gemeinde Viano), Slg. I 1999, S. 8123 ff. (Tz. 64 und 67), wobei Tz. 65 nicht ganz in den Zusammenhang mit Tz. 64 und 67 zu passen scheint, weil Generalanwalt *Cosmas* in Tz. 65 unter Berufung auf eine sonst mögliche Umgehung der Koordinierungsrichtlinie anscheinend für eine rein formalistische Betrachtungsweise plädiert (so interpretiert dies auch *Boesen*, Vergaberecht, 1. Aufl. 2000, § 100, Rdnr. 94), während er in Tz. 66 jedoch darauf verweist, daß die "..Richtlinie 93/36 ...mit den Eirschränkungen, die ich zu den vom nationalen Gericht zu klärenden Fragen (diejenige, ob eine Willenserkärung eines selbständigen Dritten vorliegt und die unterschiedliche Interessen verkörpert) formuliert habe, eingehalten werden müßte.", was wiederum für eine funktionelle Auslegung der Eigenschaft des Vertragspartners spricht.

sächlich Dritter sein, d.h. gegenüber dem öffentlichen Auftraggeber *tatsächlich selbständig entscheiden* können.[499] Wie die Rechtsprechung des *EuGH* zum funktionalen Auftraggeberbegriff zeige, schließe allein der Umstand, daß es sich bei dem Auftragnehmer um ein sich formal vom Auftragnehmer unterscheidendes Rechtssubjekt handelt, nicht aus, daß dieser ein Teil der öffentlichen Verwaltung ist.[500] Bei mangelnder Selbständigkeit einer wirtschaftlichen Einrichtung im Verhältnis zu der Körperschaft, in deren Eigentum sie steht, könne es trotz der rechtlichen Selbständigkeit dieser beiden Personen unmöglich oder illusorisch sein, daß zwischen ihnen ein Vertrag vorliege.[501] In diesem Fall handele es sich daher um die Inanspruchnahme eigener Ressourcen und damit um eine Art interner[502] bzw. zwischenorganschaftlicher Delegation[503], die den Rahmen der eigenen Verwaltungsorganisation nicht verlasse[504]. Eine solche Delegation falle nicht in den Anwendungsbereich der Koordinierungsrichtlinien. Die Begründungserwägung Nr. 8 der DKR zeige, daß nur die Leistungserbringung auf der Grundlage von Aufträgen vom Anwendungsbereich der Koordinierungsrichtlinien erfaßt sei. Bei einer Beauftragung, die zwar auf der Grundlage eines Auftrags erfolge, wobei die Leistungserbringung jedoch derjenigen auf der Grundlage einer internen Delegation vergleichbar sei, seien die Koordinierungsrichtlinien daher auch nicht anzuwenden. Dies zeige auch Art. 6 DKR, der sogar wirkliche Dienstleistungsverträge zwischen zwei auftraggebenden Verwaltungen vom Anwendungsbereich der DKR ausnehme, so daß Fälle, die der internen Delegation vergleichbar seien, erst Recht nicht in den Anwendungsbereich der Richtlinien fielen.[505]

---

[499] Schlußanträge des Generalanwalts *Philippe Léger* vom 15.06.2000, Rs. C-94/99 (*ARGE* Gewässerschutz/Bundesministerium für Land- und Forstwirtschaft), Slg. I 2000, S. 11039 ff. (Tz. 54)

[500] Schlußanträge des Generalanwalts *Siegbert Alber* vom 18.03.1999, Rs. C-108/98 (RI.San. Srl/Commune di Ischia u.a.), Slg. I 1999, S. 5221 ff. (Tz. 52)

[501] Schlußanträge des Generalanwalts *Philippe Léger* vom 15.06.2000, Rs. C-94/99 (*ARGE* Gewässerschutz/Bundesministerium für Land- und Forstwirtschaft), Slg. I 2000, S. 11039 ff. (Tz. 63

[502] Schlußanträge des Generalanwalts *Geroges Cosmas* vom 01.07.1999 in der Rs. C-107/98 (Teckal Srl/Gemeinde Viano), Slg. I 1999, S. 8123 ff. (Tz. 59)

[503] Schlußanträge des Generalanwalts *Antonio La Pergola* vom 19.02.1998, Rs. C-360/96 (BFI Holding/Gemeente Arnhem und Rheden), Slg. I 1998, S. 6821 ff. (Tz. 38)

[504] Schlußanträge des Generalanwalts *Geroges Cosmas* vom 01.07.1999 in der Rs. C-107/98 (Teckal Srl/Gemeinde Viano), Slg. I 1999, S. 8123 ff. (Tz. 59); Schlußanträge des Generalanwalts *Philippe Léger* vom 15.06.2000, Rs. C-94/99 (*ARGE* Gewässeschutz/Bundesministerium für Land- und Forstwirtschaft), Slg. I 2000, S. 11039 ff. (Tz. 49 und 59)

[505] Schlußanträge des Generalanwalts *Antonio La Pergola* vom 19.02.1998, Rs. C-360/96 (BFI Holding/Gemeente Arnhem und Rheden), Slg. I 1998, S. 6821 ff. (Tz. 37)

Die überwiegende Literatur folgt diesem Begründungsansatz der In-House-Vergabe im weiteren Sinne. Soweit das Handeln der beauftragten Stelle aufgrund entsprechender Beherrschung des Handelns vollständig von der übergeordneten Einheit bestimmt werden könne, sei die untergeordnete Einheit als funktioneller Teil der Verwaltung bzw. aufgrund ihrer Eingliederung in die Organisationsstruktur als Teil der übergeordneten Einheit und damit sogar als deren *Organ* anzusehen.[506] Dies rechtfertige es, die Beauftragung einem "*internen Organisationsakt*"[507] gleichzustellen, weil der öffentliche Auftraggeber seine Leistung *selbst* erbringe.[508] Die Rechtsprechung des *EuGH* zum öffentlichen Auftraggeberbegriff belege, daß die Abgrenzung zwischen staatlicher und privater Sphäre losgelöst von der Rechtsform funktional zu bestimmen sei.[509] Darüber hinaus sei zu berücksichtigen, daß es den öffentlichen Auftraggebern aufgrund der Organisationshoheit der Mitgliedstaaten regelmäßig freigestellt sei, zur Erfüllung ihrer Aufgaben von ihnen abhängige rechtsfähige (öffentlich-rechtliche oder privatrechtliche) Untereinheiten zu gründen.[510]

2. Bewertung des dogmatischen Begründungsansatzes der funktionalen Betrachtungsweise

Der Lösung der In-House-Vergabe im weiteren Sinne über eine funktionale Betrachtungsweise ist zuzugeben, daß es widersprüchlich erscheine, dem öffentlichen Auftraggeber einerseits zu gestatten, sich juristisch selbständiger, aber abhängiger Einheiten in der Rechtsform des Privatrechts zu bedienen, ihn andererseits aber, wenn er hiervon Gebrauch macht, den Bestimmungen des Vergaberechts zu unterwerfen, wenn sich hierdurch nichts an der Funktion dieser Stelle ändert.[511] Für die funktionale Betrachtungsweise spricht auch, daß eine formale Abgrenzung, die an der durch den Auftragsbegriff vorgegebenen Rechtsperso-

---

[506] *Boesen*, Vergaberecht, 1. Aufl. 2000, § 100, Rdnr. 95; *Dreher*, in: *Immenga/Mestmäcker* Gesetz gegen Wettbewerbsbeschränkungen, Kommentar, 3. Aufl. 2001, § 99, Rdnr. 27; *Endler*, Privatisierungen und Vergaberecht, NZBau, 2002, S. 125 ff. (132); *Faber*, Öffentliche Aufträge an kommunalbeherrschte Unternehmen – in-house-Geschäfte oder Vergabe im Wettbewerb?, DVBl 2001, S. 248 ff. (251); *Hailbronner*, in: *Byok/Jaeger*, Kommentar zum Vergaberecht, 2000, § 99, Rdnr. 381

[507] *Boesen*, Vergaberecht, 1. Aufl. 2000, § 100, Rdnr. 95

[508] *Boesen*, Vergaberecht, 1. Aufl. 2000, § 100, Rdnr. 95

[509] *Marx*, Verlängerung bestehender Verträge und Vergaberecht, Tagungsband "Zweiter Düsseldorfer Vergaberechtstag am 28.06.2001", Ministerium für Wirtschaft und Mittelstand, Energie und Verkehr des Landes Nordrhein-Westfalen, S. 65 ff. (74)

[510] *Boesen*, Vergaberecht, 1. Aufl. 2000, § 100, Rdnr. 95; *Tucker*, Privatisation and Concessions, EuR 2/96, S. 73 ff. (75)

[511] *Müller-Wrede*, in: *Müller-Wrede*, Verdingungsordnung für freiberufliche Leistungen, Einleitung, Rdnr. 38

nenverschiedenheit anknüpft, keine sachgerechte Abgrenzung zwischen staatlicher Eigenleistung und Einkauf von Leistungen am Markt darstellt. Eine formale Abgrenzung berücksichtigt nicht, daß der Auftragsbegriff lediglich Ausdruck der dahinter stehenden Wertungen ist, die bei der Beurteilung der In-House-Vergabe im weiteren Sinne berücksichtigt werden müssen. Dies ist im Rahmen einer formalen Abgrenzung jedoch nur insoweit möglich, wie diese Wertungen mit der formalen Abgrenzung übereinstimmen. Der Auftragsbegriff dient – wie die Begründungserwägungen und die Wertung des Art. 43 S. 2 DKR zeigen – zur Abgrenzung der rechtsgeschäftlichen Bedarfsdeckung von der Bedarfsdeckung im Wege mitgliedstaatlicher Eigenleistung, die nicht dem Anwendungsbereich der Koordinierungsrichtlinien unterfallen.[512] Da es Fälle gibt, in denen die Bedarfsdeckung in der Organisationsform einer Stelle mit eigener Rechtsperson wertungsmäßig der In-House-Vergabe im engeren Sinne näher steht als einer Beschaffung am Markt, kann nicht allein die Rechtspersonenverschiedenheit des Auftragnehmers darüber entscheiden, ob sich der Leistungsbezug von dieser Stelle als ausschreibungspflichtige Beschaffung am Markt oder als ausschreibungsfreie Eigenleistung darstellt. Bei Anwendung der formalen Abgrenzung bliebe in diesen Fällen die hinter dem Auftragsbegriff stehenden gesetzgeberischen Wertung unberücksichtigt.

Insoweit verweisen die Generalanwälte und die herrschende Literatur zu Recht auf die Rechtsprechung des *EuGH* zum funktionalen Auftraggeberbegriff. Danach erfolgt die Zurechnung privatrechtlich organisierter Stellen zur staatlichen Sphäre nicht anhand einer *formalen*, sondern anhand einer *funktionalen* Betrachtungsweise. Danach sind diese Stellen trotz ihrer privatrechtlichen Organisationsform funktional dem Staat zuzurechnen und damit als ausschreibungspflichtige öffentliche Auftraggeber einzustufen. Im Sinne dieser funktionalen Betrachtungsweise sind nach der Rechtsprechung des *EuGH* dem Staat auch Einrichtungen zuzuordnen,

> "deren Zusammensetzung und Aufgaben gesetzlich geregelt sind und die insoweit von der öffentlichen Hand abhängig sind, als diese ihre Mitglieder ernennt, die Erfüllung der sich aus ihren Handlungen ergebenen Verpflichtungen gewährleistet und die von ihr vergebenen öffentlichen Aufträge finanziert, selbst wenn die Einrichtung formell kein Bestandteil des Staates ist".[513]

Hintergrund dieser Rechtsprechung, die noch zu den vor Erlaß der derzeit geltenden Koordinierungsrichtlinien geltenden Vergaberichtlinien ergangenen ist, war, daß die Mitgliedstaaten zur Erfüllung staatlicher Aufgaben verstärkt privat-

---

[512] Vgl. § 3B.III, S. 74 ff.

[513] *EuGH* Urteil vom 20.09.1988. Rs. 31/87 (Gebroeders Beentjes BV/Niederlande), Slg. 1988, S. 4635 ff. (Tz. 12)

rechtliche Rechtsformen nutzten. Die Systematik der zu diesem Zeitpunkt geltenden Vergaberichtlinien knüpfte die Ausschreibungspflicht jedoch allein an die staatliche Organisationsform an. Der *EuGH* sah sich daher veranlaßt, den Begriff des Staates zur Bestimmung der ausschreibungspflichtigen öffentlichen Auftraggeber – entgegen der Systematik der Koordinierungsrichtlinien – nicht formal, sondern funktional auszulegen, um eine Umgehung der Vergaberichtlinien durch die Mitgliedstaaten zu vermeiden. Der *EuGH* begründete die funktionale Betrachtungsweise des Auftraggeberbegriffs mit dem Ziel der Vergaberichtlinien, die verschlossenen nationalen Beschaffungsmärkte für die Marktteilnehmer der EG zu öffnen und für den gemeinsamen Binnenmarkt fruchtbar zu machen. Dieses Ziel wäre gefährdet, wenn die Anwendung der Richtlinie scheitern würde,

> ".. weil ein öffentlicher Bauauftrag von einer Einrichtung vergeben wird, die geschaffen wurde, um ihr durch Gesetz zugewiesene Aufgaben zu erfüllen, die jedoch nicht förmlich in die staatliche Verwaltung eingegliedert ist[514]. "

Wäre dies zulässig, wäre es für alle Mitgliedstaaten ein Leichtes, sich dem Anwendungsbereich der Koordinierungsrichtlinien dadurch zu entziehen, daß die staatliche Tätigkeit in einer anderen Rechtsform wahrgenommen würde.[515]

Mit der Novellierung der europäischen Vergaberechtsvorschriften Anfang der 90er Jahre hat dieser funktionale Auftraggeberbegriff mit Art. 1 lit. b) S. 2 BKR, Art. 1 lit. b) S. 2 LKR, Art. 1 lit. b) S. 2 DKR und Art. 1 Nr. 1 S. 2 SKR seinen Eingang in die Richtlinien gefunden, indem die "Einrichtungen des öffentlichen Rechts" in den Katalog der öffentlichen Auftraggeber aufgenommen wurde. Eine Einrichtung des öffentlichen Rechts ist eine

> "Einrichtung, die zu dem besonderen Zweck gegründet wurde, im Allgemeininteresse liegende Aufgaben zu erfüllen, die nichtgewerblicher Art sind, die Rechtspersönlichkeit besitzt, und die überwiegend vom Staat, den Gebietskörperschaften oder anderen Einrichtungen des öffentlichen Rechts finanziert wird oder die hinsichtlich ihrer Leitung der Aufsicht durch letztere unterliegt und deren Verwaltungs-, Leitungs- und Aufsichtsorgan mehrheitlich aus Mitgliedern besteht, die vom Staat, den Gebietskörperschaften oder anderen Einrichtungen des öffentlichen Rechts ernannt worden sind".[516]

---

514 *EuGH* Urteil vom 20.09.1988. Rs. 31/87 (Gebroeders Beentjes BV/Niederlande), Slg. 1988, S. 4635 ff. (Tz. 11)

515 *Marx*, in: *Motzke/Pietzcker/Prieß* (Hrsg.) VOB Teil A, 2001, § 98, Rdnr. 2

516 Vgl. Art. 1 lit. b) S. 2 BKR, Art. 1 lit. b) S. 2 LKR, Art. 1 lit. b) S. 2 DKR und Art. 1 Nr. 1 S. 2 SKR bzw. die Umsetzung in nationales Recht in § 98 Nr. 2 GWB

Sinn und Zweck der Vorschrift ist es, auch in privatrechtlicher Form durchgeführte staatliche Aufgaben dem Vergaberecht zu unterwerfen.[517] Das Vergaberegime soll nach seinem Sinn und Zweck anzuwenden sein, wenn eine staatlich beherrschte juristische Person des Privatrechts unter Beachtung aller Umstände nicht hinreichend durch die Kräfte des Marktes gesteuert wird, so daß mit staatlicher Einflußnahme bei der Auftragsvergabe unter Verknüpfung mit wirtschaftspolitischen Zwecken gerechnet werden muß, die einer wirtschaftlichen Entscheidung abträglichen sind.[518]

Überträgt man dieses funktionale Staatsverständnis auf die In-House-Vergabe, bedeutet dies: Die Frage, ob der Auftragnehmer noch der Sphäre des Auftraggebers dergestalt zugerechnet werden kann, daß dessen Leistungserbringung als "eigene" Leistung des öffentlichen Auftraggebers, also als ausschreibungsfreie Eigenleistung qualifiziert werden kann, ist nicht anhand einer formalen, sondern anhand einer funktionalen Betrachtungsweise zu beantworten. Genau genommen handelt es sich daher – entgegen der von den Vertretern dieser Ansicht verwendeten Terminologie[519] – nicht um einen funktionalen *Auftrags*begriffs[520], sondern um eine funktionale Auslegung des Auftrag*geber*begriffs, weil es um

---

[517] *Dreher*, Der Anwendungsbereich des Kartellvergaberechts, DB 1998, S. 2579 ff. (2580); *Eschenbruch*, in: *Niebuhr/Kulartz/Kus/*Portz, Kommentar zum Vergabrecht, § 98, Rdnr. 24; *Werner*, in: *Byok/Jaeger*, Kommentar zum Vergaberecht, 2000, § 98, Rdnr. 224

[518] *Pietzcker*, Die neue Gestalt des Vergaberechts, ZHR 162 (1998), S. 427 ff. (446). Dementsprechend ist es z.B. für das Vorliegen der im Allgemeininteresse liegenden Aufgaben nichtgewerblicher Art – und damit die Anwendung der Koordinierungsrichtlinien - unschädlich, wenn der öffentliche Auftraggeber auch gewerbliche Aufgaben wahrnimmt (*EuGH* Urteil vom 15.01.1998, Rs. C-44/96 Mannesmann Anlagenbau Austria AG/Strohal Rotationsdruck GmbH), Slg. I 1998, S. 73 ff. Tz. 24 und 25). Auch ist das Nichtvorliegen eines entwickelten Wettbewerbs nicht zwingende Voraussetzung dafür, daß sich öffentliche Auftraggeber auch in diesem Fall von anderen als wirtschaftlichen Erwägungen bei der Auftragsvergabe leiten lassen, so daß allein das Vorliegen von Wettbewerb das Erreichen des Zwecks der Koordinierungsrichtlinien nicht gewährleisten würde und damit auch bei entwickeltem Wettbewerb eine "nicht-gewerbliche" Aufgabe vorliegen kann, die zur Anwendbarkeit der Koordinierungsrichtlinien führt *EuGH*, Urteil vom 10.11.1998, Rs. C-360/96 (BFI Holding/Gemeente Arnhem und Rheden), Slg. I 1998, S. 6846 ff. (Tz. 43)

[519] Vgl. z.B. *Marx*, Verlängerung bestehender Verträge und Vergaberecht, Tagungsband "Zweiter Düsseldorfer Vergaberechtstag am 28.06.2001", Ministerium für Wirtschaft und Mittelstand, Energie und Verkehr des Landes Nordrhein-Westfalen, S. 65 ff. (76)

[520] Dagegen ist es bei der Beurteilung von Fällen, in denen es darum geht, ob vor der Beauftragung liegende Rechtsakte, wie z.B. die Auswahl eines Mitgesellschafters oder der Verkauf von Geschäftsanteilen einer Eigengesellschaft an einen Privaten, dem Anwendungsbereich der Koordinierungsrichtlinien unterliegen, gerechtfertigt von einem funktionalen Auftragsbegriff zu sprechen, weil es in diesen Fällen darum geht, ob ein Rechtsakt, der an sich keinen Auftrag im Sinne der Koordinierungsirchtlinien darstellt, nach dem Sinn und Zweck des Auftragsbegriffs bzw. der Koordinierungsrichtlinien diese Rechtsakte auch umfassen sollte.

die Frage geht, ob der *Auftragnehmer* noch der Sphäre des *Auftraggebers* zugerechnet werden kann.

Es ist jedoch zu beachten, daß diese funktionale Betrachtungsweise für den *subjektiven* Anwendungsbereich der Koordinierungsrichtlinien entwickelt wurde und zu einer *Erweiterung* des Anwendungsbereichs führt. Demgegenüber geht es bei der In-House-Vergabe im weiteren Sinne um den *objektiven* Anwendungsbereich der Koordinierungsrichtlinien. Zudem führt die funktionale Auslegung des Staatsbegriffs hier nicht zu einer Erweiterung, sondern zu einer *Einschränkung* des Anwendungsbereichs der Koordinierungsrichtlinien.[521] Die Rechtsprechung des *EuGH* zum Begriff des öffentlichen Auftraggebers kann daher als solche nicht für eine Rechtfertigung der funktionalen Betrachtungsweise des Staatsbegriffs im Rahmen der In-House-Vergabe herangezogen werden. Insoweit greift der bloße Hinweis darauf, daß aufgrund der Rechtsprechung des *EuGH* zum öffentlichen Auftraggeberbegriff eine funktionale Abgrenzung geboten sei, zu kurz. Maßgeblich ist vielmehr – und gerade dies zeigt die Rechtsprechung zum Auftraggeberbegriff – daß ein funktionales Staatsverständnis nur dort zulässig ist, wo Sinn und Zweck der Koordinierungsrichtlinien dies gebieten. Ob dies im Rahmen der In-House-Vergabe im weiteren Sinne der Fall ist, wird dagegen von den Vertretern der funktionalen Betrachtungsweise nicht näher begründet.

Darüber hinaus beruft sich diese Ansicht zur Begründung der In-House-Vergabe im weiteren Sinne auf die den Mitgliedstaaten zustehende Kompetenz der verwaltungsrechtlichen Organisationshoheit und damit auf die freie Wahl der Organisationsform[522]. Insoweit ist jedoch zu bedenken, daß eine solche Freiheit nach dem EG-Recht – anders als für die Gemeinden in Art. 28 Abs. 2 GG – nicht positiv gewährleistet wird[523]. Zwar ist den Mitgliedstaaten, wie die Wertung des Art. 295 EG und des Art. 86 Abs. 1 EG zeigt, die Wahl der Organisationsform ihrer Stellen vorbehalten. Sie befreit jedoch, wie Art. 86 Abs. 1 EG und die Rechtsprechung des *EuGH* zu Art. 295 EG belegen[524], nicht davon, die Grundsätze des EG-Vertrages, insbesondere die Wettbewerbsregeln und die

---

[521] Dagegen beschreibt *Marx* diese Auswirkung als "logisch zwingend", vgl. *Marx*, Verlängerung bestehender Verträge und Vergaberecht, Tagungsband "Zweiter Düsseldorfer Vergaberechtstag am 28.06.2001", Ministerium für Wirtschaft und Mittelstand, Energie und Verkehr des Landes Nordrhein-Westfalen, S. 65 ff. (74).

[522] *Tucker*, Privatisation and Concessions, EuR 2/96, S. 73 ff. (75)

[523] Vgl. § 3B.III.1.e, S. 82 ff. und § 3B.III.2, S. 88 ff.

[524] Vgl. § 3B.III.1.c, S. 78 ff.

Grundfreiheiten, einzuhalten[525]. Die Freiheit der Mitgliedstaaten reicht daher nur soweit, wie diese Wahl der Organisationsform mit dem EG-Vertrag vereinbar ist. Aus der Organisationshoheit der Mitgliedstaaten läßt sich daher kein positives Argument für die Begründung der In-House-Vergabe im weiteren Sinne ableiten. Vielmehr hat die Wahl der Organisationsform sich den Vorgaben des EG-Vertrags, d.h. insbesondere den Grundfreiheiten, anzupassen und den Wettbewerb nicht zu beeinträchtigen.

Auch die auf Art. 6 DKR gestützte Begründung der funktionalen Betrachtungsweise ist abzulehnen. Art. 6 DKR kann nicht – wie von Vertretern der funktionalen Betrachtungsweise angeführt[526] – deshalb zur Begründung der In-House-Vergabe herangezogen werden, weil er über die verwaltungsinterne Delegation hinaus auch wirkliche Verträge zwischen öffentlichen Auftraggebern vom Anwendungsbereich der Koordinierungsrichtlinien ausnehme. Ein solches Verständnis würde dem Sinn und Zweck dieser Vorschrift nicht gerecht. Grundgedanke der in Art. 6 DKR geregelten Ausnahme ist nicht, daß zwei öffentliche Auftraggeber miteinander kontrahieren und damit der Verwaltungsbereich nicht verlassen wird. Vielmehr nimmt diese Vorschrift Aufträge vom Anwendungsbereich der Koordinierungsrichtlinien aus, weil der von den Koordinierungsrichtlinien bezweckte Wettbewerb auf dem Beschaffungsmarkt wegen des bestehenden Ausschließlichkeitsrechts des Auftragnehmers nicht herbeigeführt werden kann bzw. darf. Eine Ausschreibung würde gegen das wettbewerbskonforme Ausschließlichkeitsrecht verstoßen.

Gegen die funktionale Betrachtungsweise spricht schließlich, daß ein Anknüpfen an die Selbständigkeit des Vertragspartners zu dogmatischen Ungereimtheiten führt. Schon dem Wortlaut der Art. 1 lit. a) DKR, Art. 1 lit. a) BKR, Art. 1 lit. a) LKR; Art. 1 Nr. 4 SKR lassen sich keine Anforderungen an die Vertragsparteien, insbesondere nicht hinsichtlich ihrer wirtschaftlichen Selbständigkeit, entnehmen. Zudem führt diese Lösung zu einer dogmatisch nicht erklärbaren

---

[525] Vgl. etwa dazu auch die Auffassung der Kommission in Erwägungsgrund Nr. 52 des Hintergrundpapiers der Kommission der Europäischen Gemeinschaften für eine Richtlinie: Öffentliches Auftragswesen im Dienstleistungsverkehr, abgedruckt als BR-Drucksache, 146/89 vom 08.03.1991: "52. Die EG-Vorschriften im öffentlichen Auftragswesen können jedoch nicht dazu dienen, die einzelstaatliche Politik in diesem Bereich zu ändern. Es ist Sache der Regierungen, in Übereinstimmung mit ihrer Wirtschaftpolitik Privatisierungsbeschlüsse zu fassen oder besondrere Aufgaben abzutreten. Der Grundsatz des freien Dienstleistungtsverkehrs in Artikel 50 des Vertrages verbietet den Regeierungen im gegenwärtigen Auslegungsstadium nicht, den Umfang der öffentlichen Aufträge durch die Erbringung eigener Leistungen einzuschränken."

[526] Schlußanträge des Generalanwalts *Antonio La Pergola* vom 19.02.1998, Rs. C-360/96 (BFI Holding/Gemeente Arnhem und Rheden), Slg. I 1998, S. 6821 ff. (Tz. 37)

Aufspaltung der Rechtssubjektivität des Auftragnehmers. Im Verhältnis zum öffentlichen Auftraggeber ist dieser nicht als selbständiger Dritter (mit Rechtspersönlichkeit) anzusehen. Im Verhältnis zu anderen juristischen Personen ist er dagegen als selbständiger Dritter zu behandeln. Darüber hinaus wird der Auftragsbegriff dadurch mit Fragen überfrachtet, deren Beantwortung im Zusammenhang mit der Frage zu erörtern sind, ob der Bezug von Leistungen von einem rechtlich personenverschiedenen Leistungserbringer deshalb als ausschreibungsfreie staatliche Eigenleistung zu qualifizieren ist, weil der Sinn und Zweck der Koordinierungsrichtlinien dies gebietet.[527]

Zudem verkennt dieser Ansatz die Unterscheidung zwischen rechtlicher Selbständigkeit und der Zurechnung von Rechtshandlungen. Ein Leistungserbringer kann aufgrund seiner rechtlichen Selbständigkeit als Rechtssubjekt auch Träger von Rechten und Pflichten sein. Nur so kann erklärt werden, daß sich etwas verändert, wenn z.B. die Gesellschaften einer Unternehmensgruppe nach §§ 2 ff. Umwandlungsgesetz (UmwG)[528] verschmolzen oder wenn die Betriebsabteilungen einer Einheitsgesellschaft nach §§ 123 ff. UmwG in Einzelgesellschaften aufgespalten werden.[529] Erst auf der zweiten Stufe stellt sich die Frage, ob die

---

[527] Aus ähnlichen Überlegungen hat sich eine begriffliche Erklärung der Privilegierung konzerninterner Wettbewerbsbeschränkungen nicht durchgesetzt. Die Privilegierung konzerntinterner Wettbewerbsbeschränkungen besteht darin, daß Vereinbarungen zwischen personenverschiedenen Unternehmen eines Konzerns trotz der Erfüllung der tatbestandlichen Voraussetzung des Art. 81 EG nicht dem Anwendungsbereich dieser Vorschrift unterfallen. Zum Teil wurde dies dogmatisch damit begründet wird, daß der Tochtergesellschaft im Verhältnis zur Muttergesellschaft mangels wirtschaftlicher Selbständigkeit die Unternehmenseigenschaft fehle. Diese Begründung, die derjenigen der funktionalen Betrachtungsweise entspricht, wird insbesondere wegen der damit einhergehenden Spaltung des Unternehmensbegriffs von der herrschenden Meinung abgelehnt. Im Außenverhältnis kann die Tochtergesellschaft nämlich wettbewerbsbeschränkende Maßnahmen – auch Vereinbarungen im Sinne von Art. 81 EG – mit Dritten treffen. Insofern ist sie Unternehmen im Sinne von Art. 81 EG, im Verhältnis zur Muttergesellschaft dagegen nicht. Nach herrschender Ansicht wird bei konzerninternen Wettbewerbsbeschränkungen vielmehr der Sinn und Zweck des Wettbewerbsrechts nicht erreicht. Aus diesem Grunde sind sie nicht vom Anwendungsbereich des Art. 81 EG erfaßt. Vgl. zur Problematik konzerninterner Wettbewerbsabsprachen, § 5C.IV.3.a(1), S. 211 ff. und zur Begründung der Privilegierung konzerninterner Wettbewerbsbeschränkungen ausführlich § 4D, S. 187 ff. sowie aus der Literatur *Bunte*, in: *Langen/Bunte*, Kommentar zum deutschen und europäischen Kartellrecht, Bd. I, 9. Aufl. 2001, Art. 81, Rdnr. 10; *Fleischer*, Konzerninterne Wettbewerbsbeschränkungen und Kartellverbot, Die AG 1997, S. 491 ff. (493); *Gleiss/Hirsch*, Kommentar zum EG-Kartellrecht, Bd. I, 4. Aufl. 1993, Art. 85 (1), Rdnr. 190 und 55; *Schroeder*, Die Anwendung des Kartellverbots auf verbundene Unternehmen, WuW 1988, S. 274 ff.(276); *Weiß*, in: *Calliess/Ruffert* (Hrsg.) Kommentar zu EU-Vertrag und EG-Vertrag, 1999, Art. 81, Rdnr. 85 ff.; *Zimmer*, Gesetz gegen Wettbewerbsbeschränkungen, Kommentar, 3. Aufl. 2001, § 1, Rdnr. 50 und 147 ff.

[528] Umwandlungsgesetz (UmwG) vom 28.10.1994, BGBl I 1994, S. 3210 ff. vom 08.11.1994

[529] *Schmidt*, Gesellschaftsrecht, § 17 I 2 d

von einem selbständigen Rechtsträger vorgenommenen Handlungen einem anderen Rechtsträger aufgrund der zwischen ihnen bestehenden Verbindung rechtlich oder wirtschaftlich zugeordnet werden können oder müssen. Aus diesem Grund hat sich auch eine Lösung der parallelen Problematik der Privilegierung konzerninterner Vereinbarungen im Wettbewerbsrecht über die Selbständigkeit des Vertragspartners nicht durchgesetzt.[530]

3. Zusammenfassung

Im Ergebnis ist daher festzustellen, daß zwar die Rechtsprechung des *EuGH* zum funktionalen Auftraggeberbegriff für eine funktionale und gegen eine rechtsformabhängige formale Abgrenzung mitgliedstaatlicher Eigenleistung von der rechtsgeschäftlichen Beschaffung am Markt spricht. Zum einen schließt allein eine rechtlich selbständige Organisationsform eine Zurechnung des Leistungserbringers zur staatlichen Sphäre nicht aus. Zum anderen ist kein sachlicher Grund dafür ersichtlich, daß die Leistungserbringung bei gleicher Funktion des Auftragnehmers einmal ausschreibungspflichtig ist und einmal ausschreibungsfrei erfolgen kann, nur weil sich die Organisationsform ändert. Darüber hinaus ermöglicht die funktionale Betrachtungsweise – anders als die formale Betrachtungsweise – eine wertungsorientierte Abgrenzung der Bedarfsdeckung im Wege der mitgliedstaatlicher Eigenleistung von der Leistungsbeschaffung am Markt. Damit kann dem Sinn und Zweck der Koordinierungsrichtlinien Rechnung getragen und können willkürliche nicht sachgerechte Ergebnisse vermieden werden.

Ebenso wie im Rahmen des Auftraggeberbegriffs, der zur Verwirklichung des Sinn und Zwecks der Koordinierungsrichtlinien entwickelt wurde, ist eine funktionale Betrachtungsweise aber nur dann gerechtfertigt, wenn Sinn und Zweck der Koordinierungsrichtlinien dies gebieten. Diesen Nachweis bleibt die Literatur jedoch schuldig. Dieser wäre jedoch erforderlich, weil der funktionale Auftraggeberbegriff zu einer Erweiterung des (subjektiven) Anwendungsbereichs der Koordinierungsrichtlinien führt, während die In-House-Vergabe im weiteren Sinne eine Einschränkung des (objektiven) Anwendungsbereichs der Koordinierungsrichtlinien bewirkt.

Darüber hinaus vermag auch die Wahlfreiheit der Mitgliedstaaten zur Begründung der funktionalen Betrachtungsweise nicht zu überzeugen. Diese ist im EG-Vertrag nicht positiv garantiert, sondern hat sich an die primärrechtlichen und sekundärrechtlichen Vorgaben anzupassen.

---

[530] Vgl. hierzu FN 527

Soweit Art. 6 DKR zur Begründung herangezogen wird, weil er zeige, daß Verträge zwischen öffentlichen Auftraggebern nicht dem Anwendungsbereich der Koordinierungsrichtlinien unterliegen, wird verkannt, daß die Ausnahme des Art. 6 DKR nicht auf der Eigenschaft des Auftragnehmers als öffentlichem Auftraggeber beruht, sondern darauf, daß eine Ausschreibung bei einem bestehenden Ausschließlichkeitsrecht des Auftragsnehmers keinen Sinn macht.

Die funktionale Betrachtungsweise ist schließlich deshalb abzulehnen, weil sie an der Selbständigkeit des Vertragspartners anknüpft, was zu dogmatischen Widersprüchen führt. Im Verhältnis zum Auftraggeber wird dem unselbständigen Auftragnehmer, der im Verhältnis zu Dritten sehr wohl wirksam Verträge abschließen kann, die Eigenschaft als Vertragspartner abgesprochen. Aus diesem Grund hat sich eine Lösung der parallelen Problematik der Privilegierung konzerninterner Vereinbarungen im Wettbewerbsrecht über die Selbständigkeit des Vertragspartners nicht durchgesetzt.[531]

III. Analyse der Kriterien der funktionalen Betrachtungsweise für die In-House-Vergabe im weiteren Sinne

Aber nicht nur der dogmatische Begründungsansatz der funktionalen Betrachtungsweise ist abzulehnen, sondern auch die von den Vertretern dieser Ansicht entwickelten Kriterien, bei deren Vorliegen die ausschreibungsfreie Beauftragung einer mit dem öffentlichen Auftraggeber verbundenen Körperschaft zulässig sein soll.

Wie der dogmatische Begründungsansatz der funktionalen Betrachtungsweise zeigt, wird die Anwendbarkeit der Koordinierungsrichtlinien auf die Beauftragung einer mit dem öffentlichen Auftraggeber verbundenen Körperschaft verneint (In-House-Vergabe im weiteren Sinne), wenn die beauftragte Stelle funktional der staatlichen Sphäre zuzurechnen ist. In diesem Fall sei die Beauftragung wertungsmäßig einem Akt der *internen* bzw. *zwischenorganschaftlichen Delegation* vergleichbar, der den Verwaltungsbereich nicht verlasse (In-House-Vergabe im engeren Sinne).[532] Damit wird der Vergleich der Beauftragung mit einem *internen Organisationsakt* bzw. einer (verwaltungs-) *internen Delegation* zum Abgrenzungskriterium zwischen ausschreibungspflichtigen Beschaffungsakten und ausschreibungsfreier Eigenleistung erhoben.

---

[531] Vgl. FN 527

[532] So vor allem Schlußanträge des Generalanwalts *Siegbert Alber* vom 18.03.1999, Rs. C-108/98 (RI.San. Srl/Commune di Ischia u.a.), Slg. I 1999, S. 5221 ff. (Tz. 52)

Die Kriterien, die an einen *internen Organisationsakt* bzw. an eine (verwaltungs-) *interne Delegation* zu stellen sind, werden jedoch unterschiedlich beurteilt.

1. Kriterien zur Bestimmung eines internen Organisationsakts

So stellt Generalanwalt *La Pergola* in der Rs. *Gemeente Arnhem und Rheden* auf das subjektive Kriterium ab, ob der öffentliche Auftraggeber die mit der Auftragsvergabe verbundene Aufgabenerfüllung in eigener Zuständigkeit weiterführen oder die Aufgabe "privatisieren" wolle.[533] Generalanwalt *Alber* fordert in der Rs. *RI.San*, daß neben einer finanziellen Verflechtung die Beauftragung dem Zweck der *interorganischen Aufgabenübertragung* diene.[534] Generalanwalt *Cosmas* stellt demgegenüber allein auf das Vorliegen einer *hierarchischen Kontrolle* des Auftraggebers über den Auftragnehmer ab.[535]

Die Vertreter der funktionalen Betrachtungsweise in der Literatur folgen einheitlich den Kriterien des *EuGH*, der neben einer Kontrolle des öffentlichen Auftraggeber über den Auftragnehmer *wie über eine eigene Dienststelle* verlangt, daß die leistungserbringende Stelle ihre Tätigkeit *im wesentlichen für den oder die öffentlichen Auftraggeber erbringt, die an ihr beteiligt sind.* Umstritten ist jedoch, wie diese Kriterien zu verstehen sind:

Einigkeit besteht insoweit, daß die Kontrolle des öffentlichen Auftraggebers über den Auftragnehmer nicht mit derjenigen über eine eigene Dienststelle *identisch* sein müsse. Ausreichend sei vielmehr – wie der Wortlaut der Entscheidung "wie"[536] zeige –, daß die Kontrolle derjenigen über eine eigene Dienststelle lediglich *vergleichbar* sein müsse. Andernfalls würde für die Grundsätze der In-House-Vergabe im weiteren Sinne so gut wie kein Anwendungsbereich verbleiben.[537]

---

[533] Schlußanträge des Generalanwalts *Antonio La Pergola* vom 19.02.1998, Rs. C-360/96 (BFI Holding/Gemeente Arnhem und Rheden), Slg. I 1998, S. 6821 ff. (Tz. 38), vgl. § 4C.I.1, S. 148 ff. und § 4C.III.2.a, S. 175 ff.

[534] Schlußanträge des Generalanwalts *Siegbert Alber* vom 18.03.1999, Rs. C-108/98 (RI.San. Srl/Commune di Ischia u.a.), Slg. I 1999, S. 5221 ff. (Tz. 54), vgl. § 4C.I.2, S. 151 ff. und § 4C.III.2.a, S. 175 ff.

[535] Schlußanträge des Generalanwalts *Geroges Cosmas* vom 01.07.1999 in der Rs. C-107/98 (Teckal Srl/Gemeinde Viano), Slg. I 1999, S. 8123 ff. (Tz. 64), vgl. § 4C.I.3, S. 153 ff. und § 4C.III.2.a, S. 175 ff.

[536] *EuGH* Urteil vom 18.11.1999, Rs. C-107/98 (Teckal Srl/Gemeinde Viano, u.a.), Slg I 1999, S. 8139 ff. (Tz. 50)

[537] *Faber*, Öffentliche Aufträge an kommunalbeherrschte Unternehmen – in-house-Geschäfte oder Vergabe im Wettbewerb?, DVBl 2000, S. 248 ff. (254); *Jaeger*, Public Private Partnership und Vergaberecht, NZBau 2001, S. 6 ff. (9); *Schauenburg*, Ausschreibungspflicht und

Umstritten ist dagegen, ob diese Kontrolle nur im Fall einer 100%igen Anteilsinhaberschaft des öffentlichen Auftraggebers gegeben sei oder ob auch geringere Beteiligungen des öffentlichen Auftraggeber am Auftragnehmer als ausreichend anzusehen sind. Ein Teil der Literatur und der Rechtsprechung fordert unter Hinweis auf die Mißbrauchs- und Umgehungsgefahr[538] eine 100%ige Beteiligung. Geringere Beteiligungen seien unzureichend.[539] Dies gelte jedenfalls bei der Beteiligung Privater, da deren Interessen nach Treu und Glauben zu berücksichtigen wären mit der Folge, daß der Auftragnehmer eine eigene Entscheidungsgewalt erlange.[540] Demgegenüber könne eine Eigengesellschaft, an der allein der öffentliche Auftraggeber beteiligt sei, jederzeit liquidiert, in ihrem Gesellschaftszweck verändert oder ideellen Zwecken nutzbar gemacht werden.[541]

Zum Teil wird danach differenziert, ob es sich bei den Beteiligten um öffentliche Auftraggeber handelt oder um gemischt-wirtschaftliche Unternehmen, wobei für erstere aufgrund der gleichgerichteten Interessen öffentlicher Auftraggeber auch eine geringere als eine Mehrheitsbeteiligung für ausreichend gehalten wird.[542] Diese Differenzierung beruht auf dem Grundgedanken, daß Träger der öffentlichen Verwaltung grundsätzlich nach anderen Kriterien als Wirtschaftsunternehmen handeln, insbesondere ihre Entscheidungen nicht (nur) nach Rentabilitätserwägungen treffen, sondern im Zusammenhang mit der Verfolgung der Interessen des Allgemeinwohls. Statt dem Prinzip der Gewinnmaximierung, d.h.

Privilegien für In-house-Geschäfte, NZBau 2002, S. 259 ff. (265); OLG Naumburg, Vorlagebeschluß vom 08.01.2003, Az: 1 Verg 7/02, NZBau 2003, S. 224 ff. (228); BayOblG, Beschluß vom 22.01.2002, Az: Verg 18/01, NZBau 2002, S. 397 ff. (399 f.)

538 *Pauly/Figgen/Hünnekens,* Gemischtwirtschaftliche Entsorgungsunternehmen, S. 86

539 *Boesen*, Vergaberecht, 1. Aufl. 2000, § 100, Rdnr. 103; *Jaeger*, Public Private Partnership und Vergaberecht, NZBau 2001, S. 6 ff. (10); VK Düsseldorf, Beschluß vom 07.07.2000, Az.: VK 12/2000, NZBau 2001, S. 46 ff. (48); *Pauly/Figgen/Hünnekens,* Gemischtwirtschaftliche Entsorgungsunternehmen, S. 86.

540 *Endler*, Privatisierungen und Vergaberecht, NZBau, 2002, S. 125 ff. (132); *Faber*, Öffentliche Aufträge an kommunalbeherrschte Unternehmen – in-house-Geschäfte oder Vergabe im Wettbewerb?, DVBl 2001, S. 248 ff. (256); *Jaeger*, Public Private Partnership und Vergaberecht, NZBau 2001, S. 6 ff. (10); VK Düsseldorf, Beschluß vom 07.07.2000, Az.: VK 12/2000, NZBau 2001, S. 46 ff. (48); *Schauenburg*, Ausschreibungspflicht und Privilegien für In-house-Geschäfte, NZBau 2002, S. 259 ff. (264 f.)

541 VK Düsseldorf, Beschluß vom 07.07.2000, Az.: VK 12/2000, NZBau 2001, S. 46 ff. (48)

542 *Dreher*, in: *Immenga/Mestmäcker* Gesetz gegen Wettbewerbsbeschränkungen, Kommentar, 3. Aufl. 2001, § 99, Rdnr. 26 ("Leistungserbringer für den oder die herrschenden öffentlichen Auftraggeber"); *Gröning*, Public Private Partnerships unter den Zwängen des Vergabe-, Gemeindewirtschafts und Wettbewerbsrechts, ZIP 2001, S. 497 ff. (502 und 503); a. A. *Boesen*, Vergaberecht, 1. Aufl. 2000, § 100, Rdnr. 103, der darauf abstellt, daß dann keiner der Beteiligten die Gesellschaft derart beherrsche, daß sie einem Organ gleichzustellen sei.

dem Einsatz der vorhandenen Ressourcen zur Erzielung eines möglichst hohen Gewinns, folgten Träger öffentlicher Verwaltung dem Minimalprinzip, wonach mit möglichst wenig Ressourcen ein Maximum an Leistung für die Allgemeinheit erbracht werden solle. Während es daher zur Durchsetzung dieser (subjektiv eingefärbten) Zweckmäßigkeitserwägungen des Trägers der öffentlichen Verwaltung gegenüber einem Privaten einer Mehrheitsbeteiligung bedürfe, sei diese bei der ausschließlichen Beteiligung von öffentlichen Auftraggebern nicht erforderlich.

Nach herrschender Literaturansicht ist eine auf der Mehrheitsbeteiligung des öffentlichen Auftraggebers beruhende Kontrolle über den Auftragnehmer – unabhängig von der Art der übrigen Gesellschafter – ausreichend, aber auch erforderlich.[543] Dies wird damit begründet, daß die In-House-Vergabe im weiteren Sinne dann als zulässig anzusehen sei, wenn sich die Beauftragung als "*interner Organisationsakt*"[544] darstelle bzw. sich der Auftragnehmer in seiner Funktion nicht von einer "*Verwaltungsabteilung*" unterscheide[545]. Dies sei dann der Fall, wenn die Stelle als "*in die Organisationsstruktur des öffentlichen Auftraggebers*[546]" eingegliedert anzusehen sei. Ohne daß dies weiter begründet würde, wird die für die Vergleichbarkeit mit einem internen Organisationsakt erforderliche Kontrolle dann angenommen, wenn der öffentliche Auftraggeber einen beherrschenden Einfluß ausübt.[547] Zur Bestimmung des beherrschenden Einflusses

---

[543] *Boesen*, Vergaberecht, 1. Aufl. 2000, § 100, Rdnr. 101; *Eschenbruch*, in: *Niebuhr/Kulartz/Kus/*Portz, Kommentar zum Vergabrecht, § 99, Rdnr. 56; *Gallwas*, Das Recht der Vergabe öffentlicher Aufträge – ein Überblick, GewArch 2000, S. 401 ff. (405); *Jasper*, Behörden Spiegel, Mai 2000 B III; *Möschel*, Privatisierung und öffentliches Vergaberecht, WuW 1997, S. 120 ff. (124); *Müller-Serten*, Gemeindewirtschafts- und Vergaberecht, NZBau 2000, S. 120 ff. (123); *Thieme*, in: *Langen/Bunte*, Kommentar zum deutschen und europäischen Kartellrecht, Bd. I, 9. Aufl. 2001, §99, Rdnr. 30 und 33, der dies allerdings auf den Fall der Organisationsprivatisierung beschränkt; Schlußanträge des Generalanwalts *Philippe Léger* vom 15.06.2000, Rs. C-94/99 (*ARGE* Gewässerschutz/Bundesministerium für Land- und Forstwirtschaft), Slg. I 2000, S. 11039 ff. (Tz. 62 f.); OVG Münster, Urteil vom 15.12.1994, Az.: 9 A 2251/93, NVwZ 1995, S. 1238 ff.

[544] *Boesen*, Vergaberecht, 1. Aufl. 2000, § 100, Rdnr. 101; *Hailbronner*, in: *Byok/Jaeger*, Kommentar zum Vergaberecht, 2000, § 99, Rdnr. 381; Marx, in: *Motzke/Pietzcker/Prieß* (Hrsg.) VOB Teil A, 2001, § 99, Rdnr. 3; *Portz*, Anwendung des Vergaberechts bei der Privatisierung kommunaler Aufgaben, BWGZ 2000, S. 191 ff. (S. 197)

[545] *Dreher*, in: *Immenga/Mestmäcker* Gesetz gegen Wettbewerbsbeschränkungen, Kommentar, 3. Aufl. 2001, § 99, Rdnr. 26; *Opitz*, Kontraktive Privatisierung und Kartellvergaberecht, ZVgR 2000, S. 97 ff. (105)

[546] *Boesen*, Vergaberecht, 1. Aufl. 2000, § 100, Rdnr. 101 ff.

[547] *Dreher*, in: *Immenga/Mestmäcker* Gesetz gegen Wettbewerbsbeschränkungen, Kommentar, 3. Aufl. 2001, § 99, Rdnr. 26; *Eschenbruch*, in: *Niebuhr/Kulartz/Kus/*Portz, Kommentar zum Vergabrecht, § 99, Rdnr. 56; *Faber*, Öffentliche Aufträge an kommunalbeherrschte Unternehmen – in-house-Geschäfte oder Vergabe im Wettbewerb?, DVBl 2000, S. 248 ff. (254);

wird zum Teil auf das Wettbewerbsrecht[548] zurückgegriffen oder gar nicht Stellung genommen[549].

Aber auch die Bedeutung des zweiten vom *EuGH* aufgestellten Kriteriums der *Tätigkeit im wesentlichen für den oder die öffentlichen Auftraggeber* ist umstritten.

Zum Teil wird die Notwendigkeit dieses zweiten Kriteriums als Voraussetzung der In-House-Vergabe im weiteren Sinne bestritten.[550] Zwischen dem Erbringen von Leistungen für Außenstehende als zusätzlicher Einnahmequelle oder gar geschäftlicher Betätigung einerseits und der Beziehung zwischen dem Unternehmen und dem öffentlichen Auftraggeber andererseits bestehe nämlich kein sachlicher Zusammenhang.[551] Jedoch erkennt auch diese Auffassung letztlich die Notwendigkeit dieses Kriteriums an, indem sie einräumt, daß eine Rückwirkung nur dann sachfremd sei, wenn sich der Charakter der Verwaltungseinheit dadurch nicht verändere.[552] Das heißt jedoch – in der Terminologie dieser Auffassung gesprochen –, daß gerade die Veränderung des Charakters der Verwaltungseinheit dazu führt, daß eine mit einer internen Delegation vergleichbare Beauftragung nicht mehr vorliegt. Dies bedeutet letztlich die Anerkennung des Zusammenhangs zwischen geschäftlicher Betätigung einerseits und der Beziehung zwischen dem Unternehmen und dem öffentlichen Auftraggeber andererseits und damit die Anerkennung der Notwendigkeit dieses Kriteriums.[553]

Aber auch soweit die Notwendigkeit dieses Kriteriums anerkannt wird, ist seine Bedeutung umstritten. Ein Teil der Literatur scheint diesem Kriterium die Be-

---

Gallwas, Das Recht der Vergabe öffentlicher Aufträge – ein Überblick, GewArch 2000, S. 401 ff. (405); *Gröning*, Public Private Partnerships unter den Zwängen des Vergabe-, Gemeindewirtschafts und Wettbewerbsrechts, ZIP 2001, S. 497 ff. (502), *Portz*, Anwendung des Vergaberechts bei der Privatisierung kommunaler Aufgaben, BWGZ 2000, S. 191 ff. (197); *Stapenhorst*, Outsourcing und Vergaberecht, VergR 3/97, Vergabe Special, S. V ff. (VIII)

548 *Eschenbruch*, in: *Niebuhr/Kulartz/Kus/*Portz, Kommentar zum Vergabrecht, § 99, Rdnr. 50 ff., insb. Rdnr. 55

549 *Dreher*, in: *Immenga/Mestmäcker* Gesetz gegen Wettbewerbsbeschränkungen, Kommentar, 3. Aufl. 2001, § 99, Rdnr. 26

550 *Boesen*, Vergaberecht, 1. Aufl. 2000, § 100, Rdnr. 97

551 *Boesen*, Vergaberecht, 1. Aufl. 2000, § 100, Rdnr. 97

552 *Boesen*, Vergaberecht, 1. Aufl. 2000, § 100, Rdnr. 97

553 Wie noch zu zeigen sein wird, folgt die Rechtfertigung der In-House-Vergabe im weiteren Sinne gerade aus diesem sachlichen Zusammenhang zwischen der Beziehung des öffentlichen Auftraggebers mit dem Leistungserbringer und der ausschließlichen Tätigkeit für den öffentlichen Auftraggeber. Letztere führt dazu, daß der Auftragnehmer auf dem Markt nicht zu anderen Leistungserbringern in Konkurrenz tritt, so daß der Leistungsbezug durch den öffentlichen Auftraggeber keine vom Sinn und Zweck der Koordinierungsrichtlinie geschützten Wettbewerbsbeeinträchtigungen entfaltet. Vgl. § 5C.IV.3.b, S. 219 ff.

deutung beizumessen, das Kriterium des internen Organisationsaktes näher zu bestimmen. So wird zum Teil vertreten, daß sich das Wesen eines rechtlich unselbständigen Leistungserbringers gerade dadurch auszeichne, ausschließlich für den öffentlichen Auftraggeber tätig zu werden und nicht am Markt aufzutreten.[554] Nach anderer Ansicht führe erst das Ausschließlichkeitsverhältnis zu einer solchen Abhängigkeit des Auftragnehmers, die es rechtfertige, diesen als so unselbständig einzustufen, daß eine eigene Leistung des öffentlichen Auftraggebers angenommen werden kann.[555]

Vor dem Hintergrund der ungeklärten Auslegungsfragen im Zusammenhang mit den vom *EuGH* in der Rs. *Teckal* aufgestellten Kriterien stellt ein Teil der Literatur aufgrund der Ähnlichkeit dieser Kriterien mit den Voraussetzungen des Art. 13 SKR[556] zur Konkretisierung auf den in Art. 13 SKR zum Ausdruck kommenden allgemeinen Rechtsgedanken ab.[557] Als verallgemeinerungsfähiger Rechtsgedanke sei Art. 13 SKR zur Konkretisierung des Kontrollmaßstabs und/oder des Kriteriums der Tätigkeit im wesentlichen für den öffentlichen Auftraggeber heranzuziehen.[558] Dies würde bedeuten, daß die mitgliedstaatliche Leistungserbringung durch selbständige staatliche Organisationsformen klassi-

---

[554] *Dreher*, in: *Immenga/Mestmäcker* Gesetz gegen Wettbewerbsbeschränkungen, Kommentar, 3. Aufl. 2001, § 99, Rdnr. 26, FN 48

[555] Schlußanträge des Generalanwalts *Philippe Léger* vom 15.06.2000, Rs. C-94/99 (*ARGE* Gewässerschutz/Bundesministerium für Land- und Forstwirtschaft), Slg. I 2000, S. 11039 ff. (Tz. 72, 73)

[556] Vgl. § 4B.III, S. 133 ff.

[557] *Marx*, Verlängerung bestehender Verträge und Vergaberecht, Tagungsband "Zweiter Düsseldorfer Vergaberechtstag am 28.06.2001", Ministerium für Wirtschaft und Mittelstand, Energie und Verkehr des Landes Nordrhein-Westfalen, S. 65 ff. (74) zieht Art. 13 SKR sowohl zur Konkretisierung der Kontrolle als auch des Wesentlichkeitskriteriums heran.

Eschenbruch, in: *Niebuhr/Kulartz/Kus/*Portz, Kommentar zum Vergabrecht, § 99, Rdnr. 57; *Endler*, Privatisierungen und Vergaberecht, NZBau, 2002, S. 125 ff. (132); *Faber*, Öffentliche Aufträge an kommunalbeherrschte Unternehmen – in-house-Geschäfte oder Vergabe im Wettbewerb?, DVBl 2000, S. 248 ff. (254); *Gallwas*, Das Recht der Vergabe öffentlicher Aufträge – ein Überblick, GewArch 2000, S. 401 ff. (406) verweisen lediglich zur Konkretisierung der Tätigkeit im wesentlichen für den öffentlichen Auftraggeber auf Art. 13 SKR.

[558] *Marx*, Verlängerung bestehender Verträge und Vergaberecht, Tagungsband "Zweiter Düsseldorfer Vergaberechtstag am 28.06.2001", Ministerium für Wirtschaft und Mittelstand, Energie und Verkehr des Landes Nordrhein-Westfalen, S. 65 ff. (74) zieht Art. 13 SKR sowohl zur Konkretisierung der Kontrolle als auch des Wesentlichkeitskriteriums heran.

Eschenbruch, in: *Niebuhr/Kulartz/Kus/*Portz, Kommentar zum Vergabrecht, § 99, Rdnr. 57; *Endler*, Privatisierungen und Vergaberecht, NZBau, 2002, S. 125 ff. (132); *Faber*, Öffentliche Aufträge an kommunalbeherrschte Unternehmen – in-house-Geschäfte oder Vergabe im Wettbewerb?, DVBl 2000, S. 248 ff. (254); *Gallwas*, Das Recht der Vergabe öffentlicher Aufträge – ein Überblick, GewArch 2000, S. 401 ff. (406) verweisen lediglich zur Konkretisierung der Tätigkeit im wesentlichen für den öffentlichen Auftraggeber auf Art. 13 SKR.

scher öffentlicher Auftraggeber zulässig ist, wenn eine Beauftragung in einem der Fälle des Art. 13 Abs. 1 lit. a) oder b) i.V.m. Art 1 Nr. 3 i.V.m. Art. 1 Nr. 2 SKR[559] gegeben ist und das beauftragte Unternehmen 80% seines Umsatzes innerhalb der Gemeinschaft innerhalb der letzten drei Jahre mit der an den mit ihm verbundenen öffentlichen Auftraggeber erbrachten Leistung erzielt hat.

2. Bewertung der Kriterien der funktionalen Betrachtungsweise für eine In-House-Vergabe im weiteren Sinne

Allerdings lassen die vorgeschlagenen Kriterien eine rechtssichere Abgrenzung der ausschreibungsfreien Eigenleistung von der ausschreibungspflichtigen Leistungsbeschaffung am Markt nicht zu. Vielmehr ist dem von der funktionalen Betrachtungsweise zur Begründung der In-House-Vergabe im weiteren Sinne vorgeschlagene Vergleich mit einem internen Organisationsakt, der den Binnenbereich der Verwaltung nicht verläßt, das Problem immanent, daß es ein einheitliches Kriterium, mit dem sich positiv beschreiben ließe, wann eine Stelle dem Binnenbereich der Verwaltung zuzurechnen sei, nicht gibt (vgl. § 4C.III.2.a.). Aber auch eine Konkretisierung der vom *EuGH* aufgestellten Voraussetzungen der In-House Vergabe im weiteren Sinne anhand von Art. 13 SKR ist abzulehnen (vgl. § 4C.III.2.b.).

a. Das Problem der positiven Abgrenzung des Binnenbereichs der Verwaltung

So führt die von Generalanwalt *Alber* vorgeschlagene Abgrenzung anhand des Zwecks der Beauftragung zur interorganischen Aufgabenübertragung zu kaum lösbaren Abgrenzungsschwierigkeiten. Dies zeigt ein Blick auf die Rechtsprechung des *EuGH* zur Behandlung konzerninterner Wettbewerbsabsprachen, die der In-House-Vergabe im weiteren Sinne vergleichbar ist.[560] Der *EuGH* hatte zunächst zur Begründung der Privilegierung konzerninterner Wettbewerbsabsprachen ebenfalls darauf abgestellt, daß solche Vereinbarungen nur dann privilegiert seien, wenn sie auch der internen Aufgabenübertragung dienen.[561] Das zweckgebundene Kriterium der internen Aufgabenübertragung hat der *EuGH* wegen der damit verbundenen Abgrenzungsschwierigkeiten schließlich fallen

---

[559] Vgl. § 3C.II.2, S. 111 ff.

[560] Vgl. § 5C.IV.3.a., S. 210 ff.

[561] *EuGH*, Urteil vom 31.10.1974, Rs. 15/74 (Centrafarm/Sterling Drug), Slg. 1974, S. 1147 ff. (Tz. 41); *EuGH* Urteil vom 31.10.1974, Rs. 16/74 (Centrafarm/Winthrop), Slg. 1974, S. 1183 ff. (Tz. 32), *EuGH* Urteil vom 04.05.1988, Rs. 30/87 (Bodson), Slg. 1988, S. 2479 ff. (Tz. 20); Schlußanträge des Generalanwalts *Lenz* vom 25.04.1996 in der Rs. C 73/95 (Viho Europe BV/Kommission), Slg. 1996, S. 5459 ff. (Tz. 38, 39, 43, 44, 45)

lassen.[562] Er stellt nunmehr – ebenso wie die herrschende Literatur[563] – allein darauf ab, ob der Sinn und Zweck des Wettbewerbsrechts durch die Vereinbarung beeinträchtigt ist oder nicht[564].

Gegen das von der Literatur angeführte Beherrschungskriterium zur Konkretisierung der Kontrolle wie über eine eigene Dienststelle spricht zunächst der Vergleich mit dem nationalen Aktienrecht. Nach §§ 319 ff. AktG ist eine beherrschte Gesellschaft nur dann einer Verwaltungsabteilung vergleichbar, wenn eine Eingliederungsmöglichkeit nach §§ 319 ff. AktG besteht.[565] Nach § 319 Abs. 1 bzw. § 320 Abs. 1 AktG kann die Hauptversammlung einer Aktiengesellschaft die Eingliederung der (beherrschten) Gesellschaft beschließen, wenn sich alle Aktien der einzugliedernden Gesellschaft in der Hand der zukünftigen Hauptgesellschaft befinden oder die Hauptgesellschaft Aktien im Wert von 95% des Grundkapitals in den Händen hält. Für die Beschlußfassung ist eine Mehrheit erforderlich, die drei Viertel des bei der Beschlußfassung vertretenen Grundkapitals umfaßt.[566] Dies belegt, daß eine beherrschte Aktiengesellschaft jedenfalls nicht schon dann mit einer Betriebsabteilung zu vergleichen ist, wenn sie dem beherrschenden Einfluß der Hauptgesellschaft unterliegt. Eine Vergleichbarkeit mit einer Verwaltungsabteilung ist erst bei einer qualifizierten Beherrschung der Tochtergesellschaft durch die Hauptgesellschaft gegeben.[567] Damit kann jedenfalls gesagt werden, daß das Beherrschungskriterium, sofern weniger als eine qualifizierte Beherrschung gefordert wird, nicht dazu herangezogen werden kann, das von der Rechtsprechung des *EuGH* vorgeschlagene Kriterium der Kontrolle wie über eine eigene Dienststelle zu konkretisieren.

---

[562] *Fleischer*, Konzerninterne Wettbewerbsbeschränkungen und Kartellverbot, Die AG 1997, S. 491 ff. (496); Schlußanträge des Generalanwalts *Lenz* vom 25.04.1996 in der Rs. C 73/95 (Viho Europe BV/Kommission), Slg. 1996, S. 5459 ff. (Tz. 71)

[563] *Bunte*, in: *Langen/Bunte*, Kommentar zum deutschen und europäischen Kartellrecht, Bd. I, 9. Aufl. 2001, Art. 81, Rdnr. 10; *Fleischer*, Konzerninterne Wettbewerbsbeschränkungen und Kartellverbot, Die AG 1997, S. 491 1 ff. (493); *Gleiss/Hirsch*, Kommentar zum EG-Kartellrecht, Bd. I, 4. Aufl. 1993, Art. 85 (1), Rdnr. 190 und 55; *Schroeder*, Die Anwendung des Kartellverbots auf verbundene Unternehmen, WuW 1988, S. 274 ff.(276); *Weiß*, in: *Calliess/Ruffert* (Hrsg.) Kommentar zu EU-Vertrag und EG-Vertrag, 1999, Art. 81, Rdnr. 85 ff.; *Zimmer*, Gesetz gegen Wettbewerbsbeschränkungen, Kommentar, 3. Aufl. 2001, § 1, Rdnr. 50 und 147 ff.

[564] *EuGH* Urteil vom 24.10.1996, Rs. C-73/95 (Viho Europe BV/Kommission), Slg. I 1996, S. 5482 ff. (Tz. 50)

[565] *Hüffer*, Aktiengesetz, 4. Aufl., § 319, Rdnr. 2

[566] Vgl. § 319 Abs. 2 AktG

[567] §§ 319 ff. AktG sind unstreitig nicht auf die GmbH anwendbar, vgl. *Lutter/Hommelhoff*, GmbH-Gesetz, 15. Aufl. , 2000, Anh. zu § 13, Rdnr. 88.

Gegen das von Generalanwalt *La Pergola* in der Rs. *Gemeente Arnhem und Rheden* herangezogene Kriterium des Privatisierungswillens des öffentlichen Auftraggebers spricht, daß es als *subjektives* Kriterium keine rechtssichere Abgrenzung der ausschreibungspflichtigen Auftragsvergabe von der ausschreibungsfreien In-House-Vergabe ermöglicht. Zwar verweist Generalanwalt *La Pergola* darauf, daß sich der Wille des öffentlichen Auftraggebers objektiv in der Gesellschafts- und Finanzstruktur des Leistungserbringers manifestiere müsse. Damit setzt er sich jedoch – ebenso wie Generalanwalt *Cosmas* mit dem Kriterium der hierarchischen Kontrolle und die Literatur bzw. der *EuGH* mit dem Kriterium der Kontrolle wie über eine eigene Dienststelle – dem grundsätzlichen Problem dieser Abgrenzung aus. Dieses besteht darin, den Maßstab der Kontrolle, die den Binnenbereich der Verwaltung der Mitgliedstaaten ausmacht, positiv bestimmen zu müssen.

Die Schwierigkeit dieses Ansatzes zeigen schon die zahlreichen (gescheiterten) Versuche einer positiven Bestimmungen des Verwaltungsbegriffs.[568]

Zudem müßte dieser Kontrollmaßstab anhand gemeinschaftsrechtlicher Kriterien entwickelt werden, um die Anwendbarkeit der Koordinierungsrichtlinien nicht in das Belieben der Mitgliedstaaten zu stellen. Zur Entwicklung gemeinschaftsrechtlicher Kriterien ließe sich die Verwaltungsstruktur auf Gemeinschaftsebene einerseits und die Verwaltungsstruktur der Mitgliedstaaten andererseits heranziehen.

Betrachtet man die Verwaltungsstruktur auf Gemeinschaftsebene, so findet sich z.B. der vom *EuGH* in der Rs. *Teckal* verwendete Begriff der "Dienststelle" in Art. 218 Abs. 2 EG.[569] Art. 218 Abs. 2 EG ermächtigt die Kommission zum Erlaß einer Geschäftsordnung[570] (GO). Er enthält eine Organisationsermächtigung, die das ordnungsgemäße Arbeiten der Kommission und ihrer Dienststellen nach Maßgabe des EG-Vertrages gewährleisten soll.[571] Nach Art. 17 Abs. 1 GO steht der Kommission eine einheitliche Verwaltung zur Durchführung ihrer Amtstätigkeit zur Verfügung. Nach Art. 18 Abs. 1 GO sind die Dienststellen der Kom-

---

568 *Wolff/Bachof/Stober*, Verwaltungsrecht Bd. I, 11. Aufl. 1999, § 2 Rdnr. 1 ff.

569 Zwar finden sich auf gemeinschaftsrechtlicher Ebene vereinzelt Vorschriften im EG, die das Organisationsrecht der Gemeinschaft regeln, wie z.B. Art. 7 EG hinsichtlich der Bildung der Hauptorgane der Gemeinschaft. Unterhalb dieser Hauptorgane ist es jedoch weitgehend den Hauptorganen selbst, und damit dem Sekundärrecht, überlassen, die Organisationsstruktur zu untergliedern, vgl. *Hilf*, Die Organisationsstruktur der Europäischen Gemeinschaften, S. 24.

570 AblEG 1993 Nr. L 230, S. 16 ff. vom 11.09.1993

571 *Hilf*, Die Organisationsstruktur der Europäischen Gemeinschaften, S. 68

mission in Generaldirektionen und gleichgestellte Dienste[572], diese in Direktionen, und die Direktionen wiederum in Referate[573] (früher Abteilungen) unterteilt[574]. Dieser Verwaltungsaufbau, der sich durch eine hierarchische Struktur auszeichnet[575], scheint dem vom *EuGH* formulierten Kriterium der *Kontrolle wie über eine eigene Dienststelle* zugrunde zu liegen. Es würde auch dem Kriterium der hierarchischen Kontrolle des Generalanwalts *Cosmas* entsprechen. Hieraus ließe sich schließen, daß zentrales Kriterium für die Zugehörigkeit einer leistungserbringenden Stelle zur mitgliedstaatlichen Verwaltung die Weisungsabhängigkeit von der übergeordneten Stelle ist. Danach müßte die Verbundenheit zwischen öffentlichem Auftraggeber und dem rechtlich selbständigen Auftragnehmer so ausgestaltet sein, daß dieser dem Leistungserbringer Weisungen erteilen kann.[576] Für diese Abgrenzung würde auch sprechen, daß es sich bei der Weisung um ein einseitiges Rechtsgeschäft handelt. Dies ließe sich als Kennzeichen eines ausschreibungsfreien interorganischen Organisationsakts dann gut vom zweiseitigem Rechtsgeschäft des Auftrags, das Voraussetzung für die Eröffnung des sachlichen Anwendungsbereichs der Koordinierungsrichtlinien ist, abgrenzen.

Jedoch ist zu bedenken, daß der Kontrollmaßstab der Weisung lediglich einen Teilbereich der Verwaltung der Europäischen Gemeinschaft beschreibt und die Wahl des Weisungskriteriums daher als willkürlich gewählt erscheinen würde. Die Entwicklung der Organisationsstruktur der Europäischen Gemeinschaft folgt nämlich keiner geschlossenen Organisationsplanung und keinem einheitlichen bzw. vorgegebenen Ordnungssystem.[577] Sie bietet vielmehr ein weitaus vielfältigeres Bild als dasjenige der *Dienststelle*. Es ist gekennzeichnet von Unter- und Nebenorganen, Hilfsorganen, Behörden, Dienststellen, Einrichtungen, Ämtern und Ausschüssen, die sich nur unter Inkaufnahme von Abgrenzungsschwierigkeiten in Haupt-, Neben- und Unterorgane sowie Glieder systematisie-

---

572 Gleichgestellte Dienste sind z.B. der Juristische Dienst, der übergreifend für die gesamte Tätigkeit der Kommission zuständig ist.

573 Vgl. Art. 18 Abs. 2 GO

574 Hinzu kommen eine Vielzahl von nachgeordneten Behörden ,vgl. *Hummer*, in: *Grabitz/Hilf* Kommentar zur Europäischen Union, Archivband II, Stand 14.Oktober 1999, Art. 162 (a.F.) Rdnr. 112 ff.) und Ausschüsse sowie die Vertretungen der Kommission in den Mitgliedstaaten, vgl. *Ruffert*, in: *Calliess/Ruffert* (Hrsg.) Kommentar zu EU-Vertrag und EG-Vertrag, 1999, Art. 218, Rdnr. 8.

575 *Hummer*, in: *Grabitz/Hilf* Kommentar zur Europäischen Union, Archivband II, Stand 14.Oktober 1999, Art. 162 (a.F.) Rdnr. 63

576 In Deutschland wäre dies z.B. im Falle einer gesellschaftsrechtlichen Eingliederung nach § 319 AktG der Fall oder bei Vorliegen eines Beherrschungsvertrags im Sinne von § 291 AktG.

577 *Hilf*, Die Organisationsstruktur der Europäischen Gemeinschaften, S. 293

ren und keinen einheitlichen Kontrollmaßstab der mit der Organschaffungskompetenz betrauten Stelle gegenüber dem Organ aufweisen.[578] Den organisationskompetenten Organen stehen nämlich durch die Gestaltung der Organkompetenz (z. B. durch Übertragung nur eines Teils der Kompetenz), der Organstruktur (d.h. der Geschäftsordnung und Kollegialorgane sowie deren Besetzung), des Entscheidungsverfahrens (z.B. durch Genehmigungsvorbehalte) und der (repressiven Rechts- bzw. Fach-) Aufsicht eine Reihe von Möglichkeiten der Kontrolle über das zu schaffende Organ zur Verfügung. Entsprechend der Vielzahl der Gestaltungsmöglichkeiten ist auch die Bandbreite der Kontrolldichte der übergeordneten Stelle über die nachgeordnete Stelle. Ein einheitliches Kriterium der Kontrolle, das den Binnenraum der Verwaltung der Gemeinschaft kennzeichnet, läßt sich daher nicht ableiten.

Auf der Ebene der Verwaltungsstruktur der Gemeinschaft ist das einheitliche Kriterium der Weisungsbefugnis des öffentlichen Auftraggebers gegenüber der leistungserbringenden Stelle aber auch aus einem weiteren Grund abzulehnen. Eine Weisungsbefugnis ist vor allem gegenüber hierarchisch eingegliederten *nachgeordneten* Organteilen anzunehmen. Ein Leistungsbezug innerhalb der Verwaltung ist jedoch auch von *nebengeordneten* Organteilen oder Organen bzw. deren nachgeordneten Organteilen denkbar ist. Diesen gegenüber besteht jedoch kein Weisungsrecht des öffentlichen Auftraggebers. Auch ist im Verhältnis zu Unterorganen bzw. Hilfsorganen ein Weisungsrecht nicht in jedem Fall anzunehmen, da diese Befugnis mit zunehmender Selbständigkeit der Organisationseinheit, z.B. durch eigene Zuständigkeiten oder durch die Besetzung mit organfremden Personen, abnimmt und durch eine mehr oder weniger befugnisreiche Aufsicht[579] ersetzt wird. Diese stellt lediglich Prüfungs- und Einwirkungsbefugnisse zur Verfügung, um zu kontrollieren, ob das jeweilige Organ die Grenzen des Rechts eingehalten hat, nicht aber ein Weisungsrecht.

Aber auch den Verwaltungssystemen der Mitgliedstaaten läßt sich kein einheitliches Kriterium entnehmen, das deren Binnenstruktur kennzeichnet und auf das zur Beschreibung eines internen Organisationsaktes zurückgegriffen werden

---

[578] *Hilf*, Die Organisationsstruktur der Europäischen Gemeinschaften, S. 12 ff. und 24 ff.

[579] Im Rahmen der Aufsicht ist zwischen der organinternen Aufsicht über Organteile, die auch ungeschrieben anzuerkennen sein dürfte, und der exemplarisch in (Ex) Art. 53 Abs. 1 EG für die Versorgungsagentur ausgestalteten Aufsicht über verselbständigte Organistaionseinheiten, d.h. über Unter- und Nebenorgane sowie Glieder derselben Organisation, zu unterscheiden. Die Aufsicht umfaßt sowohl die Mittel der Rechts- als auch der Fachaufsicht, was für jede Form eines Unterorgans möglich sein dürfte, da die Folgen eines Fehlverhaltens stets das übergeordnete Organ treffen, vgl. *Hilf*, Die Organisationsstruktur der Europäischen Gemeinschaften, S. 327 ff.

könnte. Die Verwaltungsorganisationen der Mitgliedstaaten[580] sind ebenso durch eine weitgehende Aufgliederung der Organisationsstrukturen charakterisiert[581].

Allein das Bild der öffentlichen Verwaltung der Bundesrepublik ist so vielgestaltig, daß die Ermittlung eines die Verwaltungsstruktur kennzeichnenden einheitlichen Kriteriums der Kontrolle nicht möglich ist.[582] Insbesondere scheitert die Zurechnung zur Verwaltung auch nicht am Fehlen eines Weisungsrechts gegenüber einer Stelle, wie z.B. in den Fällen der Verwaltung in Privatrechtsform als Ausdruck einer ausdifferenzierten und pluralisierten Verwaltungsstruktur.[583]

Auch aus den Verwaltungsstrukturen der anderen Mitgliedstaaten läßt sich kein einheitliches Kriterium ableiten, daß die Binnenstruktur der Verwaltung charakterisieren könnte, da die Entwicklung der Verwaltungsstrukturen in den Mitgliedstaaten nicht anhand von ableitbaren Grundsätzen, sondern aufgrund von Erfahrungen sowie anhand von Pragmatik und Dynamik erfolgt.[584] Daher fehlt es schon aus diesem Grund an einer Vergleichbarkeit der Verwaltungsstrukturen der Mitgliedstaaten, die zur Entwicklung eines einheitlichen Maßstabs erforderlich wäre. Zudem sind die Mitgliedstaaten durch eine unterschiedliche Größe der zentralen Verwaltung gekennzeichnet, die eine unterschiedliche Ausgestaltung bedingen, so daß es auch aus diesem Grund an einer Vergleichbarkeit fehlt.[585] Darüber hinaus zeichnen sich die Verwaltungsstrukturen dadurch aus, daß sie – unabhängig von der Organisationsform als rechtlich selbständige oder unselbständige Einheiten – unterschiedliche Grade der Selbständigkeit besitzen.

---

580 Vgl. hierzu die umfassende Darstellung bei *Hilf*, Die Organisationsstruktur der Europäischen Gemeinschaften, S. 254 ff. und *Schwarze*, Europäisches Verwaltungsrecht, Bd. I, S. 95 ff.

581 *Hilf*, Die Organisationsstruktur der Europäischen Gemeinschaften, S. 290

582 Vgl. zum Versuch einer am Kriterium der staatlichen Bestimmngsmacht orientierten Einteilung *Schuppert*, Die Erfüllung öffentlicher Aufgaben durch verselbständigte Verwaltungseinheiten, 1981, S. 168 ff., der nach dem Grad der Abhängigkeit unterscheidet zwischen (1) der bundesunmittelbaren Verwaltung für die die Weisungsgebundenheit maßgeblich ist, (2) stark abhängigen quasi-organisatorischen privatrechtsformigen Organisationsformen die aus Zweckmäßigkeitsgründen entstanden sind, (3) juristischen Personen des öffentlichen Rechts innerhalb derer nach dem Grad der Aufsichtsbefugnisse zu differenzieren ist, (4) privatrechtsförmigen von Haushaltsmitteln abhängige Organisatsioneinheiten, (5) fast-staatlichen privatrechtsförmigen Organisatsioneinheiten, die zwar von öffentlichen Mitteln abhängig, aber im privaten Bereich stark verwurzelt und Selbständigkeitsmechanismen haben, (6) privatrechtlich organisierten mit größerer Unabhängigkeit ausgestatteten Zweckschöpfungen für Bereiche mit gewisser Eigengesetzlichkeit und (7) nichtstaatlichen Organisationsformen, die aufgrund von Fördermitteln in gewisser Abhängigkeit stehen.

583 *Möstl*, Grundrechtsbindung öffentlicher Wirtschaftstätigkeit, S. 99

584 *Hilf*, Die Organisationsstruktur der Europäischen Gemeinschaften, S. 290

585 *Hilf*, Die Organisationsstruktur der Europäischen Gemeinschaften, S. 290

Selbst bei Vergleichbarkeit der Verwaltungsstruktur wäre es daher unmöglich, einen einheitlichen Kontrollmaßstab zu definieren.

Im Ergebnis folgt daraus, daß es aufgrund der Vielgestaltigkeit der Verwaltungsstrukturen auf Gemeinschaftsebene einerseits und auf der Ebene der Mitgliedstaaten andererseits keinen gemeinschaftsrechtlich einheitlichen Maßstab gibt, der die Binnenstruktur der Verwaltung kennzeichnet. Damit fehlt es im Ergebnis an einem Kriterium, das den internen Organisationsakt, der von der funktionalen Betrachtungsweise als Vergleichsmaßstab für die Beurteilung einer ausschreibungsfreien Eigenleistung herangezogen wird, kennzeichnen könnte.

Aus diesem Grund ist auch ein Verständnis des Kriteriums der ausschließlichen Tätigkeit für den öffentlichen Auftragnehmer abzulehnen, wonach es gerade das Wesen eines rechtlich unselbständigen Leistungserbringers innerhalb der Verwaltungsorganisation ist, ausschließlich für den öffentlichen Auftraggeber tätig zu werden und nicht am Markt aufzutreten. Wie schon die Kommission im Rahmen des Gesetzgebungsverfahrens darlegte, werden unselbständige Stellen gerade nicht ausschließlich für öffentliche Auftraggeber tätig, sondern bieten in vielen Fällen insbesondere ihre Dienstleistungen am Markt an.[586] Dieses Kriterium kann, so verstanden, daher die Verwaltung ebensowenig einheitlich beschreiben wie das Kontrollkriterium. Mangels eines die Verwaltung beschreibenden einheitlichen Kontrollmaßstabs ist aber auch ein Verständnis des Ausschließlichkeitskriteriums abzulehnen, das darin eine Verstärkung der wirtschaftlichen Abhängigkeit als Voraussetzung für die Zurechnung zur staatlichen Sphäre sieht. Auch diese Ansicht setzt sich dem Vorwurf aus, positiv zu bestimmen, was die staatliche Sphäre ausmacht. Zudem kann die wirtschaftliche Abhängigkeit vom öffentlichen Auftraggeber z.B. auch bei Privaten gegeben sein, die ihre Leistungen ausschließlich an öffentliche Auftraggeber erbringen. Die wirtschaftliche Abhängigkeit eines Leistungserbringers sagt daher nichts darüber aus, welche Relevanz die ausschließliche Leistungserbringung an den öffentlichen Auftraggeber im Verhältnis zur Erreichung des Sinn und Zwecks der Koordinierungsrichtlinien hat.

Im Ergebnis ist daher die Abgrenzung der funktionalen Betrachtungsweise zwischen der ausschreibungspflichtigen Leistungsbeschaffung am Markt von der ausschreibungsfreien Eigenleistung danach, ob die Beauftragung eines mit dem öffentlichen Auftraggeber verbundenen Unternehmens mit einem internen Organisationsakt bzw. einer internen Delegation vergleichbar ist, abzulehnen. Der

---

[586] Begründungserwägung Nr. 83 des Vorschlags für eine Richtlinie des Rates über die Koordinierung der Verfahren zur Vergabe öffentlicher Dienstleistungsaufträge, KOM (90) 372; Ratsdokument 10958/90, abgedruckt als BR-Drucksache, 13/91 vom 10.01.1991

Vergleich der Beauftragung eines rechtlich selbständigen Auftragnehmers mit einem internen Organisationsakt zur Beurteilung des Anwendungsbereichs der Koordinierungsrichtlinien macht es erforderlich, ein einheitliches Kriterium zu bestimmen, das den Binnenraum der Verwaltung, dem der Auftagnehmer zuzurechnen sein muß, beschreibt. Aufgrund der Vielgestaltigkeit der Verwaltungsorganisation der Europäischen Union und der Mitgliedstaaten, die sich durch eine nur schwer systematisierbare Vielzahl von mehr oder weniger verselbständigten Organisationseinheiten auszeichnet, ist die Ermittlung eines einheitlichen, die Verwaltungsorganisation ausmachenden Kriteriums unmöglich. Selbst bei einem Rekurs auf das in der Organisationsstruktur der im EG-Vertrag angesprochenen Dienststelle angelegten Weisungskriteriums, würde willkürlich ein Teil der Verwaltung zum Maßstab erhoben. Darüber hinaus führt das Fehlen einer Weisungsbefugnis nicht dazu, daß die Zurechnung dieser Stelle zur öffentlichen Verwaltung entfällt.

b. Art. 13 SKR als verallgemeinerungsfähiger Rechtsgedanke

Insoweit von Teilen der Literatur zur Konkretisierung der vom *EuGH* aufgestellten Kriterien auf den in Art. 13 SKR enthaltenen Rechtsgedanken verwiesen wird, ist dies ebenfalls abzulehnen.

Die Heranziehung von Art. 13 SKR wird damit begründet, daß Art. 13 SKR als Ausnahmevorschrift nur verständlich sei, wenn den Koordinierungsrichtlinien neben der Öffnung der Beschaffungsmärkte eine wettbewerbspolitische Zielsetzungen zugeschrieben werden könnte, durch Umorganisation der Konzernstrukturen von Versorgungsunternehmen Wettbewerb in diese Strukturen hineinzutragen.[587] Gerade diese wettbewerbspolitische Zielsetzung komme den Koordinierungsrichtlinien jedoch nicht zu. Wettbewerb sei nicht Ziel der Koordinierungsrichtlinien, sondern Mittel zum Zweck, das Ziel der Marktöffnung zu erreichen.[588] Daß die Richtlinien auch keine über die Marktöffnung hinausgehende Sachpolitik im Bereich der Sektoren betreiben wollten, belege auch Art. 9 SKR.[589] Danach unterliege auch die Beschaffung der Vorprodukte für die Versorgung mit Wasser und Energie nicht dem Vergaberecht. Art. 13 SKR schütze damit gerade die Konzernstruktur innerhalb der Sektorenauftraggeber vor dem

---

[587] *Marx*, Verlängerung bestehender Verträge und Vergaberecht, Tagungsband "Zweiter Düsseldorfer Vergaberechtstag am 28.06.2001", Ministerium für Wirtschaft und Mittelstand, Energie und Verkehr des Landes Nordrhein-Westfalen, S. 65 ff. (76)

[588] *Marx*, Verlängerung bestehender Verträge und Vergaberecht, Tagungsband "Zweiter Düsseldorfer Vergaberechtstag am 28.06.2001", Ministerium für Wirtschaft und Mittelstand, Energie und Verkehr des Landes Nordrhein-Westfalen, S. 65 ff. (76)

[589] Art. 9 SKR wurde durch § 9 Abs. 5 VgV in nationales Recht umgesetzt.

Wettbewerb und habe damit die Abgrenzung zwischen Eigenleistung und öffentlicher Auftragsvergabe über den Bereich der Sektorenauftraggeber hinaus vorgezeichnet.[590]

Wie schon die Prüfung der analogen Anwendung des Art. 13 SKR gezeigt hat, beinhaltet Art. 13 SKR jedoch keinen die In-House-Vergabe legitimierenden Rechtsgedanken.[591]

Mit Art. 13 SKR sollte die Konzernstruktur der Versorgungsunternehmen anerkannt werden. Insoweit diese nach Art. 13 SKR Dienstleistungen ausschreibungsfrei an verbundene Unternehmen vergeben dürfen, sind diese Konzernstrukturen in der Tat auch vor Wettbewerb geschützt. Der Grund dieser Privilegierung liegt – wie die Prüfung der analogen Anwendung des Art. 13 SKR gezeigt hat – darin, daß die privilegierte Dienstleistung, wie z.B. ein besonderes Know-how, einen Wettbewerbsvorteil für den Konzern darstellt, weil es sich um eine besondere nur ihm zur Verfügung stehende Dienstleistung handelt. Die Konzerne sollten daher im Dienstleistungsbereich nicht gezwungen werden, diese Leistungen ausschreiben zu müssen, um die Wettbewerbsfähigkeit der Konzerne nicht zu beeinträchtigen. Der mit der Dienstleistung verbundene Wettbewerbsvorteil ginge verloren, wenn das dienstleistende Unternehmen, diese Leistung auch an Dritte vermarkten würde. Dann hätten auch Konkurrenten des Konzerns Zugang zu dieser Dienstleistung. Der für die Wettbewerbsfähigkeit des Konzerns maßgebliche ausschließliche Zugang zu dieser Dienstleistung ginge verloren.[592] Der Wettbewerbsvorteil würde entfallen. Dementsprechend gilt Art. 13 SKR daher nur

---

[590] *Marx*, Verlängerung bestehender Verträge und Vergaberecht, Tagungsband "Zweiter Düsseldorfer Vergaberechtstag am 28.06.2001", Ministerium für Wirtschaft und Mittelstand, Energie und Verkehr des Landes Nordrhein-Westfalen, S. 65 ff. (77)

[591] Denn ausweislich der Begründung zu Art. 13 SKR sollte dieser zwar der Anerkennung der Konzernstruktur der Versorgungsunternehmen dienen, jedoch nur insoweit diese vor Wettbewerb schützen, wie dies zur Erhaltung der Wettbewerbsfähigkeit der Sektorenauftraggeber notwendig ist, nämlich für spezielle Dienstleistungen, die aufgrund der für das Unternehmen geltenden Besonderheit nicht am Markt bezogen werden können und die aufgrund ihrer Besonderheit den Wettbewerbsvorteil dieses Unternehmens ausmachen, diesen aber gerade verlieren, wenn das verbundene Unternehmen sie jedoch auch Dritten zur Verfügung stellt. Im übrigen sollten auch diese Konzerne gezwungen werden, ihre Leistungen am Markt einzukaufen.

[592] Begründungserwägung Nr. 20 des Vorschlags der Kommission vom 06.11.1991 für eine Richtlinie des Rates zur Änderung der Richtlinie 90/531/EWG betreffend die Auftragsvergabe durch Auftraggeber im Bereich der Wasser-, Energie- und Verkehrsversorgung sowie im Telekommunikationssektor, KOM (91) 347

> " für verbundene Unternehmen, deren Existenz im wesentlichen darauf gegründet ist, für die Unternehmensgruppe Dienstleistungen zu erbringen, und die ihre Aktivitäten nicht vermarkten." [593]

Solche Unternehmen werden jedoch häufig als Kooperation mehrerer Unternehmen gegründet. Das Erfordernis der ausschließlichen Leistungserbringung an das beherrschende Mutterunternehmen hätte es dem leistungserbringenden Unternehmen unmöglich gemacht, an einen Minderheitsgesellschafter zu leisten, ohne die ausschreibungsfreie Beauftragung durch die Muttergesellschaft zu gefährden. Dies hätte die Beteiligung an einem solchen Unternehmen als Minderheitsgesellschafter uninteressant gemacht.[594] Daher wurde das Erfordernis der ausschließlichen Leistungserbringung im Richtlinienvorschlag[595] auf ein Umsatzerfordernis von 85% und während des Gesetzgebungsverfahrens[596] auf 80% gesenkt. Dies hat außerdem den Vorteil, daß sich ergebende Überkapazitäten wirtschaftlich sinnvoll durch Handelsaktivitäten mit Dritten abgebaut werden können.[597]

Vor diesem Hintergrund läßt sich Art. 13 SKR daher nicht so verstehen, daß Konzernstrukturen umfassend vor Wettbewerb geschützt werden sollten. Wie der Sinn und Zweck des Art. 13 SKR zeigt, sollten Konzernstrukturen nur insoweit vor Wettbewerb geschützt werden, wie ein Ausschreibungszwang deren Wettbewerbsfähigkeit beeinträchtigen würde.[598] Abgesehen von der Privilegie-

---

[593] Begründungserwägung Nr. 23 des Vorschlags der Kommission vom 06.11.1991 für eine Richtlinie des Rates zur Änderung der Richtlinie 90/531/EWG betreffend die Auftragsvergabe durch Auftraggeber im Bereich der Wasser-, Energie- und Verkehrsversorgung sowie im Telekommunikationssektor, KOM (91) 347

[594] Begründungserwägung Nr. 23 des Vorschlags der Kommission vom 06.11.1991 für eine Richtlinie des Rates zur Änderung der Richtlinie 90/531/EWG betreffend die Auftragsvergabe durch Auftraggeber im Bereich der Wasser-, Energie- und Verkehrsversorgung sowie im Telekommunikationssektor, KOM (91) 347

[595] Art. 11 a des Vorschlag der Kommission vom 06.11.1991 für eine Richtlinie des Rates zur Änderung der Richtlinie 90/531/EWG betreffend die Auftragsvergabe durch Auftraggeber im Bereich der Wasser-, Energie- und Verkehrsversorgung sowie im Telekommunikationssektor, KOM (91) 347

[596] Vgl. Stellungnahme des Wirtschafts- und Sozialausschusses zu dem Vorschlag der Kommission vom 06.11.1991 für eine Richtlinie des Rates zur Änderung der Richtlinie 90/531/EWG betreffend die Auftragsvergabe durch Auftraggeber im Bereich der Wasser-, Energie- und Verkehrsversorgung sowie im Telekommunikationssektor, KOM (91) 347, AblEG Nr. C 106, S. 6 ff. (8) vom 27.04.1992, der sogar 75 % vorsieht.

[597] Begründungserwägung Nr. 23 des Vorschlags der Kommission vom 06.11.1991 für eine Richtlinie des Rates zur Änderung der Richtlinie 90/531/EWG betreffend die Auftragsvergabe durch Auftraggeber im Bereich der Wasser-, Energie- und Verkehrsversorgung sowie im Telekommunikationssektor, KOM (91) 347

[598] Begründungserwägung Nr. 22 des Vorschlags der Kommission vom 06.11.1991 für eine Richtlinie des Rates zur Änderung der Richtlinie 90/531/EWG betreffend die Auftragsverga-

rung des Art. 13 SKR sollten auch Konzerne gezwungen werden, ihre Leistungen am Markt einzukaufen. Dieser Zweck des Art. 13 SKR läßt sich aber nicht auf die In-House-Vergabe der klassischen öffentliche Auftraggeber übertragen, da klassische öffentliche Auftraggeber nicht im Wettbewerb stehen. Der Ausschreibungszwang der öffentlichen Auftraggeber beruht vielmehr darauf, die Rechte der Marktteilnehmer vor Wettbewerbsverzerrungen zu schützen. Es ist daher zu fragen, inwieweit eine Privilegierung der In-House-Vergabe diese Rechte der Marktteilnehmer beeinträchtigt. Damit wird der Unterschied zwischen der In-House-Vergabe und dem Normzweck von Art. 13 SKR deutlich. Art. 13 SKR dient der Förderung der Wettbewerbsfähigkeit der Sektorenauftraggeber durch die Privilegierung von Dienstleistungen, die die Wettbewerbsfähigkeit des Konzerns ausmachen. Klassische Auftraggeber stehen nicht im Wettbewerb. Die Privilegierung der In-House-Vergabe betrifft vielmehr die Frage, inwieweit öffentliche Auftraggeber rechtsformverschiedene Organisationsformen zur Erfüllung der eigenen Bedarfsdeckung verwenden dürfen, ohne dadurch den Wettbewerb zu verzerren.

Würde dagegen der Grund der Privilegierung darin liegen, daß das mit dem öffentlichen Auftraggeber verbundene Unternehmen seine Leistungen nicht vermarktet, sondern allein an das ihn beherrschende Unternehmen erbringt, ließe sich Art. 13 SKR ein verallgemeinerungsfähiger Rechtsgedanke entnehmen. Gerade dies ist jedoch nicht der Fall. Das "Vermarktungsverbot" hat seinen Grund nicht in der Privilegierung eigener Leistungserstellung als solcher, sondern in der Besonderheit der Leistung für die Wettbewerbsfähigkeit der Unternehmensgruppe.

Damit ist Art. 13 SKR im Hinblick auf die In-House-Vergabe im weiteren Sinne nicht verallgemeinerungsfähig.

Insoweit ist auch der Verweis auf Art. 9 SKR nicht weiterführend, da dieser ersichtlich denselben Zweck verfolgt wie Art. 13 SKR, nämlich spezifische die Wettbewerbsfähigkeit der Sektorenauftraggeber ausmachende Lieferleistungen vom Anwendungsbereich des Ausschreibungserfordernisses auszunehmen. Dies bestätigt auch die Rechtsprechung des *EuGH* in der Rs. *Teckal*[599] sowie die Stellungnahme des Ausschusses für Recht und Binnenmarkt zu den Reformentwür-

---

be durch Auftraggeber im Bereich der Wasser-, Energie- und Verkehrsversorgung sowie im Telekommunikationssektor, KOM (91) 347

[599] *EuGH* Urteil vom 18.11.1999, Rs. C-107/98, (Teckal Srl/Gemeinde Viano, u.a.), Slg. I 1999, S. 8139 ff. Tz. 50

fen der Kommission für die Koordinierungsrichtlinien[600]. Der *EuGH* hätte ansonsten gleich auf Art. 13 SKR zurückgreifen können, statt auslegungsbedürftige Kriterien der "*Kontrolle wie über eine eigene Dienststelle*" und der "*Tätigkeit im wesentlichen für den öffentlichen Auftraggeber*" zu formulieren. In der Stellungnahme des Committee on Legal Affairs and the Internal Market zu den Reformentwürfen der Kommission für die Koordinierungsrichtlinien[601] wurde unter Berücksichtigung der Rechtsprechung des *EuGH* in der Rs. *Teckal* angeregt, Art. 13 SKR (Art. 26 des Reformentwurfs) auf Bau- und Lieferleistungen auszudehnen. Gleichzeitig wurde vorgeschlagen in die Richtlinie des Europäischen Parlaments und des europäischen Rates über die Koordinierung der Verfahren zur Vergabe öffentlicher Lieferaufträge, Dienstleistungsaufträge und Bauaufträge[602] Art. 19 b einzufügen. Dieser sieht die Anerkennung der In-House-Vergabe im weiteren Sinne unter wörtlicher Übernahme der Voraussetzungen des *EuGH* in der Rs. *Teckal* vor. Unter den gleichen Voraussetzungen sollte auch die Beauftragung eines Unternehmens, an dem *mehrere* öffentliche Auftraggeber beteiligt sind und die Voraussetzungen des *EuGH* durch mehrere öffentliche Auftraggeber *gemeinsam* erfüllt werden, von der Ausschreibungspflicht ausgenommen werden. Dies stellt eine Ausweitung der Rechtsprechung des *EuGH* auf die von Art. 13 Abs. 1 lit. b) SKR erfaßten Fälle dar. Würde Art. 13 SKR einen verallgemeinerungsfähigen Rechtsgedanken enthalten, hätten die Voraussetzungen für Sektorenauftraggeber einfach auf die klassischen öffentlichen Auftraggeber übertragen werden müssen. Dies ist jedoch gerade nicht der Fall.

---

[600] Bericht des Ausschusses für Recht und Binnenmarkt über den Vorschlag für eine Richtlinie des Europäischen Partlaments und des Rates über die Koordinierung der Verfahren zur Vergabe öffentlicher Lieferaurträge, Dienstleistungsaufträge und Bauaufträge (KOM (2000) 275), A5-0378/2001 vom 29.10.2001

Bericht des Ausschusses für Recht und Binnenmarkt über den Vorschlag für eine Richtlinie des Europäischen Partlaments und des Rates über die Koordinierung der Auftragsvergabe durch Auftraggeber im Bereich der Wasser-, Energie- und Verkehrsversorgung (KOM (2000) 276), A5-0379/2001 vom 05.11.2001

[601] Bericht des Ausschusses für Recht und Binnenmarkt über den Vorschlag für eine Richtlinie des Europäischen Partlaments und des Rates über die Koordinierung der Verfahren zur Vergabe öffentlicher Lieferaurträge, Dienstleistungsaufträge und Bauaufträge (KOM (2000) 275), A5-0378/2001 vom 29.10.2001

Bericht des Ausschusses für Recht und Binnenmarkt über den Vorschlag für eine Richtlinie des Europäischen Partlaments und des Rates über die Koordinierung der Auftragsvergabe durch Auftraggeber im Bereich der Wasser-, Energie- und Verkehrsversorgung (KOM (2000) 276), A5-0379/2001 vom 05.11.2001

[602] Vorschlag der Kommission vom 10.05.2000 für eine Richtlinie des Europäischen Parlaments und des Rates über die Koordinierung der Verfahren zur Vergabe öffentlicher Lieferaufträge, Dienstleistungsaufträge und Bauaufträge, KOM (2000) 275

Im Ergebnis kann daher die Wertung des Art. 13 SKR nicht zur Konkretisierung der Kriterien der In-House-Vergabe herangezogen werden.

D. Zusammenfassung

Während die In-House-Vergabe im engeren Sinne mangels Auftragsverhältnis von vornherein nicht dem Anwendungsbereich der Koordinierungsrichtlinien unterfällt, ist die Beauftragung eines mit dem öffentlichen Auftraggeber verbundenen Unternehmens hiervon grundsätzlich erfaßt. In diesen Fällen ist aufgrund der rechtlichen Personenverschiedenheit zwischen öffentlichem Auftraggeber und Auftragnehmer stets ein Auftragsverhältnis anzunehmen und der sachliche Anwendungsbereich der Koordinierungsrichtlinien eröffnet. Nur in Fällen des Art. 6 DKR bzw. des Art. 13 SKR sind Ausnahmen vorgesehen und Fälle der In-House-Vergabe im weiteren Sinne geregelt.

Teile der Literatur wollen aus Gründen der Rechtssicherheit an dieser durch den Auftragsbegriff der Koordinierungsrichtlinien vorgegebenen formalen Abgrenzung zwischen mitgliedstaatlicher Eigenleistung und rechtsgeschäftlicher Beschaffung der Leistung am Markt festhalten. Unter Hinweis auf die engen und abschließenden Ausnahmetatbestände, die einer generellen Privilegierung der In-House-Vergabe im weiteren Sinne entgegenstünden, halten sie die In-House-Vergabe im weiteren Sinne für unzulässig.

Von dem überwiegenden Teil der Literatur wird dagegen die In-House-Vergabe im weiteren Sinne für zulässig erachtet. Zur Begründung werden von einem Teil der Literatur die Ausnahmetatbestände des Art. 6 DKR bzw. des Art. 13 SKR analog angwendet. Eine analoge Anwendung von Art. 6 DKR scheidet im Ergebnis aber aus, weil es an der für die Analogie erforderlichen planwidrigen Unvollständigkeit fehlt und sich der Sinn und Zweck der Regelung nicht auf die In-House-Vergabe übertragen läßt. Art. 6 DKR leitet seine Rechtfertigung daraus ab, daß in denjenigen Fällen, in denen dem Auftragnehmer, wie von Art. 6 DKR vorausgesetzt, ein (absolutes) Ausschließlichkeitsrecht zusteht, dieses Ausschließlichkeitsrecht einen Wettbewerb gerade verbietet. In den von der Rechtsprechung zur In-House-Vergabe im weiteren Sinne entschiedenen Fällen fehlte es dem Auftragehmer jedoch regelmäßig an einem solchen Ausschließlichkeitsrecht. Die Heranziehung des Rechtsgedankens von Art. 6 DKR zur Begründung der In-House-Vergabe im weiteren Sinne ist daher schon aus diesem Grund abzulehnen. Aus diesem Grund läßt sich auch der Sinn und Zweck des Art. 6 DKR nicht auf die In-House-Vergabe im weiteren Sinne übertragen und scheidet eine analoge Anwendung von Art. 6 DKR daher aus. Ebenso ist, trotz der Ähnlichkeit der Voraussetzungen des Art. 13 SKR und den von der Rechtsprechung zur In-House-Vergabe formulierten Kriterien, die analoge Anwendung von Art. 13 SKR auf die Vergabe von *Bau-* und *Lieferleistungen* durch öffentliche Auftraggeber, die *nicht Sektorenauftraggeber* sind, abzulehnen. Art. 13 SKR dient der Stärkung der Wettbewerbsfähigkeit der im Wettbewerb stehenden Sektorenauftraggeber, während klassische öffentliche Auftraggeber gerade diesem Wettbewerb nicht ausgesetzt sind. Damit fehlt in der BKR, LKR und DKR eine Art. 13 SKR entsprechende Regelung, ohne daß diese Richtlinien dadurch unvollständig wären. Zugleich fehlt es auch an der Vergleichbarkeit der Interessenlage zwischen klassischen öffentlichen Auftraggebern und Sektorenauftraggebern mit der Folge, daß der Sinn und Zweck von Art. 13 SKR nicht auf die In-House-Vergabe im weiteren Sinne übertragbar ist.

Aber auch die von der herrschenden Literatur zur Begründung der In-House-Vergabe im weiteren Sinne herangezogene funktionale Betrachtungsweise ist abzulehnen, da eine funktionale Auslegung des Auftragsbegriffs zu dogmatischen Ungereimtheiten führt. Die dogmatischen Ungeremeintheiten ergeben sich – ähnlich wie bei den begrifflichen Begründungsansätzen zur Privilegierung konzerninterner Wettbewerbsbeschränkungen im Rahmen des Art. 81 EG – daraus, daß der Auftragnehmer zwar im Verhältnis zum öffentlichen Auftraggeber nicht Vertragspartei sein kann, im Verhältnis zu Dritten aber sehr wohl. Darüber hinaus fehlt es an einem einheitlichen Maßstab, anhand dessen ein Akt der internen Delegation bzw. der internen Organisation zu bestimmen ist. Dieser wird jedoch von der funktionalen Betrachtungsweise als zentrales Abgrenzungskriterium zwischen ausschreibungsfreier Eigenleistung und Leistungsbeschaffung am Markt herangezogen. Danach kommt es maßgeblich darauf an, ob die leistungserbringende Stelle dem Binnenbereich der Verwaltung zuzurechnen ist, was anhand des Kriteriums der Kontrolle und/oder die Tätigkeit im wesentlichen für den öffentlichen Auftraggeber zu bestimmen ist. Die Vielgestaltigkeit der Verwaltung sowohl auf Gemeinschaftsebene als auch auf der Ebene der Mitgliedstaaten führt jedoch dazu, daß sich ein einheitliches gemeinschaftliches Kriterium zur Bestimmung des Binnenbereichs der Verwaltung nicht ableiten läßt.

Die Kriterien der Rechtsprechung lassen sich auch nicht durch Art. 13 SKR als Ausdruck eines allgemeinen Rechtsgedankens konkretisieren, weil dieser keine allgemeine Grenze der In-House-Vergabe beinhaltet. Vielmehr läßt sich dessen Legitimation – die Stärkung der Wettbewerbsfähigkeit der im Wettbewerb stehenden Sektorenauftraggeber – nicht auf die gerade nicht im Wettbewerb stehenden öffentlichen Auftraggeber übertragen.

§ 5
Die Entwicklung von Kriterien für die In-House-Vergabe im weiteren Sinne anhand einer teleologischen Reduktion des Auftragsbegriffs

Aus der vorangegangenen Analyse der Lösungsansätze zur In-House-Vergabe im weiteren Sinne folgt, daß sich die Ausschreibungsfreiheit der Beauftragung einer mit dem öffentlichen Auftraggeber verbundenen Körperschaft nicht mit einer analogen Anwendung der Ausnahmevorschriften des Art. 6 DKR bzw. des Art. 13 SKR erklären läßt. Der Sinn und Zweck der für Dienstleistungen geltenden Ausnahmevorschrift des Art. 6 DKR ist nicht auf die Auftragsvergabe von Bau- und Lieferleistungen übertragbar. Ebensowenig läßt sich der Sinn und Zweck des für die Vergabe von Dienstleistungen durch Sektorenauftraggeber geltenden Ausnahmevorschrift des Art. 13 SKR weder auf Bau- noch auf Lieferleistungen noch auf klassische öffentliche Auftraggeber, die nicht auch Sektorenauftraggeber sind, übertragen. Die Begründung der In-House-Vergabe im weiteren Sinne ist auch nicht durch eine funktionale Auslegung des Auftragsbegriffs zu erklären. Hiergegen sprechen die daraus resultierenden dogmatischen Ungereimtheiten und die zu Abgrenzungsschwierigkeiten führende Abgrenzung anhand eines Vergleichs mit einem internen Organisationsakt. Schließlich kann die In-House-Vergabe im weiteren Sinne auch nicht auf Art. 13 SKR als Ausprägung eines allgemeinen Rechtsgedankens gestützt werden, da Art. 13 SKR keinen die In-House-Vergabe im weiteren Sinne legitimierenden verallgemeinerungsfähigen Rechtsgedanken enthält.

Dies bedeutet jedoch nicht, daß die In-House-Vergabe im weiteren Sinne unzulässig ist. Öffentliche Auftraggeber allein darauf zu verweisen, durch die Wahl von insbesondere öffentlich-rechtlichen Organisationsformen ohne eigene Rechtspersönlichkeit die Anwendung der Koordinierungsrichtlinien zu vermeiden, wie es von der formalen Auffassung vertreten wird[603], würde der Wirklichkeit staatlicher Organisationsformen nicht gerecht. Zudem würde dies dazu führen, daß öffentlichen Auftraggebern die Möglichkeit zum Einsatz privatrechtliche Organisationsformen zur effizienteren, kostensparenden und für den Bürger transparenteren Erfüllung öffentlicher Aufgaben genommen würde, auch wenn aufgrund der Funktionsgleichheit der Stelle mit einer solchen ohne eigene Rechtspersönlichkeit ein sachlicher Grund für eine Ungleichbehandlung nicht

[603] Begründungserwägung Nr. 78 des Vorschlags für eine Richtlinie des Rates über die Koordinierung der Verfahren zur Vergabe öffentlicher Dienstleistungsaufträge, KOM (90) 372; Ratsdokument 10958/90, abgedruckt als BR-Drucksache, 13/91 vom 10.01.1991

ersichtlich ist. Vielmehr zeigt die Rechtsprechung des *EuGH* zum öffentlichen Auftraggeberbegriff, daß es jedenfalls für den subjektiven Anwendungsbereich der Koordinierungsrichtlinien nicht allein auf die Wahl der Organisationsform ankommen kann.[604] Ob die von der Rechtsprechung des *EuGH* in der Rs. *Teckal* entwickelte In-House-Vergabe im weiteren Sinne nicht anderweitig begründet werden kann, ist daher nachfolgend zu untersuchen.

A. Rechtsmethodische Vorüberlegungen

Anhaltspunkte für eine alternative Begründung für die ausschreibungsfreie Auftragsvergabe an mit dem öffentlichen Auftraggeber verbundene Körperschaften lassen sich sowohl der Rechtsprechung des *EuGH* zum Begriff des öffentlichen Auftraggebers als auch der Behandlung konzerninterner Wettbewerbsabsprachen im Wettbewerbsrecht entnehmen.

Wie die Rechtsprechung des *EuGH* zum Begriff des öffentlichen Auftraggebers zeigt, kommt es für die Bestimmung der Reichweite, und damit des Anwendungsbereichs, der Koordinierungsrichtlinien nicht auf die begriffliche Systematik, sondern auf den Sinn und Zweck der Koordinierungsrichtlinien an. Die Heranziehung der Rechtsprechung des *EuGH* zum öffentlichen Auftraggeberbegriff als Anhaltspunkt zur Begründung der In-House-Vergabe im weiteren Sinne bietet sich schon deshalb an, weil es bei der In-House-Vergabe im weiteren Sinne ebenso wie bei dem Begriff des öffentlichen Auftraggeber jeweils um die Bestimmung des Anwendungsbereichs der Koordinierungsrichtliniein handelt. Dabei ist jedoch dem Umstand Rechnung zu tragen, daß der öffentliche Auftraggeberbegriff den persönlichen Anwendungsbereich der Koordinierungsrichtlinien umschreibt, während es für die In-House-Vergabe im weiteren Sinne auf die Reichweite des sachlichen Anwendungsbereichs der Koordinierungsrichtlinien ankommt. Darüber hinaus ist der Ausgangspunkt der Entwicklung des öffentlichen Auftraggeberbegriffs durch den *EuGH* mit der aktuellen Diskussion um die In-House-Vergabe im weiteren Sinne vergleichbar. Die zum Zeitpunkt der Grundsatzentscheidung des *EuGH* zum öffentlichen Auftraggeberbegriff geltenden Koordinierungsrichtlinien sahen eine Abgrenzung des subjektiven Anwendungsbereichs der Koordinierungsrichtlinien – ebenso wie dies unter den derzeit geltenden Koordinierungsrichtlinien für den objektiven Anwendungsbereich der Fall ist – anhand von rein formalen Gesichtspunkten vor. Der *EuGH* setzte sich jedoch unter Berufung auf Sinn und Zweck der Koordinierungsrichtlinien über

---

[604] Vgl. § 2C.I.1; S. 44 ff.

diese formale Abgrenzung hinweg.[605] Überträgt man diesen Gedanken zur Bestimmung der Reichweite des subjektiven Anwendungsbereichs der Koordinierungsrichtlinien auf die Bestimmung der Reichweite des objektiven Anwendungsbereich der Koordinierungsrichtlinien, bedeutet dies: Entgegen dem historischen Willen des Richtliniengebers[606] wäre nicht das formale Vorliegen eines Auftrags, sondern der Sinn und Zweck der Koordinierungsrichtlinien für die Bestimmung des Anwendungsbereichs der Koordinierungsrichtlinien – und damit auch für die Zulässigkeit der In-House-Vergabe im weiteren Sinne als Frage des sachlichen Anwendungsbereichs – maßgeblich. Eine am Sinn und Zweck orientierte Abgrenzung der ausschreibungsfreien von der ausschreibungspflichtigen Auftragsvergabe an mit dem öffentlichen Auftraggeber verbundene Auftragnehmer würde auch zu sachgerechten Ergebnissen führen, da sie den hinter dem Auftragsbegriff stehenden Wertungen Rechnung trägt, die eine formale Abgrenzung nur unzureichend berücksichtigen kann.

Die In-House-Vergabe im weiteren Sinne bedeutet, daß die Koordinierungsrichtlinien bei der Vergabe von Aufträgen an mit dem öffentlichen Auftraggeber verbundene Auftragnehmer mit eigener Rechtspersönlichkeit trotz des Vorliegens der formalen Anwendungsvoraussetzungen der Koordinierungsrichtlinien nicht zur Anwendung kommen. Rechtsmethodisch stellt eine solche am Sinn und Zweck der Koordinierungsrichtlinien ausgerichtete Einschränkung des Anwendungsbereichs der Koordinierungsrichtlinien eine teleologische Reduktion des Auftragsbegriffs dar.[607] Eine teleologische Reduktion ist dadurch gekennzeichnet, daß der zu entscheidende Fall zwar vom Wortlaut der Norm erfaßt ist, nicht jedoch von ihrem Normzweck, weshalb die Norm nicht zur Anwendung gelangt. Der endgültige Anwendungsbereich der Norm ist dann nur noch mit dem Bereich identisch, der entgegen dem Wortlaut vom Normzweck abgedeckt wird.[608] Wie die Behandlung der In-House-Vergabe im Rahmen der Koordinie-

---

[605] Vgl. hierzu § 4C.II.2, S. 161 ff.

[606] Vgl. § 4A, S. 122 ff.

[607] Vgl. auch *Dreher*, in: *Immenga/Mestmäcker* Gesetz gegen Wettbewerbsbeschränkungen, Kommentar, 3. Aufl. 2001, § 99, Rdnr. 26. Zur Zulässigkeit der teleologischen Reduktion im EG-Recht, vgl. *Bleckmann/Pieper*, Rechtsquellen des EG-Rechts, in: *Dauses*, Handbuch des EU-Wirtschaftsrecht, Stand: August 2000, Bd. I, B. I.3.a), Rdnr. 6 und 7; *EuGH*, Urteil vom 04.04.1968, Rs. 27/68 (Frink-Frucht/Hauptzollamt München Landsberger Strasse), Slg. 1968, S. 334 ff. (S. 345).

[608] *Schmalz*, Methodenlehre, 4. Aufl. 1998, Rdnr. 402. *Larenz/Canaris*, Methodenlehre der Rechtswissenschaft, 3. Aufl., S. 198, behandeln die teleologische Reduktion als Problem der Ausfüllung einer verdeckten Lücke. Eine verdeckte Lücke liege dann vor, wenn das Gesetz zwar eine auch auf Fälle solcher Art anwendbare Regel enthält, die auf sie anwendbar wäre, diese aber ihrem Sinn und Zweck nach nicht paßt, weil sie die für die Wertung gerade dieser Fälle relevante Besonderheit derselben außer Acht läßt. Die Lücke besteht darin, daß eine

rungsrichtlinien gezeigt hat[609], unterliegt die Auftragsvergabe an mit dem öffentlichen Auftraggeber verbundene Körperschaften grundsätzlich dem Anwendungsbereich der BKR, LKR, DKR bzw. SKR, da aufgrund der formalen Personenverschiedenheit zwischen öffentlichem Auftraggeber und Auftragnehmer ein schriftlicher entgeltlicher Vertrag im Sinne von Art. 1 lit. a) BKR, Art. 1 lit. a) LKR bzw. Art. 1 lit. a) DKR vorliegt. Die teleologische Reduktion des Auftragsbegriffs hätte zur Folge, daß Art. 1 lit. a) BKR, Art. 1 lit. a) LKR bzw. Art. 1 lit. a) DKR bzw. Art. 1 Nr. 4 SKR auf die Beauftragung eines mit dem öffentlichen Auftraggeber verbundenen Auftragnehmers nicht angewendet würden, obwohl sie ihrem Wortlaut nach erfüllt sind.

Nachfolgend soll daher die Richtigkeit der These, daß die In-House-Vergabe im weiteren Sinne im Wege einer teleologischen Reduktion des Auftragsbegriffs erklärt werden kann, überprüft werden. Da es Voraussetzung einer teleologischen Reduktion ist, daß der zu entscheidende Fall zwar vom Wortlaut der Norm erfaßt ist, nicht jedoch von ihrem Normzweck, ist zu prüfen, ob der Sinn und Zweck des Auftragsbegriffs des Art. 1 lit. a) BKR, Art. 1 lit. a) DKR, Art. 1 lit. a) LKR bzw. Art. 1 Nr. 4 SKR bei der Vergabe von öffentlichen Bau-, Liefer- bzw. Dienstleistungsaufträgen durch öffentliche Auftraggeber an rechtlich selbständige Unternehmen nicht erreicht werden kann, weil diese Fälle eine Besonderheit aufweisen, die im Wortlaut des Art. 1 lit. a) BKR, Art. 1 lit. a) LKR und Art. 1 lit. a) DKR keine Berücksichtigung findet und die der Normzweck des Auftragsbegriffs nicht erfaßt (Reduktionshypothese).[610] Daher ist zunächst der Sinn und Zweck des Auftragsbegriffs zu ermitteln (vgl. § 5B.) und anschließend zu fragen, ob der Sinn und Zweck des Auftragsbegriffs durch die ausschreibungsfreie Auftragsvergabe an rechtspersonenverschiedene mit dem öffentlichen Auftraggeber verbundene Auftragnehmer (In-House-Vergabe im weiteren Sinne) beeinträchtigt wird bzw. unter welchen Voraussetzungen er hierdurch nicht beeinträchtigt wird (vgl. § 5C.).

Vorschrift fehlt, die entweder die – ihrem Wortlaut nach zu weit gehende – Norm einschränkt oder die eine Ausnahme davon macht. Die Lücke ist deshalb verdeckt, weil es, wenigstens auf den ersten Blick, an einer anwendbaren Regel nicht fehlt. Dies führt dazu, daß die Erkenntnis der Lücke sowie die Frage, wie diese auszufüllen ist, zusammenfallen. Die Ausfüllung der Lücke erfolgt durch die Hinzufügung der vermißten Einschränkung im Wege der teleologischen Reduktion.

[609] Vgl. § 4, S. 121 ff.

[610] *Larenz/Canaris*, Methodenlehre der Rechtswissenschaft, 3. Aufl., S. 198

B. Der Sinn und Zweck des Auftragsbegriffs

Um die Frage beantworten zu können, ob der Sinn und Zweck des Auftragsbegriffs durch die ausschreibungsfreie Auftragsvergabe an rechtspersonenverschiedene mit dem öffentlichen Auftraggeber verbundene Auftragnehmer (In-House-Vergabe im weiteren Sinne) beeinträchtigt bzw. unter welchen Voraussetzungen er hierdurch nicht beeinträchtigt wird, ist zunächst der Sinn und Zweck des Auftragsbegriffs zu ermitteln.

Wie die Wertung des Art. 43 S. 2 DKR sowie die Begründungserwägungen 26, 77 und 78 zur DKR zeigen[611], kommt dem Auftragsbegriff die Funktion zu, den Anwendungsbereichs der Koordinierungsrichtlinien im Rahmen der mitgliedstaatlichen Bedarfsdeckung einzuschränken. Anhand des Auftragsbegriffs erfolgt die Abgrenzung zwischen der Bedarfsdeckung öffentlicher Auftraggeber durch die *rechtsgeschäftliche Teilnahme* am Markt, die dem Anwendungsbereich der Koordinierungsrichtlinien unterliegt, und der Bedarfsdeckung im Wege der *mitgliedstaatlichen Eigenleistung*, die vom Anwendungsbereich der Koordinierungsrichtlinien ausgenommen ist.[612] Da der Auftragsbegriff somit über den Anwendungsbereich der Koordinierungsrichtlinien entscheidet, ist bei der Ermittlung des Sinn und Zwecks des *Auftragsbegriffs* der Sinn und Zweck der *Koordinierungsrichtlinien* zu berücksichtigen. Nach der Rechtsprechung des *EuGH* besteht der Sinn und Zweck der Koordinierungsrichtlinien darin, durch die Vereinheitlichung der Verfahren zur Vergabe öffentlicher Bau-, Liefer- und Dienstleistungsaufträge in der Gemeinschaft die Hemmnisse für den freien Waren- und Dienstleistungsverkehr bzw. die Niederlassungsfreiheit zu beseitigen und somit die Interessen der in einem Mitgliedstaat niedergelassenen Wirtschaftsteilnehmer zu schützen, die den in einem anderen Mitgliedstaat niedergelassenen öffentlichen Auftraggebern Waren oder Dienstleistungen anbieten möchten.[613] Nach der Rechtsprechung des *EuGH* dienen die Koordinierungsrichtlinien insbesondere dazu,

> "... die Gefahr einer Bevorzugung einheimischer Bieter oder Bewerber bei der Auftragsvergabe durch öffentliche Auftraggeber auszuschließen."[614]

---

[611] Vgl. § 3B.III.2, S. 88 ff.

[612] Vgl. § 3B.III.2, S. 88 ff.

[613] *EuGH* Urteil vom 10.11.1998, Rs. C-360/96 (BFI Holding/Gemeente Arnhem und Rheden), Slg. I 1998, S. 6846 ff. (Tz. 41); *EuGH* Urteil vom 15.01.1998, Rs. C-44/96 Mannesmann Anlagenbau Austria AG/Strohal Rotationsdruck GmbH), Slg. I 1998, S. 73 ff. (Tz. 33)

[614] *EuGH* Urteil vom 10.11.1998, Rs. C-360/96 (BFI Holding/Gemeente Arnhem und Rheden), Slg. I 1998, S. 6846 ff. (Tz. 42); auch *EuGH*, Urteil vom 22.06.1993, Rs. C-243/89

C. Die Beauftragung mit dem öffentlichen Auftraggeber verbundener Körperschaften im Lichte des Schutzzwecks der Koordinierungsrichtlinien

Ausgehend von der These, daß die In-House-Vergabe im weiteren Sinne im Wege der teleologischen Reduktion des Auftragsbegriffs erklärt werden kann, weil die In-House-Vergabe im weiteren Sinne nicht gegen den Sinn und Zweck der Koordinierungsrichtlinien verstößt, bedeutet dies:

Besteht der Sinn und Zweck der Koordinierungsrichtlinien darin, das Recht der Bieter vor Ungleichbehandlung zu schützen, kann dieser Zweck dann nicht erreicht bzw. beeinträchtigt werden, wenn die Beauftragung einer mit dem öffentlichen Auftraggeber verbundenen Körperschaft keinen Verstoß gegen den in den Koordinierungsrichtlinien verbürgten Grundsatz der Gleichbehandlung darstellt.[615]

Daher ist zunächst zu klären, inwieweit die ausschreibungsfreie Beauftragung einer mit dem öffentlichen Auftraggeber verbundenen Körperschaft mit dem Gleichbehandlungsgrundsatz zu vereinbaren bzw. nicht zu vereinbaren ist.

I. Der Inhalt des Gleichbehandlungsgrundsatzes und seine Konsequenzen für die In-House-Vergabe

Der Gleichbehandlungsgrundsatz verbietet die Ungleichbehandlung von wesentlich Gleichem bzw. eine Gleichbehandlung von wesentlich Ungleichem. Das

(Kommission/Dänemark – Storebaelt), Slg. I 1993, S. 3385 ff. (Tz. 33); *EuGH*, Urteil vom 25.04.1996, Rs. C-87/94 (Kommission/Belgien – Wallnonische Busse), Slg. I 1996, S. 2071 ff. (Tz. 51 ff), wonach die Pflicht zur Beachtung des Grundsatzes der Gleichbehandlung "zum Wesen der Koordinierungsrichtlinien gehört, um "den Bieter vor der Willkür des öffentlichen Auftraggebers zu schützen."; *EuGH*, Urteil vom 11.08.1995, Rs. C-433/93 (Kommission/Deutschland), Slg. I 1995, S. 2311 ff. (Tz. 18 ff.); vgl. auch Art. 19 Abs. 4 LKR, Art. 22 Abs. 4 BKR und Art. 3 Abs. 2 DKR.

[615] Wenn man die Außenwirkung mit einer Rechtsbeeinträchtigung gleichsetzt, wäre denkbar, daß die Beeinträchtigung des Rechts auf Gleichbehandlung gemeint ist, wenn die In-House-Vergabe im weiteren Sinne zum Teil damit begründet wird, daß der In-House-Vergabe keine "Außenwirkung" auf private Märkte zukomme, *Dreher*, in: *Immenga/Mestmäcker* Gesetz gegen Wettbewerbsbeschränkungen, Kommentar, 3. Aufl. 2001, § 99, Rdnr. 18; *Eschenbruch*, in: *Niebuhr/Kulartz/Kus/*Portz, Kommentar zum Vergabrecht, § 99, Rdnr. 50. Die Abgrenzung hoheitlicher Maßnahmen nach der durch die Rechtsbeeinträchtigung vermittelten Außenwirkung ist im nationalen Recht z.B. für die Frage des Regelungscharakters eines Verwaltungsakts geläufig. Ebenso unterscheidet der *EuGH* im Beamtenrecht anhand der Rechtsbeeinträchtigung zwischen anfechtbaren Maßnahmen der Anstellungsbehörde und nichtanfechtbaren innerdienstlichen Maßnahmen der Verwaltungsorganisation und der Arbeitsdisziplin, vgl. *EuGH*, Urteil vom 14.07.1976, Rs. 129/75, Slg. 1976, S. 1259 ff. (Tz. 17/21).

bedeutet, daß die miteinander zu vergleichenden Sachverhalte überhaupt *wesentlich gleich* bzw. *wesentlich ungleich* sein müssen, wobei Vergleichbarkeit im Sinne grundsätzlicher Vergleichbarkeit, nicht aber im Sinne von Identität zu verstehen ist.[616] Ob zwei Sachverhalte miteinander vergleichbar sind, ist anhand einer wertenden Betrachtungsweise im jeweiligen Einzelfall zu ermitteln.[617] Ausnahmsweise kann die Ungleichbehandlung vergleichbarer Sachverhalte bzw. die Gleichbehandlung verschiedenartiger Sachverhalte durch einen sachlichen Grund gerechtfertigt werden. Diese objektive Rechtfertigung einer Ungleichbehandlung durch einen sachlichen Grund hat anhand einer umfassenden Güter- und Interessenabwägung im Lichte der Vertragsziele zu erfolgen.[618] Die Verletzung des Gleichbehandlungsgebots setzt daher voraus, daß es bei der Ungleichbehandlung von wertungsmäßig vergleichbaren Sachverhalten bzw. bei der Gleichbehandlung von wertungsmäßig nicht vergleichbaren Sachverhalten an einer solchen Rechtfertigung fehlt.

So bejahte der *EuGH* in der Rs. *Datenverarbeitung*[619] einen Verstoß gegen das Diskriminierungsverbot des Art. 52 EG durch eine italienische Regelung, wonach Verträge mit dem italienischen Staat über die Einrichtung von Datenverarbeitungssystemen für Rechnung der öffentlichen Verwaltung nur mit Unternehmen geschlossen werden dürften, die unmittelbar oder mittelbar ganz oder mehrheitlich in staatlichem oder öffentlichem Besitz standen.[620] Nach

> "... der Rechtsprechung des Gerichtshofes verbietet der Gleichbehandlungsgrundsatz, von dem die Artikel 52 und 59 EWG-Vertrag eine besondere Ausprägung sind, nicht nur augenfällige Diskriminierungen aufgrund der Staatsangehörigkeit, sondern auch alle versteckten Formen der Diskriminierung, die durch die Anwendung anderer Unterscheidungsmerkmale tatsächlich zu dem gleichen Ergebnis führen." [621]

Nach Auffassung des Generalanwalts *Mischo* hinderte die streitige italienische Regelung, die unterschiedslos auf alle italienischen und ausländischen Unternehmen anwendbar war, zwar die Unternehmen der übrigen Mitgliedstaaten

---

[616] *EuGH*, Urteil vom 10.05.1960, verb. Rs. 3-18, 25, 26/58 (Barbara Erzbergbau), Slg. 1960, S. 373 ff. (S. 409 f.)

[617] *EuGH*, Urteil vom 13.07.1962, Rs. 17 und 20/61 (Klöckner), Slg. 1962, S. 653 ff. (S. 693)

[618] *Zulegg*, in: *Groeben/Thiesing/Ehlermann* (Hrsg.), Kommentar zum EU-/EG-Vertrag, 5. Aufl., (Ex) Art. 6, Rdnr. 3

[619] *EuGH*, Urteil vom 05.12.1989, Rs. C-3/88 (Kommission/Italien – Datenverarbeitung), Slg. I 1989, S. 4056 ff.

[620] *EuGH*, Urteil vom 05.12.1989, Rs. C-3/88 (Kommission/Italien – Datenverarbeitung), Slg. I 1989, S. 4056 ff. (Tz. 1 und 2)

[621] *EuGH*, Urteil vom 05.12.1989, Rs. C-3/88 (Kommission/Italien – Datenverarbeitung), Slg. I 1989, S. 4056 ff. (Tz. 8)

nicht daran, sich in Italien niederzulassen oder dort den genannten Tätigkeiten nachzugehen.[622] Auch sei nicht zu beanstanden, daß *private italienische* Unternehmen gegenüber *privaten ausländischen* Unternehmen bevorzugt würden oder daß die italienische Regelung eine *öffentliche* Beteiligung voraussetze, die die Bevorzugung *öffentlicher* gegenüber *privaten* Unternehmen zur Folge gehabt hätte. Ausschlaggebend sei vielmehr das Erfordernis einer *italienischen Beteiligung.*[623] Dies führe nach Auffassung sowohl des Generalanwalts als auch des *EuGH* zwar nicht zu einer Bevorzugung *aller* italienischen Unternehmen. Die bevorzugten Unternehmen seien aber alle *italienische*, da es im Bereich der Datenverarbeitung keine Unternehmen in anderen Mitgliedstaaten gebe, die sich ganz oder mehrheitlich im Besitz der italienischen Hand befänden.[624] Eine Rechtfertigung dieser Diskriminierung nach Art. 55 i.V.m. Art. 45 EG sei im konkreten Fall nicht gegeben. Das von der italienischen Regierung vorgebrachte Geheimhaltungsinteresse hätte auch durch die Grundfreiheiten weniger beschränkende Maßnahme ausreichend gewährleistet werden können.[625] Zudem stelle die Planung und Installation von Datenverarbeitungssystemen aufgrund ihrer technischen Natur keine unmittelbare und spezifische Teilnahme an der Ausübung öffentlicher Gewalt im Sinne von Art. 55 i.V.m. Art. 45 EG dar.[626]

Überträgt man diese Argumentation auf die In-House-Vergabe im weiteren Sinne, bedeutet dies: Die ausschreibungsfreie Beauftragung eines mit dem öffentlichen Auftraggeber verbundenen Unternehmens führt – anders als in der Rs. *Datenverarbeitung* – nicht zu einer Differenzierung zwischen *privaten inländischen* und *privaten ausländischen* Unternehmen. Sie hat vielmehr eine Differenzierung zwischen *öffentlichen* und *privaten* Unternehmen zur Folge, da maßgebliches Kriterium für die Auswahl des Auftragnehmers dessen Verbundenheit mit dem beauftragenden öffentlichen Auftraggeber ist. Dementsprechend sind *private inländische* und *private ausländische* Unternehmen *prima facie* rechtlich und faktisch in gleicher Weise von der ausschreibungsfreien Beauftragung des mit dem öffentlichen Auftraggeber verbundenen Unternehmens betroffen.

---

[622] Schlußanträge des Generalanwalts *Mischo* in der Rs. C-3/88 (Kommission/Italien - Datenverarbeitung), Slg. I 1989, S. 4045 ff. (Tz. 17)

[623] Schlußanträge des Generalanwalts *Mischo* in der Rs. C-3/88 (Kommission/Italien - Datenverarbeitung), Slg. I 1989, S. 4045 ff. (Tz. 17)

[624] *EuGH*, Urteil vom 05.12.1989, Rs. C-3/88 (Kommission/Italien – Datenverarbeitung), Slg. I 1989, S. 4056 ff. (Tz. 8 und 9)

[625] *EuGH*, Urteil vom 05.12.1989, Rs. C-3/88 (Kommission/Italien – Datenverarbeitung), Slg. I 1989, S. 4056 ff. (Tz. 10-12)

[626] *EuGH*, Urteil vom 05.12.1989, Rs. C-3/88 (Kommission/Italien – Datenverarbeitung), Slg. I 1989, S. 4056 ff. (Tz. 10-12)

Die In-House-Vergabe im weiteren Sinne führt aber ebenso wie die italienische Regelung in der Rs. *Datenverarbeitung* dazu, daß hauptsächlich *inländische* Leistungserbringer Aufträge ohne Durchführung eines Ausschreibungsverfahren erhalten. Das ergibt sich daraus, daß mit dem öffentlichen Auftraggeber verbundenen Auftragnehmer regelmäßig im Hoheitsgebiet des Staates ansässig sein werden, in dem der öffentliche Auftraggeber seinen Sitz hat. Damit werden zwar nicht alle nationalen Leistungserbringer bevorzugt, aber alle bevorzugten Leistungserbringer haben dieselbe Nationalität wie der öffentliche Auftraggeber. Dadurch, daß die mit dem öffentlichen Auftraggeber verbundenen Leistungserbringer öffentliche Aufträge erhalten, ohne an einem Vergabeverfahren teilzunehmen, während sonstige (andere *öffentliche* oder *private*) Leistungserbringer diese nur nach Teilnahme an einem Ausschreibungsverfahren erhalten, stellt sich die ausschreibungsfreie Beauftragung eines mit dem öffentlichen Auftraggeber verbundenen Auftragnehmers, obwohl öffentliche wie private Unternehmen gleichermaßen betroffen sind, als ein Fall der mittelbaren Diskriminierung dar.

Besteht der Sinn und Zweck des Auftragsbegriffs vor dem Hintergrund des Sinn und Zwecks der Koordinierungsrichtlinien darin, Unternehmen aus anderen Mitgliedstaaten vor der Diskriminierung durch die jeweiligen öffentlichen Auftraggeber zu schützen und stellt die ausschreibungsfreie Beauftragung eines mit dem öffentlichen Auftraggeber verbundenen Auftragnehmers grundsätzlich einen Fall der mittelbaren Diskriminierung dar, bedeutet dies, daß der Sinn und Zweck der Koordinierungsrichtlinien dort nicht erreicht werden kann, wo die ausschreibungsfreie Beauftragung des mit dem öffentlichen Auftraggeber verbundenen Auftragnehmers durch Hinzutreten weiterer Umstände keinen Verstoß gegen den Gleichbehandlungsgrundsatz der Koordinierungsrichtlinien darstellt. Vor dem Hintergrund der Struktur des Gleichheitssatzes ist eine Lösung der In-House-Vergabe im weiteren Sinne daher rechtsmethodisch auf zwei Ebenen möglich: Zum einen ist denkbar, daß das Hinzutreten weiterer Merkmale dazu führt, das die zu vergleichenden Sachverhalte aufgrund einer wertenden Betrachtung als so ungleich anzusehen sind, daß sie nicht mehr als wesentlich gleich zu bewerten sind. Dies hätte zur Folge, daß eine Gleichbehandlung nicht mehr geboten ist.[627] Zum anderen ist denkbar, daß das Hinzutreten weiterer

[627] Vgl. Schlußanträge des Generalanwalts *Philippe Léger* vom 15.06.2000, Rs. C-94/99 (*ARGE* Gewässerschutz/Bundesministerium für Land- und Forstwirtschaft), Slg. I 2000, S. 11039 ff. (Tz. 78 und 80), wonach allein Herkunft und öffentlicher Charakter eines Leistungserbringers zwar keine gegenüber anderen Wirtschaftsteilnehmern geltende Ungleichbehandlung rechtfertigen, wenn dieser unter denselben Bedingungen wie andere Wirtschaftsteilnehmer dieselben Leistungen in derselben kommerziellen Absicht anbiete, da sich dieser aus

Merkmale dazu führt, daß zwar die zu vergleichenden Sachverhalte als im wesentlichen gleich anzusehen sind, die vorgefundene – an sich verbotene – Ungleichbehandlung aber objektiv gerechtfertigt ist.

II. Die Konkretisierung der inhaltlichen Offenheit des Gleichbehandlungsgrundsatzes anhand bereichsspezifischer Kriterien

Für die Frage, nach welchen Kriterien die miteinander zu vergleichenden Sachverhalte abzugrenzen sind und um Art und Gewicht der für die Differenzierung maßgeblichen Gemeinsamkeiten und Unterschiede der Sachverhalte zu beurteilen, bedarf es der Konkretisierung des Gleichbehandlungsgrundsatzes. Gleiches gilt für die Frage, welche Differenzierungskriterien heranzuziehen sind, um eine Ungleichbehandlung bzw. Gleichbehandlung zu rechtfertigen. Insofern weist der Gleichbehandlungsgrundsatz über sich hinaus.[628] Er ist auf konkretisierende Normen und das rechtliche Umfeld angewiesen.[629] Aufgrund der inhaltlichen Offenheit[630] des Gleichheitssatzes liefern andere Rechtssätze daher den Maßstab dafür, wie die Gruppen der Vergleichsobjekte voneinander abzugrenzen sind, Typisierungen und Kategorisierungen vorzunehmen sind und damit, was als sachgerechter Differenzierungsgrund anzuerkennen ist. Aus der Wechselwirkung mit anderen bereichsspezifischen Normen ergibt sich so eine Verdichtung und Verengung des Regelungsgehalts des Gleichheitssatzes.[631] Während dem Normadressaten ohne weitere rechtliche Vorgaben ein weiter Ermessensspielraum zusteht, verengt sich dieser im Umfeld bereichsspezifischer Kriterien. Diese liefern einen das Willkürverbot einengenden Maßstab für die Frage der Vergleichbarkeit von Sachverhalten und der Zulässigkeit von Differenzierungszielen.[632] Danach kommt es für den Regelungsgehalt des Gleichbehandlungsgrund-

---

der Sicht anderer öffentlicher Auftraggeber und anderer Leistungserbringer in keiner Weise von der Leistungserbringung eines Konkurrenten unterscheide.

628 *Zippelius*, Der Gleichheitssatz, VVDStRL 47 (1989), S. 7 ff. (23)

629 *Zippelius*, Der Gleichheitssatz, VVDStRL 47 (1989), S. 7 ff. (23)

630 Vgl. *Jarrass*, Folgerungen aus der neueren Rechtsprechung des BVerfG für die Prüfug von Verstößen gegen Art. 3 Abs. 1 GG, NJW 1997, S. 2546 ff. (2546)

631 Die Verbindung zu anderen rechtlichen Wertungen läßt den Gleichheitssatz in seiner Funktion als eigenes materielles Recht mit einem eigenständigen Gewährleistungsinhalt unberührt. Der Gewährleistungsinhalt als eigenes materielles Recht besteht zum einen in der Rechtsanwendungsgleichheit und der Gleichheit des Gesetzes selbst, zum anderen in den besonderen Differenzierungsverboten, vgl. *Huber*, Konkurrenzschutz im Verwaltungsrecht, S. 522 f.; *Jarrass*, Folgerungen aus der neueren Rechtsprechung des BVerfG für die Prüfug von Verstößen gegen Art. 3 Abs. 1 GG, NJW 1997, S. 2546 ff. (2547).

632 *Jarrass*, Folgerungen aus der neueren Rechtsprechung des BVerfG für die Prüfug von Verstößen gegen Art. 3 Abs. 1 GG, NJW 1997, S. 2546 ff. (2546) verweist in diesem Zusammenhang auf die vom BVerfG vorgenommenen abgestuften Anforderungen, die je nach

satzes im konkreten Fall darauf an, bereichsspezifische Kriterien zu finden, nach denen sich die Reichweite und Intensität seiner Gewährleistung im Einzelfall bemessen.[633]

Im Bereich der gesetzesakzessorischen Verwaltung lassen sich bereichsspezifische Kriterien aus den jeweiligen Normen ableiten.[634] Was im wesentlichen

---

Regelungsgegenstand und Differenzierungskriterium vom Willkürverbot bis hin zu einer strengen Bindung an den Verhältnismäßigkeitsgrundsatz reichen.

633 *Huber*, Konkurrenzschutz im Verwaltungsrecht, S. 523; *Jarrass*, Folgerungen aus der neueren Rechtsprechung des BVerfG für die Prüfug von Verstößen gegen Art. 3 Abs. 1 GG, NJW 1997, S. 2546 ff. (2547)

634 *Huber*, Konkurrenzschutz im Verwaltungsrecht, S. 522 und 529. In Bereichen, in denen es an einfachgeseztlichen Konkretisierungen fehlt, kommt diese Funktion den primärrechtlichen Wertungen, also den Grundrechten bzw. den Grunfreiheiten zu, da Freiheit und Gleichheit untrennbar miteinander verbunden sind. Das von *Dürig* in: *Maunz/Dürig* (Hrsg.) Grundgesetz, 8. Aufl., Stand: 08.2000, Art. 3, Rdnr. 139 ff. gezeichnete Grundmodell macht dies deutlich: In diesem Modell verbürgt der Gleichheitssatz den Fußboden der Rechtsgleichheit und Rechtsanwendungsgleichheit, um gleiche Startchancen zu ermöglichen, wobei dieser Ausgangsstandard im Sinne einer rechtsstaatlichen Bewahrungs- und Gestaltungsaufgabe durch den Staat je nach Leistungsfähigkeit nach Möglichkeit anzuheben ist. Hierauf aufbauend sichern die Freiheitsrechte als Säulen die Entfaltung des Einzelnen durch Leistung, Konkurrenz, Risikobereitschaft, Energie, etc., deren Ergebnisse als "geronnene Freiheit" zu schützen sind. Das Dach dieser Säulen bildet wiederum der Gleichheitssatz der korrigierend in die Freiheitsrechte eingreift, wo der Mensch im freien Wettbewerb nicht mehr mithalten kann, z.B. aufgrund Alters. Aus dieser Verbundenheit zwischen Gleichheit und Freiheit folgt, daß jeder Verstoß gegen eine freiheitssichernde Norm neben der Beeinträchtigung der Freiheit auch eine Ungleichbehandlung beinhaltet. Die Beeinträchtigung grundrechtlicher Freiheitsrechte des einzelnen stellt damit gleichzeitig einen Verstoß gegen den Gleichbehandlungsgrundsatz dar. Daher lassen sich aus den Freiheitsrechten auch Maßstäbe für die Zulässigkeit von Differenzierungen ableiten, weil eine Festlegung von Differenzierungskriterien bzw. eine objektive Rechtfertigung dann nicht zulässig ist, wenn sie zu Eingriffen in die freiheitsichernden Rechtsposition der Betroffenen führt, die nicht gerechtfertigt ist. Vermeiden läßt sich die Rechtsverletzung nur durch das Unterlassen der Ungleichbehandlung. Damit ist zugleich die Vergleichbarkeit der Sachverhalte im Hinblick auf das Regelungsziel und die Rechtswidrigkeit des Differenzierungsskriteriums indiziert. Das bedeutet, daß in Fällen, in denen die unterschiedliche Behandlung zweier Sachverhalte bzw. Personen bei einem von beiden zu einer Rechtsverletzung führt, die Sachverhalte miteinander vergleichbar sind und das Differenzierungskriterium unzulässig ist. Damit ergibt sich z.B. auf nationaler Ebene ein unterschiedlicher Regelungsgehalt des Gleichheitssatzes, je nachdem, ob er sich an den Gesetzgeber oder an die öffentliche Verwaltung richtet. Zwar können weder Gesetzgeber noch Verwaltung durch das Aufstellen bestimmter Differenzierungsziele und -kriterien Ungleichbehandlungen vornehmen, die sich bei einezlnen Betroffenen als Freiheitsrechtsverletzungen auswirken würden. Für den Gesetzgeber ist aber nur davon auszugehen, wenn ein Gesetz dem Übermaßverbot nicht Rechnung trägt bzw./oder durch eine gesetzlich angeordnete Ungleichbehandlung in den durch Art. 19 Abs. 2 GG garantierten Kernbereich eines Freiheitsrechts eingegriffen würde, d.h. ein nicht gerechtfertigter Freiheitsrechtsverstoß vorliegt. Demgegenüber ist der Maßstab für die Verwaltung enger. Im Rahmen ihres Entscheidungsspielraums keine Differenzierungszwecke und –kriterien vorsehen darf, deren Vollzug dazu führen würde, daß Grundrechtsverletzungen oder Eingriffe in einfachgesetzliche Rechtspositionen erfolgen

gleich oder ungleich ist, wird bereits mit der Festlegung des Differenzierungsziels entschieden und richtet sich nach den tatsächlichen Gegebenheiten. Insoweit kommt dem Gesetzgeber ein weiter Beurteilungsspielraum zu. Hat der Gesetzgeber ein bestimmtes Regelungsziel gesetzt, so steht damit auch zwangsläufig fest, welche Sachverhalte und welche Personen von diesem Ziel betroffen werden. Auf den Willen des Gesetzgebers kommt es dabei nicht an, sondern auf die tatsächlichen Gegebenheiten und die freiheitsrechtlichen Grenzen.[635] Folge der Konkretisierung des Gleichbehandlungsgrundsatzes durch bereichsspezifische Normen ist, daß die Beeinträchtigung der bereichsspezifischen Norm die Vergleichbarkeit der Sachverhalte und die Unzulässigkeit des Differenzierungskriteriums indiziert, während umgekehrt die fehlende Beeinträchtigung der bereichsspezifischen Norm die fehlende Vergleichbarkeit und die Zulässigkeit des Differenzierungskriteriums indiziert.[636]

III. Folgerungen für den Gleichbehandlungsgrundsatz der Koordinierungsrichtlinien

Dementsprechend ist auch der in den Koordinierungsrichtlinien verbürgte Gleichbehandlungsgrundsatz durch bereichsspezifische Normen, d.h. insbesondere anhand des mit dem in den Koordinierungsrichtlinien verbürgten Gleichbehandlungsgrundsatz verfolgten Zwecks, zu konkretisieren. Daraus folgt, daß, sofern die Auftragsvergabe an ein mit dem öffentlichen Auftraggeber verbundenen Auftragnehmer diesen Zweck beeinträchtigt, die Vergleichbarkeit der Sachverhalte und die Unzulässigkeit des Differenzierungskriteriums indiziert ist bzw. umgekehrt, sofern die Auftragsvergabe an ein mit dem öffentlichen Auftraggeber verbundenes Unternehmen diesen Zweck nicht beeinträchtigt, die fehlende Vergleichbarkeit der Sachverhalte und die Zulässigkeit der Differenzierung indiziert ist. In diesem Fall ist der Gleichbehandlungsgrundsatz nicht verletzt und die Auftragsvergabe daher als zulässig anzusehen.

---

könnten. Denn wo das Verhältnis zwischen zwei Personen oder Sachverhalten so gestaltet ist, daß eine unterschiedliche Behandlung beider zu einem Rechtseingriff bei einer von ihnen führt, ist diese Ungleicbehandlung unzulässig und verstößt gegen den allgemeinen GleichbehandlungsgrundsaTz. Vgl. hierzu Huber, Konkurrenzschutz im Verwaltungsrecht, S. 525 ff.; Jarrass, Folgerungen aus der neueren Rechtsprechung des BVerfG für die Prüfug von Verstößen gegen Art. 3 Abs. 1 GG, NJW 1997, S. 2546 ff. (2547).

635 *Huber*, Konkurrenzschutz im Verwaltungsrecht, S. 529

636 Vgl. hierzu Huber, Konkurrenzschutz im Verwaltungsrecht, S. 525 ff.

1. Die wettbewerbssichernde Funktion der Koordinierungsrichtlinien

Da die Koordinierungsrichtlinien ausweislich ihrer Begründungserwägungen[637] der Realisierung der Warenverkehrs-, Niederlassungs- und Dienstleistungsfreiheit dienen, ist auch das in ihnen verbürgte Gleichbehandlungsgebot in diesem Sinne zu konkretisieren. Ebenso wie die Grundfreiheiten dienen daher auch die Koordinierungsrichtlinien – und damit auch das in ihnen verbürgte Gleichbehandlungsgebot – der Realisierung des Binnenmarktkonzepts[638] und der Verwirklichung einer offenen Marktwirtschaft mit freiem Wettbewerb (vgl. Art. 4 Abs. 1 EG). Die Bieter aus anderen Mitgliedstaaten sollen vor der Willkür des öffentlichen Auftraggebers geschützt werden, um Wettbewerb und Gleichbehandlung als zentrale Grundsätze einer freiheitlichen Ordnung im Vergabeverfahren zu gewährleisten.[639] Das Diskriminierungsverbot ist daher Ausdruck des Grundsatzes eines offenen und transparenten Wettbewerbs.[640] Ihm kommt insofern wettbewerbssichernde Funktion zu.

Jedoch ist es nicht Sinn und Zweck der Koordinierungsrichtlinien die mitgliedstaatliche Bedarfsdeckung den Marktteilnehmern umfassend und ohne Beschränkungen zugänglich zu machen. Die Koordinierungsrichtlinien schützen die wirtschaftliche Betätigungsfreiheit der Marktteilnehmer *nicht umfassend*. Sie

---

637 Vgl. 2. Begründungserwägung der BKR, 5. Begründungserwägung der LKR, 2. und 3. Begründungserwägung der DKR; 2. und 4. Begründungserwägung der SKR

638 *Mohn*, Der Gleichheitssatz im Gemeinschaftsrecht, S. 56 f.

639 *Stolz*, Das öffentliche Auftragswesen in der EG, S. 85; *Dietlein*, Der Begriff des "funktionalen" Auftraggebers im Sinne von § 98 Nr. 2 GWB, Tagungsband "Zweiter Düsseldorfer Vergaberechtstag am 28.06.2001", Ministerium für Wirtschaft und Mittelstand, Energie und Verkehr des Landes Nordrhein-Westfalen, S. 41 ff. (44).

640 So leitet die Kommission aus dem Gleichbehandlungsgebot insbesondere ab, daß die Auftragsvergabe in einem transparenten Verfahren nach öffentlicher Bekanntmachung der Vergabe an alle potentiellen Bieter in zu erfolgen hat (a.A. Schlußanträge des Generalanwalts *Fennelly* vom 18.05.2000 in der Rs. C-324/98 (Telaustria Verlags GmbH, Telefonadress GmbH/Telekom Austria AG), Slg. I 2001, S. 10747 (Tz. 43), der eine Bekanntmachung an einen bestimmten Kreis von Bietern für ausreichend hält). Aus dem Verhältnismäßigkeitsgrundsatz folgert die Kommission, daß die Ausschreibungsbedingungen keine über das die Sicherstellung der Leistungserbringung erforderliche Maß hinausgehende technische Spezifikationen oder technische, fachliche oder finanzielle Anforderungen an die Bewerber beinhalten darf. Der aus den Grundfreiheiten folgende Grundsatz der gegenseitigen Anerkennung zwingt die Mitgliedstaaten dazu, daß der Mitgliedstaat, in dem die Leistung erbracht werden soll, technische Spezifikationen, Kontrollen, aber auch Titel, Bescheinigungen und Qualifikationen, die in einem anderen Mitgliedstaat erforderlich sind, akzeptieren muß, soweit sie in Bezug auf die von ihm festgelegten Erfordernisse als gleichwertig anerkannt sind. Vgl. hierzu ausführlich Mitteilung der Kommission zu Auslegungsfragen im Konzessionsbereich vom 12.04.2000, NZBau 2000, S. 413 ff. (3.1.1).

dienen nicht dem Zweck, den Marktteilnehmern denjenigen Bereich mitgliedstaatlicher Bedarfsdeckung, der im Wege mitgliedstaatlicher Eigenleistung gedeckt wird, zu erschließen. Die Koordinierungsrichtlinien statuieren keine Pflicht der Mitgliedstaaten, ihren Bedarf am Markt zu decken. Dies ergibt sich zum einen aus der Entstehungsgeschichte der Koordinierungsrichtlinien,[641] zum anderen ist dies die Konsequenz der primärrechtlichen Kompetenzverteilung zwischen der Europäischen Gemeinschaft und den Mitgliedstaaten im Hinblick auf die Bedarfsdeckung. Danach steht den Mitgliedstaaten die Kompetenz zu, über die Art der Bedarfsdeckung selbst zu entscheiden. Die Gemeinschaft ist nicht dazu befugt , die Mitgliedstaaten zu verpflichten, ihren Bedarf durch die Teilnahme am Markt zu decken.[642] Insoweit die Mitgliedstaaten daher ihren Bedarf im Wege der staatlichen Eigenproduktion decken gewähren die Koordinierungsrichtlinien daher keinen Schutz der Marktteilnehmer vor der damit verbundenen Reduktion des von den Mitgliedstaaten am Markt nachgefragten Auftragsvolumens. Der in den Koordinierungsrichtlinien verbürgte Gleichbehandlungsgrundsatz schützt die Marktteilnehmer daher nicht vor einer Reduktion des von den Mitgliedstaaten am Markt nachgefragten Auftragsvolumnes, sondern vor Verfälschungen des Vergabewettbewerbs innerhalb des Binnenmarktes.[643]

Die Funktion der Koordinierungsrichtlinien besteht daher in der marktkonformen Einfügung der staatlichen Bedarfsdeckung in die Wettbewerbsordnung der Gemeinschaft. Das bedeutet, daß weder die öffentliche Auftragsvergabe noch die mitgliedstaatliche Eigenbedarfsdeckung die Funktionsfähigkeit des marktwirtschaftlichen Systems und damit den Wettbewerbsprozeß als konstitutives Element jeglicher marktwirtschaftlicher Ordnung beeinträchtigen dürfen.[644] Die wettbewerbsrechtliche Funktion der Koordinierungsrichtlinein findet ihren Ausdruck in den Vorschriften über die Teilnahme[645] der Bieter und die Publizität[646]

---

[641] Vgl. § 3B.III.2, S. 88 ff.

[642] Vgl. § 3B.III.1.e, S. 82 ff. und § 3B.III.2, S.88 ff.

[643] Vgl. Art. 3 lit. g) EG. Nach der Rechtsprechung des *EuGH* setzt Art. 3 lit. g EG einen *wirksamen* Wettbewerb voraus, durch den die grundlegenden Forderungen des Vertrags erfüllt und seine Ziele, insbesondere die Verwirklichung des Binnenmarkts erreicht werden sollen *EuGH*, Urteil vom 25.10.1977, Rs. 26/76 (Metro/Kommission), Slg. 1977, S. 1875 ff. (Tz. 20).

[644] *Stolz*, Das öffentliche Auftragswesen in der EG, S. 85

[645] Zur Absicherung des Gleichbehandlungsgebots sehen die Koordinierungsrichtlinien daher, neben dem Anspruch, daß die Vergaben eines öffentlichen Auftrags überhaupt im Rahmen eines Ausschreibungsverfahren zu erfolgen hat (Art. 11 DKR), vor, (1) daß die Nichtberücksichtigung eines Bieters schriftlich zu begründen ist (Art. 12 DKR), (2) daß die Zulassung der Teilnahme an einem Wettbewerb weder auf das Gebiet eines Mitgliedstaats noch auf das Erfordernis einer Rechtspersönlichkeit beschränkt werden darf (Art. 13 Abs. 4 DKR) bzw. im Rahmen eines beschränkten Wettbewerbs die Teilnehmer anhand von nichtsdiskriminieren-

der Auftragsvergabe[647], die einen offenen und transparenten Wettbewerb zwischen den Leistungsanbietern gewährleisten sollen.[648]

2. Konkretisierung des Sinn und Zwecks der Koordinierungsrichtlinien durch das Wettbewerbsverhältnis

Ist der Gleichbehandlungsgrundsatz durch Sinn und Zweck der Koordinierungsrichtlinien zu konkretisieren und haben diese aufgrund des Zusammenhangs zwischen Gleichbehandlungsgrundsatz und Wettbewerb wettbewerbsschützende Funktion[649], ist es möglich zur Konkretisierung des Gleichbehandlungsgrundsatzes auf die Rechtsfigur des Wettbewerbsverhältnisses[650] abzustellen. Ein Wettbewerbsverhältnis liegt immer dann vor, wenn mehrere Unternehmen auf einem sachlich, räumlich und auch zeitlich gemeinsamen Markt jeweils aktuell oder

---

den Kriterien auszuwählen sind (Art. 13 Abs. 5 DKR), (3) daß technische Spezifikationen nur anhand von europäisches Recht umsetzenden Normen und ohne Anknüpfung an Herkunft, Produktionsart oder –verfahren ausgeschrieben werden dürfen (Art. 14 DKR, insb. Art. 14 Abs. 2, 3 und 6 DKR), (4) daß die in den Verfahren vorgesehenen Fristen, die auch ausländischen Bewerbern, die Möglichkeit der Teilnahme zu gewährleisten sollen, eingehalten werden müssen und (5) daß die Auswahl der Bewerber und Bieter anhand von einheitlichen Kriterien zu erfolgen hat unter Anerkennung ausländische Eintragungs-, Qualitäts- oder Fachkundenachweise (Art. 29 – 35 DKR).

646 Nach Art. 15 und 16 DKR sind der Gesamtwert der Vergaben, die Ausschreibung selbst sowie deren Ergebnisse EG-weit bekannt zu machen, vgl. auch Art. 11 BKR und Art. 9 LKR.

647 Die Teilnahme- und Publizititäsvorschriften stellen subjektive Rechte der Bieter dar, die sich vor nationalen Gerichten auf deren Einhaltung berufen können. Der Grundsatz der Gleichbehandlung wird damit verfahrensrechtlich absgsichert, *EuGH*, Urteil vom 11.08.1995, Rs. C-433/93 (Kommission/Deutschland), Slg. I 1995, S. 2311 ff. (Tz. 18 ff.).

648 *Stolz*, Das öffentliche Auftragswesen in der EG, S. 85; *Dietlein*, Der Begriff des "funktionalen" Auftraggebers im Sinne von § 98 Nr. 2 GWB, Tagungsband "Zweiter Düsseldorfer Vergaberechtstag am 28.06.2001", Ministerium für Wirtschaft und Mittelstand, Energie und Verkehr des Landes Nordrhein-Westfalen, S. 41 ff. (44). Diese wettbewerbliche Funktion hat letztlich auch dazu geführt, daß die deutsche Umsetzung der Koordinierungsrichtlinien im GWB integriert wurde.

649 Vgl. zur Anerkennung dieses Zusammenhangs durch den EuGH, *Bleckmann*, Das System des Beihilfeverbots im EWG-Vertrag, WuV 1989, S. 75 ff. (87) mit weiteren Nachweisen, FN 23.

650 Zwar wird der Begriff des Wettbewerbs im EG-Vertrag nicht näher definiert und führen auch die in den Wirtschaftswissenschaften kontrovers diskutierten Wettbewerbstheorien (vgl.hierzu *Schmidt*, Wettbewerbspolitik und Kartellrecht, 6. Aufl. 1999, S. 1 ff.) insofern nicht weiter. Eine Definition des Wettbewerbs ist aber für die Heranziehung des Wettbewerbsverhältnisses auch nicht erforderlich, weil das Wettbewerbsverhältnis – unabhängig von normativen Begriffsbestimmungen – ein *tatsächlicher* Zustand ist, vgl. hierzu *Nowak*, Konkurrentenschutz in der EG, S. 35 mit weiteren Nachweisen.

potentiell als Anbieter oder Nachfrager auftreten[651], d.h. miteinander in Konkurrenz stehen. Das Wettbewerbsverhältnis bietet sich aus mehreren Gründen zur Konkretisierung des vergaberechtlichen Gleichbehandlungsgrundsatzes an. Zum einen zeichnet sich gerade die mitgliedstaatliche Bedarfsdeckung dadurch aus, daß eine Leistung von mehreren im Wettbewerb miteinander stehenden Anbietern einem an einer bestimmten Leistung interessierten öffentlichen Auftraggeber angeboten wird. Mehrere konkurrierende Bieter streben sämtlich um den gleichen Erfolg, die Auftragserteilung. Die mitgliedstaatliche Bedarfsdeckung im Wege der rechtsgeschäftlichen Beschaffung stellt sich daher als Konkurrenzsituation dar, in der Leistungsbeziehungen durch den öffentlichen Auftraggeber zu einem Leistungsanbeiter, der im Wettbewerb mit anderen Wirtschaftsteilnehmer steht, bestehen oder begründet werden.[652] Zum anderen ermöglicht es

---

[651] *Zimmer*, in: *Immenga/Mestmäcker* (Hrsg.) Gesetz gegen Wettbewerbsbeschränkungen, Kommentar, 3. Aufl. 2001, § 1, Rdnr. 174

[652] Die Feststellung eines Konkurrenzverhältnisses kann im Einzelfall Schwierigkeiten bereiten, wenn sich mehrere Anbieter derselben Wirtschaftsgüter auf unterschiedlichen Regionen des Binnenmarktes bewegen oder wenn sich die für das Konkurrenzverhältnis maßgeblichen Produkttypen nicht vollständig entsprechen. Zur Überwindung dieser Schwierigkeiten bietet sich die Anwendung der in der gemeinschaftlichen und den mtigliedstaalichen Wettbewerbsordnungen anerkannten Methode der Marktabgrenzung an, die bei der Prüfung wettbewerbsbeschränkender Praktiken entscheidend auf die Abgrenzung des zeitlich, sachlich und räumlich relevanten Marktes abstellt (*Jung*, in: *Grabitz/Hilf* (Hrsg.), Das Recht der Europäischen Union, Bd. I, Stand: Mai 2001, Art. 82 EG, Rdnr. 26 ff.). Der Rückgriff auf die Methode der Marktabgrenzung bei der Feststellung eines Konkurrenzverhältnisses bietet sich auch deshalb an, weil eine solche Marktabgrenzung zur Feststellung einer Wettbewerbsverfälschung im Kartellrecht, im Fusionskontrollrecht und im Beihilfenaufsichtsrecht ohnehin von der für die Durchführung dieser wirtschafstusichrechtlichen Verwaltunsverfahren zuständigen Komission vorzunehmen ist. Da methodische Bedenken gegen eine Übertragung der für die Ermittlung einer Wettbewerbsverfälschung vorzunehmenden Marktabgrenzung auf die erforderliche Feststellung eines Konkurrenzverhältnisses im Wirtschaftsverwaltungsrecht nicht ersichtlich sind, kann bei der Feststellung des Konkurrenzverhältnisses im öffentlichen Auftragswesen auf die gemeinschaftsrechtlichen Erfahrungen der Marktabgrenzung zurückgegriffen werden (*Friehe*, Das Abwehrrecht des Wettbewerbers gegen die Subventionierung eines Konkurrenten, JuS 1981, S. 867 ff. (871); *Huber*, Konkurrenzschutz im Verwaltungsrecht, S. 44; *Zulegg*, Zur künftigen Entwicklung des Subventionsrechts, DÖV 1984, S. 733 ff. (739)).

Die *zeitliche* Dimension der Marktabgrenzung, die vor allem der Konkretisierung des jeweiligen Produktmarktes dient, trägt in erster Linie der Beweglichkeit des Wettbewerbsgeschehens Rechnung (zur Abgrenzung des zeitlich relevanten Marktes *Schroeder*, in: *Groeben/Thiesing/Ehlermann* (Hrsg.), Kommentar zum EU-/EG-Vertrag, 5. Aufl., (Ex) Art. 86, Rdnr. 126 f.; *Jung*, in: *Grabitz/Hilf* (Hrsg.), Das Recht der Europäischen Union, Bd. I, Stand: Mai 2001, Art. 82 EG, Rdnr. 30 ff.).

Bei der *sachlichen* Marktabgrenzung folgen der *EuGH* und die Kommission in ständiger Praxis dem sog. Bedarfsmarktkonzept, das auf die funktionelle Austauschbarkeit der im Einzelfall relevanten Güter oder Dienstleistungen aus der Sicht eines verständigen Abnehmers abstellt (*EuGH*, Urteil vom 09.11.1983, Rs. 322/81 (Michelin/Kommission), Slg. 1983, S. 3461 ff. (Tz. 37 ff.); *Gleiss/Hirsch*, Kommentar zum EG-Kartellrecht, Bd. I, 4. Aufl. 1993, Art. 85

das Abstellen auf das Wettbewerbsverhältnis, den Gleichbehandlungsgrundsatz durch die realen Gegebenheiten des Wettbewerbs näher zu bestimmen.[653] So kann der Kreis der durch eine Maßnahme Betroffenen bzw. umgekehrt der Kreis, der durch den Gleichbehandlungsgrundsatz Begünstigten in persönlicher Hinsicht dadurch begrenzt werden, daß nur solche Marktteilnehmer als miteinander vergleichbar in Betracht kommen, die miteinander im Wettbewerb stehen.[654] In sachlicher Hinsicht werden die miteinander konkurrierenden Wettbewerber durch den Gleichbehandlungsgrundsatz vor Veränderungen der Wettbewerbslage geschützt, da

> "der allgemeine Gleichheitssatz des Gemeinschaftsrechts nicht nur unsachliche Differenzierungen, sondern auch eine Veränderung der Wettbewerbslage von miteinander in Konkurrenz stehenden Unternehmen"[655]

---

(1), Rdnr. 206); *Jung*, in: *Grabitz/Hilf* (Hrsg.), Das Recht der Europäischen Union, Bd. I, Stand: Mai 2001, Art. 82 EG, Rdnr. 30 ff.).

Der *räumlich* relevante Markt, der im gemeinschaftlichen Wettbewerbsrecht als Gebiet definiert wird, in dem für alle Wirtschaftsteilnehmer in Bezug auf die betreffenden Produkte aktuell oder jedenfalls in absehbarer Zukunft einander gleichende Wettbewerbsbedingungen gelten (*EuGH*, Urteil vom 14.02.1978, Rs. 27/75 (United Brands u.a./Kommission), Slg. 1978, S. 207 ff. (Tz. 36 ff.), wird aufgrund des Fehlens fester geographischer Kriterien in der Regel durch das Hauptabsatzgebiet eines Unternehmens bestimmt (*Bechthold*, Zwischenbilanz zum EG-Fusionskontrollrecht, EuZW 1994, S. 653 ff. (656)). In der Entscheidungspraxis der Kommission wird sehr häufig auf den Gemeinsamen Markt abgestellt (*Gleiss/Hirsch*, Kommentar zum EG-Kartellrecht, Bd. I, 4. Aufl. 1993, Art. 85 (1), Rdnr. 224). Je nach den Besonderheiten des Einzelfalls kommen aber auch kleinere oder über den Gemeinsamen Markt hinausreichende Markteinheiten als Anknüpfungspunkt in Betracht (*Bechthold*, Zwischenbilanz zum EG-Fusionskontrollrecht, EuZW 1994, S. 653 ff. (656), wobei es maßgeblich auf die Transportkosten, Verbrauchergewohnheiten, wirtschaftlichen Möglichkeiten der Anbieter und etwaige Handelsschranken ankommt (*EuGH*, Urteil vom 16.12.1975, Rs. 40/73 u.a. (Suiker Unie u.a./Kommission), Slg. 1975, S. 1663 ff. (Tz. 370 ff.); *EuG*, Urteil vom 12.12.1991, Rs. 30/89 (Hilti/Kommission), Slg. II 1991, S. 1439 ff. (Tz. 82 ff.)).

[653] Vgl. zum Aspekt des Wettbewerbsverhältnisses als Konkretisierung normativer Wertungen durch reale Gegebenheiten, *Schmidt*, Öffentliches Wirtschaftsrecht, Allgemeiner Teil, § 10 I. 3. b), S. 461 für das subjektiv öffentliche Recht; *Scholz*, in *Maunz/Dürig* (Hrsg.) Grundgesetz, 8. Aufl., Stand: 08.2000, Art. 12, Rdnr. 304, für den Schutzbereich des Art. 12 GG, der es "Eingriff durch Konkurrentenförderung" nennt. Zwar wird das Konkurrenzverhältnis bisweilen als zu unbestimmt zur Beurteilung subjektiver Rechtspositionen kritisiert und diesen Ungenauigkeiten im Rahmen der Grundrechte durch eine funktionale Grundrechtsauslegung zu begegnen versucht (vgl. statt vieler *Huber*, Konkurrenzschutz im Verwaltungsrecht, S. 380 ff.), der jedoch die verbindende Wirkung des Wettbewerbsverhältnis zwischen den gegebenen Tatsachen und der rechtlichen Wertung nicht ausreichend würdigt.

[654] *Schmidt*, Öffentliches Wirtschaftsrecht, Allgemeiner Teil, § 10 I. 3. b), S. 461; *Scholz*, in *Maunz/Dürig* (Hrsg.) Grundgesetz, 8. Aufl., Stand: 08.2000, Art. 12, Rdnr. 304, für den Schutzbereich des Art. 12 GG

[655] *Bleckmann*, Das System des Beihilfeverbots im EWG-Vertrag, WuV 1989, S. 75 ff. (87) mit weiteren Nachweisen, FN 23. Hinsichtlich der Vergleichbarkeit von Unternehmen stellt der *EuGH* daneben auch auf die jeweiligen Produktionsverhältnissen, die rechtlichen Struktur

verbietet.

Übertragen auf die In-House-Vergabe bedeutet dies, daß diejenigen Unternehmen, die mit dem beauftragten Unternehmen, das mit dem öffentlichen Auftraggeber verbunden ist, in einem Wettbewerbsverhältnis stehen (Eröffnung des persönlichen Anwendungsbereichs des Gleichbehandlungsgrundsatzes in Form der Vergleichbarkeit der Personen), insoweit geschützt werden, wie die Beauftragung des mit dem öffentlichen Auftraggeber verbundenen Unternehmens zu einer Veränderung der Wettbewerbslage führt, die vom Sinn und Zweck der Koordinierungsrichtlinien geschützt wird. Der Gleichbehandlungsgrundsatz kann daher durch den Sinn und Zweck der Koordinierungsrichtlinien dahingehend konkretisiert werden, daß die Beauftragung des mit dem öffentlichen Auftraggeber verbundenen Unternehmens dann nicht gegen das Gebot der Gleichbehandlung verstößt, wenn dies nicht zu vom Sinn und Zweck der Koordinierungsrichtlinien geschützten Wettbewerbsnachteilen der übrigen Wettbewerber führt.

IV. Die ausschreibungsfreie Beauftragung einer mit dem öffentlichen Auftragnehmer verbundenen Körperschaft im Lichte des Schutzzwecks der Koordinierungsrichtlinien

Im folgenden sind daher die für das Vergaberecht relevanten Wettbewerbsverhältnisse zu bestimmen (vgl. § 5C.IV.1.). Anschließend ist festzustellen, welche Wettbewerbsveränderungen bzw. -nachteile für diese Wettbewerbsverhältnisse mit der ausschreibungsfreien Beauftragung eines mit dem öffentlichen Auftraggeber verbundenen Auftragnehmers für die mit diesem Auftragnehmer vergleichbaren, weil konkurrierenden Leistungsanbieter, verbunden sind (vgl. § 5C.IV.2.) und ob diese vom Schutzzweck der Koordinierungsrichtlinien erfaßt sind (vgl. § 5C.IV.3.).

1. Die für das Vergaberecht relevanten Wettbewerbsverhältnisse

Bei der Analyse der möglichen Wettbewerbsverhältnisse zwischen einem mit dem öffentlichen Auftraggeber verbundenen Leistungsanbieter und anderen Leistungsanbietern ist von folgenden Grundüberlegungen auszugehen: Die Leistungen, die der öffentliche Auftraggeber von dem mit ihm verbundenen Leistungsanbieter bezieht, können auch von *Dritten* nachgefragt werden, d.h. einerseits von anderen öffentlichen Auftraggebern, mit denen die leistungserbringen-

---

der Unternehmen und ihre Wettbewerbsfähigkeit ab, vgl. *EuGH*, Urteil vom 13.07.1962, Rs. 17 und 20/61 (Klöckner), Slg. 1962, S. 653 ff. (S. 693); *EuGH*, Urteil vom 13.07.1962, Rs. 19/61 (Mannesmann), Slg. 1962, S. 717 ff. (S. 755); *EuGH*, Urteil vom 15.01.1985, Rs. 250/83 (Finsider), Slg. 1985, S. 131 ff. (Tz. 8 ff.).

de Stelle nicht verbunden ist, und andererseits von anderen Nachfragern, die nicht öffentlich Auftraggeber sind. Auf dieser Grundlage sind folgende Wettbewerbsverhältnisse eines mit dem öffentlichen Auftraggeber verbundenen Leistungsanbieter zu anderen Anbietern dieser Leistung denknotwendig möglich:

- Das mit dem öffentlichen Auftraggeber verbundene Unternehmen erbringt seine Leistungen an den *mit ihm verbundenen öffentlichen Auftraggeber* und steht insofern mit anderen Leistungserbringern im Wettbewerb.
- Das mit dem öffentlichen Auftraggeber verbundene Unternehmen erbringt seine Leistungen an *andere* öffentliche Auftraggeber, mit dem es *nicht* verbunden ist und steht insofern mit anderen Leistungserbringern im Wettbewerb.
- Das mit dem öffentliche Auftraggeber verbundene Unternehmen erbringt seine Leistungen an Nachfrager, die nicht öffentliche Auftraggeber sind, und steht insofern im Wettbewerb mit anderen Leistungserbringern.

Diese Wettbewerbsverhältnisse stellen die für das Vergaberecht relevanten Wettbewerbsverhältnisse dar, wobei natürlich auch Kombinationen dieser Wettbewerbsverhältnisse möglich sind. Nur insoweit daher ein solches Wettbewerbsverhältnis besteht, handelt es sich bei den Betroffenen um vergleichbare Marktteilnehmer und kommt der Schutz des in den Koordinierungsrichtlinien verbürgten Gleichbehandlungsgrundsatzes zum Tragen.

2. Die Auswirkungen der In-House-Vergabe im weiteren Sinne auf die für das Vergaberecht relevanten Wettbewerbsverhältnisse

Allein das Vorliegen eines Wettbewerbsverhältnisses zwischen der mit dem öffentlichen Auftraggeber verbundenen Körperschaft und anderen Leistungsanbietern löst jedoch noch nicht den Schutz des Gleichbehandlungsgrundsatzes der Koordinierungsrichtlinien aus. Dieser greift nur ein, wenn hiermit eine vom Schutzzweck der Koordinierungsrichtlinien erfaßte Veränderung der Wettbewerbslage einhergeht.

Eine Veränderung der Wettbewerbslage liegt vor, wenn die Beauftragung des mit dem öffentlichen Auftraggeber verbundenen Unternehmens dazu geeignet ist, die Marktverhältnisse zu verändern[656], d.h. wenn ausgehend von Wesen und

[656] In Anlehnung an die Definition der Wettbewerbsbeschränkung, vgl. hierzu *Schröter*, in: *Groeben/Thiesing/Ehlermann* (Hrsg.), Kommentar zum EU-/EG-Vertrag, 5. Aufl., (Ex) Art. 85, Rdnr. 77.

Tragweite der ausschreibungsfreien Beauftragung eines mit dem öffentlichen Auftraggeber verbundenen Auftragnehmers Auswirkungen auf den Wettbewerb gegeben sind. Dies ist ausgehend von einem Vergleich zwischen den wettbewerblichen Verhältnissen mit und ohne die konkrete Maßnahme unter Berücksichtigung des wirtschaftlichen und rechtlichen Gesamtzusammenhangs, d.h. der Art und Menge der betroffenen Erzeugnisse, die Marktstellung der Beteiligten, die Offenheit des Marktes bzw. die Möglichkeiten des Marktzugangs für Dritte, zu beurteilen.[657]

Mit der ausschreibungsfreien Auftragsvergabe an eine mit dem öffentlichen Auftraggeber verbundene Körperschaft ergeben sich folgende Wettbewerbsveränderungen:

Zum einen hat die ausschreibungsfreie Beauftragung der mit dem öffentlichen Auftraggeber verbundenen Körperschaft grundsätzlich eine Wettbewerbsveränderung im Hinblick auf dasjenige Wettbewerbsverhältnis zur Folge, das zwischen dieser und anderen Leistungsanbietern *um den öffentlichen Auftrag* besteht. Diese Wettbewerbsveränderung besteht darin, daß ohne die ausschreibungsfreie Beauftragung der mit dem öffentlichen Auftraggeber verbundenen Körperschaft andere Leistungsanbieter der vom öffentlichen Auftraggeber benötigten Leistung diese Aufträge erhalten würden.

Zum anderen hat die ausschreibungsfreie Auftragsvergabe an eine mit dem öffentlichen Auftraggeber verbundene Körperschaft Auswirkungen auf dasjenige Wettbewerbsverhältnis, das zwischen dieser und anderen Leistungsanbietern um Aufträge im Verhältnis zu *Dritten*, d.h. anderen Personen als dem öffentlichen Auftraggeber, mit dem diese Körperschaft verbunden ist, besteht. Dies freilich nur, wenn diese Körperschaft ihre Leistungen auch im Verhältnis zu Dritten anbietet. Die Wettbewerbsveränderung bezüglich dieses Drittmarktes ergibt sich daraus, daß der mit dem öffentlichen Auftraggeber verbundene Auftragnehmer seine Leistungen auch im Verhältnis zu Dritten anbietet und damit zu den anderen Leistungsanbietern auch auf diesem Drittmarkt in Konkurrenz tritt.[658] So ist zu beobachten, daß mit dem öffentlichen Auftraggeber verbundene Stellen vor allem in den Bereichen der Grundstücksverwaltung, der Softwareentwicklung, der Bauplanungs- bzw. Baudurchführungsarbeiten, den Entsorgungsleistungen und den Nahverkehrsdienstleistungen ihre Leistungen auch gegenüber Dritten,

---

[657] So für das Wettbewerbsrecht, *Stockenhuber*, in: *Grabitz/Hilf*, Das Recht der Europäischen Union, Bd. I, Stand: Januar 2001, Art. 81, Rdnr. 124.

[658] *Müller-Wrede*, in: *Müller-Wrede* (Hrsg.), Verdingungsordnung für freiberufliche Leistungen (VOF), Einl. Rdnr. 39

d.h. anderen Nachfragern als dem öffentlichen Auftraggeber, mit dem sie selbst verbunden sind, anbieten.[659]

3. Schutzzweckrelevanz der Auswirkungen der In-House-Vergabe im weiteren Sinne auf die für das Vergaberecht relevanten Wettbewerbsverhältnisse

Allein das Vorliegen einer Wettbewerbsveränderung im Hinblick auf die für das Vergaberecht relevanten Wettbewerbsverhältnisse löst jedoch noch nicht den Schutz des Gleichbehandlungsgrundsatzes aus. Dieser greift nur ein, wenn diese Veränderung der Wettbewerbslage von dem mit dem Gleichbehandlungsgrundsatz verfolgten Schutzzweck erfaßt wird. Umgekehrt bedeutet dies, daß sich die ausschreibungsfreie Beauftragung des mit dem öffentlichen Auftraggeber verbundenen Leistungsanbieters trotz der damit einhergehenden Auswirkungen auf die Wettbewerbsverhältnisse nur dann gerechtfertigt ist, wenn diese Auswirkungen nicht vom Schutzzweck des Gleichbehandlungsgrundsatzes der Koordinierungsrichtlinien erfaßt sind.

a. Fehlende Schutzzweckrelevanz aufgrund fehlender Entscheidungsautonomie des Auftragnehmers

Ähnlich wie bei der Begründung für die Privilegierung konzerninterner Wettbewerbsbeschränkungen im Wettbewerbsrecht ließe sich argumentieren, daß die mit der Auftragsvergabe an ein mit dem öffentlichen Auftraggeber verbundenen Leistungsanbieter einhergehenden Veränderungen des Wettbewerbs dann nicht vom Schutzzweck der Koordinierungsrichtlinien und damit des Gleichbehandlungsgrundsatzes erfaßt sind, wenn es dem leistungserbringenden Auftragnehmer aufgrund der Beziehungen mit dem öffentlichen Auftraggeber an der wirtschaftlichen Handlungsfreiheit fehlt. Es ließe sich argumentieren, daß in diesem Fall der von den Koordinierungsrichtlinien geschützte Wettbewerb nicht beschränkt und damit der mit dem Gleichbehandlungsgrundsatz der Koordinierungsrichtlinien verfolgte Sinn und Zweck nicht beeinträchtigt werden kann.[660]

---

[659] *Zeiss*, "In-House"-Geschäft: Ende einer liebgewonnenen Ausnahme von der Ausschreibungspflicht durch die "Hintertür" des EG-Wettbewerbsrechts?, ZfBR, 2002, S. 456 ff. (457) mit Beispielen aus der Praxis.

[660] In diesem Sinne wohl auch *Dreher*, in: *Immenga/Mestmäcker* Gesetz gegen Wettbewerbsbeschränkungen, Kommentar, 3. Aufl. 2001, § 99, Rdnr. 26, 27 und § 100, Rdnr. 22, der davon spricht, daß ein Gleichklang zur Behandlung konzerninterner Wettbewerbsabsprachen herzustellen sei: "Ebenso wie fehlender konzerninterner Wettbewerb nicht der kartellrechtlichen Erfassung bedarf, wenn es bei den Beteiligten nicht um selbständig handelnde Rechtsträger geht, bedürfen Auftragsvergaben im einheitlich geleiteten Konzern ohne Entschei-

(1) Die Privilegierung konzerninterner Wettbewerbsabsprachen im Rahmen des Art. 81 EG

Im Rahmen des wettbewerbsrechtlichen Konzernprivilegs werden Absprachen zwischen sich formal rechtlich unterscheidenden Unternehmen trotz des Vorliegens des formellen Vorliegens der Tatbestandsvoraussetzungen des sachlichen Anwendungsbereichs des Art. 81 EG[661] nicht am Wettbewerbsverbot des Art. 81 EG gemessen.

Diese Problematik ist derjenigen der In-House-Vergabe im weiteren Sinne, bei der trotz des Vorliegens der formellen Voraussetzungen eines Auftrags, der den

---

dungsfreiheit seitens des "Auftraggebers" und des "Auftragnehmers" nicht der Erfassung durch das Vergaberecht." Vgl. auch *Eschenbruch*, in: *Niebuhr/Kulartz/Kus/*Portz, Kommentar zum Vergabrecht, § 99, Rdnr. 53 ff., der jedoch auch auf die Drittbetroffenheit der Marktteilnehmer abstellen möchte und dabei verkennt, daß es hierauf bei konzerninternen Wettbewerbsabsprachen aufgrund des unterschiedlichen Schutzgutes von Wettbewerbs- und Vergaberecht nicht ankommt, vgl. § 5C.IV.3.a(2), S. 214 ff.

Vgl. auch *Boesen*, Vergaberecht, 1. Aufl. 2000, § 100, Rdnr. 97 mit dem Argument, daß zwischen dem Erbringen von Leistungen für Außenstehende als zusätzlicher Einnahmequelle oder gar geschäftlicher Betätigung einerseits und der Beziehung zwischen dem Unternehmen und dem öffentlichen Auftraggeber andererseits kein sachlicher Zusammenhang besteht. Dem ist zwar insoweit zuzustimmen, als das Fehlen von Wettbewerb zwischen dem öffentlichen Auftraggeber und dem mit ihm verbundenen Unternehmen nicht zum entfallen des Wettbewerbsverhältnisses zwischen dem mit dem öffentlichen Aufttraggeber verbundenen Unternehmen und seinen Konkurrenten um die Leistungserbringung im Verhältnis zum öffentlichen Auftraggeber bzw. zu Dritten geht. Andererseits sind es gerade die mit der Leistungsbeziehung zwischen öffentlichem Auftraggeber und dem mit ihm verbundenen Auftragnehmer einhergehenden marktabschottenden Wirkungen, die den Sinn und Zweck des Vergaberechts ausmachen (vgl. § 5C.IV.3.b, S. 219 ff.) und damit den sachlichen Zusammenhang zwischen dem Innenenverhältnis zwischen den verbundenen Unternehmen und dem Außenverhältnis zu Dritten – anders als im Wettbewerbsrecht – herstellen.

[661] Art. 82 EG verbietet die mißbräuchliche Ausnutzung einer beherrschenden Stellung auf dem Gemeinsamen Markt oder auf einem wesentlichen Teil desselben durch ein oder mehrere *Unternehmen*, soweit dies dazu führen kann, den Handel zwischen den Mitgliedstaaten zu beeinträchtigen. Nach Art. 86 EG gelten diese Grundsätze auch für öffentliche Unternehmen, um die Gleichbehandlung öffentlicher und privater Unternehmen zu gewährleisten. In Art. 3 lit. c) und g) EG ist als Vertragsziel die Schaffung eines Binnenmarkte sowie eines Systems des unverfälschten Wettbewerbs vorgesehen. Die besondere Gefährdung des Wettbewerbs im Binnenmarkt durch die unternehmerische Tätigkeit des Staates ist in Art. 31 EG, der Regelung über Handelsmonpole, und in Art. 86 EG explizit angesprochen und konkretisieren die sich aus Art. 10 EG ergebende Verpflichtung der Mitgliedstaaten, die zur Verwirklichung dieser Ziele erforderlichen Maßnahmen zu treffen diesen und entgegenstehende Maßnahmen zu unterlassen. Die Schaffung eines marktwirtschaftlichen Wettbewerbs hat zur Folge, daß auch die marktwirtschaftliche Tätigkeit des Staates in allen ihren Erscheinungsformen den Regeln des Wettbewerbs zu unterliegen hat. Die Mitgliedstaaten können einerseits unmittelbar selbst als Unternehmen auftreten mit der Folge, daß Art. 81 EG anwendbar ist, andererseits aber auch nur mittelbar durch öffentliche Unternehmen mit der Folge, daß dann die Wettbewerbsregeln über die Verweisung des Art. 86 EG Anwendung finden.

sachlichen Anwendungsbereich der Koordinierungsrichtlinien umschreibt, die Anwendung der Koordinierungsrichtlinien verneint wird, sehr ähnlich. Aber auch die Ansätze zur Lösung konzerninterner Wettbewerbsabsprachen bzw. zur In-House-Vergabe im weiteren Sinne weisen gewisse Parallelen auf.

Nach Art. 81 EG sind Vereinbarungen zwischen Unternehmen, Beschlüsse von Unternehmensvereinigungen und aufeinander abgestimmte Verhaltensweisen, welche den Handel zwischen Mitgliedstaaten zu beeinträchtigen geeignet sind und eine Verhinderung, Einschränkung oder Verfälschung des Wettbewerbs innerhalb des Gemeinsamen Marktes bezwecken oder bewirken verboten.[662]

Ein Teil der Literatur begründet die Zulässigkeit konzerninterner Wettbewerbsabsprachen damit, daß die Verbundenheit zwischen den Unternehmen, die auf einem Beherrschungsverhältnis beruht, dazu führt, daß das beherrschte Unternehmen aufgrund der ihm im Verhältnis zum herrschenden Unternehmen fehlenden Entscheidungsautonomie seine Unternehmenseigenschaft verliere. Damit könne auch keine Vereinbarung zwischen zwei Unternehmen i.S.v. Art. 81 EG vorliegen. Dieser Begründungsansatz entspricht demjenigen der funktionalen Betrachtungsweise zur Begründung der In-House-Vergabe im weiteren Sinne. Danach soll die fehlende Entscheidungsautonomie des Auftragnehmers im Verhältnis zu dem ihn beauftragenden öffentlichen Auftraggeber die Eigenschaft des Auftragnehmers als Vertragspartei entfallen lassen. Dies habe zur Folge, daß mangels eines Auftrags zwischen öffentlichem Auftraggeber und Auftragnehmer auch die Voraussetzungen der sachlichen Anwendungsbereichs der Koordinierungsrichtlinien nicht gegeben seien und diese daher keine Anwendung finden.

Nach der Rechtsprechung des *EuGH*[663] und nach herrschender Literatur[664] hat die Privilegierung konzerninterner Wettbewerbsabsprachen ihren Grund jedoch

---

662 Vgl. *Bunte*, in: *Langen/Bunte*, Kommentar zum deutschen und europäischen Kartellrecht, Bd. I, 9. Aufl. 2001, Art. 81, Rdnr. 10; *Emmerich*, Kartellrecht, in: *Dauses*, Handbuch des EU-Wirtschaftsrecht, Stand: August 2000, Bd. II, H. I § 1., Rdnr. 68; *Gleiss/Hirsch*, Kommentar zum EG-Kartellrecht, Bd. I, 4. Aufl. 1993, Art. 85 (1), Rdnr. 48, 53, 55; *Schröter*, in: *Groeben/Thiesing/Ehlermann* (Hrsg.), Kommentar zum EU-/EG-Vertrag, 5. Aufl., Vorbem. (Ex) Art. 85,bis 89 Rdnr. 31; *Stockenhuber*, in: *Grabitz/Hilf*, Das Recht der Europäischen Union, Bd. I, Stand: Januar 2001, Art. 81, Rdnr. 62

663 *EuGH*, Urteil vom 25.04.1996, Rs. C-73/95 (Viho Europe BV/Kommission), Slg. I 1996, S. 5459 ff. (Tz. 16)

664 *Bunte*, in: *Langen/Bunte*, Kommentar zum deutschen und europäischen Kartellrecht, Bd. I, 9. Aufl. 2001, Art. 81, Rdnr. 10; *Fleischer*, Konzerninterne Wettbewerbsbeschränkungen und Kartellverbot, Die AG 1997, S. 491 1 ff. (493); *Gleiss/Hirsch*, Kommentar zum EG-Kartellrecht, Bd. I, 4. Aufl. 1993, Art. 85 (1), Rdnr. 190 und 55; *Schroeder*, Die Anwendung des Kartellverbots auf verbundene Unternehmen, WuW 1988, S. 274 ff.(276); *Weiß*, in: *Cal-*

darin, daß der Sinn und Zweck des Art. 81 EG durch konzerninterne Vereinbarungen nicht beeinträchtigt wird, wenn eines der an der Vereinbarung beteiligten Unternehmen das andere in einer Art und Weise beherrsche, daß dem beherrschten Unternehmen keine autonome Entscheidungsbefugnis mehr zustehe. In diesem Fall sind an sich die formellen Voraussetzungen des Art. 81 EG erfüllt und Art. 81 EG anwendbar, da die fehlende Entscheidungsautonomie des beherrschten Unternehmens die Unternehmenseigenschaft der an der wettbewerbsbeschränkenden Vereinbarung beteiligten Konzernunternehmen nicht entfallen lasse.[665] Die fehlende Entscheidungsautonomie einer der Vertragsparteien im Verhältnis zur anderen führe jedoch dazu, daß der von Art. 81 EG geschützte Wettbewerb nicht beeinträchtigt werde. Der von Art. 81 EG geschützte Wettbewerb bestehe aus der Summe der von den Marktteilnehmern aufgrund ihrer autonomen Handlungsfreiheit getroffenen Entscheidungen. Wettbewerb setzte daher die autonome Handlungsfreiheit der Beteiligten voraus. Der Abschluß einer Vereinbarung schränke diese Handlungsfreiheit ein und stelle daher eine Wettbewerbsbeschränkung dar. Fehle es dagegen einem der an der Vereinbarung beteiligten Unternehmen aufgrund der rechtlichen Beziehungen zu dem anderen an der Vereinbarung beteiligten Unternehmen an der für den Wettbewerb erforderlichen autonomen wirtschaftlichen Handlungsfreiheit, kann dieses Unternehmen mangels autonomer Entscheidungsbefugnis auch nicht Träger der vom Wettbewerbsrecht geschützten Handlungsfreiheit sein und sich dieser durch die Vereinbarung auch nicht in wettbewerbsbeschränkender Weise begeben. Der Sinn und Zweck des Art. 81 EG, den Wettbewerb zu schützen, könne mangels Vorliegens eines Wettbewerbs nicht erreicht werden. Nach der Rechtsprechung des *EuGH* seien die Unternehmen in diesem Fall als wirtschaftliche Einheit anzusehen[666] mit der Folge, daß die Vereinbarung zwischen den als wirtschaftliche Einheit anzusehenden Unternehmen und deren Auswirkungen auf den Wettbe-

---

liess/Ruffert (Hrsg.) Kommentar zu EU-Vertrag und EG-Vertrag, 1999, Art. 81, Rdnr. 85 ff.; *Zimmer*, Gesetz gegen Wettbewerbsbeschränkungen, Kommentar, 3. Aufl. 2001, § 1, Rdnr. 50 und 147 ff.

665 Vgl. *Bunte*, in: *Langen/Bunte*, Kommentar zum deutschen und europäischen Kartellrecht, Bd. I, 9. Aufl. 2001, Art. 81, Rdnr. 10, 12; *Emmerich*, Kartellrecht, in: *Dauses*, Handbuch des EU-Wirtschaftsrecht, Stand: August 2000, Bd. II, H. I § 1., Rdnr. 68; *Gleiss/Hirsch*, Kommentar zum EG-Kartellrecht, Bd. I, 4. Aufl. 1993, Art. 85 (1), Rdnr. 48, 53, 55; *Schröter*, in: *Groeben/Thiesing/Ehlermann* (Hrsg.), Kommentar zum EU-/EG-Vertrag, 5. Aufl., Vorbem. (Ex) Art. 85,bis 89 Rdnr. 31; *Stockenhuber*, in: *Grabitz/Hilf*, Das Recht der Europäischen Union, Bd. I, Stand: Januar 2001, Art. 81, Rdnr. 62

666 *EuGH*, Urteil vom 25.04.1996, Rs. C-73/95 (Viho Europe BV/Kommission), Slg. I 1996, S. 5459 ff. (Tz. 16)

werb für die Beurteilung der Wettbewerbsbeschränkung außer Betracht zu bleiben haben.[667]

(2) Eingeschränkte Übertragbarkeit der Grundsätze der Privilegierung konzerninterner Wettbewerbsabsprachen auf die In-House-Vergabe im weiteren Sinne

Übertragen auf das Vergaberecht würde dies bedeuten: Die Beauftragung einer Körperschaft, der es aufgrund der Beherrschung durch den öffentlichen Auftraggeber an eigener Entscheidungsautonomie fehlt, läßt zwar formell das Vorliegen eines Auftrags nicht entfallen. Die fehlende Entscheidungsautonomie der Körperschaft führt nicht dazu, daß diese ihre Eigenschaft als Vertragspartei verliert. Die Koordinierungsrichtlinien sind an sich anwendbar. Die aufgrund der Beherrschung durch den öffentlichen Auftraggeber gegebene fehlende Entscheidungsautonomie des Auftragnehmers führt jedoch dazu, daß der Auftragnehmer im Hinblick auf den von dem mit ihm verbundenen öffentlichen Auftraggeber erteilten Auftrag nicht Träger des von den Koordinierungsrichtlinien geschützten Vergabewettbewerbs ist. Ist der Auftragnehmer insofern nicht Träger des Vergabewettbewerbs, steht er im Hinblick auf den von dem mit ihm verbundenen öffentlichen Auftraggeber zu vergebenden Auftrag auch nicht in einem Wettbewerbserhältnis mit anderen Leistungsanbietern. Insoweit fehlt es daher schon an einem Wettbewerbsverhältnis um den öffentlichen Auftrag zwischen Auftragnehmer und anderen Leistungsanbietern.[668] Damit stellt sich der mit dem öffentlichen Auftraggeber verbundene Auftragnehmer nicht als mit anderen Leistungsanbietern vergleichbarer Wettbewerber dar. Vielmehr sind öffentlicher Auftraggeber und Auftragnehmer als wirtschaftliche Einheit anzusehen. Die mit dem öffentlichen Auftrag begründeten Leistungsbeziehungen zwischen öffentlichem Auftraggeber und dem mit ihm zu einer wirtschaftlichen Einheit verbundenen Unternehmen sind für die Beurteilung des Vorliegens einer Wettbewerbsbeschränkung und damit die Verletzung des Gleichbehandlungsgrundsatzes unbeachtlich. Zum einen fehlt es schon an dem hierfür erforderlichen Wettbewerbsverhältnis. Zum anderen führt die Beauftragung des mit dem öffentlichen Auftraggeber zu einer wirtschaftlichen Einheit verbundenen Auftragnehmers nicht zu einer Veränderung der Wettbewerbslage, die den Schutzzweck der Ko-

---

[667] *EuGH*, Urteil vom 25.11.1971, Rs. 22/71 (Béguelin), Slg. 1971, S. 949 ff. (Tz. 7/9); Gleiss/*Hirsch*, Kommentar zum EG-Kartellrecht, Bd. I, 4. Aufl. 1993, Art. 85 (1), Rdnr. 202

[668] So im Ergebnis wohl auch *Dreher*, in: *Immenga/Mestmäcker* Gesetz gegen Wettbewerbsbeschränkungen, Kommentar, 3. Aufl. 2001, § 99, Rdnr. 26, 27 und § 100, Rdnr. 22; *Eschenbruch*, in: *Niebuhr/Kulartz/Kus/*Portz, Kommentar zum Vergabrecht, § 99, Rdnr. 53 ff., vgl. FN 660.

ordinierungsrichtlinien beeinträchtigt und damit auch nicht den Schutz des Gleichbehandlungsgrundsatzes der Koordinierungsrichtlinien aktualisiert.[669]

Der Vorteil dieses Lösungsansatzes wäre, daß – wie im Wettbewerbsrecht und anders als im Rahmen des funktionalen Auftragsbegriffs – die an dem Auftrag Beteiligten ihre Eigenschaft als Vertragspartei nicht verlieren. Auf diese Weise würde anerkannt, daß es sich bei den zwischen den verbundenen Unternehmen um einen Auftrag im Sinne der Koordinierungsrichtlinien handelt.[670] Damit könnten die dogmatischen Bedenken gegen die funktionale Betrachtungsweise[671] überwunden werden. Zudem kann auf diese Weise auch erklärt werden, warum es entsprechend der Rechtsprechung des *EuGH*[672] für die Zulässigkeit der In-House-Vergabe im weiteren Sinne unerheblich ist, ob der Auftragnehmer selbst öffentlicher Auftraggeber ist. Insoweit kommt es nämlich nicht auf die Eigenschaft als öffentlicher Auftraggeber an[673], sondern auf die fehlende Entscheidungsautonomie des Auftragnehmers im Verhältnis zum öffentlichen Auftraggeber.[674] Da es im Wettbewerbsrecht anerkannt ist, daß bei Vorliegen einer wirtschaftlichen Einheit Handlungen[675] der zu einer wirtschaftlichen Einheit verbundenen Unternehmen gegenseitig zugerechnet werden können, ermöglicht es das Abstellen auf das Vorliegen einer wirtschaftlichen Einheit, das Handeln des Auftragnehmers dem öffentlichen Auftraggeber als *eigene* Handlung, und damit als *eigene* Leistung zuzurechnen. Damit kann dieser Leistungsbezug auch begrifflich als ausschreibungsfreie *Eigenleistung* qualifiziert werden.

Abgesehen von den dogmatischen Vorteilen dieser Begründung spricht darüber hinaus auch die wettbewerbsschützende Funktion der Koordinierungsrichtlinien für die Heranziehung der für die Privilegierung konzerninterner Wettbewerbsab-

---

[669] *Schröter*, in: *Groeben/Thiesing/Ehlermann* (Hrsg.), Kommentar zum EU-/EG-Vertrag, 5. Aufl., (Ex) Art. 85, Rdnr. 99. Diese sind allerdings im Rahmen des Art. 82 EG relevant, weil sie die Kontrolle des Verhaltens der wirtschaftlichen Einheit betreffen, vgl. *Gleiss/Hirsch*, Kommentar zum EG-Kartellrecht, Bd. I, 4. Aufl. 1993, Art. 85 (1), Rdnr. 202.

[670] *Dreher*, in: *Immenga/Mestmäcker* Gesetz gegen Wettbewerbsbeschränkungen, Kommentar, 3. Aufl. 2001, § 99, Rdnr. 26, 27 und § 100, Rdnr. 22, vgl. FN 660.

[671] Vgl. § 4C.II, S. 159 ff.

[672] *EuGH* Urteil vom 07.12.2000, Rs. C-94/99 (*ARGE* Gewässerschutz/Bundesministerium für Land- und Forstwirtschaft), Slg. I 2000, S. 11037 ff. (Tz. 40)

[673] So aber *Schauenburg*, Ausschreibungspflicht und Privilegien für In-house-Geschäfte, NZBau 2002, S. 259 ff. (270 f.)

[674] Diese dürfte allerdings bei der Beauftragung von Einrichtungen des öffentlichen Rechts im Sinne von Art. 1 lit. b) BKR, Art. 1 lit. b) DKR, Art. 1 lit. b) LKR in der Regel gegeben sein.

[675] *EuGH*, Urteil vom 25.10.1983, Rs. 107/82 (AEG), Slg. 1983, S. 3151 (Tz. 49); vgl. hierzu auch *Gleiss/Hirsch*, Kommentar zum EG-Kartellrecht, Bd. I, 4. Aufl. 1993, Art. 85(1), Rdnr. 54 ff.; *Schröter*, in: *Groeben/Thiesing/Ehlermann* (Hrsg.), Kommentar zum EU-/EG-Vertrag, 5. Aufl., Vorbem zu (Ex) Art. 85 bis 89, Rdnr. 31.

sprachen entwickelten Argumentation.[676] Wie die Begründungserwägungen zeigen war das wettbewerbsrechtliche Unternehmensbild aufgrund der engen Verwandtschaft zwischen Vergaberecht und Wettbewerbsrecht Vorbild für die gesetzliche Ausgestaltung der verbundenen Unternehmen in Art. 1 Nr. 2 SKR und Art. 1 Nr. 3 SKR.[677] Während es im Wettbewerbsrecht nach wie vor umstritten ist, wie der Grad der Beherrschung ausgestaltet zu sein hat, um dem beherrschten Unternehmen die für die Annahme einer wirtschaftlichen Einheit erforderliche Handlungsfähigkeit zu nehmen[678], hat der Richtliniengeber mit der Regelung von verbundenen Unternehmen in Art. 1 Nr. 3 SKR[679] klargestellt, daß für das Vorliegen einer wirtschaftlichen Einheit[680] das Beherrschungskonzept des Wettbewerbsrechts maßgeblich ist. Die Formen der Beherrschung sind aufgrund der wettbewerbsschützenden Funktion des Vergaberechts denjenigen nachempfunden[681], die von der herrschenden Literatur aufbauend auf der Rechtsprechung des *EuGH* für die Beurteilung des Konzernprivilegs im Wettbewerbsrecht entwickelt wurden[682]. Die wettbewerbsrechtliche Figur der wirtschaftlichen Einheit findet daher in Art. 1 Nr. 2 und 3 SKR eine gesetzliche Anerkennung und Ausgestaltung in den Koordinierungsrichtlinien.

---

676 *Schauenburg*, Ausschreibungspflicht und Privilegien für In-house-Geschäfte, NZBau 2002, S. 259 ff. (268)

677 Vgl. Begründungserwägung Nr. 23 des Vorschlags der Kommission vom 06.11.1991 für eine Richtlinie des Rates zur Änderung der Richtlinie 90/531/EWG betreffend die Auftragsvergabe durch Auftraggeber im Bereich der Wasser-, Energie- und Verkehrsversorgung sowie im Telekommunikationssektor, KOM (91) 347, in der es im 1. Spiegelstrich heißt: "Für Sektorenauftraggeber, die nicht unter diese Richtlinie fallen (*Anmerkung des VerfasserS.* Siebente Richtlinie 83/349/EWG des Rates vom 13. Juni 1983 – gestützt auf Artikel 54 Absatz 3 Buchstabe g) des Vertrags – über den konsolidierten Abschluß AblEG 1983 Nr. L 193, S. 1 ff. vom 18.07.1983 gilt die Ausschlußklausel in den Fällen, in denen beherrschender Einfluß im Sinne des Wettbewerbsrechts vorliegt."

678 Vgl. § 6A.I.1, S. 231 ff.

679 Zum Anwendungsbereich des Art. 1 Nr. 3, vgl. § 3C.II.2, S. 111 ff.

680 Vgl. zum Vorliegen einer wirtschaftlichen Einheit nach deutschen Gesellschaftsrecht, FN 706

681 Vgl. Begründungserwägung Nr. 23 des Vorschlags der Kommission vom 06.11.1991 für eine Richtlinie des Rates zur Änderung der Richtlinie 90/531/EWG betreffend die Auftragsvergabe durch Auftraggeber im Bereich der Wasser-, Energie- und Verkehrsversorgung sowie im Telekommunikationssektor, KOM (91) 347, in der es im 1. Spiegelstrich heißt: " Für Sektorenauftraggeber, die nicht unter diese Richtlinie fallen (*Anmerkung des VerfasserS.* Siebente Richtlinie 83/349/EWG des Rates vom 13. Juni 1983 – gestützt auf Artikel 54 Absatz 3 Buchstabe g) des Vertrags – über den konsolidierten Abschluß AblEG 1983 Nr. L 193, S. 1 ff. vom 18.07.1983 zuletzt geändert durch die Richtlinie 90/605/EWG, AblEG 1990 Nr. L 317, S. 60 vom 16.11.1990), gilt die Ausschlußklausel in den Fällen, in denen beherrschender Einfluß im Sinne des Wettbewerbsrechts vorliegt."

682 Vgl. § 6A.I.1, S. 231 ff.

Es ließe sich daher argumentieren, daß ebenso wie fehlender konzerninterner Wettbewerb nicht der kartellrechtlichen Erfassung bedarf, wenn es sich bei den Beteiligten nicht um selbständig handelnde Rechtsträger handelt, Auftragsvergaben im einheitlich geleiteten Konzern ohne Entscheidungsfreiheit seitens des *Auftragnehmers* nicht der Erfassung durch das Vergaberecht bedürfen.[683]

Wie die Wertung des Art. 6 DKR[684] zeigt, kann dem jedoch nicht uneingeschränkt gefolgt werden.[685] Nach Art. 6 DKR ist die Beauftragung anderer öffentlicher Auftraggeber mit der Erbringung einer Dienstleistung vom Anwendungsbereich der Koordinierungsrichtlinien ausgenommen, wenn diese ein wettbewerbskonformes ausschließliches Recht zu Leistungserbringung inne haben. Öffentliche Auftraggeber im Sinne von Art. 6 DKR sind auch öffentliche Einrichtung gemäß Art. 1 lit. b) DKR, d.h. ein vom öffentlichen Auftraggeber beherrschtes Unternehmen, sofern es die zusätzlichen Voraussetzungen des Art. 1 lit. b) Satz 2 DKR erfüllt. Würde die fehlende Entscheidungsautonomie des Auftragnehmers für eine Ausschreibungsfreiheit ausreichen, hätte es der zusätzlichen Voraussetzung, daß der Auftragnehmer, d.h. vom öffentlichen Auftraggeber beherrschte beauftragte anderer öffentlicher Auftraggeber, ein ausschließliches Recht zur Leistungserbringung inne haben muß, nicht bedürft.

Daß die fehlende Entscheidungsautonomie des beauftragten Auftragnehmers *allein* – anders als bei der Privilegierung konzerninterner Wettbewerbsabsprachen – für die Privilegierung der ausschreibungsfreien Beauftragung eines mit dem öffentlichen Auftraggeber zu einer wirtschaftlichen Einheit verbundenen Auftragnehmers nicht ausreichend ist, ergibt sich letztlich aus dem unterschiedlichen Schutzgut der Koordinierungsrichtlinien im Vergleich zum Wettbewerbsrecht. Die Privilegierung konzerninterner Wettbewerbsbeschränkungen[686] beruht darauf, daß das Schutzgut des Wettbewerbsrechts, der Wettbewerb als Summe

---

683 In diesem Sinne wohl *Dreher*, in: *Immenga/Mestmäcker* Gesetz gegen Wettbewerbsbeschränkungen, Kommentar, 3. Aufl. 2001, § 99, Rdnr. 26, 27 und § 100, Rdnr. 22, der davon spricht, daß ein Gleichklang zur Behandlung konzerninterner Wettbewerbsabsprachen herzustellen sei: "Ebenso wie fehlender konzerninterner Wettbewerb nicht der kartellrechtlichen Erfassung bedarf, wenn es bei den Beteiligten nicht um selbständig handelnde Rechtsträger geht, bedürfen Auftragsvergaben im einheitlich geleiteten Konzern ohne Entscheidungsfreiheit seitens des "Auftraggebers" und des "Auftragnehmers" nicht der Erfassung durch das Vergaberecht."

684 Vgl. hierzu ausführlich § 3C.I, S. 92 ff.

685 So aber wohl *Dreher*, in: *Immenga/Mestmäcker* Gesetz gegen Wettbewerbsbeschränkungen, Kommentar, 3. Aufl. 2001, § 99, Rdnr. 26, 27 und § 100, Rdnr. 22 (FN 683). Vgl. auch *Boesen*, Vergaberecht, 1. Aufl. 2000, § 100, Rdnr. 97 (vgl. zur Argumentation von *Boesen* FN 660).

686 *EuGH*, Urteil vom 25.04.1996, Rs. C-73/95 (Viho Europe BV/Kommission), Slg. I 1996, S. 5459 ff. (Tz. 16)

autonom ausgeübter wirtschaftlicher Handlungsfreiheit, nicht beeinträchtigt ist. Daher sind auch die wettbewerblichen Auswirkungen der zwischen den verbundenen Unternehmen bestehenden *Vereinbarungen* auf Dritte für die Anwendbarkeit des Art. 81 EG irrelevant, auch wenn diese wettbewerbsverfälschende Wirkung haben.[687] Das Vergaberecht unterscheidet sich jedoch vom Wettbewerbsrecht gerade dadurch, daß es nicht dem Schutz des abstrakten Rechtsgutes Wettbewerbs dient, sondern der Verwirklichung der Warenverkehrs-, Niederlassungs- und Dienstleistungsfreiheit. Damit dient das Vergaberecht zwar einerseits auch dem Schutz des abstrakten Rechtsgut des Vergabewettbewerbs. Andererseits dient das Vergaberecht aber – anders als Art. 81 EG – auch dem Schutz subjektiver Rechtspositionen der Marktteilnehmer.[688] Damit können die mit der Auftragsvergabe innerhalb der wirtschaftlichen Einheit verbundenen Auswirkungen auf die Wettbewerbsposition der Marktteilnehmer bei der vergaberechtlichen Beurteilung der Auftragserteilung innerhalb der wirtschaftlichen Einheit – anders als im Wettbewerbsrecht – nicht unberücksichtigt bleiben.

Daraus folgt, daß zwar einerseits gesagt werden kann, daß das Vorliegen einer wirtschaftlichen Einheit zwischen öffentlichem Auftraggeber und Auftragnehmer dazu führt, daß der Auftragnehmer aufgrund fehlender Entscheidungsautonomie im Verhältnis zum öffentlichen Auftraggeber nicht mehr als Träger des von den Koordinierungsrichtlinien geschützten Vergabewettbewerbs im Bezug auf den öffentlichen Auftrag anzusehen ist, der von dem mit ihm zu einer wirtschaftlichen Einheit verbundenen öffentlichen Auftraggeber vergeben wird. Dies hat zur Folge, daß es schon an einem beschränkbaren Wettbewerbsverhältnis zwischen dem mit dem öffentlichen Auftraggeber verbundenen Auftragnehmer und anderen Leistungsanbietern um den öffentlichen Auftrag fehlt und Auftragnehmer und andere Leistungsanbieter schon nicht als vergleichbare Leistungsanbieter zu betrachten sind. Darüber hinaus sind aus diesem Grund die Leistungsbeziehungen innerhalb der wirtschaftlichen Einheit, d.h. die Erteilung des öffentlichen Auftrags, für die Beurteilung einer den Schutz des Gleichbehandlungsgrundsatzes der Koordinierungsrichtlinien auslösenden Wettbewerbsbeschränkung grundsätzlich als unbeachtlich anzusehen ist.

Andererseits sind aber – anders als im Wettbewerbsrecht – für die vergaberechtliche Beurteilung der ausschreibungsfreien Auftragsvergabe innerhalb der wirtschaftlichen Einheit die Auswirkungen der Leistungsbeziehung auf die von den

[687] *Schröter*, in: *Groeben/Thiesing/Ehlermann* (Hrsg.), Kommentar zum EU-/EG-Vertrag, 5. Aufl., (Ex) Art. 85, Rdnr. 99

[688] *Dreher*, in: *Immenga/Mestmäcker* Gesetz gegen Wettbewerbsbeschränkungen, Kommentar, 3. Aufl. 2001, Vor § 97, Rdnr. 2; *Reidt/Stickler/Glahs*, Das Vergaberecht, 2. Aufl. 2003, § 97, Rdnr. 5

Koordinierungsrichtlinien geschützte Wettbewerbsposition der Marktteilnehmer zu berücksichtigen. Reichweite und Schutzumfang der von den Koordinierungsrichtlinien geschützten Wettbewerbsposition der Marktteilnehmer ist unter Berücksichtigung der primärrechtlichen Grundstellungen der Koordinierungsrichtlinien zu ermitteln.

b. Fehlende Schutzzweckrelevanz aufgrund ausschließlicher Tätigkeit für den öffentlichen Auftraggeber

Aus den primärrechtlichen Grundstellungen der Koordinierungsrichtlinien ergibt sich, daß diese in einem Spannungsverhältnis stehen zwischen der Binnenmarktverwirklichung einerseits und der Kompetenzverteilung im Hinblick auf die mitgliedstaatliche Bedarfsdeckung zwischen den Mitgliedstaaten und der Gemeinschaft andererseits. Auf der einen Seite dienen die Koordinierungsrichtlinien der Realisierung der Grundfreiheiten und damit der Verwirklichung eines europaweiten Binnenmarktes, d.h. einer weitestgehenden Verwirklichung der als unbeschränkt vorausgesetzten wirtschaftlichen Betätigungsfreiheiten der Marktteilnehmer frei von staatlicher Intervention, begrenzt lediglich durch den Wettbewerb anderer Marktteilnehmer. Auf der anderen Seite folgt aus der Kompetenzverteilung zwischen den Mitgliedstaaten und der Gemeinschaft, daß die Koordinierungsrichtlinien nicht vor Wettbewerbsveränderungen schützen, die aus der bloßen Reduktion des von den staatlichen Stellen der Mitgliedstaaten (öffentlichen Auftraggebern) am Markt nachgefragten Auftragsvolumens resultieren. Da die Entscheidung über die Art der Beschaffung als allgemeine wirtschaftspolitische Grundsatzentscheidung der Kompetenz der Mitgliedstaaten vorbehalten ist und der Gemeinschaft daher keine Kompetenz zusteht, die Mitgliedstaaten sekundärrechtlich dazu zu verpflichten, ihren Bedarf durch die Nachfrage am Markt zu decken[689], ist es den Mitgliedstaaten – unter Einhaltung der primärrechtlichen Grenzen[690] – unbenommen, ihren Bedarf auch im Wege der Eigenproduktion zu befriedigen.[691] Die Koordinierungsrichtlinien sehen daher zwar einen Anspruch auf Einhaltung der Vorschriften über das Vergabeverfahren vor. Sie beinhalten jedoch – unabhängig von den primärrechtlichen Grenzen dieser mitgliedstaatlichen Befugnis[692] – keinen Anspruch der Markt-

---

[689] Vgl. § 3B.III.1.e, S. 82 ff.

[690] Vgl zum Schutz der wirtschaftlichen Betätigungsfreiheit im Rahmen der Gemeinschaftsgrundrechte, *Wunderlich*, Das Grundrecht der Berufsfreiheit im Europäischen Gemeinschaftsrecht

[691] Vgl. § 3B.III.1.e, S. 82 ff.

[692] Vgl zum Schutz der wirtschaftlichen Betätigungsfreiheit im Rahmen der Gemeinschaftsgrundrechte, *Wunderlich*, Das Grundrecht der Berufsfreiheit im Europäischen Gemeinschafts-

teilnehmer auf Bedarfsdeckung des öffentlichen Auftraggebers am Markt.[693] Sie schützen daher nicht davor, daß durch die mitgliedstaatliche Eigenproduktion das am Markt nachgefragte Auftragsvolumen reduziert wird und die wirtschaftliche Betätigungsfreiheit der einzelnen Marktteilnehmer durch die unterlassene Nachfrage am Markt eingeschränkt wird.

Der Schutz der Koordinierungsrichtlinien – und damit gleichsam spiegelbildlich die sekundärrechtliche Grenze wettbewerbskonformer Bedarfsdeckung durch die Mitgliedstaaten – liegt daher dort, wo hiermit eine über die bloße Reduktion des Marktvolumens hinausgehende Veränderung des Wettbewerbs verbunden ist, indem sich die zur Eigenbedarfsdeckung berufene Stelle die sich aus der ausschreibungsfreien Leistungserbringung ergebenden Vorteile zu Nutze macht, um Wettbewerbsvorteile zu erzielen. Dies setzt jedoch das Bestehen eines Wettbewerbsverhältnisses voraus. Bei der Beauftragung eines mit dem öffentlichen Auftraggeber zu einer wirtschaftlichen Einheit verbundenen Auftragnehmers fehlt es jedoch mangels Entscheidungsautonomie des Auftragnehmers an einem Wettbewerbsverhältnis zu anderen Leistungsanbietern im Hinblick auf den öffentlichen Auftrag. Insoweit können keine Wettbewerbsvorteile erzielt werden.

Wettbewerbsvorteile können sich nur dann ergeben, wenn die zur Bedarfsdeckung berufene Stelle mit anderen Leistungsanbietern im Verhältnis zu Dritten in ein Wettbewerbsverhältnis tritt, d.h. als Wettbewerber im Verhältnis zu Dritten auf dem Markt auftritt. Aufgrund des dadurch im Verhältis zu Dritten entstehenden Wettbewerbsverhältnises zwischen dem mit dem öffentlichen Auftraggeber verbundenen Auftragnehmer und anderen Leistungsanbietern stellt sich der Auftragnehmer als mit anderen Leistungsanbietern vergleichbarer Wettbewerber im Sinne des Gleichbehandlungsgrundsatzes dar. In diesem Fall realisiert sich die spezifische mit der ausschreibungsfreien Beauftragung von mit dem öffentlichen Auftraggeber verbundenen Körperschaften hinausgehende Gefahr für den Wettbewerb über das Maß der zulässigen Eigenbedarfsdeckung hinaus. Diese besteht darin, daß die zur Eigenbedarfsdeckung berufenen Stellen aufgrund von Finanzmitteln, die ihnen aus der Beauftragung durch den öffentlichen Auftraggeber sicher sind, in der Lage sind ohne wirtschaftliches Risiko in privaten Drittmärkten zu agieren und *gleichzeitig* damit die Vergabe von öffent-

recht. Die Frage, inwieweit die Bedarfsdeckung der Mitgliedstaaten im Wege der Eigenleistung bzw. der In-House-Vergabe im weiteren Sinne mit den Grundfreiheiten zu vereinbaren ist bzw. welche Grenzen sich hieraus ergeben, würde den Rahmen dieser Arbeit überschreiten.

[693] Vgl. § 3B.III.1.e, S. 82 ff.

lichen Aufträgen einer Ausschreibung zu entziehen.[694] Das konkurrierende Anbieterverhalten des mit dem öffentlichen Auftraggeber verbundenen Auftragnehmers im Verhältnis zu Dritten aktualisiert die mit der Leistungserbringung an den öffentlichen Auftraggeber verbundene Besserstellung dieses Leistungserbringers im Verhältnis zu anderen Wettbewerbern in schutzzweckrelevanter Weise.[695] In diesem Fall ist es daher gerechtfertigt, daß die durch die ausschreibungsfreie Beauftragung des mit dem öffentlichen Auftraggeber verbundenen Auftragnehmers an sich nicht vom Schutzzweck der Koordinierungsrichtlinien erfaßte Beeinträchtigung des Wettbewerbsverhältnisses, das zwischen dem privilegierten Auftragnehmer und dessen Konkurrenten um den öffentlichen Auftrag besteht, vergaberechtlich relevante Außenwirkung erlangt. Sie stellt damit eine vom Schutzzweck der Koordinierungsrichtlinien erfaßte Wettbewerbsbeeinträchtigung dar, die den Schutz des Gleichbehandlungsgrundsatzes aktualisiert und daher dem Anwendungsbereich der Koordinierungsrichtlinien unterliegt.[696]

Ist jedoch mit der ausschreibungsfreien Beauftragung nicht gleichzeitig eine Besserstellung des mit dem öffentlichen Auftraggeber verbundenen Auftragnehmers im Verhältnis zu Dritten verbunden, weil der Auftragnehmer nicht im Verhältnis zu Dritten konkurrierend am Markt auftritt, kann der Schutzzweck der Koordinierungsrichtlinien nicht erreicht werden. In diesem Fall fehlt es an einem für das Vorliegen einer Wettbewerbsbeeinträchtigung erforderlichen Wettbewerbsverhältnis zwischen dem Auftragnehmer und anderen Leistungsanbietern im Verhältnis zu Dritten. Die Auswirkungen der Leistungsbeziehungen innerhalb der wirtschaftlichen Einheit bestehend aus öffentlichem Auftraggeber und Auftragnehmer auf das Wettbewerbsverhältnis, das zwischen dem Auftragnehmer und anderen Leistungsanbietern um den öffentlichen Auftrag besteht, sind insoweit nicht vom Schutzzweck der Koordinierungsrichtlinien erfaßt. Sie

---

[694] *Müller-Wrede*, in: *Müller-Wrede* (Hrsg.), Verdingungsordnung für freiberufliche Leistungen (VOF), Einl. Rdnr. 39; *Zeiss*, "In-House"-Geschäft: Ende einer liebgewonnenen Ausnahme von der Ausschreibungspflicht durch die "Hintertür" des EG-Wettbewerbsrechts?, ZfBR, 2002, S. 456 ff. (457) mit Beispielen aus der Praxis, vor allem aus den Bereichen der Grundstücksverwaltung, der Softwareentwicklung, Bauplanungs- und –durchführungsarbeiten sowie Entsorgungsleistungen.

[695] Vgl. zur parallelen Argumentation im Rahmen der Grundrechtsrelevanz der Bedarfsdeckung *Kirchhof*, Der Leistungswettbewerb unter Einsatz der Beitragshoheit, DVBl. 1982, S. 933 ff. (937 f.); *von Maydell/Scholz*, Grenzen der Eigenwirtschaft gesetzlicher Krankenversicherungsträger, S. 129 ff.; Wallerath, Öffentliche Bedarfsdeckung und Verfassungsrecht, 1987, S. 347

[696] So im Ergebnis auch *Eschenbruch*, in: *Niebuhr/Kulartz/Kus*/Portz, Kommentar zum Vergabrecht, § 99, Rdnr. 57, wonach die Auswirkungen auf Dritte nicht unberücksichtigt bleiben dürfen, allerdings ohne weitere Begründung.

führen daher nicht zu einer vom Gleichheitssatz der Koordinierungsrichtlinien geschützten Wettbewerbsveränderung. Vielmehr stellt sich die Beauftragung des mit dem öffentlichen Auftraggeber verbundenen Unternehmens als bloße Beeinträchtigung der insoweit nicht von den Koordinierungsrichtlinien geschützten wirtschaftlichen Betätigungsfreiheit der Marktteilnehmer dar. Die durch den mit dem öffentlichen Auftraggeber verbundenen Auftragnehmer erbrachte Leistung ist dem öffentlichen Auftraggeber aufgrund seiner Verbundenheit mit dem Leistungserbringer als eine Eigenleistung zu zurechnen. Sie stellt sich damit auch begrifflich als Eigenleistung dar, die keine für den Schutzzweck der Koordinierungsrichtlinien relevante Auswirkungen auf die Stellung der übrigen Marktteilnehmer hat. Da in diesem Fall der hinter dem Auftragsbegriff stehende Sinn und Zweck der Koordinierungsrichtlinien nicht erreicht werden kann, besteht insoweit auch kein Anwendungsbedarf der Koordinierungsrichtlinien.

Daß das konkurrierende Anbieterverhalten verbundener Unternehmen im Verhältnis zu Dritten den Schutz des Gleichbehandlungsgrundsatzes aktualisiert, hat der *EuGH* zudem in der Rs. *SNUPAT* anerkannt:

Die Klägerin war ein stahlerzeugendes Unternehmen, dessen Hauptaktionär mit 99,77% des Aktienkapitals die "Regie Renault" war. Da die Klägerin als formals unselbständiges Werk aus der Regie Renault heraus rechtlich verselbständigt worden war, ohne daß sich an den rechtlichen und wirtschaftlichen Beziehungen etwas geändert hätte, war die Regie Renault auch ihr Hauptabnehmer. Wegen dieser Bindungen unterließ es die Klägerin, die von der Regie Renault bezogenen Mengen Schrott bei der Ausgleichskasse für eingeführten Schrott zu melden und eine Umlage für Schrott zu zahlen, der von einem Dritten eingekauft wurde.[697] Die Klägerin sah den von ihrem Mutterunternehmen bezogenen Schrott als *Eigenaufkommen* an. Einen infolge der Beanstandung durch die Hohe Behörde gestellten Freistellungsantrag lehnte diese ab. Anders als bei einem niederländischen und einem italienischen Unternehmen, die mit Schrott erzeugenden Werken, die ihnen nicht gehörten, örtlich zusammengeschlossen waren. Der *EuGH* entschied, daß die ablehnende Entscheidung der Hohen Behörde die Klägerin nicht diskriminiere.

Den Art. 2 Abs. 2, 3 lit. b), 60 und 67 des Vertrages sei zu entnehmen, daß Maßnahmen der Hohen Behörde nur dann diskriminierend seien, wenn sie geeignet sind, die Unterschiede in den Produktionskosten in anderer Weise als durch Veränderung der Produktivität wesentlich zu vergrößern und damit eine fühlbare Störung des Gleichgewichts in der Wettbewerbslage der Unternehmen

---

[697] Die Pflicht zur Umlagenzahlung ergab sich aus Art. 2 und 4 der Entscheidung Nr. 2/57 für Schrott vom 26.01.1957.

hervorzurufen. Diskriminierend sei daher jeder Eingriff, der dazu dient, den Wettbewerb künstlich und in erheblichem Maße zu verfälschen. Unternehmen, die auf Schrottbasis Stahl erzeugten und dabei Eigenabfall verwendeten, den sie wieder in den Produktionskreislauf einführen, erhöhten ihre produzierte Stahlmenge durch die Verwendung von bereits durch die Umlage erfaßten Schrotts. Dies führe zu einer Senkung der Produktionskosten und damit zu einer Steigerung der Produktivität. Der damit verbundene Anreiz zu innerbetrieblichen Sparmaßnahmen verfälsche nicht den Wettbewerb, sondern begünstige die Leistung im Sinne einer höheren Produktivität. Demgegenüber würde die Umlagebefreiung von Konzernschrott zu einer Diskriminierung führen, da die sich daraus ergebende Senkung der Produktionskosten geeignet wäre, die Unterschiede in den Produktionskosten im Hinblick auf diejenigen Unternehmen wesentlich zu vergrößern, die Stahl ebenfalls auf Schrottbasis erzeugten, die aber nicht mit einem Schrott herstellenden Unternehmen verbunden seien.

Dem Urteil läßt sich entnehmen, daß miteinander zu einer wirtschaftlichen Einheit verbundene Unternehmen ihre Verbundenheit nicht dazu nutzen dürfen, um im Verhältnis zu Dritten Wettbewerbsvorteile zu erzielen. Übertragen auf die In-House-Vergabe bedeutet dies, daß allein die Beauftragung eines mit dem öffentlichen Auftraggeber verbundenen Unternehmens nicht zu Wettbewerbsverfälschungen führt, sondern eine solche erst dann angenommen werden kann, wenn das verbundene Unternehmen sich den durch die Verbundenheit erlangten Vorteil im Verhältnis zu anderen Abnehmern, um die es mit anderen Leistungsanbietern konkurriert, zu Nutze macht.

c. Ergebnis

Im Ergebnis ist daher festzuhalten, daß – anders als bei der Privilegierung konzerninterner Wettbewerbsabsprachen im Wettbewerbsrecht – allein die fehlende Entscheidungsautonomie des Auftragnehmers im Verhältnis zum öffentlichen Auftraggeber nicht ausreichend ist, um die In-House-Vergabe im weiteren Sinne zu legitimieren. Zwar führt die fehlende Entscheidungsautonomie des Auftragnehmers im Verhältnis zu dem beauftragenden öffentlichen Auftraggeber dazu, daß dieser nicht Träger des von den Koordinierungsrichtlinien geschützten Wettbewerbs um diesen öffentlichen Auftrag ist und daher mangels Wettbewerbsverhältnis um den öffentlichen Auftrag kein vergleichbarer Wettbewerber und daher eine Beeinträchtigung des den Wettbewerb schützenden Gleichbehandlungsgrundsatzes der Koordinierungsrichtlinien ausscheidet. Es ist jedoch aufgrund des von den Koordinierungsrichtlinien bezweckten Schutzes der individuellen Interessen der Marktteilnehmer – anders als im Wettbewerbsrecht –

für die Zulässigkeit der In-House-Vergabe im weiteren Sinne über das Vorliegen einer wirtschaftlichen Einheit zwischen öffentlichem Auftraggeber und Auftragnehmer hinaus erforderlich ist, daß die leistungserbringende Stelle ausschließlich für den öffentlichen Auftraggeber tätig wird und nicht auch konkurrierend im Verhältnis zu Dritten am Markt auftritt. In diesem Fall fehlt es an einem Wettbewerbsverhältnis der leistungserbringenden Stelle im Verhältnis zu Dritten. Damit ist gewährleistet, daß der Auftragnehmer auch in diesem Verhältnis nicht als vergleichbarer Wettbewerber auftritt und es auch nicht zu Wettbewerbsveränderungen kommt, die über die *nicht* von den Koordinierungsrichtlinien geschützte Reduktion des von den Mitgliedstaaten am Markt nachgefragten Auftragsvolumens hinausgeht und damit in die von den Koordinierungsrichtlinien geschützte Wettbewerbsposition der Marktteilnehmer eingreift. Tritt dagegen der privilegierte mit dem öffentlichen Auftraggeber verbundene Auftragnehmer als konkurrierender Anbieter im Verhältnis zu Dritten auf, realisiert sich die spezifische vergaberechtliche Gefahr der Bevorzugung dieses Leistungserbringers aufgrund der besonderen Nähe zu dem ihn beauftragenden öffentlichen Auftraggeber zu anderen Konkurrenten über das Maß der zulässigen Eigenbedarfsdeckung hinaus. Durch diese Beeinträchtigung der von den Koordinierungsrichtlinien geschützten Wettberwerbsposition der Marktteilnehmer wird und der Schutz des Gleichbehandlungsgrundsatzes der Koordinierungsrichtlinien aktualisiert. Insoweit liegt daher auch eine Beeinträchtigung des Sinn und Zwecks der Koordinierungsrichtlinien vor, der die Anwendung der Koordinierungsrichtlinien erforderlich macht.

V. Zusammenfassung

Die ausschreibungsfreie Beauftragung einer mit dem öffentlichen Auftraggeber verbundenen Körperschaft ist zulässig, wenn dieser Körperschaft aufgrund der Beherrschung durch den sie beauftragenden öffentlichen Auftraggeber keine eigene Entscheidungsautonomie zusteht und wenn diese Körperschaft ausschließlich für den öffentlichen Auftraggeber tätig wird. In diesem Fall kann der Sinn und Zweck der Koordinierungsrichtlinien nicht erreicht werden, so daß deren Anwendbarkeit trotz des Vorliegens der formellen Anwendungsvoraussetzungen nicht geboten ist. Die Zulässigkeit der In-House-Vergabe im weiteren Sinne folgt daher aus der teleologischen Reduktion des Auftragsbegriffs der Koordinierungsrichtlinien.

Der Sinn und Zweck der Koordinierungsrichtlinien besteht darin, die Marktteilnehmer vor der Bevorzugung einheimischer Bieter bei der Auftragsvergabe durch öffentliche Auftraggeber zu schützen.

Grundsätzlich stellt daher die ausschreibungsfreie Beauftragung eines mit dem öffentlichen Auftraggeber verbundenen Unternehmens – wie die Rechtsprechung des *EuGH* in der Rs. *Datenverarbeitung*[698] zeigt – einen Verstoß gegen den Gleichbehandlungsgrundsatz dar. Die beauftragten Unternehmen haben aufgrund ihrer Verbundenheit mit dem öffentlichen Auftraggeber ihren Sitz regelmäßig im Inland mit der Folge, daß deren ausschreibungsfreie Beauftragung regelmäßig zu einer mittelbaren Diskriminierung ausländischer Unternehmen führt.

Vor der Struktur des Gleichbehandlungsgrundsatzes ist die In-House-Vergabe im weiteren Sinne daher nur dann als zulässig anzusehen, wenn Umstände hinzutreten, die dazu führen, daß die Auftragserteilung nicht zu einer Verletzung des Gleichbehandlungsgrundsatzes der Koordinierungsrichtlinien führt. In diesem Fall kann der Schutzzweck der Koordinierungsrichtlinien nicht erreicht werden.

Aufgrund der wettbewerbsschützenden Funktionen der Koordinierungsrichtlinien kann der inhaltlich offen ausgestaltete Gleichbehandlungsgrundsatz der Koordinierungsrichtlinien durch das Wettbewerbsverhältnis in persönlicher und sachlicher Hinsicht konkretisiert werden. In persönlicher Hinsicht sind nur solche Personen geschützt, die mit dem privilegierten Auftragnehmer in einem Wettbewerbsverhältnis stehen. Ein solches Wettbewerbsverhältnis besteht zum einen um den öffentlichen Auftrag, der von dem öffentlichen Auftraggeber, mit dem der Auftragnehmer verbunden ist, vergeben werden soll. Zum anderen kann ein solches Wettbewerbsverhältnis aber auch im Hinblick auf die Leistungserbringung an Dritte bestehen, wenn das mit dem öffentlichen Auftraggeber verbundene Unternehmen seine Leistungen auch Dritten gegenüber anbietet. In sachlicher Hinsicht läßt sich das Gleichbehandlungsgebot dahingehend konkretisieren, daß die ausschreibungsfreie Beauftragung des privilegierten Auftragnehmers zu einer vom Schutzzweck der Koordinierungsrichtlinien erfaßten Wettbewerbsveränderung führen muß.

Zur Begründung der In-House-Vergabe im weiteren Sinne bietet sich eine parallele Argumentation zur Begründung der Privilegierung konzerninterner Wettbewerbsabsprachen im Rahmen von Art. 81 EG an. Das Vorliegen eines Wettbewerbsverhältnisses erfordert das Vorliegen von Wettbewerb zwischen dem mit dem öffentlichen Auftraggeber verbundenen Auftragnehmer und anderen Leistungsanbietern um den öffentlichen Auftrag. Wettbewerb setzt als Summe der von den Marktteilnehmern aufgrund der ihnen zustehenden Handlungsfrei-

---

[698] *EuGH*, Urteil vom 05.12.1989, Rs. C-3/88 (Kommission/Italien - Datenverarbeitung), Slg. I 1989, S. 4056 ff. (Tz. 8 und 9)

heit autonom getroffenen Entscheidungen deren Entscheidungsautonomie voraus. Fehlt es dem Auftragnehmer aufgrund der rechtlichen Beziehungen zu dem mit ihm verbundenen öffentlichen Auftraggeber an der Entscheidungsautonomie, scheidet dieser als Träger des vom Gleichbehandlungsgrundsatz der Koordinierungsrichtlinien geschützten Wettbewerbs um den öffentlichen Auftrag aus. Mangels Wettbewerb, und damit mangels Wettbewerbsverhältnis zwischen dem mit dem öffentlichen Auftraggeber verbundenen Auftragnehmer und anderen Leistungsanbietern um den öffentlichen Auftrag wäre daher der Schutzbereich des Gleichbehandlungsgrundsatzes der Koordinierungsrichtlinien nicht eröffnet und könnte der Sinn und Zweck der Koordinierungsrichtlinien in diesem Fall nicht erreicht werden.

Anders als zur Begründung der Privilegierung konzerninterner Wettbewerbsabsprachen ist die fehlende Entscheidungsautonomie des Auftragnehmers im Verhältnis zum öffentlichen Auftraggeber allein jedoch nicht zur Begründung der In-House-Vergabe im weiteren Sinne ausreichend. Da Art. 81 EG allein dem Schutz des Wettbewerbs dient, sind etwaige wettbewerbsverfälschenden Auswirkungen konzerninterner Wettbewerbsabsprachen für die Privilegierung konzerninterner Wettbewerbsabsprachen unbeachtlich. Allein die fehlende Entscheidungsautonomie des einen an der Vereinbarung beteiligten Unternehmens im Verhältnis zum anderen an der Vereinbarung beteiligten Unternehmen läßt dessen Eigenschaft als Träger des zu schützenden Wettbewerbs entfallen und es scheidet daher eine Beeinträchtigung des Schutzgutes des Wettbewerbsrechts unabhängig von den mit der Vereinbarung einhergehenden wettbewerbsverfälschenden Auswirkungen aus. Demgegenüber dienen die Koordinierungsrichtlinien der Verwirklichung der Grundfreiheiten und damit einerseits – ebenso wie Art. 81 EG – dem Schutz des abstrakten Rechtsgutes Wettbewerb, andererseits aber auch – anders als Art. 81 EG – dem Schutz subjektiver Rechte der Marktteilnehmer. Infolgedessen sind bei der In-House-Vergabe im weiteren Sinne – anders als bei konzerninternen Wettbewerbsabsprachen – die mit der Auftragsvergabe innerhalb der wirtschaftlichen Einheit verbundenen Auswirkungen auf die Wettbewerbsposition der Marktteilnehmer zu berücksichtigen insoweit diese von den Koordinierungsrichtlinien geschützt wird.

Inwieweit diese Wettbewerbsposition durch die Koordinierungsrichtlinien geschützt ist, folgt aus den primärrechtlichen Grundstellungen der Koordinierungsrichtlinien. Danach ist den Mitgliedstaaten die Entscheidung darüber, ob sie ihren Bedarf durch die Nachfrage am Markt oder im Wege der Eigenproduktion decken als wirtschaftspolitische Grundsatzentscheidung vorbehalten. Dem Richtliniengeber fehlt es daher an der Kompetenz, die Mitgliedstaaten auf sekundärrechtlicher Ebene zur Bedarfsdeckung am Markt zu verpflichten. Die Koordinierungsrichtlinien schützen daher auch nicht vor Wettbewerbsveränderungen der mitgliedstaatlichen Bedarfsdeckung, die allein in einer Reduktion des von den staatlichen Stellen der Mitgliedstaaten (öffentlichen Auftraggebern) am Markt nachgefragten Auftragsvolumens bestehen, sondern nur vor Wettbewerbsveränderungen, die darüber hinausgehen. Scheidet ein Wettbewerbsverhältnis um den öffentlichen Auftrag aufgrund der fehlenden Entscheidungsautonomie des Auftragnehmers aus, können sich etwaige Wettbewerbsvorteile der zur Bedarfsdeckung berufenen Stelle nur aus dem einem potentielle Wettbewerbsverhältnis dieser Stelle mit anderen Leistungsanbietern im Verhältnis zu Dritten ergeben.

Tritt der mit dem öffentlichen Auftraggeber verbundene Auftragnehmer nämlich im Verhältnis zu Dritten konkurrierend am Markt auf, realisiert sich die spezifische mit der ausschreibungsfreien Auftragsvergabe an verbundene Unternehmen einhergehende Gefahr. Diese ergibt sich daraus, daß der mit dem öffentlichen Auftraggeber verbundene ausschreibungsfrei beauftragte Auftragnehmer aufgrund der daraus resultierenden Absicherung in die Lage versetzt wird, mit einem geringeren wirtschaftlichen Risiko auf diesem Drittmarkt zu agieren und andere Konkurrenten von diesem Markt zu verdrängen und *gleichzeitig* öffentliche Aufträge der Vergabe zu entziehen. Dies führt zu einer vom Schutzzweck der Koordinierungsrichtlinien erfaßten Wettbewerbsveränderung, die den Schutz des Gleichbehandlungsgrundsatzes aktualisiert. In diesem Fall erlangt die an sich für den Gleichbehandlungsgrundsatz unbeachtliche Leistungsbeziehung zwischen öffentlichem Auftraggeber und dem mit ihm zu einer wirtschaftlichen Einheit verbundenen Auftragnehmer Außenwirkung und aktualisiert damit den Schutz des Gleichbehandlungsgrundsatzes.

§ 6
Konkretisierung der Voraussetzungen der In-House-Vergabe im weiteren Sinne

Die vorstehende Untersuchung hat gezeigt, daß die ausschreibungsfreie Beauftragung eines mit dem öffentlichen Auftraggeber verbundenen Auftragnehmers dann nicht gegen den Sinn und Zweck der Koordinierungsrichtlinien verstößt, wenn dem Auftragnehmer aufgrund der Rechtsbeziehungen zu dem auftragserteilenden öffentlicher Auftraggeber keine eigene Entscheidungsautonomie zukommt (mit der Folge, daß öffentlicher Auftraggeber und Auftragnehmer als wirtschaftliche Einheit anzusehen sind) *und* der Auftragnehmer nicht im Verhältnis zu anderen Nachfragern als dem mit ihm verbundenen öffentlichen Auftraggeber zu anderen Leistungsanbietern in Konkurrenz tritt.

Nach der hier vertretenen Auffassung ist unter diesen beiden Voraussetzungen gewährleistet, daß die In-House-Vergabe im weiteren Sinne nicht gegen den Sinn und Zweck der Koordinierungsrichtlinien verstößt. Eine Anwendung der Koordinierungsrichtlinien ist in diesem Fall nicht geboten.

Kommt dem Auftragnehmer aufgrund der Rechtsbeziehungen zum auftragserteilenden öffentlichen Auftraggeber keine eigene Entscheidungsautonomie zu, führt dies dazu, daß der Auftragnehmer nicht als Träger der von den Koordinierungsrichtlinien geschützten Vergabewettbewerbs um den öffentlichen Auftrag anzusehen ist. Öffentlicher Auftraggeber und Auftragnehmer sind als wirtschaftliche Einheit zu betrachten. In diesem Fall kann der Sinn und Zweck des Gleichbehandlungsgrundsatzes der Koordinierungsrichtlinien, die Marktteilnehmer vor Wettbewerbsverfälschungen bei der Auftragsvergabe zu schützen, mangels Wettbewerbsverhältnis zwischen dem mit dem öffentlichen Auftraggeber verbunden Auftragnehmer und anderen Leistungsanbietern um den öffentlichen Auftrag nicht erreicht werden. Die wettbewerbsrechtlichen Auswirkungen der Auftragsvergabe innerhalb der wirtschaftlichen Einheit sind insoweit unbeachtlich. Darüber hinaus ermöglicht es das Vorliegen einer wirtschaftlichen Einheit dem öffentlichen Auftraggeber die Leistungserbringung durch den Auftragnehmer als eigene Leistung zuzurechnen, so daß es auch begrifflich gerechtfertigt ist von einer Eigenleistung zu sprechen und diesen Leistungsbezug ebenso zu behandeln wie den ausschreibungsfrei möglichen Leistungsbezug von Stellen, die mit dem öffentlichen Auftraggeber rechtspersonenidentisch sind (In-House-Vergabe im engeren Sinne).

Darüber hinaus ist es zum Schutz der Marktteilnehmer vor Wettbewerbsbeschränkungen im Verhältnis zu Dritten erforderlich, daß der mit dem öffentlichen Auftraggeber verbundene Auftragnehmer ausschließlich für den mit ihm zu einer wirtschaftlichen Einheit verbundenen Auftraggeber tätig wird. Nur so ist gewährleistet, daß die von den Koordinierungsrichtlinien geschützten subjektiven Interessen der Marktteilnehmer nicht beeinträchtigt werden. Dies folgt daraus, daß die Koordinierungsrichtlinien der Verwirklichung der Grundfreiheiten dienen. Demzufolge dienen die Koordinierungsrichtlinien nicht nur dem Schutz des abstrakten Rechtsguts Wettbewerb, sondern auch dem Schutz der einzelnen Marktteilnehmer vor Beeinträchtigung ihrer Wettbewerbsposition, insofern diese über die bloße Reduktion des am Markt von den Mitgliedstaaten nachgefragten Auftragsvolumens hinausgeht. Da der Auftragnehmer aufgrund fehlender Entscheidungsautonomie nicht Träger des Wettbewerbs um den öffentlichen Auftrag ist, können sich solche Wettbewerbsveränderungen nur aus dem Wettbewerbsverhältnis zu Dritten ergeben. Solange der Auftragnehmer ausschließlich für den mit ihm zu einer wirtschaftlichen Einheit verbundenen Auftraggeber tätig wird und nicht im Verhältnis zu Dritten konkurrierend am Markt auftritt, ist gewährleistet, daß es wegen Fehlens eines Wettbewerbsverhältnisses zwischen Auftragnehmer und anderen Leistungsanbietern im Verhältnis zu Dritten zu Beeinträchtigungen der Wettbewerbspositionen der übrigen Marktteilnehmer kommt, die über die bloße Reduktion des von dem öffentlichen Auftraggeber am Markt nachgefragten Auftragsvolumens hinausgeht.

Vor diesem Hintergrund ist nachfolgend näher zu untersuchen, wie diese Voraussetzungen der In-House-Vergabe im weiteren Sinne, d.h. das Erfordernis der fehlenden Entscheidungsautonomie des Auftragnehmers aufgrund der Kontrolle durch den öffentlichen Auftraggeber und das Verbot für den Auftragnehmer, im Verhältnis zu Dritten konkurrierend am Markt aufzutreten bzw. ausschließlich für den öffentlichen Auftraggeber tätig zu werden, näher konkretisiert werden können.

A. Konkretisierung der Verbundenheit zwischen öffentlichem Auftraggeber und Auftragnehmer

Mit dem Urteil in der Rs. *Teckal*[699] hat der *EuGH* die In-House-Vergabe im weiteren Sinne unter der Voraussetzung anerkannt hat, daß der beauftragende öffentliche Auftraggeber über den Auftragnehmer eine Kontrolle inne hat "*wie über seine eigene Dienststellen*". Seit dem ist in der Literatur und der Rechtsprechung umstritten, unter welchen Voraussetzungen eine solche bzw. eine dieser

[699] *EuGH* Urteil vom 18.11.1999, Rs. C-107/98, (Teckal Srl/Gemeinde Viano, u.a.), Slg. I 1999, S. 8139 ff.

vergleichbare Kontrolle anzunehmen ist.[700] Wie bereits aufgezeigt scheitert der Versuch der herrschenden Literatur den Kontrollmaßstab durch einen Vergleich mit einem "*internen Organisationsakt*" zu bestimmen bzw. darauf abzustellen, daß die Auftragsvergabe "*im Binnenbereich der Verwaltung*" verbleibe, daran, daß es nicht möglich ist, einen einheitlichen Kontrollmaßstab zu bestimmen, der den Binnenbereich der Verwaltung kennzeichnet.[701]

Nach der hier vertretenen Auffassung dient die *Kontrolle* des öffentlichen Auftraggebers über den Auftragnehmer – anders als nach der herrschenden Literatur – jedoch nicht dazu, die Beauftragung mit einem internen Organisationsakt zu vergleichen. Das Erfordernis der Kontrolle des öffentlichen Auftraggebers über den Auftragnehmer ergibt sich vielmehr daraus, daß es für die Rechtfertigung der In-House-Vergabe im weiteren Sinne erforderlich ist, daß es dem Auftragnehmer im Verhältnis zum dem auftragserteilenden öffentlichen Auftraggeber an der Entscheidungsautonomie fehlt mit der Folge, daß der Auftragnehmer als Träger des vom Gleichbehandlungsgrundsatz der Koordinierungsrichtlinien geschützten Wettbewerbs ausscheidet.

Darüber hinaus führt die Kontrolle des öffentlichen Auftraggebers über den Auftragnehmer dazu, daß öffentlicher Auftraggeber und Auftragnehmer als wirtschaftliche Einheit anzusehen sind. Dies rechtfertigt es, dem öffentlichen Auftraggeber den Leistungsbezug von dem rechtspersonenverschiedenen Auftragnehmer als eigene Leistung zuzurechnen und damit den Leistungsbezug von einer rechtspersonenverschiedenen Stelle auch begrifflich als ausschreibungsfreie Eigenleistung zu qualifizieren. Schließlich ermöglicht es diese Kontrolle dem öffentlichen Auftraggeber als Adressat der Koordinierungsrichtlinien, die Einhaltung der zweiten Voraussetzungen der In-House-Vergabe im weiteren Sinne zu gewährleisten, d.h. dafür zu sorgen, daß der Auftragnehmer nicht im Verhältnis zu Dritten tätig wird.

I. Die Voraussetzungen fehlender Entscheidungsautonomie des Auftragnehmers

Insoweit es Voraussetzung für die In-House-Vergabe im weiteren Sinne ist, daß es dem Auftragnehmer im Verhältnis zum öffentlichen Auftraggeber an der eigenen Entscheidungsautonomie fehlt, bietet es sich an, zur Konkretisierung dieser Voraussetzung auf die von der Rechtsprechung des *EuGH* und der Literatur entwickelten Kriterien zur Privilegierung konzerninterner Wettbewerbsabspra-

---

[700] Vgl. § 4C.III.1, S. 170 ff.

[701] Vgl. § 4C.III.2, S. 175 ff.

chen abzustellen. Dies ist zum einen aufgrund des gemeinsamen Schutzgutes gerechtfertigt, zum anderen aber auch, weil den Koordinierungsrichtlinien das wettbewerbsrechtliche Unterehmensbild zugrunde liegt.

1. Die Voraussetzungen fehlender Entscheidungsautonomie beherrschter Unternehmen im Wettbewerbsrecht

Im Wettbewerbsrecht bedarf die Feststellung, ob es im Verhältnis zwischen zwei miteinander verbundenen Unternehmen einem der Unternehmen im Verhältnis zum anderen an der Entscheidungsautonomie fehlt mit der Folge, daß diese als wirtschaftliche Einheit anzusehen sind, einer sorgfältigen Analyse der gesellschaftsrechtlich vermittelten Einflußmöglichkeiten des einen Unternehmens auf das mit diesem verbundene Unternehmen.

Nach der Rechtsprechung des *EuGH* ist im Verhältnis zwischen Mutter- und 100 %igen Tochtergesellschaften stets vom Fehlen der Entscheidungsautonomie des Tochterunternehmens im Verhältnis zur Mutter und dem Vorliegen einer wirtschaftlichen Einheit zwischen Mutter- und Tochterunternehmen auszugehen. Dies gilt unabhängig davon, ob das Mutterunternehmen von seiner Möglichkeit zur Bestimmung des Marktverhaltens der Tochter tatsächlich Gebrauch gemacht hat.[702] Darüber hinaus hat der *EuGH* in der Rs. 6 und 7/73 (*Commercial Solvents*) das Vorliegen einer wirtschaftlichen Einheit unter Verhältnissen bejaht, in denen zwar lediglich eine 51 %ige Beteiligung bestand, das beherrschende Unternehmen aber *tatsächlich* auf die Bestimmung des Marktverhaltens des beherrschten Unternehmens Einfluß genommen hatte.[703]

Demgegenüber ist es nach Ansicht der *Kommission* andererseits nicht ausgeschlossen, daß das Verhalten einer 100 %ige Tochter, die als *getrennte Einheit* operiert, nicht der Mutter zugerechnet wird.[704]

In der Literatur wird in Übereinstimmung mit der Rechtsprechung des *EuGH*[705] das Fehlen der Entscheidungsautonomie des Tochterunternehmens im Verhältnis zum Mutterunternehmen und damit das Vorliegen einer wirtschaftlichen

---

[702] *EuGH*, Urteil 25.10.1983, Rs. 197/82 (AEG), Slg. 1983, S. 3151 (Tz. 50); *EuGH*, Urteil vom 25.04.1996, Rs. C-73/95 (Viho Europe BV/Kommission), Slg. I 1996, S. 5459 ff. (Tz. 16)

[703] *EuGH*, Urteil vom 22.01.1974, Rs. 6 und 7/73 (*Commercial Solvents*), Slg. 1974, S. 223 ff. (Tz. 39 ff.)

[704] Kommissionsentscheidung vom 23.04.1986, Az.: IV/31.149 (Polypropylen), AblEG 1986, Nr. L 230 vom 18.08.1986, S. 1 ff. (32)

[705] *EuGH*, Urteil vom 25.04.1996, Rs. C-73/95 (Viho Europe BV/Kommission), Slg. I 1996, S. 5459 ff. (Tz. 52)

Einheit jedenfalls im Falle einer 100%igen Anteilseignerschaft bejaht[706], wobei auch die Qualifikation des Staates als konzernrechtliches Mutterunternehmen von der Rechtsprechung akzeptiert wird.[707]

Bei einem Anteilsbesitz von weniger als 100% sind die konkreten Voraussetzungen für das Vorliegen einer wirtschaftlichen Einheit dagegen umstritten. Zum Teil wird lediglich gefordert, daß das beherrschende Unternehmen eine effektive und dauerhafte Bestimmung der Verhaltenskoordination besitze.[708] Nach anderer Ansicht ist darauf abzustellen, ob der Anteilsbesitz zur Besetzung der Verwaltungsorgane in der Tochtergesellschaft ausreiche.[709] Schließlich finden sich Stimmen, die bei einer mehrheitlichen Beteiligung der Mutter von einer wirtschaftlichen Einheit ausgehen[710] bzw. wird dies wiederum von manchen lediglich im Sinne einer widerleglichen Vermutung verstanden[711]. Maßgeblich ist letztlich, ob das beherrschende Unternehmen aufgrund der gesellschaftsrechtlichen Struktur in der Lage ist dauerhaft einen bestimmenden Einfluß auf die Willensbildung und Geschäftsführung der Tochter zu nehmen, was jeweils anhand der konkreten Gesellschaftsverhältnisse des Einzelfalls zu bestimmen ist. Nach herrschender Literatur lassen sich verallgemeinerungsfähige Aussagen insoweit treffen, daß eine wirtschaftliche Einheit nicht nur im Falle einer qualifizierten Mehrheit anzunehmen ist, sondern – abhängig vom jeweiligen Einzelfall – auch

---

[706] Nach deutschem Konzernrecht ist zwischen einem Vertragskonzernen und faktischen Konzernen zu unterscheiden. Bei Vorliegen eines *vertraglichen Konzerns* auf der Grundlage des dem deutschen Recht eigenen Beherrschungsvertrags im Sinne von § 291 AktG ist aufgrund des damit nach § 308 Abs. 1 AktG verbundenen Weisungsrechts der herrschenden Gesellschaft gegenüber der beherrschten Gesellschaft stets eine wirtschaftliche Einheit anzunehmen, vgl. *Bunte*, in: *Langen/Bunte*, Kommentar zum deutschen und europäischen Kartellrecht, Bd. I, 9. Aufl. 2001, § 1 GWB, Rdnr. 146; *Fleischer*, Konzerninterne Wettbewerbsbeschränkungen und Kartellverbot, Die AG 1997, S. 491 ff. (498); *Schroeder*, Die Anwendung des Kartellverbots auf verbundene Unternehmen, WuW 1988, S. 274 ff. (279); *Zimmer*, in: *Immenga/Mestmäcker* (Hrsg.) Gesetz gegen Wettbewerbsbeschränkungen, Kommentar, 3. Aufl. 2001, § 1, Rdnr. 152; a.A. *Immenga*, in: *Immenga/Mestmäcker* (Hrsg.) Gesetz gegen Wettbewerbsbeschränkungen, Kommentar, 2. Aufl. 1992, § 1, Rdnr. 203 für den Fall, daß keine Weisung erteilt wurde, da keine gesellschaftsrechtliche Pflicht zur Beachtung von Konzerninteressen, ist es jedoch nach der herrschenden Meinung zurecht ausreichend, daß die jederzeit bestehende Möglichkeit, den Vertragsinhalt durch Erlaß einer – nicht vom Kartellverbot erfaßten – Weisung verbindlich zu machen, besteht.

[707] *BGH*, Urteil vom 13.10.1977, Az.: II ZR 123/76, NJW 1978, S. 104 ff.

[708] *Gleiss/Hirsch*, Kommentar zum EG-Kartellrecht, Bd. I, 4. Aufl. 1993, Art. 85 (1), Rdnr. 194; *Zäch*, Wettbewerbsrecht der Europäischen Union, 1994, S. 2 ff.

[709] *Assant*, Antitrust Intracorporate Conspiracies A Comparative Study of French, EEC and American Laws, ECLR 1990, S. 65 ff. (78)

[710] *Gleiss/Hirsch*, Kommentar zum EG-Kartellrecht, Bd. I, 4. Aufl. 1993, Art. 85 (1), Rdnr. 194

[711] *Wish*, Competition Law, Third Edition, 1993, S. 213

bei Vorliegen einer Beherrschung. Bei Vorliegen einer qualifizierten Mehrheit, mit der strukturverändernde Maßnahmen gegen den innergesellschaftsrechtlichen Widerstand durchgesetzt werden können, ist von einer wirtschaftlichen Einheit auszugehen, da die Tochtergesellschaft jederzeit in eine Betriebsabteilung umgewandelt werden kann und es der Konzernleitung jederzeit möglich ist über die organisatorische Struktur der Unternehmensgruppe zu entscheiden.[712] Aber auch eine einfache Mehrheitsbeteiligung ist als ausreichend anzusehen, weil die herrschende Gesellschaft durch die Besetzung der Leitungsorgane mit Vertrauenspersonen regelmäßig einen maßgeblichen Einfluß auf die Geschäftspolitik der Tochtergesellschaft sicherstellen kann mit der Folge, daß sich Mutter und Tochter als ein Wettbewerber nach außen hin präsentieren.[713]

Allerdings sind jeweils die Umstände des Einzelfalls zu berücksichtigen, weil sich aus schuldrechtlichen Nebenabreden oder statuatorischen Sonderrechten des Minderheitsgesellschafters etwas anderes ergeben kann.[714] So kann z.B. ein Minderheitsgesellschafter aufgrund von Mehrstimmrechten, Vereinbarungen mit anderen Gesellschaftern oder Vetorechten dem Mehrheitsgesellschafter die Möglichkeit der Verhaltensbeherrschung nehmen und sogar selbst einen beherrschenden Einfluß inne haben.[715] Schuldrechtliche Nebenabreden oder statuatorische Sonderrechte des Minderheitsgesellschafters können umgekehrt auch dazu führen, daß im Einzelfall eine Minderheitsbeteiligung, die grundsäztlich für einen beherrschenden Einfluß unzureichend ist, zu einer Beherrschung durch den Minderheitsgesellschafter führt.[716]

2. Die Heranziehung von Art. 1 Nr. 2 SKR zur Konkretisierung der Verbundenheit zwischen öffentlichem Auftraggeber und Auftragnehmer

Während die Voraussetzungen für die Annahme der fehlenden Entscheidungsautonomie des beherrschten Unternehmens bzw. das Vorliegen einer wirtschaftlichen Einheit im Wettbewerbsrecht umstritten sind, hat diese Rechtsfigur in

---

[712] *Fleischer*, Konzerninterne Wettbewerbsbeschränkungen und Kartellverbot, Die AG 1997, S. 491 ff. (498)

[713] Vgl. *EuGH*, Urteil vom 22.01.1974, Rs. 6 und 7/73 (Commercial Solvents/Kommission), Slg. 1974, S. 223 ff. (Tz. 39 und 41)

[714] *Fleischer*, Konzerninterne Wettbewerbsbeschränkungen und Kartellverbot, Die AG 1997, S. 491 ff. (499)

[715] *Schroeder*, in: *Grabitz/Hilf* (Hrsg.), Das Recht der Europäischen Union, Bd. I, Stand: Januar 2001, Art. 81, Rdnr. 414

[716] *Fleischer*, Konzerninterne Wettbewerbsbeschränkungen und Kartellverbot, Die AG 1997, S. 491 ff. (499)

Art. 1 Nr. 3 SKR eine Ausgestaltung und Anerkennung in den Koordinierungsrichtlinien gefunden. Mit der Regelung von verbundenen Unternehmen in Art. 1 Nr. 3 SKR, die wie eine wirtschaftliche Einheit behandelt werden, hat der Richtliniengeber klargestellt, daß im Vergaberecht für das Vorliegen einer wirtschaftlichen Einheit das Beherrschungskonzept des Wettbewerbsrechts maßgeblich ist, da er in der Begründung zu Art. 1 Nr. 3 SKR ausdrücklich hierauf Bezug nimmt.[717] Da Art 1 Nr. 3 SKR hinsichtlich des Grads der Kontrolle auf das in Art. 1 Nr. 2 SKR niedergelegte Beherrschungskonzept verweist, hat der Richtliniengeber die wettbewerbsrechtliche Streitfrage über den für eine wirtschaftliche Einheit erforderlichen Grad der Beherrschung für das Vergaberecht im Sinne des Beherrschungskonzepts von Art. 1 Nr. 2 SKR entschieden. Dies wird vor allem daran deutlich, daß die Kriterien des Art. 1 Nr. 2 SKR den von der herrschenden Literatur für das Wettbewerbsrecht entwickelten Grundsätzen entsprechen.[718]

Zwar ist keine Art. 1 Nr. 2 SKR entsprechende Regelung in den übrigen Koordinierungsrichtlinien enthalten. Dies steht jedoch einer Heranziehung von Art. 1 Nr. 2 SKR zur Konkretisierung des Beherrschungsgrades, der für das Fehlen der Entscheidungsautonomie des kontrollierten Auftragnehmers und damit das Vorliegen einer wirtschaftlichen Einheit erforderlich ist, nicht entgegen. Bei dem Beherrschungskonzept des Art. 1 Nr. 2 SKR handelt es sich im Hinblick darauf, daß es dem herrschenden öffentlichen Auftraggeber möglich ist, seine Interessen durchzusetzen und es damit dem beherrschten Auftragnehmer an der Entscheidungsautonomie fehlt, um den Ausdruck eines allgemeinen Rechtsgedankens. So stimmt das Beherrschungskonzept des Art. 1 Nr. 2 SKR nicht nur mit den Kriterien überein, die die herrschende Literatur entwickelt hat, um im Wettbewerbsrecht die fehlende Entscheidungsautonomie eines beherrschten Unterneh-

---

[717] Vgl. § 5C.IV.3.a(2), S. 214 ff. sowie ausführlich *Fleischer*, Konzerninterne Wettbewerbsbeschränkungen und Kartellverbot, Die AG 1997, S. 491 ff.

[718] Danach wird eine wirtschaftliche Einheit nicht nur im Falle einer qualifizierten Mehrheit angenommen, sondern – abhängig vom jeweiligen Einzelfall – auch bei Vorliegen einer Beherrschung angenommen. Bei Vorliegen einer qualifizierten Mehrheit, mit der strukturverändernder Maßnahmen gegen den innergesellschaftsrechtlichen Widerstand durchgesetzt werden können, ist von einer wirtschaftlichen Einheit auszugehen, da die Tochtergesellschaft jederzeit in eine Betriebsabteilung umgewandelt werden könnte und es der Konzernleitung jederzeit möglich ist über die organisatorische Struktur der Unternehmensgruppe zu entscheiden. Aber auch eine einfache Mehrheitsbeteiligung ist als ausreichend anzusehen, weil es der herrschenden Gesellschaft durch die Besetzung der Leitungsorgane mit Vertrauenspersonen in der Regel einen maßgeblichen Einfluß auf die Geschäftspolitik der Tochtergesellschaft sicherstellen kann mit der Folge, daß sich Mutter und Tochter als ein Wettbewerber nach außen hin präsentieren. Vgl. hierzu *Fleischer*, Konzerninterne Wettbewerbsbeschränkungen und Kartellverbot, Die AG 1997, S. 491 ff. (498 ff.).

mens und damit das Vorliegen einer wirtschaftlichen Einheit zu begründen. Zudem ist Art. 1 Nr. 2 SKR wortlautidentisch mit Art. 2 Abs. 1 i.V.m. Art. 2 Abs. 2 der Transparenzrichtlinie[719], der den Begriff des öffentlichen Unternehmens im Sinne von Art. 86 Abs. 1 EG näher konkretisiert.[720] Es stellt daher für die für die

---

[719] Richtlinie 80/723/EWG der Kommission vom 25.06.1980 über die Transparenz der finanziellen Beteiligungen zwischen den Mitgliedstaaten und den öffentlichen Unternehmen, AblEG 1980, Nr. L 195, S. 35 ff. vom 29.07.1980

[720] Darüber hinaus wird dieses Beherrschungskonzept von der herrschenden Meinung herangezogen, um die Grundrechtsbindung privatrechtsförmiger Gesellschaften zu begründen. Während die Grundrechtsbindung für Eigengesellschaften anerkannt ist (*Dörr*, Das deutsche Vergaberecht unter dem Einfluß von Art. 19 Abs. 4 GG, DÖV 2002, S. 1014 ff. (1018); *Maurer*,Allgemeines Verwaltungsrecht, 13. Aufl., § 3, Rdnr. 18; *Rüfner*, in: *Isensee/Kirchhof* (Hrsg.) Handbuch des Staatsrechts der Bundesrepublik Deutschland, Bd. V 2. Aufl. 1996, § 117, Rdnr. 47; *Stern*, Handbuch des Staatsrechts, Bd. III/1, S. 1421; *Ehlers*, Die Verwaltung in Privatrechtsform, S. 246 f.; a.A. Püttner, Die öffentlichen Unternehmen, 2. Aufl., S. 120), ist sie für gemischt-wirtschaftlichen Unternehmen umstritten. Ein Teil der Literatur lehnt die Grundrechtsbindung des gemischt-wirtschaftlichen Unternehmens als solchem ab, weil andernfalls die Privatautonomie der privaten Anteilseigner beeinträchtigt würde. Dem öffentlichen Anteilseigner obliegt dieser Auffassung nach lediglich die Pflicht, seine Rechte und Einflußmöglichkeiten grundrechtsgemäß wahrzunehmen (*Ehlers*, Verwaltung in Privatrechtsform, S. 248 ff.; *Rüfner*, in: *Isensee/Kirchhof* (Hrsg.) Handbuch des Staatsrechts der Bundesrepublik Deutschland, Bd. V 2. Aufl. 1996, § 117, Rdnr. 47). Diese Ansicht überschätzt jedoch die Einflußmöglichkeiten des hoheitlichen Anteilseigners auf konkrete Handlungen der Gesellschaft – vor allem der Aktiengesellschaft – und kann so der Gefahr von Grundrechtsbeeinträchtigungen nicht hinreichend wirksam begegnen (*von Arnauld*, Grundrechtsfragen im Bereich von Postwesen und Telekommunikation, DÖV 1998, S. 437 ff. (444), *Dörr*, Das deutsche Vergaberecht unter dem Einfluß von Art. 19 Abs. 4 GG, DÖV 2002, S. 1014 ff. (1018). Darüber hinaus würde dem Staat damit die Flucht ins Privatrecht geradezu nahegelegt (*Dörr*, Das deutsche Vergaberecht unter dem Einfluß von Art. 19 Abs. 4 GG, DÖV 2002, S. 1014 ff. (1018). Vielmehr ist nach herrschender Meinung die staatlich beherrschte Gesellschaft als staatlicher Verwaltung im materiellen Sinne anzusehen und fungiert als verselbständigte Verwaltungseinheit in Privarechtsform. Mit der herrschenden Meinung und der Rechtsprechung ist daher davon auszugehen, daß das gemischt-wirtschaftliche Unternehmen selbst grundrechtsverpflichtet ist, wenn es vom Hoheitsträger beherrscht wird (*von Arnauld*, Grundrechtsfragen im Bereich von Postwesen und Telekommunikation, DÖV 1998, S. 437 ff. (439 f.); *Boesen*, Vergaberecht, 1. Aufl. 2000, Einl., Rdnr. 87; *Dörr*, Das deutsche Vergaberecht unter dem Einfluß von Art. 19 Abs. 4 GG, DÖV 2002, S. 1014 ff. (1018); *Dörr*, Das deutsche Vergaberecht unter dem Einfluß von Art. 19 Abs. 4 GG, DÖV 2002, S. 1014 ff. (1018); *Erichsen/Ebber*, Die Grundrechtsbindung des privatrechtlich handelnden Staates, Jura 1999, S. 373 ff. (376); *Lerche*, in *Maunz/Dürig* (Hrsg.) Grundgesetz, 8. Aufl., Stand: 08.2000, Art. 87 ff., Rdnr. 69; *Möstl*, Grundrechtsbindung öffentlicher Wirtschaftstätigkeit, S. 92-103; *Stern*, Handbuch des Staatsrechts, Bd. III/1, S. 1421 ff; a.A. *Rüfner*, in: *Isensee/Kirchhof* (Hrsg.) Handbuch des Staatsrechts der Bundesrepublik Deutschland, Bd. V 2. Aufl. 1996, § 117, Rdnr. 47). Das Beherrschungskriterium, das auf der EG-Transparenzrichtlinie basiert, bietet in Verbindung mit den nationalen Regelung der §§ 16-18 AktG, insbesondere aufgrund der Beherrschungsvermutung des § 17 Abs. 2 AktG ein praktikables Instrument, um die materiell-rechtliche Anbindung der privatrechtsförmigen Gesellschaft an die staatliche Verwaltung zu begründen, ohne daß es auf weitere Kriterien (so aber *Möstl*, Grundrechtsbindung der öffentlichen Wirtschaftstätigkeit, S. 103-108, der auf das funktionale Kriterium der spezifischen

In-House-Vergabe im weiteren Sinne relevanten Zurechnungsfragen, nämlich die Zurechnung von privatrechtsförmigen Gesellschaften zu einem Träger öffentlicher Verwaltung und die Zurechnung von Handlungen einen allgemeinen Rechtsgedanken dar. Daher ist es gerechtfertigt, Art. 1 Nr. 2 SKR auch zur Konkretisierung der Anforderungen, die an die Kontrolle des öffentlichen Auftraggebers über den Auftragnehmer im Rahmen der In-House-Vergabe im weiteren Sinne zu stellen sind, heranzuziehen.

Die Konkretisierung der Verbundenheit im Rahmen der In-House-Vergabe im weiteren Sinne anhand von Art. 1 Nr. 2 SKR steht auch nicht im Wertungswiderspruch zu Art. 13 SKR. Ein solcher könnte sich daraus ergeben, daß die Heranziehung des Art. 1 Nr. 2 SKR zur Folge hat, daß die In-House-Vergabe im weiteren Sinne bei der Auftragsvergabe durch Sektorenauftraggeber mit Art. 13 Abs. 1 lit. a) F 1 SKR und Art. 13 Abs. 1 lit. a) F 2 SKR deckungsgleich ist und der Anwendungsbereich des Art. 13 SKR insoweit eingeschränkt wäre. Dies würde jedenfalls insoweit gelten, als der beauftragende öffentliche Auftraggeber nach Art. 2 Abs. 1 lit. a) i.V.m. Art. 1 Nr. 1 SKR aufgrund einer Tätigkeit im Sinne von Art. 2 Abs. 2 SKR auch als Sektorenauftraggeber zu qualifizieren wäre. Nach der hier vertretenen Auffassung können sich jedoch Sektorenauftraggeber, die nicht auch gleichzeitig öffentliche Auftraggeber im Sinne von Art. 1 lit. b) BKR, Art. 1 lit. b) DKR, Art. 1 lit. b) LKR sind, nicht auf die Grundsätze der In-House-Vergabe berufen, da sich die In-House-Vergabe im weiteren Sinne unter anderem durch die mit der Beauftragung einhergehende Ausübung der mitgliedstaatlichen Eigenbedarfsdeckungskompetenz legitimiert. Dies setzt jedoch voraus, daß es sich bei dem Auftraggeber um einen klassischen öffentlichen Auftraggeber handelt. Sektorenauftraggebern, die nicht auch öffentliche Auftraggeber im Sinne von Art. 1 lit. b) BKR, Art. 1 lit. b) DKR, Art. 1 lit. b) LKR sind, steht diese Kompetenz nicht zu. Würde man umgekehrt die In-House-Vergabe im weiteren Sinne auf private und öffentliche Sektorenauftraggebern anwenden, würde Art. 13 SKR obsolet, so daß auch schon aus diesem Grunde eine Einschränkung des Anwendungsbereichs der In-House-Vergabe im weiteren Sinne auf klassische öffentliche Auftraggeber im Sinne von Art. 1 lit. b) BKR, Art. 1 lit. b) DKR, Art. 1 lit. b) LKR geboten ist.

Art. 13 SKR ist daher im Bereich der Sektorenauftraggeber als lex specialis anzusehen mit der Folge, daß öffentliche Auftraggeber im Sinne von Art. 1 lit. b)

Wahrnehmung von Verwaltungsaufgaben abstellt, was jedoch zu einer übermäßigen Einschränkung des Normbefehls des Art. 1 Abs. 3 GG führen würde, vgl. *Dörr*, Das deutsche Vergaberecht unter dem Einfluß von Art. 19 Abs. 4 GG, DÖV 2002, S. 1014 ff. (1019) ankommen müßte (*Dörr*, Das deutsche Vergaberecht unter dem Einfluß von Art. 19 Abs. 4 GG, DÖV 2002, S. 1014 ff. (1019)).

BKR, Art. 1 lit. b) DKR, Art. 1 lit. b) LKR sich dann nicht auf die Grundsätze der In-House-Vergabe im weiteren Sinne berufen können, wenn sie als Sektorenauftraggeber zu qualifizieren sind. Dies hat zwar zur Folge, daß alle Sektorenauftraggeber im Hinblick auf die Auftragsvergabe von nicht von Art. 13 SKR erfaßten Bau- und Lieferleistungen – sofern man nicht eine analoge Anwendung von Art. 13 SKR auf Bau- und Lieferleistungen anerkennt[721] – schlechter gestellt sind als öffentliche Auftraggeber im Sinne von Art. 1 lit. b) BKR, Art. 1 lit. b) DKR, Art. 1 lit. b) LKR.

Diese Ungleichbehandlung zwischen öffentlichen Auftraggebern im Sinne von Art. 1 lit. b) BKR, Art. 1 lit. b) DKR, Art. 1 lit. b) LKR und Sektorenauftraggebern ist jedoch aufgrund der unterschiedlichen Stellung der Sektorenauftraggeber und der klassischen öffentlichen Auftraggeber gerechtfertigt. Sektorenauftraggeber stehen nämlich – unabhängig von ihrer privaten oder öffentlichen Organisationsform und unabhängig davon, ob sie auch als öffentliche Auftraggeber zu qualifizieren sind – mit der von ihnen erbrachten Leistung im Wettbewerb. Der Leistungsbezug von einem verbundenen Unternehmen dient der Herstellung eines Wirtschaftsgutes durch den Sektorenauftraggeber, das dieser an einen Dritten veräußert und mit dem er sich insoweit im Wettbewerb gegenüber anderen Anbietern dieses Gutes behaupten muß. Insoweit schafft Art. 13 SKR daher einen angemessenen Ausgleich zwischen der einem Sektorenauftraggeber obliegenden Ausschreibungspflicht und dem Erfordernis durch ausschreibungsfreie Vergabe seine Wettbewerbsfähigkeit sicherzustellen. Demgegenüber ist gerade das die In-House-Vergabe auszeichnende Charakteristikum, daß die bezogene Leistung dem Endverbrauch durch den klassischen öffentlichen Auftraggeber dient entweder zur Aufrechterhaltung seiner eigenen Funktionsfähigkeit oder zur Erfüllung von Aufgaben, hinsichtlich derer er nicht im Wettbewerb steht. Anders als ein Sektorenauftraggeber ist die bezogene Leistung also nicht dazu bestimmt, die Wettbewerbsfähigkeit des Auftraggebers zu verbessern, weil klassische öffentliche Auftraggeber nicht im Wettbewerb stehen. Dies rechtfertigt es, Art. 13 SKR als Sonderregel für Sektorenauftraggeber anzusehen, auch wenn diese gleichzeitig als öffentliche Auftraggeber im Sinne der BKR, DKR oder LKR zu qualifizieren sind.

Die Frage, ob ein öffentlicher Auftraggeber aufgrund der gesellschaftsrechtlichen Struktur in der Lage ist dauerhaft einen bestimmenden Einfluß auf die Willensbildung und Geschäftsführung des Auftragnehmers auszuüben mit der Folge, daß diesem im Verhältnis zum öffentlichen Auftraggeber keine eigene Entscheidungsautonomie mehr zusteht, ist daher anhand der konkreten Gesell-

---

[721] Vgl. § 4B.II, S. 129 ff. insbesondere FN 375

schaftsverhältnisse unter Berücksichtigung der Kriterien des Art. 1 Nr. 2 Satz 2 SKR zu bestimmen.[722] Nach Art. 1 Nr. 2 SKR ist für das Vorliegen einer wirtschaftlichen Einheit ausreichend, aber auch erforderlich, daß der öffentliche Auftraggeber auf den Auftragnehmer aufgrund von Eigentum, finanzieller Beteiligung oder der für das Unternehmen einschlägigen Vorschriften unmittelbar oder mittelbar einen beherrschenden Einfluß ausüben kann. Darüber hinaus wird ein beherrschender Einfluß widerleglich vermutet, wenn der öffentliche Auftraggeber unmittelbar oder mittelbar

- die Mehrheit des gezeichneten Kapitals des Unternehmens besitzt oder
- über die Mehrheit der mit den Anteilen des Unternehmens verbundenen Stimmrechte verfügt oder
- mehr als die Hälfte der Mitglieder des Verwaltungs-, Leitungs- oder Aufsichtsorgans des Unternehmens bestellen kann.

---

[722] Zwar liegt es aufgrund der Ähnlichkeit der wirtschaftlichen Einheit mit derjenigen des verbundenen Unternehmens nahe auf Art. 1 Nr. 3 SKR zur Konkretisierung der für die In-House-Vergabe im weiteren Sinne erforderlichen Kontrolle und der für sie maßgeblichen Fallgestaltungen abzustellen (*Marx*, Verlängerung bestehender Verträge und Vergaberecht, Tagungsband "Zweiter Düsseldorfer Vergaberechtstag am 28.06.2001", Ministerium für Wirtschaft und Mittelstand, Energie und Verkehr des Landes Nordrhein-Westfalen, S. 65 ff. (74) zieht Art. 13 SKR sowohl zur Konkretisierung der Kontrolle als auch des Wesentlichkeitskriteriums heran. *Eschenbruch*, in: *Niebuhr/Kulartz/Kus/*Portz, Kommentar zum Vergabrecht, § 99, Rdnr. 57; *Faber*, Öffentliche Aufträge an kommunalbeherrschte Unternehmen – inhouse-Geschäfte oder Vergabe im Wettbewerb?, DVBl 2000, S. 248 ff. (254); *Gallwas*, Das Recht der Vergabe öffentlicher Aufträge – ein Überblick, GewArch 2000, S. 401 ff. (406) verweisen lediglich zur Konkretisierung der Tätigkeit im wesentlichen für den öffentlichen Auftraggeber auf Art. 13 SKR).

Dies ist jedoch abzulehnen, weil die Fallgestaltungen des Art. 1 Nr. 3 SKR auch solche Fälle erfassen, in denen nicht der Auftragnehmer dem beherrschenden Einfluß des Sektorenauftraggebers unterliegt, sondern der Sektorenauftraggeber dem beherrschenden Einfluß des Auftragnehmers bzw. beide dem beherrschenden Einfluß eines Dritten, der nicht notwendigerweise ein Sektorenauftraggeber sein muß. Daß ein öffentlicher Auftraggeber i.S.d. BKR, LKR oder DKR dem beherrschenden Einfluß eines Auftragnehmers bzw. eines Dritten unterliegt ist jedoch schon begrifflich ausgeschlossen. Der Begriff des öffentlichen Auftraggebers im Sinne von Art. 1 lit. b) BKR, Art. 1 lit. b) DKR, Art. 1 lit. b) LKR, Art. 2 Abs. 1 i.V.m. Art. 1 Nr. 1 und Nr. 2 SKR setzt voraus, daß es sich um eine Gebietskörperschaft handelt oder um eine Einrichtung des öffentlichen Rechts. Eine Gebietskörperschaft kann nicht von einem anderen Unternehmen beherrscht werden. Aber auch für eine Einrichtung des öffentlichen Rechts ist dies per definitionam ausgeschlossen, da eine Einrichtung des öffentlichen Rechts nur dann vorliegt, wenn eine Gebietskörperschaft oder eine Einrichtung des öffentlichen Rechts die Einrichtung *behrrscht*. Die Beherrschung des Auftraggebers durch einen Dritten, der nicht öffentlicher Auftraggeber ist, genügt dagegen nicht. Allein für den Bereich der Sektorenauftraggeber ist die Regelung des Art. 1 Nr. 3 SKR sinnvoll, da der Begriff des Sektorenauftraggebers nicht die Beherrschung durch einen öffentlichen Auftraggeber anknüpft, sondern an die Tätigkeit in einem der genannten Sektoren.

Eine Mehrheitsbeteiligung kann daher wie Art. 1 Nr. 2 Satz 2 Spiegelstrich 1 SKR ausdrücklich klarstellt lediglich eine Vermutung für das Vorliegen einer wirtschaftlichen Einheit begründen, da sich aus schuldrechtlichen Nebenabreden oder statuatorischen Sonderrechten des Minderheitsgesellschafters etwas anderes ergeben kann. Gegebenenfalls kann ein Minderheitsgesellschafter aufgrund von Mehrstimmrechten, Vereinbarungen mit anderen Gesellschaftern oder Vetorechten dem Mehrheitsgesellschafter die Möglichkeit der Verhaltensbeherrschung nehmen.[723] Minderheitsbeteiligungen reichen demgegenüber für eine Beherrschung im Sinne von Art. 1 Nr. 2 SKR nicht aus. Aber auch hier gilt, daß sich aus schuldrechtlichen Nebenabreden oder statuatorischen Sonderrechten des Minderheitsgesellschafters etwas anderes ergeben kann, da es nicht ausgeschlossen ist, daß diese dem Minderheitsgesellschafter in Extremfällen z.B. nicht nur ein Vetorecht gewähren, sondern sogar dazu führen, daß dieser selbst einen beherrschenden Einfluß inne hat.

Im Ergebnis ist daher festzuhalten, daß es für das Vorliegen einer wirtschaftlichen Einheit zwischen öffentlichem Auftraggeber und Auftragnehmer ausreichend, aber auch erforderlich ist, daß der öffentliche Auftraggeber einen beherrschenden Einfluß auf den Auftragnehmer ausübt. Zur Konkretisierung, wann dies der Fall ist, ist auf den in Art. 1 Nr. 2 SKR enthaltenen allgemeinen Rechtsgedanken zurückzugreifen, wobei jedoch jeweils die Umstände des Einzelfalls zu berücksichtigen sind.

II. Folgerungen der Konkretisierung der Verbundenheit anhand der Wertung des Art. 1 Nr. 2 SKR

Können die Anforderungen an die Kontrolle des öffentlichen Auftraggebers über den Auftragnehmer anhand von Art. 1 Nr. 2 SKR näher konkretisiert werden, ergeben sich daraus folgende Konsequenzen für die in der Literatur umstrittene Behandlung gemischt-wirtschaftlicher Unternehmen und gemischt-öffentlicher Unternehmen.

1. Folgerungen für die Beauftragung gemischt-wirtschaftlicher Unternehmen

Kann die Verbundenheit zwischen öffentlichem Auftraggeber und dem von ihm beauftragten Auftragnehmer anhand Art. 1 Nr. 2 SKR konkretisiert werden, folgt daraus, daß auch die Beauftragung eines gemischt-wirtschaftlichen Unter-

---

[723] *Schroeder*, in: *Grabitz/Hilf* (Hrsg.), Das Recht der Europäischen Union, Bd. I, Stand: Januar 2001, Art. 81, Rdnr. 414

nehmens ausschreibungsfrei erfolgen kann. Voraussetzung ist, daß das beauftragte gemischt-wirtschaftliche Unternehmen von dem ihn beauftragenden öffentlichen Auftraggeber im Sinne von Art. 1 Nr. 2 SKR beherrscht wird und das gemischt-wirtschaftliche Unternehmen ausschließlich für den ihn beauftragenden öffentlichen Auftraggeber tätig wird.

Dem stehen auch die gesellschaftsrechtlichen Treuepflichten nicht entgegen. Nach der Ansicht einiger Vertreter der funktionalen Betrachtungsweise ist ein öffentlicher Auftraggeber infolge der gesellschaftsrechtlichen Treuepflicht dazu verpflichtet, die Interessen eines an einem gemischt-wirtschaftlichen Unternehmen beteiligten Privaten zu berücksichtigen. Dies führe dazu, daß eine vom *EuGH* in der Rs. *Teckal*[724] geforderte Kontrolle des öffentlichen Auftraggeber über den Auftragnehmer wie über eine eigene Dienststelle nicht vorliegen könne[725], da übergeordnete Behörden bei der Ausübung der Dienst- oder Fachaufsicht solche Pflichten nicht zu beachten hätten[726]. Angehörige einer Dienststelle bzw. eine Dienststelle als solche seien mangels eigenem Kapitaleinsatz und Risikotragung in keiner Weise vergleichbar schutzwürdig und unterlägen daher jeder dienstlichen Aufgabenzuweisung, die sich im Rahmen der Gesetze halte.[727]

Diese Auffassung ist jedoch schon deshalb abzulehnen, weil sowohl die Hinzuziehung externen Sachverstands in Form der Beteiligung Privater an einem gemischt-wirtschaftlichen Unternehmen als auch die sich aus den Treuepflichten ergebenden formellen Rechte Dritter, insbesondere von Auskunfts- und Anhörungsrechten, dem staatlichen Handeln nicht wesensfremd sind. Darüber hinaus führen die gesellschaftsrechtlichen Treuepflichten zwar zu einer Beschränkung der Ausübung von Gesellschaftsrechten. Sie stehen jedoch der Möglichkeit einer umfassenden Einflußmöglichkeit auf den vom öffentlichen Auftraggeber beherrschten Auftragnehmer nicht entgegen. Die gesellschaftsrechtliche Treuepflicht verpflichtet die Gesellschafter, sich loyal zu verhalten und den Gesellschaftszweck zu fördern, wobei der Umfang der Pflicht über den von § 242

---

[724] *EuGH* Urteil vom 18.11.1999, Rs. C-107/98, (Teckal Srl ./. Gemeinde Viano, u.a.), Slg. I 1999, S. 8139 ff. Tz. 40

[725] *Faber*, Öffentliche Aufträge an kommunalbeherrschte Unternehmen – in-house-Geschäfte oder Vergabe im Wettbewerb?, DVBl 2001, S. 248 ff. (256); *Jaeger*, Public Private Partnership und Vergaberecht, NZBau 2001, S. 6 ff. (9); *Müller*, Langfristige Vertragsverhältnisse der Kommunen mit kommunalen Tochtergesellschaaften am Beispiel von Strombezugsverträgen, NZBau 2001, S. 416 ff. (419); VK Düsseldorf, Beschluß vom 0707.2000, Az.: VK 12/2000–L, NZBau 2000, S. 46 ff. (48)

[726] *Schauenburg*, Ausschreibungspflicht und Privilegien für In-house-Geschäfte, NZBau 2002, S. 259 ff. (263)

[727] VK Düsseldorf, Beschluß vom 0707.2000, Az.: VK 12/2000–L, NZBau 2000, S. 46 ff. (48)

BGB hinausgeht.[728] Inhalt und Grenzen der Treupflichten sind anhand des Gesellschaftsvertrags festzulegen und daher einer Einzelfallbetrachtung unter Abwägung der beteiligten Interessen zugänglich.[729] Der öffentliche Auftraggeber ist verwaltungsspezifischen Zielen, z.B. der Daseinsvorsorge, verpflichtet und handelt nicht notwendigerweise im Interesse einer Gewinnmaximierung. Gerade diese Interessenausrichtung ist jedoch einem privaten Investor bekannt. Er nimmt sie jedoch in Kauf, weil er sich von der Partnerschaft mit dem öffentlichen Auftraggeber gewisse andere Vorteile erhofft, wie z.B. einen gesicherten Markt für die Abnahme der Leistungen des Minderheitsgesellschafters.[730] Damit wird die Ausrichtung der Gesellschaft an diesen verwaltungsspezifischen Zielen regelmäßig Geschäftsgrundlage der Beteiligung des privaten Investors.[731] Die Treuepflichten stehen daher einer Einflußnahme des öffentlichen Auftraggebers auf den Auftragnehmer nicht entgegen. Vielmehr ist dieser aufgrund der ihm obliegenden Treuepflicht dazu verpflichtet, sich gegenüber den verwaltungsspezifischen Zwecken loyal zu verhalten.[732]

Damit kann im Ergebnis, wenn auch nicht in der Begründung, hinsichtlich der Anforderungen an die Verbundenheit des öffentlichen Auftraggebers gegenüber dem Auftragnehmer, insbesondere für die Auftragsvergabe an gemischtwirtschaftliche Unternehmen, die Auffassung der herrschenden Literatur[733] bestätigt werden.

2. Folgerungen für die Beauftragung von gemischt-öffentlichen Auftragnehmern

Darüber hinaus kann auch die Auftragsvergabe an Auftragnehmer, an denen mehrere öffentliche Auftraggeber beteiligt sind, ausschreibungsfrei erfolgen, sofern die öffentlichen Auftraggeber den Auftragnehmer gemeinsam beherrschen.

---

[728] *Hueck/Fastrich*, in: *Baumbach/Hueck*, GmbHG, § 13 Rdnr. 21, 22 und 29

[729] *Hueck/Fastrich*, in: *Baumbach/Hueck*, GmbHG, § 13 Rdnr. 21, 22 und 29; *Schauenburg*, Ausschreibungspflicht und Privilegien für In-house-Geschäfte, NZBau 2002, S. 259 ff. (264)

[730] *Schauenburg*, Ausschreibungspflicht und Privilegien für In-house-Geschäfte, NZBau 2002, S. 259 ff. (264)

[731] OLG Naumburg, Vorlagebeschluß vom 08.01.2003, Az: 1 Verg 7/02, NZBau 2003, S. 224 ff. (228); *Masing*, Die Beteiligung Privater an kommunalen Gesellschaften und das öffentliche Vergaberecht, ZfBR 2002, S. 450 ff. (453)

[732] *Schauenburg*, Ausschreibungspflicht und Privilegien für In-house-Geschäfte, NZBau 2002, S. 259 ff. (264)

[733] Vgl. § 4C.III.1, S. 170 ff.

Die Entscheidung des *EuGH* in der Rs. *Teckal* zeigt, daß der Auftragnehmer nicht selten eine Gesellschaft ist, an der nicht allein der beauftragende öffentliche Auftraggeber beteiligt ist, sondern auch noch andere öffentliche Auftraggeber mit jeweils gleichen oder unterschiedlichen Beteiligungen. So waren in dem der Rs. *Teckal* eine Vielzahl von Gemeinden an der beauftragten Gesellschaft, der AGAC, beteiligt, darunter auch die Gemeinde Viano, deren Auftragserteilung Gegenstand des Verfahrens war. Sie hielt eine Gewinn- und Verlustbeteiligung von 0,9% und hatte einen entsprechenden Anteil der Stimmrechte inne. Nach Auffassung des Generalanwalts *Cosmas* setze die ausschreibungsfreie Beauftragung jedoch das Vorliegen einer hierarchischen Kontrolle des Auftraggebers über den Auftragnehmer voraus. Eine solche käme der Gemeinde Viano aufgrund ihrer Beteiligung an der AGAC in Höhe von 0,9% der Stimmrechte jedoch nicht zu. Eine ausschreibungsfreie Auftragsvergabe durch die Gemeinde Viano an die AGAC im Wege der In-House-Vergabe im weiteren Sinne sei daher abzulehnen.

Auch nach der hier vertretenen Auffassung wäre in diesem Fall eine In-House-Vergabe abzulehnen, da die Gemeinde Viano – die ausschließliche Tätigkeit des Auftragnehmers für die gesellschaftsrechtlich beteiligten öffentlichen Auftraggeber vorausgesetzt – aufgrund ihrer Beteiligung gegenüber der AGAC keine beherrschende Stellung im Sinne von Art. 1 Nr. 2 SKR inne hatte. Diese wäre aber Voraussetzung, um der AGAC im Verhältnis zur Gemeinde Viano die autonome Entscheidungsgewalt und damit die Eigenschaft als Träger des Wettbewerbs um den von der Gemeinde Viano vergebenen öffentlichen Auftrag zu nehmen.[734]

Die Frage, ob die gesellschaftsrechtliche Beteiligung dem beauftragenden öffentlichen Auftraggeber eine beherrschende Stellung im Sinne von Art. 1 Nr. 2 SKR vermittelt, ist allerdings zu unterscheiden von der Frage, wie die Auftragserteilung durch einen öffentlichen Auftraggeber zu beurteilen ist, der den Auftragnehmer zwar nicht *alleine*, aber *gemeinsam* mit anderen öffentlichen Auftraggebern beherrscht. In Fällen der *gemeinsamen* Beherrschung entspricht zwar der Grad der Beherrschung demjenigen durch ein einzelnes Unternehmen. Der Unterschied zur *alleinigen* Beherrschung besteht jedoch darin, daß, obwohl jedes der gemeinsam herrschenden Unternehmen als herrschendes Unternehmens

---

[734] Daß eine gesellschaftsrechtliche Beteiligung als solche nicht für eine Zurechnung ausreichend sein kann, zeigt die Regelung des Art. 13 Abs. 1 lit. b) Fall 1 SKR. Dieser regelt den Fall, daß ein Sektorenauftraggeber, den mehrere öffentliche Auftraggeber gegründet haben, ausschreibungsfrei Aufträge an die beteiligten Gesellschafter vergeben kann. Wäre diese Fallgestaltung schon von dem hier vergleichbaren Fall des Art. 13 Abs. 1 lit. a) SKR erfaßt, hätte es dieser Sonderregelung nicht bedürft.

angesehen wird, die Beherrschung nur durch die Unternehmen *gemeinsam* besteht. Rechtsfolge der gemeinsamen Beherrschung ist, daß jeder der gemeinsam herrschenden öffentlichen Auftraggeber als herrschender öffentlicher Auftraggeber angesehen wird mit der Folge, daß nach den vorstehend entwickelten Kriterien auch jeder dieser Auftraggeber ausschreibungsfrei Aufträge an den gemeinsam beherrschten Auftragnehmer vergeben könnte. Dies ist daher vor allem für Fallgestaltungen relevant, in denen mehrere öffentliche Auftraggeber an einer Gesellschaft beteiligt sind, oder in Fällen, in denen mehrere öffentliche Auftraggeber gemeinsam zu 51% beteiligt sind und ein privater Investor mit 49% beteiligt ist. Diese Fallgestaltung ist insbesondere bei den für die In-House-Vergabe im weiteren Sinne relevanten Einrichtungen der Daseinsvorsorge häufig anzutreffen.

Dafür, daß auch eine *gemeinsame* Beherrschung für eine Beherrschung im Rahmen der In-House-Vergabe im weiteren Sinne ausreichend ist, spricht zunächst der Wortlaut des Art. 1 Nr. 2 SKR sowie der Umstand, daß für den wortlautidentischen Art. 2 der Transparenzrichtlinie das Konzept der gemeinsamen Beherrschung anerkannt ist. Nach herrschender Meinung ist im Rahmen der Transparenzrichtlinien die Beherrschung durch mehrere Untergliederungen eines Mitgliedstaates – anders als die Beherrschung durch mehrere Mitgliedstaaten – möglich und für die Anwendung der Transparenzrichtlinie ausreichend.[735] Aber auch im Wettbewerbs- und Aktienrecht findet sich das Konzept der gemeinsamen Beherrschung. Zwar ist dies für das Aktienrecht in der Literatur umstrit-

---

[735] Vgl. *Janson*, Rechtsformen öffentlicher Unternehmen in der Europäischen Gemeinschaft, S. 24; *Otto*, Auswirkungen des Rechts der EWG auf die Bundesrepublik Deutschland, besonders die öffentlichen Unternehmen, dargestellt am Beispiel der Transparenzrichtlinie, S. 119 f.; *Pernice*, in: *Grabitz/Hilf*, Das Recht der Europäischen Union, Bd. I, Archivband, (Ex) Art. 90, Rdnr. 5.

Zwar wird *Otto*, Auswirkungen des Rechts der EWG auf die Bundesrepublik Deutschland, besonders die öffentlichen Unternehmen, dargestellt am Beispiel der Transparenzrichtlinie, S. 119 f. bei *Pernice*, in: *Grabitz/Hilf*, Das Recht der Europäischen Union, Bd. I, Archivband, (Ex) Art. 90, Rdnr. 21 als Vertreter der gegenteiligen Auffassung zitiert. Dem ist indes nicht so. Zwar hält *Otto* die Beteiligung *mehrerer Mitgliedstaaten* nicht ausreichend für eine Beherrschung im Sinne der Transparenzrichtlinie (S. 121), sehr wohl aber die Beteiligung mehrerer Untergliederungen *eines* Mitgliedstaates (S. 120). Eine anderweitige Regelung würde seiner Meinung nach dazu führen, daß ein Mitgliedstaat sich durch die geschickte Aufteilung der Beteiligungen der Bindung der Transparenzrichtlinie entziehen könnte. Auch steht eine gegenläufige Interessenverfolgung der verschiedenen Untergliederungen eines Mitgliedstaates einer solchen Auslegung nicht entgegen (S. 120). Auch *Janson* , den *Pernice*, in: *Grabitz/Hilf*, Das Recht der Europäischen Union, Bd. I, Archivband, (Ex) Art. 90, Rdnr. 21 ebenfalls als Vertreter der Gegenauffassung zitiert, spricht auf S. 24 gerade davon, daß auch mehrere Träger der öffentlichen Hand einen beherrschenden Einfluß ausüben können.

ten[736] Die Rechtsprechung hat jedoch entschieden, daß ein beherrschender Einfluß auch von mehreren gleichgeordneten Unternehmen ausgehen könne.[737] Im Wettbewerbsrecht ist die gemeinsame Beherrschung für die Fusionskontrolle in § 36 Abs. 2 S. 2 GWB ausdrücklich anerkannt.[738] Nach § 36 Abs. 2 Satz 2 GWB ist in Fallkonstellationen, in denen mehrere Unternehmen derart zusammenwirken, daß sie *gemeinsam* einen beherrschenden Einfluß auf ein anderes Unternehmen ausüben können, jedes von ihnen als herrschendes Unternehmen anzusehen.

Die Ablehnung der ausschreibungsfreien In-House-Vergabe in der Rs. *Teckal*[739] bei einer 0,9%igen Beteiligung der auftraggebenden Gemeinde an dem Auftragnehmer steht der Anerkennung der *gemeinsamen* Beherrschung grundsätzlich nicht entgegen. Vielmehr geht der *EuGH* in der Entscheidung selbst offenbar davon aus, daß der Auftragnehmer nicht notwendigerweise zu 100% in der Hand des ihn beauftragenden öffentlichen Auftraggebers stehen muß. So verweist der *EuGH* in Tz. 50 darauf, daß der Auftragnehmer seine Tätigkeit im wesentlichen für

> "die Gebietskörperschaft oder die Gebietskörperschaften verrichtet, die ihre Anteile inne haben"[740],

was impliziert, daß der Auftragnehmer nicht im Alleineigentum des ihn beauftragenden öffentlichen Auftraggebers stehen muß. Problematischer ist das zweite Kriterium des *EuGH*, wonach es erforderlich ist, daß

> "die Gebietskörperschaft über die fragliche Person eine Kontrolle ausübt, wie über ihre eigenen Dienststellen"[741].

Beide Voraussetzungen zusammengenommen zeigen, daß es nach der Rechtsprechung des *EuGH* zulässig ist, daß die Anteile des Auftragnehmers sich in der Hand mehrerer Gesellschafter befinden. Einschränkend scheint jedoch er-

---

[736] Vgl. *Mestmäcker/Veelken*, in: *Immenga/Mestmäcker* Gesetz gegen Wettbewerbsbeschränkungen, Kommentar, 3. Aufl. 2001, § 36. Rdnr. 64 mit weiteren Nachweisen

[737] BGH, Urteil vom 04.03.1974, Az: II ZR 89/72, BGHZ 62, S. 193 ff. (199)

[738] § 36 Abs. 2 S. 2 GWB wurde noch vor der klarstellenden Entscheidung des BGH für das Aktienrecht (BGH, Urteil vom 04.03.1974, Az: II ZR 89/72, BGHZ 62, S. 193 ff. (199)) in das GWB aufgenommen, um diese zum damaligen Zeitpunkt noch nicht entschiedene Frage für das Wettbewerbsrecht zu regeln.

[739] *EuGH* Urteil vom 18.11.1999, Rs. C-107/98, (Teckal Srl/Gemeinde Viano, u.a.), Slg. I 1999, S. 8139 ff. (Tz. 50)

[740] *EuGH* Urteil vom 18.11.1999, Rs. C-107/98, (Teckal Srl/Gemeinde Viano, u.a.), Slg. I 1999, S. 8139 ff. Tz. 50

[741] *EuGH* Urteil vom 18.11.1999, Rs. C-107/98, (Teckal Srl/Gemeinde Viano, u.a.), Slg. I 1999, S. 8139 ff. Tz. 50

forderlich zu sein, daß der auftragserteilende öffentliche Auftraggeber den Auftragnehmer kontrolliert. Da im Rahmen der *gemeinsamen* Beherrschung – jedenfalls im Wettbewerbsrecht – jedes der gemeinsam beherrschenden Unternehmen als herrschendes Unternehmen anzusehen ist, würde dies – übertragen auf das Vergaberecht – bedeuten, daß auch jeder der gemeinsam herrschenden öffentlichen Auftraggeber als herrschend anzusehen wäre. Sofern der Grad der Beherrschung daher dem vom *EuGH* geforderten entspricht, wäre es auch nach der Rechtsprechung des *EuGH* für jeden der gemeinsam herrschenden öffentlichen Auftraggeber zulässig, ausschreibungsfrei Aufträge an den gemeinsam beherrschten Auftragnehmer zu erteilen. Insofern stünde die Anerkennung der gemeinsamen Beherrschung auch nicht im Widerspruch zur Rechtsprechung des *EuGH*.

Daß es keine § 36 Abs. 2 Satz 2 GWB entsprechende Regelung in den Koordinierungsrichtlinien gibt, steht der Anerkennung dieses Prinzips ebenfalls nicht entgegen. Auch im Aktienrecht und im Rahmen der Transparenzrichtlinie fehlt es an einer solchen Regelung. Trotzdem ist eine gemeinsame Beherrschung sowohl im Aktienrecht als auch für die Transparenzrichtlinie anerkannt.

Die Analyse des Aktien- und Wettbewerbsrechts sowie der Transparenzrichtlinie zeigt jedoch, daß maßgeblich für die Anerkennung des Prinzips der gemeinsamen Beherrschung der Sinn und Zweck der jeweiligen Regelung ist. So beruht die Anerkennung der gemeinsamen Beherrschung im Rahmen der Transparenzrichtlinie darauf, daß sich die Mitgliedstaaten andernfalls durch eine geschickte Aufteilung der Beteiligungen dem Anwendungsbereich der Transparenzrichtlinie entziehen könnten.[742] Eine ähnliche Argumentation liegt der Anerkennung der gemeinsamen Beherrschung im Aktienrecht zugrunde. Die Anerkennung des Prinzips der gemeinsamen Beherrschung ist im Aktienrecht geboten, um zu verhindern, daß durch die formale Aufspaltung von Beteiligungen der mit der Beherrschung einhergehende Minderheitenschutz der §§ 311 ff. AktG umgangen wird.[743] Im Wettbewerbsrecht besteht der Grund für die Erfassung des beherrschenden Einflusses durch mehrere Unternehmen in dem gemeinsamen Einfluß auf das Wettbewerbspotential des gemeinsamen Unternehmens und die damit gegebenen Möglichkeiten, die eigenen Wettbewerbsinteressen im Verhältnis zueinander und gegenüber dem abhängigen Unternehmen abzustimmen und

---

[742] Vgl. *Janson*, Rechtsformen öffentlicher Unternehmen in der Europäischen Gemeinschaft; S. 24; *Otto*, Auswirkungen des Rechts der EWG auf die Bundesrepublik Deutschland, besonders die öffentlichen Unternehmen, dargestellt am Beispiel der Transparenzrichtlinie, S. 119 f.; *Pernice*, in: *Grabitz/Hilf*, Das Recht der Europäischen Union, Bd. I, Archivband, (Ex) Art. 90, Rdnr. 5, vgl. auch FN 735.

[743] BGH, Urteil vom 04.03.1974, Az: II ZR 89/72, BGHZ 62, S. 193 ff. (199)

durchzusetzen.[744] Um dies zu verhindern, ist die Anwendung der Fusionskontrolle geboten.

Entscheidend ist daher, ob auch bei der ausschreibungsfreien Beauftragung eines *gemeinschaftlich* beherrschten Auftragnehmers durch einen der *gemeinschaftlich* beherrschenden öffentlichen Auftraggeber der Sinn und Zweck der Koordinierungsrichtlinien nicht beeinträchtigt wird. Nach der hier vertretenen Auffassung führt die Beherrschung des Auftragnehmers durch den beauftragenden öffentlichen Auftraggeber dazu, daß es dem Auftragnehmer im Verhältnis zum beauftragenden öffentlichen Auftraggeber an der Entscheidungsautonomie fehlt mit der Folge, daß dieser nicht Träger des vom Gleichbehandlungsgrundsatz der Koordinierungsrichtlinien geschützten Wettbewerbs um den öffentlichen Auftrag anzusehen ist. In diesem Fall kann der Sinn und Zweck der Koordinierungsrichtlinien, die Marktteilnehmer vor Wettbewerbsverzerrungen durch die Bevorzugung einheimischer Bieter zu schützen, nicht erreicht werden, da es an einem beschränkbaren Wettbewerbsverhältnis zwischen dem Auftragnehmer und anderen Leistungsanbietern um den öffentlichen Auftrag fehlt. Bei gleichzeitig ausschließlicher Tätigkeit des Auftragnehmers für den öffentlichen Auftraggeber kann es mangels Wettbewerbsverhältnis des Auftragnehmers im Verhältnis zu Dritten auch nicht zu Wettbewerbsbeschränkungen im Verhältnis zu Dritten kommen, die zu einer Bevorzugung der leistungserbringenden Stelle im Verhältnis zu Dritten führen würden und so den Sinn und Zweck der Koordinierungsrichtlinien beeinträchtigten würde.

Solange der Auftragnehmer daher nicht Träger des vom Vergaberecht geschützten Wettbewerbs ist und ausschließlich für die ihn gemeinschaftlich beherrschenden öffentlichen Auftraggeber tätig wird, sind hiermit keine wettbewerbsbeeinträchtigenden Auswirkungen gegenüber Dritten verbunden, da die leistungserbringende Stelle weder mit anderen Leistungsanbietern um den öffentlichen Auftrag im Wettbewerb steht noch im Verhältnis zu Dritten konkurrierend am Markt auftritt und es auch insoweit an einem Wettbewerbsverhältnis fehlt. Da die Koordinierungsrichtlinien aufgrund des Umstands, daß die Entscheidung über die Art der Bedarfsdeckung den Mitgliedstaaten vorbehalten ist, nicht davor schützen, daß das von den Mitgliedstaaten am Markt nachgefragte Auftragsvolumen reduziert wird, sofern dies nicht zu weitergehenden Wettbewerbsnachteilen für die Marktteilnehmer führt. Solange daher die zur Bedarfsdeckung berufene Stelle nicht im Verhältnis zu Dritten konkurrierend am Markt auftritt, sind solche Wettbewerbsnachteile, die dadurch entstehen, daß diese Stelle als

[744] *Mestmäcker/Veelken*, in: *Immenga/Mestmäcker* Gesetz gegen Wettbewerbsbeschränkungen, Kommentar, 3. Aufl. 2001, § 36. Rdnr. 64

Konkurrent am Markt auftritt und gleichzeitig ausschreibungsfrei Aufträge erhält, ausgeschlossen. Die Beauftragung einer Gesellschaft, die von mehreren öffentlichen Auftraggebern beherrscht wird, stellt daher keinen Verstoß gegen den Sinn und Zweck der Koordinierungsrichtlinien dar. Die Anwendung der Koordinierungsrichtlinien ist in diesem Fall daher nicht geboten.

Die Anerkennung der *gemeinsamen* Beherrschung führt auch nicht – wie zu befürchten wäre – zu einer erheblichen Ausdehnung des Anwendungsbereichs der In-House-Vergabe im weiteren Sinne. Zwar ist jeder der an der *gemeinsamen* Beherrschung beteiligten öffentlichen Auftraggeber – unabhängig von der Höhe der gesellschaftsrechtlichen Beteiligung – als herrschend anzusehen mit der Folge, daß Gemeinschaftsunternehmen, die von einer Vielzahl öffentlicher Auftraggeber gegründet werden, bei Vorliegen einer gemeinsamen Beherrschung von sämtlichen an diesem Auftragnehmer gesellschaftsrechtlich beteiligten öffentlichen Auftraggeber ausschreibungsfrei beauftragt werden könnten, auch wenn ihre Beteiligung noch so gering ausfallen würde. Insofern ist jedoch zu bedenken, daß die Voraussetzungen einer gemeinsamen Beherrschung nur in seltenen Ausnahmefällen anzunehmen sein dürften.

Bei der *gemeinsamen* Beherrschung stimmt – wie dargelegt – zwar der Grad der *gemeinsamen* Beherrschung mit demjenigen der Beherrschung durch ein einzelnes Unternehmen überein. Der Unterschied zur *alleinigen* Beherrschung besteht aber darin, daß, obwohl jedes der gemeinsam herrschenden Unternehmen als herrschendes Unternehmens angesehen wird, die Beherrschung nur durch die Unternehmen *gemeinsam* besteht. Sie scheidet daher zunächst in all denjenigen Fällen aus, in denen einem beteiligten Gesellschafter allein eine Beherrschung zusteht. Darüber hinaus ist die Gemeinsamkeit der Beherrschung, die gesondert von der Beherrschung zu ermitteln ist, von der in jedem Fall gegebenen gesellschaftsrechtlichen Beherrschung einer Gesellschaft durch alle Gesellschafter, von der gesellschaftsrechtlichen Beteiligung als solcher einerseits und von der bloßen Ausübung der Gesellschafterrechte andererseits zu unterscheiden.[745]

In Abgrenzung hierzu ist es für eine gemeinsame Beherrschung erforderlich, daß über die gemeinsame Interessenlage und Leitungsmacht der Gesellschafter hinaus weitere Umstände hinzutreten, die eine auf Dauer gesicherte, beständige einheitliche Einflußnahme einer *Gruppe* von herrschenden Gesellschaftern oder aller Gesellschafter erwarten lassen.[746] Entscheidend ist daher nicht die organisatorische Ausgestaltung, z.B. die Bündelung der Anteile in einer Holding, son-

---

[745] *Mestmäcker/Veelken*, in: *Immenga/Mestmäcker* Gesetz gegen Wettbewerbsbeschränkungen, Kommentar, 3. Aufl. 2001, § 36. Rdnr. 65

[746] *Emmerich*, Kartellrecht, 9. Aufl., § 23, 3., S. 259

dern es kommt maßgeblich auf die Gestaltung der Gesellschafterrechte in der Satzung und dem Gesellschaftervertrag (z.B. durch die satzungsmäßige Festlegung des Unternehmens auf Hilfsfunktionen für die Gesellschafter, Einstimmigkeitserfordernisse, Quoren-, Zustimmungs- oder Vetorechte) sowie die sich außerhalb der Gesellschaftsorgane vollziehende tatsächliche[747] vertragliche oder faktische Koordination der Ausübung von Gesellschafterrechten[748] an. Gegebenenfalls auftretende Interessenkonflikte stehen einer beständigen einheitlichen Einflußnahme nicht entgegen, solange deren Lösung nicht der Willensbildung der Gesellschaft nach allgemeinen Regeln überlassen bleibt, sondern die Möglichkeit besteht, diese außerhalb der Gesellschaftsorgane zu finden. Dies ist vor allem bei Vorliegen einer entsprechenden Vereinbarung der Gesellschafter, anzunehmen, wie z.B. bei der vertraglichen Aufstellung von Regeln über eine gemeinsame Unternehmenspolitik, Geschäftsführung und/oder Stimmrechtsausübung.[749] Im Einzelfall kann sich diese Gemeinsamkeit aber auch aus den rechtlichen und tatsächlichen Umständen ergeben. So kann es daher auch schon genügen[750], wenn die tatsächliche Gemeinsamkeit der Interessen der Gesellschafter so stark und dauerhaft ist, daß sie eine gleichbleibende einheitliche Willensbildung erwarten läßt.[751] Dies ist aber insbesondere dann nicht der Fall, wenn konkret die Möglichkeit einer Abstimmung mit wechselnden Mehrheiten besteht, weil in diesem Fall keine Gesellschaftergruppe über eine auf Dauer gesicherte Einflußmöglichkeit verfügt.[752]

Unter Berücksichtigung dieser Kriterien dürfte eine gemeinsame Beherrschung durch mehrere öffentliche Auftraggeber nur in Ausnahmefällen anzunehmen sein. Einerseits schließt schon die Beteiligung auch nur eines herrschenden Ge-

---

[747] *Ruppelt*, in: *Langen/Bunte*, Kommentar zum deutschen und europäischen Kartellrecht, Bd. I, 9. Aufl. 2001, § 36, Rdnr. 66

[748] Während die Ausübung des Zusammenwirkens tatsächlich stattfinden muß, ist für die Beherrschung die Möglichkeit der Beherrschung an sich ausreichend, vgl *Ruppelt*, in: *Langen/Bunte*, Kommentar zum deutschen und europäischen Kartellrecht, Bd. I, 9. Aufl. 2001, § 36, Rdnr. 66 und 70.

[749] *Emmerich*, Kartellrecht, 9. Aufl., § 23, 3., S. 259;*Emmerich*, in: *Emmerich/Habersack*, Aktien- und GmbH-Konzernrecht, 2. Aufl. 2001, § 17., Rdnr. 30; *Mestmäcker/Veelken*, in: *Immenga/Mestmäcker* Gesetz gegen Wettbewerbsbeschränkungen, Kommentar, 3. Aufl. 2001, § 36. Rdnr. 65

[750] So die herrschende Meinung, vgl. zum Meinungsstand *Mestmäcker/Veelken*, in: *Immenga/Mestmäcker* Gesetz gegen Wettbewerbsbeschränkungen, Kommentar, 3. Aufl. 2001, § 36, Rdnr. 66.

[751] *Emmerich*, Kartellrecht, 9. Aufl., § 23, 3., S. 259; *Mestmäcker/Veelken*, in: *Immenga/Mestmäcker* Gesetz gegen Wettbewerbsbeschränkungen, Kommentar, 3. Aufl. 2001, § 36. Rdnr. 67

[752] *Emmerich*, Kartellrecht, 9. Aufl., § 23, 3., S. 260

sellschafters die gemeinsame Beherrschung aus. Andererseits ist allein die Gesellschafterstellung der beteiligten öffentlichen Auftraggeber oder die Ausübung von Gesellschafterrechten durch die öffentlichen Auftraggeber als solche nicht für die für eine gemeinsame Beherrschung erforderliche auf Dauer gesicherte, beständige einheitliche Einflußnahme einer *Gruppe* von herrschenden Gesellschaftern oder aller Gesellschafter ausreichend. Diese ergibt sich bei einer Gesellschaft, an der ausschließlich öffentliche Auftraggeber gesellschaftsrechtlich beteiligt sind, auch nicht aus der zu der Gesellschafterstellung hinzutretenden Eigenschaft als öffentlicher Auftraggeber. Bei der Beteiligung mehrerer öffentlicher Auftraggeber an einem gemischt-wirtschaftlichen Unternehmen mögen die tatsächlichen Gegebenheiten für eine dauerhafte gemeinschaftliche Interessenverfolgung mehrerer öffentlicher Auftraggeber sprechen, weil Träger der öffentlichen Verwaltung grundsätzlich aus anderen Motiven handeln und anders finanziert sind als private Wirtschaftsunternehmen. Während insoweit die Stellung als öffentlicher Auftraggeber mehrere öffentliche Auftraggeber untereinander in Abgrenzung zu privaten Gesellschaftern verbinden mag, entfällt dieses Element jedoch dann, wenn ausschließlich öffentliche Auftraggeber an der beauftragten Gesellschaft beteiligt sind. Selbst wenn man daher für gemischtwirtschaftliche Unternehmen davon ausgeht, daß die tatsächliche Gemeinsamkeit der Interessen der öffentlichen Auftraggeber so stark und dauerhaft ist, daß sie eine gleichbleibende einheitliche Willensbildung erwarten lassen, scheidet eine gemeinsame Beherrschung in diesem Fall aber schon deshalb aus, weil bei einem Zusammenschluß von einer Vielzahl von öffentlichen Auftraggebern stets ohne entsprechende vertragliche Vereinbarung mit der Möglichkeit wechselnder Mehrheiten zu rechnen ist.

Im Ergebnis ist daher festzustellen, daß wenn der gemeinsam beherrschte Auftragnehmer ausschließlich für die ihn gemeinsam beherrschenden öffentlichen Auftraggeber tätig wird, diese öffentlichen Auftraggeber ausschreibungsfrei Aufträge an diesen Auftragnehmer vergeben können. Da der Auftragnehmer – ebenso wie im Fall der Beherrschung durch nur einen öffentlichen Auftraggeber – infolge der fehlenden Entscheidungsautonomie als Träger des Wettbewerbs um den zu vergebenden öffentlichen Auftrag ausscheidet und eine Wettbewerbsbeeinträchtigung im Verhältnis zu Dritten aufgrund der ausschließlichen Tätigkeit für die gemeinsam herrschenden öffentlichen Auftraggeber ausscheidet, fehlt es an einer den Schutz des Gleichbehandlungsgrundsatzes der Koordinierungsrichtlinien auslösenden Wettbewerbsbeeinträchtigung. In diesem Fall kann der Sinn und Zweck der Koordinierungsrichtlinien daher nicht erreicht werden. Einschränkend ist jedoch zu berücksichtigen, daß die Voraussetzungen einer gemeinsamen Beherrschung, nur in Ausnahmefällen vorliegen werden.

Weder die gesellschaftsrechtliche Beteiligung noch die Ausübung von Gesellschaftsrechten ist hierfür ausreichend, sondern bedarf es hierfür über die gemeinsame Interessenlage und Leitungsmacht der Gesellschafter hinaus weiterer Umstände, die eine auf Dauer gesicherte, beständige einheitliche Einflußnahme einer *Gruppe* von herrschenden Gesellschaftern oder aller Gesellschafter erwarten lassen. Hierfür ist jedoch die Eigenschaft der Gesellschafter als öffentliche Auftraggeber in Abwesenheit eines entsprechenden Vertrages nicht ausreichend.

B. Konkretisierung des Erfordernisses der ausschließlichen Tätigkeit des Auftragnehmers für den öffentlichen Auftraggeber

Ebenso wie für die Konkretisierung der Verbundenheit zwischen öffentlichem Auftraggeber und Auftragnehmer auf Wertungen der Koordinierungsrichtlinien zurückgegriffen werden kann, stellt sich auch für die zweite Zulässigkeitsvoraussetzung der In-House-Vergabe im weiteren Sinne, der ausschließlichen Tätigkeit des Auftragnehmers für den ihn beherrschenden und beauftragenden öffentlichen Auftraggeber, die Frage, ob diese nicht anhand von Wertungen der Koordinierungsrichtlinien konkretisiert werden kann.

I. Konkretisierung anhand der Wertung des Art. 13 SKR

Zur Konkretisierung des Erfordernisses der ausschließlichen Tätigkeit des Auftragnehmers für den öffentlichen Auftraggeber anhand der Wertungen der Koordinierungsrichtlinien ist zunächst die auffällige Parallele dieses Erfordernisses zum Umsatzerfordernis des Art. 13 SKR zu berücksichtigen. Zum Teil wird daher in der Literatur gefordert, daß das vom *EuGH* formulierte Kriterium, daß der Auftragnehmer im wesentlichen für den oder die ihn beherrschenden öffentlichen Auftraggeber tätig werden muß, im Sinne von Art. 13 SKR zu konkretisieren ist.[753]

---

[753] *Marx*, Verlängerung bestehender Verträge und Vergaberecht, Tagungsband "Zweiter Düsseldorfer Vergaberechtstag am 28.06.2001", Ministerium für Wirtschaft und Mittelstand, Energie und Verkehr des Landes Nordrhein-Westfalen, S. 65 ff. (74) zieht Art. 13 SKR sowohl zur Konkretisierung der Kontrolle als auch des Wesentlichkeitskriteriums heran. *Eschenbruch*, in: *Niebuhr/Kulartz/Kus/*Portz, Kommentar zum Vergabrecht, § 99, Rdnr. 57; *Faber*, Öffentliche Aufträge an kommunalbeherrschte Unternehmen – in-house-Geschäfte oder Vergabe im Wettbewerb?, DVBl 2000, S. 248 ff. (254) und *Gallwas*, Das Recht der Vergabe öffentlicher Aufträge – ein Überblick, GewArch 2000, S. 401 ff. (406) verweisen lediglich zur Konkretisierung der Tätigkeit im wesentlichen für den öffentlichen Auftraggeber auf Art. 13 SKR.

Unabhängig davon, daß eine analoge Anwendung des Art. 13 SKR auf die Fälle der In-House-Vergabe im weiteren Sinne abzulehnen ist[754], ist auch eine Konkretisierung des Kriteriums, daß der Auftragnehmer nicht im Verhältnis zu Dritten bzw. ausschließlich für den ihn beherrschenden öffentlichen Auftraggeber tätig werden darf anhand von Art. 13 SKR abzulehnen. Dies ergibt sich aus dem unterschiedlichen Regelungszweck des Umsatzerfordernisses im Sinne von Art. 13 SKR und dem Verbot des konkurrierenden Anbieterverhaltens im Rahmen der In-House-Vergabe im weiteren Sinne.

Das Umsatzerfordernis des Art. 13 SKR beruht auf dem Grundgedanken, daß die von dem beherrschten Unternehmen erbrachte Dienstleistung zu einem Wettbewerbsvorteil für den Auftraggeber führt und daher für die Wettbewerbsfähigkeit des Sektorenauftraggebers entscheidend ist. Die Beauftragung des diese Dienstleistung erbringenden Unternehmens soll daher ausschreibungsfrei erfolgen können, um die Wettbewerbsfähigkeit des Sektorenauftraggebers zu stärken. Andererseits soll die von dem verbundenen Unternehmen erbrachte Dienstleistung von dem verbundenen Unternehmen nicht Dritten zur Verfügung gestellt werden, um den mit der Dienstleistung verbundenen Wettbewerbsvorteil nicht dadurch zunichte zu machen, daß diese Leistung auch anderen Wettbewerbern zur Verfügung gestellt wird. Der Sinn und Zweck – der Erhalt der Wettbewerbsfähigkeit des verbundenen Unternehmens – könnte sonst nicht erreicht werden.

Danach wäre das mit dem Sektorenauftraggeber verbundene Dienstleistungsunternehmen aber strenggenommen an sich verpflichtet, seine Leistungen ausschließlich an den mit ihm verbundenen Sektorenauftraggeber zu erbringen. Das Erfordernis der ausschließlichen, 100%igen Leistungserbringung an das Mutterunternehmen wurde jedoch im Richtlinienvorschlag vom 06.11.1991[755] zunächst auf 85% und im Rahmen des Rechtsetzungsverfahrens[756] schließlich auf 80% gesenkt. Mit dieser Einschränkung des Ausschließlichkeitserfordernis sollte einerseits die Möglichkeit der Beteiligung mehrerer Unternehmen an diesem Leistungserbringer eröffnet werden. Das Erfordernis, daß das leistungserbringende

---

[754] Vgl. § 4B.III, S. 133 ff.

[755] Art. 11 a des Vorschlag der Kommission vom 06.11.1991 für eine Richtlinie des Rates zur Änderung der Richtlinie 90/531/EWG betreffend die Auftragsvergabe durch Auftraggeber im Bereich der Wasser-, Energie- und Verkehrsversorgung sowie im Telekommunikationssektor, KOM (91) 347

[756] Vgl. Stellungnahme des Wirtschafts- und Sozialausschusses zu dem Vorschlag der Kommission vom 06.11.1991 für eine Richtlinie des Rates zur Änderung der Richtlinie 90/531/EWG betreffend die Auftragsvergabe durch Auftraggeber im Bereich der Wasser-, Energie- und Verkehrsversorgung sowie im Telekommunikationssektor, KOM (91) 347, AblEG Nr. C 106, S. 6 ff. (8) vom 27.04.1992, der sogar 75 % vorsieht.

Unternehmen seinen Umsatz allein mit dem mit ihm verbundenen Unternehmen erwirtschaften muß, hätte eine Leistungserbringung an Minderheitsgesellschafter nicht erlaubt.[757] Unter diesen Umständen wäre es für Investoren uninteressant gewesen, sich an einem solchen Unternehmen zu beteiligen. Andererseits sollte dem mit dem öffentlichen Auftraggeber verbundenen Unternehmen die Möglichkeit eröffnet werden, sich von Zeit zu Zeit ergebende Überkapazitäten wirtschaftlich sinnvoll durch Handelsaktivitäten gegenüber Dritten abzubauen.[758] Sofern der Auftragnehmer seinen Umsatz ausschließlich mit dem verbundenen Sektorenauftraggeber hätte erzielen müssen, hätte der Auftragnehmer dies nicht gedurft. Daher sollte dem leistungserbringenden Unternehmen mit dieser Regelung ein gewisser Spielraum für Handelsaktivitäten mit Dritten eingeräumt werden.[759] Der Richtliniengeber ging davon aus, daß eine Vermarktung dieser Dienstleistung gegenüber Dritten in diesem sehr geringen Umsatz nicht dazu führen würde, daß diese Dienstleistung ihre Besonderheit für die Wettbewerbsfähigkeit des Mutterunternehmens verlieren würde.[760]

Der hinter Art. 13 SKR stehende Gedanke, die Leistungserbringung an einen beteiligten Minderheitsgesellschafter zu ermöglichen, ist jedoch nicht auf die In-House-Vergabe im weiteren Sinne übertragbar. Bei der Beteiligung Privater an einem solchen Auftragnehmer scheidet eine Übertragung dieses Gedankens schon deshalb aus, weil im Rahmen der In-House-Vergabe im weiteren Sinne – anders als im Falle des Art. 13 SKR – nicht der als Minderheitsgesellschafter beteiligte Private Empfänger der Leistung ist, sondern der öffentliche Auftraggeber selbst.

---

757 Begründungserwägung Nr. 23 des Vorschlags der Kommission vom 06.11.1991 für eine Richtlinie des Rates zur Änderung der Richtlinie 90/531/EWG betreffend die Auftragsvergabe durch Auftraggeber im Bereich der Wasser-, Energie- und Verkehrsversorgung sowie im Telekommunikationssektor, KOM (91) 347

758 Begründungserwägung Nr. 23 des Vorschlags der Kommission vom 06.11.1991 für eine Richtlinie des Rates zur Änderung der Richtlinie 90/531/EWG betreffend die Auftragsvergabe durch Auftraggeber im Bereich der Wasser-, Energie- und Verkehrsversorgung sowie im Telekommunikationssektor, KOM (91) 347

759 Begründungserwägung Nr. 23 des Vorschlags der Kommission vom 06.11.1991 für eine Richtlinie des Rates zur Änderung der Richtlinie 90/531/EWG betreffend die Auftragsvergabe durch Auftraggeber im Bereich der Wasser-, Energie- und Verkehrsversorgung sowie im Telekommunikationssektor, KOM (91) 347

760 Bericht des Ausschusses für Wirtschaft, Währung und Industriepolitik vom 25.02.1992 über den Vorschlag der Kommision an den Rat für eine Richtlinie zur Änderung der Richtlinie 90/531/EWG über die Auftragsvergabe durch Auftraggeber im Bereich der Wasser-, Energie- und Verkehrsversorgung sowie im Telekommunikationssektor (KOM (91) 347), A3-0215/92/Teil B (PE 200.100/end./B), S. 7

Aber auch der hinter Art. 13 SKR stehende Gedanke, daß die Vermarktung der Leistung den Wettbewerbsvorteil ausmachenden Charakter der Dienstleistung nicht beeinträchtigt, läßt sich nicht auf die In-House-Vergabe im weiteren Sinne übertragen. Dies ergibt sich schon daraus, daß die In-House-Vergabe im weiteren Sinne – anders als Art. 13 SKR – ihre Legitimation nicht daraus ableitet, daß der Charakter der Leistung für die Wettbewerbsfähigkeit des öffentlichen Auftraggebers von Vorteil ist und daher Dritten gegenüber nicht zugänglich gemacht werden soll. Schon aus diesem Grund scheidet daher eine Übertragung des Umsatzerfordernisses des Art. 13 SKR auf die In-House-Vergabe im weiteren Sinne aus. Darüber hinaus dient das Kriterium der ausschließlichen Tätigkeit bei der In-House-Vergabe im weiteren Sinne – anders als im Rahmen des Art. 13 SKR – nicht dazu, die Wettbewerbsfähigkeit der öffentlichen Auftraggeber zu erhalten. Vielmehr sollen die mit dem privilegierten Auftragnehmer konkurrierenden Leistungsanbieter vor Wettbewerbsverzerrungen geschützt werden, die sich aus dem konkurrierenden Anbieterverhalten des privilegierten Auftragnehmers im Verhältnis zu Dritten ergeben können. Aufgrund der Beherrschung durch den öffentlichen Auftraggeber scheidet der mit dem öffentlichen Auftraggeber verbundene Auftragnehmer jedoch als Träger des Wettbewerbs um den öffentlichen Auftrag aus, so daß es in diesem Verhältnis nicht zu Wettbewerbsverzerrungen kommen kann. Ob das konkurrierende Anbieterverhalten des privilegierten Auftragnehmers im Verhältnis zu Dritten zu Veränderungen der Wettbewerbslage führt, ist jedoch abhängig von der jeweiligen Marktsituation, dem Wirtschaftsgut und den Marktverhältnissen und nicht allein von dem Umsatz des privilegierten Auftragnehmers im Verhältnis zu Dritten zu beurteilen. Die Übertragung des fixierten Schwellenwertes des Art. 13 SKR würde dies jedoch nur unzureichend reflektieren, da die Marktauswirkungen einer Tätigkeit des Auftragnehmers im Verhältnis zu Dritten je nach Wirtschaftsgut und Marktverhältnisses unterschiedlich ausfallen. Ein privilegierter Auftragnehmer, der 20% seines Umsatzes im Verhältnis zu Dritten erwirtschaftet, kann, wenn es sich um einen umsatzstarken Auftragnehmer auf einem kleinen Markt handelt, den Wettbewerb erheblich beeinträchtigten. Umgekehrt kann es auf einem sehr großen Markt fast unmerklich sein, wenn ein umsatzschwacher privilegierter Auftragnehmer 20% seines Umsatzes auf diesem Drittmarkt erwirtschaftet. Maßgeblich für den von den Koordinierungsrichtlinien gewährten Schutz vor Wettbewerbsverzerrungen ist daher nicht der Umsatz des privilegierten Auftragnehmers im Verhältnis zu Dritten, sondern die Auswirkungen auf den Wettbewerb.

Im Ergebnis ist daher festzuhalten, daß das Umsatzkriterium des Art. 13 SKR nicht zur Konkretisierung des für die Zulässigkeit der In-House-Vergabe im weiteren Sinne erforderlichen Voraussetzung der ausschließlichen Tätigkeit des Auftragnehmers für den ihn beherrschenden öffentlichen Auftraggeber herangezogen werden kann. Im Rahmen des Art. 13 SKR soll dieses Kriterium es dem Auftragnehmer, der eine für die Wettbewerbsfähigkeit des Sektorenauftraggebers entscheidende Leistung erbringt, die anderen aufgrund ihrer Wettbewerbsrelevanz nicht zugänglich gemacht werden soll, ermöglichen, diese Dienstleistung Dritten gegenüber in geringem Maße zu erbringen, um eine Beteiligung von Minderheitsgesellschaftern und den Abbau von Überkapazitäten zu ermöglichen. Demgegenüber ist für die In-House-Vergabe im weiteren Sinne entscheidend, daß der Auftragnehmer nicht im Verhältnis zu Dritten agiert, um die Marktteilnehmer vor nachteiligen Wettbewerbsveränderungen zu schützen. Eine Abschwächung dieses Verbots hat daher an den Auswirkungen der ausschreibungsfreien Auftragserteilung anzuknüpfen, die von den jeweiligen Marktgegebenheiten abhängen. Dies wäre durch das starre Umsatzkriterium des Art. 13 SKR nur unzureichend gewährleistet.

II. Konkretisierung des Erfordernisses der ausschließlichen Tätigkeit des Auftragnehmers für den öffentlichen Auftraggeber anhand des Spürbarkeitserfordernisses des Wettbewerbsrechts

Da das Verbot des konkurrierendem Anbieterverhaltens maßgeblich dafür ist, ob es zu einer Beeinträchtigung des Wettbewerbsverhältnisses zwischen dem privilegierten Auftragnehmer und anderen Konkurrenten im Verhältnis zu Dritten kommt, bietet es sich zur Konkretisierung dieses Kriteriums an, auf das Spürbarkeitserfordernis des Wettbewerbsrechts[761] abzustellen.

Das Spürbarkeitserfordernis besagt, daß Vereinbarungen, Beschlüsse und aufeinander abgestimmte Verhaltensweisen im Sinne von Art. 81 EG nur dann verboten sind, wenn sie eine spürbare Verhinderung, Einschränkung oder Verfälschung des Wettbewerbs innerhalb des Gemeinsamen Marktes bezwecken oder bewirken und wenn sie dazu geeignet sind, den Handel zwischen den Mitgliedstaaten spürbar zu beeinträchtigen.[762] Umgekehrt geht der *EuGH* davon aus, daß eine Maßnahme im Sinne von Art. 81 EG von dem darin enthaltenen Verbot dann nicht erfaßt wird, wenn sie den Markt wegen der schwachen Stellung der

---

[761] Vgl. zum Spürbarkeitserfordernis *EuGH*, Urteil vom 25.11.1971, Rs. 22/71 (Béguelin), Slg. 1971, S. 949 ff. (Tz. 16/18 f.); *Weiß*, in: *Calliess/Ruffert* (Hrsg.) Kommentar zu EU-Vertrag und EG-Vertrag, 1999, Art. 81, Rdnr. 90; *Schröter*, in: *Groeben/Thiesing/Ehlermann* (Hrsg.), Kommentar zum EU-/EG-Vertrag, 5. Aufl., (Ex) Art. 85 Rdnr. 178 ff.

[762] *EuGH*, Urteil vom 25.11.1971, Rs. 22/71 (Béguelin), Slg. 1971, S. 949 ff. (Tz. 16/18)

Beteiligten auf dem Markt der fraglichen Erzeugnisse nur geringfügig beeinträchtigt.[763] Gegenstand der Beeinträchtigung können die jeweiligen Wettbewerbsverhältnisse oder der innergemeinschaftliche Handel sein. Um festzustellen, ob beide zugleich spürbar in Mitleidenschaft gezogen werden, ist die auf Grund der Maßnahme im Sinne von Art. 81 EG bestehende Lage mit derjenigen zu vergleichen, welchen bestünde, wenn es die Absprache nicht gäbe. Dabei sind die Wirkungen auf den Wettbewerb, die Marktstellung der Betroffenen, die Art und Menge der betroffenen Wirtschaftsgüter sowie das rechtliche und behördliche Umfeld zu berücksichtigen.[764]

Übertragen auf die In-House-Vergabe im weiteren Sinne würde dies bedeuten: Anhand dieser Kriterien könnte je nach den Umständen des Einzelfalls beurteilt werden, ob nicht auch ein geringfügiges konkurrierendes Anbieterverhalten des privilegierten Auftragnehmers im Verhältnis zu Dritten als unbeachtlich angesehen werden könnte, weil damit keine spürbaren Auswirkungen auf das Wettbewerbsverhältnis zwischen privilegierten Auftragnehmer und anderen Konkurrenten im Verhältnis zu Dritten verbunden sind. Für die Konkretisierung der ausschließlichen Tätigkeit des Auftragnehmers für den ihn beherrschenden öffentlichen Auftraggeber spricht auch die Rechtsprechung des *EuGH* in der Rs. *Teckal*, da das vom *EuGH* aufgestellte Wesentlichkeitskriterium vor diesem Hintergrund verständlich wird. Der für den öffentlichen Auftraggeber tätige Auftragnehmer muß nicht ausschließlich für den öffentlichen Auftraggeber tätig sein, sondern "im wesentlichen", d.h. er darf auch im Verhältnis zu Dritten konkurrierend am Markt auftreten, sofern dies nicht mit spürbaren Auswirkungen auf den Wettbewerb im Verhältnis zu Dritten verbunden ist.

III. Das Erfordernis formaler Anknüpfungspunkte für die ausschließliche Tätigkeit des mit dem öffentlichen Auftraggeber verbundenen Unternehmens

Die bisherige Untersuchung hat gezeigt, daß die ausschreibungsfreie Beauftragung eines mit dem öffentliche Auftraggeber verbundenen Auftragnehmers dann zulässig ist, wenn dieser mit dem öffentlichen Auftraggeber zu einer wirtschaftlichen Einheit verbunden ist und der Auftragnehmer ausschließlich für den öffentlichen Auftraggeber tätig wird. Dabei ist das Kriterium der Verbundenheit anhand der Wertung des Art. 1 Nr. 2 SKR und das Kriterium der ausschließlichen Tätigkeit für den öffentlichen Auftraggeber anhand des Spürbarkeitserfordernisses des Wettbewerbsrechts zu konkretisieren.

---

[763] *EuGH*. Urteil vom 09.07.1969, Rs. 5/69 (Völkl/Vervaecke), Slg. 1969, S. 295 ff. (Tz. 7)

[764] *EuGH*, Urteil vom 25.11.1971, Rs. 22/71 (Béguelin), Slg. 1971, S. 949 ff. (Tz. 7/9)

Da nach der primärrechtlichen Kompetenzverteilung die Bedarfsdeckungskompetenz den Mitgliedstaaten vorbehalten ist, ist es Sinn und Zweck der Koordinierungsrichtlinien sicherzustellen, daß diese in wettbewerbskonformer Weise erfolgt. Unter den vorgenannten Voraussetzungen führt die ausschreibungsfreie Auftragsvergabe weder zu einer von dem Gleichbehandlungsgrundsatz der Koordinierungsrichtlinien geschützten Beeinträchtigung des Wettbewerbsverhältnisses zwischen dem Auftragnehmer und anderen Leistungsanbietern um den öffentlichen Auftrag noch zu einer Beeinträchtigung des Wettbewerbsverhältnisses zwischen dem Auftragnehmer und anderen Leistungsanbieter im Verhältnis zu Dritten. Damit stellt sich die In-House-Vergabe im weiteren Sinne als wettbewerbskonforme Form der Bedarfsdeckung dar.

Die In-House-Vergabe im weiteren Sinne leitet ihre Legitimation auch aus der den Mitgliedstaaten zustehenden Bedarfsdeckungskompetenz ab. Die besondere Privilegierung des Auftragnehmers folgt aus der wettbewerbskonformen Inpflichtnahme des Auftragnehmers durch den öffentlichen Auftraggeber zur Eigenbedarfsdeckung. Das Kriterium der ausschließlich bzw. wesentlichen Tätigkeit für den öffentlichen Auftraggeber gewährleistet, daß es nicht zu Wettbewerbsverzerrungen kommt, indem ein Auftragnehmer aufgrund seiner wirtschaftlichen Absicherung im Verhältnis zu Dritten konkurrierend am Markt tätig wird und gleichzeitig die öffentlichen Aufträge einer Vergabe entzieht. Der Umstand, daß der Auftragnehmer im Rahmen der Eigenbedarfsdeckung für den öffentlichen Auftraggeber tätig wird und daß er seine Tätigkeit ausschließlich bzw. im wesentlichen für den öffentlichen Auftraggeber erbringt, unterscheidet ihn aber auch von konkurrierenden Leistungsanbietern. Da die Beteiligung öffentlicher Auftraggeber an privatrechtsförmigen Gesellschaften vielfältig motiviert sein kann, und nicht notwendigerweise auf die Bedarfsdeckung beschränkt sein muß, reicht die bloße Beherrschung des Auftragnehmers durch den öffentlichen Auftraggeber zur Gewährleistung einer dauerhaften und faßbaren Festlegung des Auftragnehmers auf die Zwecke der Bedarfsdeckung des öffentlichen Auftraggebers nicht aus.[765] Vielmehr ist es erforderlich, diesen Zusammenhang zwischen der ausgeübten Bedarfsdeckungskompetenz und der ausschließlichen Tätigkeit des Auftragnehmers durch eine formale Beschränkung des Auftragnehmers auf eine Tätigkeit zum Zwecke der Bedarfsdeckung für den mit ihm verbundenen öffentlichen Auftraggeber für Dritte erkennbar zu machen. So kann eine zusätzliche Gewähr dafür geschaffen werden, daß der Auftragnehmer nicht im Verhältnis zu Dritten tätig wird.

---

[765] Vgl. *Möstl*, Grundrechtsbindung öffentlicher Wirtschaftstätigkeit, S. 122

Aber auch im Hinblick auf den Gesichtspunkt der Rechtssicherheit, den der *EuGH* insbesondere im Bereich der Bestimmung des öffentlichen Auftraggebers betont[766], ist es erforderlich, daß die Betätigung des privilegierten Auftragnehmers zum Zwecke der Bedarfsdeckung des öffentlichen Auftraggebers einen formalen Anknüpfungspunkt erhält.[767] Nach der Rechtsprechung des *EuGH* verlangt der Grundsatz der Rechtssicherheit, daß der Anwendungsbereich einer Norm des Gemeinschaftsrechts klar und ihre Anwendung für alle Betroffenen vorhersehbar sein muß.[768] Übertragen auf die Voraussetzungen der In-House-Vergabe im weiteren Sinne bedeutet dies, daß die Grenzen der In-House-Vergabe im weiteren Sinne klar und die Anwendung dieser Grundsätze für alle

[766] Vgl. *Thode*, Zum vergaberechtlichen Status von juristischen Personen des Privatrechts, ZIP 2000, S. 2 ff.

In der Rs. *Mannesmann* (*EuGH* Urteil vom 15.01.1998, Rs. C-44/96 Mannesmann Anlagenbau Austria AG/Strohal Rotationsdruck GmbH), Slg. I 1998, S. 73 ff.) hat der *EuGH* die funktionale Auslegung des Begriffs des öffentlichen Auftraggebers im Sinne von Art. 1 lit. b) BKR hinsichtlich des Vorliegens des Erfordernises der "im Allgemeininteresse liegenden Aufgabe nichtgewerblicher Art" ebenfalls an formalen Kriterien angeknüpft.

Die Republik Österreich hatte durch das Bundesgesetz über die Österreichische Staatsdruckerei (Staatsdruckereigesetz - StDrG) vom 01. Juli 1981 (Bundesgesetzblatt für die Republik Österreich 340/1981, S. 1659 ff. vom 24.07.1981) einen Wirtschaftskörper mit eigener Rechtspersönlichkeit gegründet. Diesem hatte nach § 2 Abs. 1 StDrG als Aufgabe "die Herstellung von Druckprodukten für die Bundesverwaltung, bei deren Herstellungsproezß Geheimhaltung bzw. die Einhaltung von Sicherheitsvorschriften geboten ist - u.a. von Reisepässen, Führerscheinen, Personalausweisen, des Bundesgesetzblattes, vom Bund herausgegebene Rechts- und Entscheidungssammlungen, Formularen und der Wiener Zeitung - als sogenanten Pflichtaufträge wahrzunehmen". Darüber hinaus waren der Staatsdruckerei nach § 2 Abs. 2 und § 3 StDrG die Ausübung kommerzieller Tätigkeiten sowie die Beteilgung an Unternehmen gestattet.

Der *EuGH* bejahte die Eigenschaft der Staatsdruckerei als öffentlicher Auftraggeber, unabhängig davon, daß diese *auch* Aufgaben gewerblicher Art wahrnehme. Die Staatsdruckerei sei gegründet worden, um die in § 2 Abs. 1 StDrG vorgesehenen Aufgaben wahrzunehmen, bei denen es sich um im Allgemeininteresse liegende Aufgaben nicht gewerblicher Art handele, da die Druckprodukte, die die Staatsdruckerei herzustellen habe "eng mit der öffentlichen Ordnung und dem institutionellen Funktionieren des Staates verknüpft sind und verlangen, eine Versorgungsgarantie und Produktionsbedingungen, die die Beachtung der Geheimhaltungs- und Sicherheitsvorschriften gewährleisten." Der Umstand, daß auch Aufgaben gewerblicher Art wahrgenommen würden, sei unbeachtlich, da der Wortlaut von Art. 1 lit. b) Unterabsatz 2 BKR lediglich verlange, daß die Einrichtung zu dem besonderen Zweck der Wahrnehmung von im Allgemeininteresse liegende Aufgaben nicht gewerblicher Art gegründet worden sein müsse. Dies bedeute aber nicht, daß sie einzig und allein solche Aufgaben zu erfüllen hätte, da der Wortlaut diesbezüglich nicht unterscheide (vgl. Tz. 25) und wäre andernfalls eine rechtssichere Abgrenzung des Anwendungsbereichs der Richtlinien nicht gewährleistet (vgl. Tz. 34).

[767] Marx, in: *Motzke/Pietzcker/Prieß* (Hrsg.) VOB Teil A, 2001, § 99, Rdnr. 4

[768] *EuGH,* Urteil vom 15.01.1998, Rs. C-44/96 (Mannesmann Anlagenbau Austria AG/Strohal Rotationsdruck GmbH), Slg. I 1998, S. 73 ff. (Tz. 34)

Betroffenen klar vorhersehbar sein müssen. Dem würde hinsichtlich des Kriteriums der ausschließlichen Tätigkeit für den öffentlichen Auftraggeber dadurch Rechnung getragen, daß der mit dem öffentlichen Auftraggeber verbundene Auftragnehmer formal auf diese Tätigkeit beschränkt wird.

Als formale Anknüpfungspunkte wäre neben der Verankerung eines entsprechenden Gesellschaftszwecks in der Satzung bzw. im Gesellschaftsvertrag des Auftragnehmers, auch an eine entsprechende Bindung des Auftragnehmers im Rahmen des öffentlichen Auftrags selbst zu denken. Sie könnte aber auch durch den Abschluß eines entsprechenden Beherrschungsvertrags fixiert werden.[769]

Allerdings ist zu bedenken, daß eine formale Bindung des Auftragnehmers allein im Rahmen des öffentlichen Auftrags selbst für die Legitimation der In-House-Vergabe nicht ausreichen würde.[770] Hiergegen spricht schon die Parallelwertung zu Art. 6 DKR. Das die Ausnahme rechtfertigende Element, das den Wettbewerb um die Vergabe ausschließende Recht, muß vor der Beauftragung bestehen und absolut wirken. Ebenso ist gerade das die In-House-Vergabe im weiteren Sinne legitimierende wettbewerbliche Moment, nämlich das fehlende konkurrierende Anbieterverhalten gerade Voraussetzung für die Zulässigkeit der ausschreibungsfreien Vergabe, so daß diese bereits vor der eigentlichen Auftragsvergabe bestehen muß und nicht erst mit dem Abschluß des Vertrags zur Entstehung gebracht werden darf. Gerade hieran fehlt es jedoch, wenn der Zweck des ausschließlichen Tätigwerdens zur Bedarfsdeckung des mit dem Auftragnehmer verbundenen Auftraggebers erst und nur im konkret geschlossenen öffentlichen Auftrag festgelegt wird.

Anders verhält es sich wiederum im Rahmen eines Beherrschungsvertrags. Zwar werden hierdurch noch keine spezifischen Zwecke als Unternehmenszweck festgelegt. Jedoch wird im Gegensatz zur einfachen Beherrschung das Unternehmen in so vollständiger Weise der Bestimmungsmacht des Mitgliedstaates unterworfen, daß von einer dauerhaften durchgehenden Bindung an die von ihm verfolgten Zwecke auszugehen ist.[771]

Die Festlegung des Gesellschaftszwecks auf die Erfüllung der Bedarfsdeckung kann insbesondere durch die Verankerung desselben in der Satzung bzw. dem Gesellschaftsvertrag des Auftragnehmers erfolgen. Dies führt dazu, daß die Unternehmensorgane zur selbständigen Verfolgung dieses Zwecks verpflichtet

---

[769] Vgl. *Möstl*, Grundrechtsbindung öffentlicher Wirtschaftstätigkeit, S. 122 f.

[770] Anders nach Ansicht *Möstl*, Grundrechtsbindung öffentlicher Wirtschaftstätigkeit, S. 123 für die Grundrechtsbindung im nationalen Verfassungsrecht.

[771] *Möstl*, Grundrechtsbindung öffentlicher Wirtschaftstätigkeit, S. 124

sind. Es macht diese Aufgabe zum dauerhaften Eigeninteresse des Unternehmens und verpflichtet es beständig auf eine sich von privaten Unternehmen unterscheidende Aufgabenerfüllung. Darüber hinaus ist eine entsprechende Einflußnahme der öffentlichen Hand in diese Richtung nicht nur zulässig, sondern verpflichtend.

C. Zusammenfassung

Die Voraussetzungen der In-House-Vergabe im weiteren Sinne, wonach die Beauftragung eines mit dem öffentlichen Auftraggeber verbundenen Auftragnehmers ohne Ausschreibung erfolgen kann, wenn der öffentlicher Auftraggeber und der von ihm beauftragte Auftragnehmer eine wirtschaftliche Einheit darstellen und der Auftragnehmer nicht im Verhältnis zu Dritten konkurrierend tätig wird, können anhand der Wertung des Art. 1 Nr. 2 SKR und dem Spürbarkeitserfordernis des Wettbewerbsrechts näher konkretisiert werden. Danach ist es für das Vorliegen einer wirtschaftlichen Einheit zwischen öffentlichem Auftraggeber und Auftragnehmer ausreichend, aber auch erforderlich, wenn dieser den Auftragnehmer beherrscht. Das Vorliegen einer solchen Beherrschung ist nach den Kriterien des Art. 1 Nr. 2 SKR als Ausdruck eines allgemeinen Rechtsgedankens zu ermitteln. Da das Erfordernis der ausschließlichen Tätigkeit des Auftragnehmers für den mit ihm zu einer wirtschaftlichen Einheit verbundenen öffentlichen Auftraggeber vor Wettbewerbsbeeinträchtigungen der In-House-Vergabe im weiteren Sinne im Verhältnis zu Dritten schützen soll, ist ein konkurrierendes Anbieterverhalten des Auftragnehmers hiermit insoweit vereinbar, wie es nicht zu spürbaren Wettbewerbsnachteilen für Leistungsanbieter, die zu dem mit dem öffentlichen Auftraggeber verbundenen Auftragnehmer im Verhältnis zu Dritten in Konkurrenz stehen, kommt. Dementsprechend bedarf es nicht einer ausschließlichen Tätigkeit für den öffentlichen Auftraggeber, sondern ist es ausreichend zu fordern, daß der Auftragnehmer im wesentlichen für den öffentlichen Auftraggeber tätig wird. Aus Gründen der Rechtssicherheit ist darüber hinaus zu fordern, daß der Auftragnehmer umfassend und dauerhaft auf den Zweck der Bedarfsdeckung des mit ihm verbundenen öffentlichen Auftraggebers im Rahmen der Satzung bzw. des Gesellschaftsvertrags oder durch den Abschluß eines Beherrschungsvertrags mit dem öffentlichen Auftraggeber festgelegt wird.

§ 7
Vereinbarkeit der teleologischen Reduktion des Auftragsbegriffs zur Begründung der In-House-Vergabe im weiteren Sinne mit der Systematik der Koordinierungsrichtlinien

Nachdem vorstehend die Voraussetzungen erarbeitet und konkretisiert wurden, unter denen die In-House-Vergabe im weiteren Sinne nicht gegen den Sinn und Zweck der Koordinierungsrichtlinien verstößt, ist abschließend zu prüfen, ob die teleologische Reduktion des Auftragsbegriffs zur Begründung der In-House-Vergabe im weiteren Sinne unter den vorstehend dargestellten Voraussetzungen mit der Systematik der Koordinierungsrichtlinien zu vereinbaren ist und nicht zu Wertungswidersprüchen führt. Hierbei ist insbesondere auf das Verhältnis der In-House-Vergabe im weiteren Sinne zur In-House-Vergabe im engeren Sinne einzugehen. Darüber hinaus sind die Argumente der formalen Betrachtung gegen die Zulässigkeit der In-House-Vergabe im weiteren Sinne zu berücksichtigen[772], vor allem das Verhältnis zu den als abschließend anzusehenden Ausnahmevorschriften.

A. Vereinbarkeit der teleologischen Reduktion mit der Behandlung der In-House-Vergabe im engeren Sinne

Da sich die In-House-Vergabe im weiteren Sinne nach der hier vertretenen Auffassung aus der wettbewerbskonformen Ausübung der den Mitgliedstaaten vorbehaltenen Bedarfsdeckungskompetenz herleitet, kommt es für deren Wettbewerbskonformität vor allem auch darauf an, daß der mit dem öffentlichen Auftraggeber zu einer wirtschaftlichen Einheit verbundene Auftragnehmer nicht im Verhältnis zu Dritten konkurrierend am Markt auftritt. Andernfalls ist die Grenze der zulässigen In-House-Vergabe im weiteren Sinne überschritten und der Anwendungsbereich der Koordinierungsrichtlinien eröffnet. Demgegenüber ist der Leistungsbezug von Stellen ohne eigene Rechtspersönlichkeit (In-House-Vergabe im engeren Sinne), der infolge der Personenidentität zwischen Auftraggeber und Auftragnehmer mangels Auftragsverhältnis nicht dem Anwendungsbereich der Koordinierungsrichtlinien unterliegt[773], ausschreibungsfrei möglich. Dies gilt selbst dann, wenn diese Stellen zu anderen Leistungsanbietern im Verhältnis zu Dritten konkurrierend auf dem Markt auftreten.[774]

---

[772] Vgl. § 4A, S. 122 ff.
[773] Vgl. § 3B.II, S. 71 ff.
[774] Vgl. § 3B.II, S. 71 ff.

Ein Wertungswiderspruch könnte daher darin gesehen werden, daß das konkurrierende Anbieterverhalten von Stellen ohne eigene Rechtspersönlichkeit im Verhältnis zu Dritten vergaberechtlich irrelevant ist, während das konkurrierende Anbieterverhalten von Stellen mit eigener Rechtspersönlichkeit vergaberechtliche Konsequenzen – die Ausschreibungspflicht – nach sich zieht.

Dies stellt jedoch keinen Wertungswiderspruch dar, weil diese Abgrenzung der vom Richtliniengeber vorgegebene Systematik der Koordinierungsrichtlinien entspricht. Die Leistungserbringung durch Stellen *ohne* eigene Rechtspersönlichkeit ist von vornherein nicht dem Anwendungsbereich der Koordinierungsrichtlinien unterstellt. Diese sind aufgrund ihrer Unternehmensstruktur für unternehmerische Aktivitäten nicht besonders geeignet und tendieren daher nicht dazu, am Markt konkurrierend im Verhältnis zu Dritten aufzutreten. Sollte dies dennoch geschehen, ist ein ausreichender Schutz durch das Wettbewerbsrecht gewährleistet.[775] Demgegenüber sind Stellen mit eigener Rechtspersönlichkeit für unternehmerische Aktivitäten besser geeignet und damit die Wahrscheinlichkeit, daß diese im Verhältnis zu Dritten konkurrierend am Markt auftreten, höher. Dementsprechend differenzieren die Koordinierungsrichtlinien mittels des Auftragsbegriffs in einem ersten Schritt zwischen leistungserbringenden Stellen *ohne* eigene Rechtspersönlichkeit und solchen *mit* eigener Rechtspersönlichkeit. Während für erstere die Koordinierungsrichtlinien grundsätzlich keine Anwendung finden, gilt für letzere ein Regel-Ausnahme-Verhältnis[776]. Dieses Regel-Ausnahme-Verhältnis innerhalb dieser Gruppe von Leistungsanbietern stellt den zweiten Differenzierungsschritt der Koordinierungsrichtlinien dar. Grundsätzlich sind die Koordinierungsrichtlinien auf Leistungsanbieter mit eigener Rechtspersönlichkeit anwendbar. Eine Ausschreibungspflicht entfällt jedoch ausnahmsweise dann, wenn eine der Ausnahmevorschriften eingreift.

Die Ausnahmevorschriften, wie z. B. bei der Veräußerung oder Vermietung von Grundstücken[777] oder bei Schiedsgerichtsverfahren[778] beruhen auf dem Grund-

---

[775] Über den funktionalen Unternehmensbegriff ist der öffentliche Auftraggeber, dem die leistungserbringende Stelle angehört, selbst – unmittelbar bzw. über Art. 86 Abs. 1 EG – Adressat des Wettbewerbsrechts, vgl. Begründungserwägung Nr. 84 und 85 des Vorschlags für eine Richtlinie des Rates über die Koordinierung der Verfahren zur Vergabe öffentlicher Dienstleistungsaufträge, KOM (90) 372; Ratsdokument 10958/90, abgedruckt als BR-Drucksache, 13/91 vom 10.01.1991

[776] Vgl. zum Regel-Ausnahme-Verhältnis *Gallwas*, Faktische Grundrechtsbeeinträchtigung, S. 46

[777] *Dreher*, in: *Immenga/Mestmäcker* Gesetz gegen Wettbewerbsbeschränkungen, Kommentar, 3. Aufl. 2001, § 100, Rdnr. 21

[778] *Dreher*, in: *Immenga/Mestmäcker* Gesetz gegen Wettbewerbsbeschränkungen, Kommentar, 3. Aufl. 2001, § 100, Rdnr. 25

gedanken, daß dem Richtliniengeber die Anwendung eines Vergabeverfahrens in diesen Fällen unangemessen erschien. Diese Ausnahmen beruhen also nicht darauf, daß der Sinn und Zweck der Koordinierungsrichtlinien in diesen Fällen nicht erreicht werden kann. Den entsprechenden Ausnahmevorschriften liegt daher ein gegenüber dem Sinn und Zweck der Koordinierungsrichtlinien eigenständiger Zweck zugrunde. Zum Teil beruhen die Ausnahmevorschriften aber auch auf dem Grundgedanken, daß der Sinn und Zweck der Koordinierungsrichtlinien in diesen Fällen nicht erreicht werden kann. So ist in Bereichen, in denen die Grundfreiheiten keine Anwendung finden, wie z. B. aufgrund des Vorbehalts in Art. 296 Abs. 1 lit. b) EG oder z. B. im Rahmen bestehender EG-vertragskonformer Ausschließlichkeitsrechte (vgl. Art. 6 DKR) die Beauftragung eines Auftragnehmers vom Anwendungsbereich der Koordinierungsrichtlinien ausgenommen.[779]

Dieser Grundgedanke liegt auch der hier vertretenen Auffassung zur In-House-Vergabe im weiteren Sinne zugrunde. Die Begründung der In-House-Vergabe im Wege der teleologischen Reduktion des Auftragsbegriffs beruht gerade auf dem Gedanken, daß der Sinn und Zweck der Koordinierungsrichtlinien in diesem Fall nicht erreicht werden kann. Damit fügt sich die In-House-Vergabe im weiteren Sinne nach der hier vertretenen Auffassung ohne weiteres in die vom Richtliniengeber vorgegebene Systematik der Koordinierungsrichtlinien ein. Ein Wertungswiderspruch zwischen der In-House-Vergabe im engeren Sinne und der In-House-Vergabe im weiteren Sinne ist daher nicht gegeben.

B. Vereinbarkeit der teleologischen Reduktion mit den Begründungserwägungen der DKR

Der teleologischen Reduktion des Auftragsbegriffs zur Begründung der In-House-Vergabe im weiteren Sinne steht auch nicht die von der formalen Betrachtungsweise gegen die In-House-Vergabe im weiteren Sinne angeführte Begründungserwägung Nr. 8 der DKR entgegen. Nach Begründungserwägung Nr. 8 der DKR fällt die Erbringung von Dienstleistungen

> "...nur insoweit unter diese Richtlinie, wie sie aufgrund von Aufträgen erfolgt. Andere Grundlagen für die Dienstleistung, wie Gesetz oder Verordnungen oder Arbeitsverträge, werden nicht erfaßt."

---

[779] *Bechthold*, Kartellgesetz - Gesetz gegen Wettbewerbsbeschränkungen, Kommentar, 2. Aufl. 1999, § 100, Rdnr. 7

Aufgrund des für die Koordinierungsrichtlinien einheitlichen Abgrenzungskriteriums des schriftlichen entgeltlichen Vertrags[780] ließe sich schließen, daß mit dem Erfordernis des öffentlichen Auftrags lediglich die Erbringung von Bau-, Liefer- und Dienstleistungen auf der Grundlage von *Gesetzen und Verordnungen* vom Anwendungsbereich der Koordinierungsrichtlinien ausgenommen werden sollten. Es ließe sich argumentieren, daß im Umkehrschluß jedweder Leistungsbezug auf vertraglicher Grundlage vom Anwendungsbereich der Koordinierungsrichtlinien erfaßt werden sollte. Dieser Umkehrschluß ist jedoch nicht gerechtfertigt. Dies zeigt schon die Rechtsprechung des *EuGH* zur Vergabe von Dienstleistungskonzessionen. Danach ist die Vergabe von Dienstleistungskonzessionen auf vertraglicher Grundlage nicht vom Anwendungsbereich der DKR erfaßt.[781] Allein die vertragliche Grundlage der Leistungserbringung führt demnach nicht zwingend dazu, daß das konkrete Rechtsgeschäft dem Anwendungsbereich der Koordinierungsrichtlinien unterliegt. Dies belegen auch die Ausnahmevorschriften der Koordinierungsrichtlinien. Diese sehen Ausnahmen für den Leistungsbezug auf vertraglicher Grundlage unter anderem in Fällen vor, in denen der Sinn und Zweck der Koordinierungsrichtlinien nicht erreicht werden kann.[782] Da dies auch für die In-House-Vergabe im weiteren Sinne unter den hier entwickelten Voraussetzungen der Fall ist, steht Begründungserwägung Nr. 8 der DKR einer teleologischen Reduktion des Auftragsbegriffs nicht entgegen.

C. Vereinbarkeit der teleologischen Reduktion mit dem gegenüber einer formalen Abgrenzung geringeren Anwendungsbereich der Koordinierungsrichtlinien

Die Ansicht der formalen Betrachtungsweise führt gegen die Zulässigkeit der In-House-Vergabe im weiteren Sinne zudem an, daß eine formale Abgrenzung zu einer möglichst weitgehenden Verwirklichung der Ziele der Koordinierungsrichtlinien führen würde. Eine rein formale Abgrenzung des sachlichen Anwendungsbereichs hätte einen weiteren Anwendungsbereich der Koordinierungsrichtlinien zur Folge, als eine am Sinn und Zweck der Koordinierungsrichtlinien ausgerichtete Auslegung des Auftragsbegriffs. Aufgrund einer rein formalen Abgrenzung wären auch die Fälle der In-House-Vergabe im weiteren Sinne vom Anwendungsbereich der Koordinierungsrichtlinien erfaßt, was bei einer am Sinn und Zweck orientierten Auslegung nicht der Fall wäre.

---

[780] Vgl. § 3B.I ff., S. 69 ff.

[781] *EuGH*, Urteil vom 07.12.2000, Rs. C-324/98 (Telaustria Verlags GmbH, Telefonadress GmbH/Telekom Austria AG), Slg. I 2000, S. 10770 ff.

[782] Vgl. § 7A, S. 261 f.

Dies steht jedoch der Zulässigkeit der In-House-Vergabe im weiteren Sinne nicht entgegen. Die teleologische Reduktion des Auftragsbegriffs führt zwar zu einer Einschränkung des sachlichen Anwendungsbereichs der Koordinierungsrichtlinien. Diese ist aber auch gerechtfertigt, da der Sinn und Zweck der Koordinierungsrichtlinien in diesen Fällen nicht erreicht werden kann. Die Anwendung der Koordinierungsrichtlinien in Bereichen, in denen zwar die formellen Voraussetzungen eines öffentlichen Auftrags gegeben sind, ihr Sinn und Zweck jedoch nicht verwirklicht werden kann, ist materiell nicht gerechtfertigt. Dies zeigt der Vergleich mit der Privilegierung konzerninterner Vereinbarungen im Wettbewerbsrecht. Auch dort ist eine Anwendung des Art. 81 EG trotz des Vorliegens der formellen Voraussetzungen materiell nicht gerechtfertigt, weil der Sinn und Zwecks des Wettbewerbsrechts nicht erreicht werden kann. Daß sich die Reichweite des Anwendungsbereichs der Koordinierungsrichtlinien maßgeblich nach deren Sinn und Zweck beurteilt, zeigt auch die Rechtsprechung des *EuGH* zum Begriff des öffentlichen Auftraggebers. Die am Sinn und Zweck der Koordinierungsrichtlinien orientierte Auslegung des Begriffs des öffentlichen Auftraggebers im Rahmen des funktionalen Auftraggeberbegriffs führt zu einer Ausweitung des persönlichen Anwendungsbereichs der Koordinierungsrichtlinien, um deren Ziele zu verwirklichen. Umgekehrt ist daher die Anwendung des Koordinierungsrichtlinien in Bereichen, in denen der Sinn und Zweck nicht erreicht werden kann, d.h. in Fällen der In-House-Vergabe im weiteren Sinne nicht geboten und daher eine damit verbundene Einschränkung des sachlichen Anwendungsbereichs gerechtfertigt. In diesem Bereich können die Ziele der Koordinierungsrichtlinien daher auch nicht verwirklicht werden.

D. Vereinbarkeit der teleologischen Reduktion mit dem Begriff der Eigenleistung

Auch die Rechtssubjektivität des Auftragnehmers steht – entgegen der formalen Auffassung – einer Ausschreibungsfreiheit im Rahmen der In-House-Vergabe im weiteren Sinne nicht entgegen. Nach der formalen Auffassung spreche die fehlende Identität zwischen öffentlichem Auftraggeber und Auftragnehmer gegen eine staatliche Eigenleistung, weil ein rechtlich selbständiger Auftragnehmer stets eigenständig handele und nur bei Personenidentität begrifflich eine Eigenleistung anzunehmen sei.

Die rechtliche Eigenständigkeit des Auftragnehmers sagt jedoch nichts über die Eigenständigkeit seines Handelns aus. Beleg hierfür ist wiederum die Parallele zur Privilegierung konzerninterner Wettbewerbsabsprachen. Die an einer wettbewerbsbeschränkenden Vereinbarung beteiligten Konzernunternehmen sind rechtlich selbständig und auch als Unternehmen zu qualifizieren. Dennoch fehlt es ihnen trotz ihrer rechtlichen Selbständigkeit an der der Entscheidungsautonomie im Verhältnis zu dem sie beherrschenden Konzernunternehmen. Die bloße Rechtssubjektivität sagt daher noch nichts über die Eigenständigkeit des Auftragnehmers aus. Hierfür bedarf es vielmehr einer Analyse der Rechtsbeziehungen zwischen Auftraggeber und Auftragnehmer.

Auch setzt die begriffliche Qualifikation einer Eigenleistung eine Personenidentität nicht voraus, da – auch dies zeigt die Parallele zum Wettbewerbsrecht – es innerhalb der zu einer wirtschaftlichen Einheit verbundenen Unternehmen möglich ist, daß Handlungen des einen Unternehmens dem anderen Unternehmen als eigene Handlung zugerechnet werden. Dementsprechend kann auch dem öffentlichen Auftraggeber, die Leistungserbringung eines Auftragnehmers, mit dem er zu einer wirtschaftlichen Einheit verbunden ist, als eigene Leistung zugerechnet und begrifflich als "Eigenleistung" qualifiziert werden.

E. Vereinbarkeit der teleologischen Reduktion mit den Ausnahmevorschriften der Koordinierungsrichtlinien

Schließlich stehen auch die eng auszulegenden Ausnahmevorschriften des Art. 6 DKR und 13 SKR einer teleologischen Reduktion des Auftragsbegriffs und damit der Anerkennung der ausschreibungsfreien In-House-Vergabe im weiteren Sinne nicht entgegen.

I. Das Verhältnis der teleologischen Reduktion zu den Ausnahmevorschriften

Der *EuGH* selbst hat zu dem Verhältnis der Ausnahmevorschriften zur In-House-Vergabe im weiteren Sinne noch nicht Stellung nehmen müssen. In der Rs. *Teckal*[783] spielte das Verhältnis der In-House-Vergabe im weiteren Sinne zu den oben genannten Ausnahmevorschriften keine Rolle. In dieser Sache ging es um Lieferleistungen im Anwendungsbereich der LKR. Die LKR enthält jedoch keine Art. 6 DKR oder Art. 13 SKR entsprechende Ausnahmevorschrift. In der Rs. *ARGE*[784] ging es zwar um die Erbringung von Dienstleistungen, so daß an sich das Verhältnis der In-House-Vergabe im weiteren Sinne zu Art. 6 DKR be-

---

[783] *EuGH* Urteil vom 18.11.1999, Rs. C-107/98, (Teckal Srl/Gemeinde Viano, u.a.), Slg. I 1999, S. 8139 ff.; vgl. § 1B.I, S. 22 ff.

[784] *EuGH* Urteil vom 07.12.2000, Rs. C-94/99 (*ARGE* Gewässerschutz/Bundesministerium für Land- und Forstwirtschaft), Slg. I 2000, S. 11037 ff. (Tz. 40); vgl. auch § 1B.II, S. 25 ff.

troffen gewesen wäre.[785] Der *EuGH* mußte jedoch zur Zulässigkeit der In-House-Vergabe im weiteren Sinne nicht mehr Stellung nehmen. Damit wurde auch die Frage nach dem Verhältnis der In-House-Vergabe im weiteren Sinne zu der Ausnahmevorschrift des Art. 6 DKR nicht relevant. Der *EuGH* wies in der Rs. *ARGE*[786] jedoch darauf hin, daß

> "... der Gerichtshof im Urteil vom 18. November 1999 in der Rechtssache C-107/98 (Teckal, Slg. I 1999, S. 8121) eine ähnliche Frage in Bezug auf die Richtlinie 93/36/EWG des Rates vom 14.06.1993 über die Koordinierung der Verfahren zur Vergabe öffentlicher Lieferaufträge, ABlEG 1993 Nr. L 199, S. 1 ff. geprüft und für Recht erkannt hat, daß diese Richtlinie anwendbar ist, wenn ein öffentlicher Auftraggeber wie etwa eine Gebietskörperschaft beabsichtigt, mit einer Einrichtung, die sich formal von ihm unterscheidet und die ihm gegenüber eigene Entscheidungsgewalt besitzt, einen schriftlichen entgeltlichen Vertrag über die Lieferung von Waren zu schließen, wobei unerheblich ist, ob diese Einrichtung selbst ein öffentlicher Auftraggeber ist."[787]

Der *BGH* interpretierte diesen Verweis des *EuGH* in der Rs. *ARGE*[788] dahingehend, daß die für Lieferleistungen geltenden Grundsätze der In-House-Vergabe auch für Dienstleistungen anwendbar seien. Art. 6 DKR bzw. dessen nationale Umsetzung in § 100 Abs. 2 lit. i) GWB stehe der In-House-Vergabe im weiteren Sinne nicht entgegen. Die Ausnahmevorschrift sage nämlich nichts über die vorgelagerte Frage aus, welche Rechtsgeschäfte einen "schriftlichen entgeltlichen Vertrag" darstellen, d.h. welche Voraussetzungen an die Eröffnung des sachlichen Anwendungsbereich der Richtlinien zu stellen sind.[789] Diese Argumentation des BGH ließe sich auch auf das Verhältnis der In-House-Vergabe im weiteren Sinne zu Art. 13 SKR übertragen, so daß auch Art. 13 SKR rein formal betrachtet ebenfalls der In-House-Vergabe im weiteren Sinne nicht entgegenstehen würde.

Über dieses sehr formale Argument hinaus, ergibt sich die Vereinbarkeit der In-House-Vergabe im weiteren Sinne im Wege einer teleologischen Reduktion mit den Ausnahmevorschriften der Art. 6 DKR, Art. 11 SKR und Art. 13 SKR aber auch aus der Systematik der Koordinierungsrichtlinien. Zwischen dem Auf-

---

[785] Das Verhältnis zu Art. 13 SKR war hingegen nicht relevant, da nur für Sektorenauftraggeber gilt und auch nicht analog auf öffentliche Auftraggeber anwendbar ist, vgl. § 4B.III.1, S. 135 ff.

[786] *EuGH* Urteil vom 07.12.2000, Rs. C-94/99 (*ARGE* Gewässerschutz/Bundesministerium für Land- und Forstwirtschaft), Slg. I 2000, S. 11037 ff. (Tz. 40); vgl. auch § 1B.II, S. 25 ff.

[787] *EuGH* Urteil vom 07.12.2000, Rs. C-94/99 (*ARGE* Gewässerschutz/Bundesministerium für Land- und Forstwirtschaft), Slg. I 2000, S. 11037 ff. (Tz. 40)

[788] *EuGH* Urteil vom 07.12.2000, Rs. C-94/99 (*ARGE* Gewässerschutz/Bundesministerium für Land- und Forstwirtschaft), Slg. I 2000, S. 11037 ff. (Tz. 40); vgl. auch § 1B.II, S. 25 ff.

[789] BGH, Beschluß vom 12.06.2001, Az: X ZB 10/01, BGHZ 148, S. 55 ff. (63)

tragsbegriff und den Ausnahmevorschriften besteht insofern ein enger sachlicher Zusammenhang als sich der sachliche Anwendungsbereich erst aus der Zusammenschau von Auftragsbegriff und Ausnahmevorschriften ergibt.[790] Die Zwecke der einzelnen Ausnahmevorschriften zeigen, daß eine Ausschreibungspflicht dann entfällt, wenn die Auferlegung einer Ausschreibungspflicht unangemessen wäre oder der Sinn und Zweck der Koordinierungsrichtlinien in diesem Fall nicht erreicht werden kann.[791] Insofern die Ausnahmevorschriften daher Ausdruck des Sinns und Zwecks der Koordinierungsrichtlinien sind, stehen sie auch einer teleologischen Reduktion des sachlichen Anwendungsbereichs, die sich gerade an diesem Sinn und Zweck orientiert, nicht entgegen. Insofern die Ausnahmevorschriften demgegenüber auf eigenständigen und damit auf von der In-House-Vergabe im weiteren Sinne abweichenden Zwecken beruhen, stehen sie einer teleologischen Reduktion aufgrund ihrer unterschiedlichen Zwecksetzung ebenfalls nicht entgegen.

II. Teleologischen Reduktion der Grundregel und Analogie der Ausnahme

Die Begründung der In-House-Vergabe im weiteren Sinne im Wege einer teleologischen Reduktion setzt sich auch nicht in Widerspruch dazu, daß die Voraussetzungen einer Analogie der Ausnahmevorschrift des Art. 6 DKR bzw. des Art. 13 SKR nicht gegeben sind.[792] Denn der Umstand, daß die In-House-Vergabe weder mit dem in Art. 6 DKR bzw. in Art. 13 SKR geregelten Sachverhalt vergleichbar ist, schließt nicht aus, daß mit der Auftragsvergabe an ein mit dem öffentlichen Auftraggeber zu einer wirtschaftlichen Einheit verbundenen Auftragnehmer der Sinn und Zweck der Koordinierungsrichtlinien nicht erreicht werden kann. Schon rechtsmethodisch ist das gleichzeitige Vorliegen der Voraussetzungen einer Analogie und einer teleologischen Reduktion ausgeschlossen. Die Analogie betrifft die Frage, ob ein Gesetz keine Regel enthält, obwohl es nach der Teleologie des Gesetzes eine Regelung enthalten sollte.[793] In

---

[790] *Dreher*, in: *Immenga/Mestmäcker* Gesetz gegen Wettbewerbsbeschränkungen, Kommentar, 3. Aufl. 2001, § 100, Rdnr. 12

[791] Vgl. zu den Zwecken der Ausnahmevorschriften, § 7A, S. 261

[792] Vgl. § 4B, S. 127 ff.

[793] In der Terminologie von Larenz/Canaris ergibt sich dies daraus, daß sich das gleichzeitige Vorliegen einer offenen und einer verdeckten im Hinblick auf denselben Fall ausschließen, vgl. *Larenz/Canaris,* Methodenlehre der Rechtswissenschaft, 3. Aufl., S. 198 ff. Eine offene Lücke liegt vor, "wenn das Gesetz für eine bestimmte Fallgruppe keine Regel enthält, die auf sie anwendbar wäre, obgleich es nach seiner eigenen Teleologie eine solche Regel enthalten sollte." Eine verdeckte Lücke ist gegeben, "wenn das Gesetz zwar eine auch auf Fälle solcher

diesem Fall liegt eine planwidrige Unvollständigkeit vor. Die teleologische Reduktion betrifft dagegen den Fall, daß das Gesetz eine Regelung für einen Fall enthält, der nach der Teleologie des Gesetzes nicht geregelt werden sollte. Das Gesetz ist vollständig, aber gemessen an seiner Teleologie zu weit gehend. Da die Ausnahmen des Art. 6 DKR bzw. des Art. 13 SKR auf Überlegungen beruhen, die sich nicht auf Bau- und Lieferleistungen bzw. klassische öffentliche Auftraggeber übertragen lassen, sind die BKR und die LKR im Hinblick auf Art. 6 DKR bzw. die BKR, die LKR und die DKR im Hinblick auf Art. 13 SKR auch nicht als unvollständig anzusehen. Die Voraussetzungen einer Analogie liegen nicht vor.[794] Zur Begründung einer Ausnahme vom Anwendungsbereich der Koordinierungsrichtlinien verbleibt daher rechtsmethodisch nur eine teleologische Reduktion.

III. Vereinbarkeit der teleologischen Reduktion mit den Ausnahmevorschrift des Art. 6 DKR

Auch ein Wertungswiderspruch zu Art. 6 DKR ist mit der Anerkennung der In-House-Vergabe unter den hier erarbeiteten Voraussetzungen nicht verbunden. Dieser könnte sich daraus ergeben, daß Art. 6 DKR voraussetzt, daß der Auftragnehmer selbst öffentlicher Auftraggeber ist, d.h. im Falle einer privatrechtlichen Gesellschaft – wie es bei der In-House-Vergabe im weiteren Sinne der Fall ist – der Auftragnehmer eine öffentliche Einrichtung im Sinne von Art. 1 lit. b) BKR, Art. 1 lit. b) DKR, Art. 1 lit. b) LKR ist. In diesem Fall könnte die Anerkennung der In-House-Vergabe im weiteren Sinne bei einer Konkretisierung der Verbundenheit nach Art. 1 Nr. 2 SKR dazu führen, daß Art. 6 DKR obsolet würde, weil durch die Anerkennung der In-House-Vergabe im weiteren Sinne sämtliche von Art. 6 DKR geregelten Fälle bereits aus dem Anwendungsbereich der DKR ausscheiden würden.

Dem ist jedoch nicht so. Zwar ist Art. 1 Nr. 2 SKR im Vergleich zu den Voraussetzungen einer öffentlichen Einrichtung weiter gefaßt[795], da Art. 1 lit. b) BKR,

---

Art anwendbare Regel enthält, diese aber ihrem Sinn und Zweck nach hier nicht paßt, weil sie die für die Wertung gerade dieser Fälle relevante Beonderheit derselben außer acht läßt."

794 Vgl. § 4B, S. 127 ff.

795 Wie Art. 2 Abs. 1 SKR i.V.m. Art. 1 Nr. 1 und Nr. 2 SKR zeigt, ist der Begriff der öffentlichen Unternehmen weiter als derjenige des öffentlichen Auftraggebers bzw. der öffentlichen Einrichtung.

Nach Art. 1 Nr. 1 SKR sind öffentliche Auftraggeber im Sinne der SKR *staatliche Behörden*, d.h. öffentliche Auftraggeber im Sinne von Art. 1 lit. BKR, Art. 1 lit. b) DKR, Art. 1 lit. b) LKR (einschließlich der sog. öffentlichen Einrichtungen), *und öffentliche Unternehmen*, sofern sie eine Tätigkeit im Sinne von Art. 2 Abs. 2 SKR ausüben. Die Aufnahme der öffentli-

Art. 1 lit. b) DKR, Art. 1 lit. b) LKR – anders als Art. 1 Nr. 2 SKR – einschränkend voraussetzt, daß die privatrechtsförmige Gesellschaft zu dem besonderen Zweck gegründet wurde, im Allgemeininteresse liegende Aufgaben nicht gewerblicher Art wahrzunehmen. Folglich ist eine Überschneidung der In-House-Vergabe im weiteren Sinne mit dem Anwendungsbereich des Art. 6 DKR im Rahmen der Vergabe von Dienstleistungen durchaus denkbar, nämlich dann, wenn der Auftragnehmer mit dem öffentlichen Auftraggeber zu einer wirtschaftlichen Einheit verbunden ist und selbst öffentlicher Auftraggeber ist und außschließlich für den öffentlichen Auftraggeber tätig wird. In dieserm Fall wären die Voraussetzungen der In-House-Vergabe im weiteren Sinne erfüllt und es könnte eine Beauftragung daher ausschreibungsfrei erfolgen, ohne daß es noch auf die nach Art. 6 DKR erforderliche zusätzliche Voraussetzung ankäme, daß

---

chen Unternehmen in den Kreis der Sektorenauftraggeber hätte es nicht bedürft, wenn diese schon in Art. 1 Nr. 1 SKR sämtlich erfaßt wären.

Demgegeüber ist der Begriff der öffentlichen Einrichtung enger.

Art. 1 lit. BKR, Art. 1 lit. b) DKR, Art. 1 lit. b) LKR Art. 1 Nr. 1 SKR setzt eine eigene Rechtspersönlichkeit des Auftragnehmers voraus, was für Art. 1 Nr. 2 SKR nicht erforderlich ist, da dieser auf den rechtsformunabhängigen Unternehmensbegriff abstellt.

Darüber hinaus verlangt Art. 1 Nr. 2 SKR – anders als das Vorliegen einer öffentlichen Einrichtung keinen besonderen Gründungszweck.

Schließlich reicht die Möglichkeit der Beherrschung im Rahmen des Art. 1 Nr. 2 SKR aus, während für den Begriff der öffentlichen Einrichtigung i.S.d. BKR, DKR und LKR eine tatsächliche Beherrschungs erforderlich ist. Auch insofern ist das Vorliegen einer öffentlichen Einrichtung an engere Voraussetzungen geknüpft. Dies ergibt sich daraus, daß Art. 1 Nr. 2 SKR auf das Konzept der Beherrschung abstellt, bei dem in der Regel auf die aus dem Wettbewerbsrecht zugrundeliegenden Grundsätze zurückgegriffen werden kann (vgl. Beschluß des Vergabeüberwachungsausschusses des Bundes vom 12.04.1995, Az: 1 VÜ 1/95 (Kraftwerkskomponenten) WuW/E (Vergabeüberwachung – VergAB), S. 27 ff. (34) und Beschluß des Vergabeüberwachungsausschusses des Bundes vom 20.11.1995, Az: 1 VÜ 5/95 (Abrißarbeiten) WuW/E (Vergabeüberwachung – VergAB), S. 58 ff. (62) zu § 98 Nr. 4 GWB) und es aufgrund des Wortlauts "können" und der Anlehnung an das Wettbewerbsrecht ausreichend ist, daß die Möglichkeit der Beherrschung besteht. Demgegenüber kommt es im Rahmen der Art. 1 lit. b) BKR, Art. 1 lit. b) DKR, Art. 1 lit. b) LKR Art. 1 Nr. 1 SKR entscheidend darauf an, ob – wie der Wortlaut "finanziert wird", "unterliegt" bzw. "besteht" verdeutlicht – eine der dort genannten Einflußformen auch *tatsächlich* vorliegen muß (*Dreher*, in: *Immenga/Mestmäcker* Gesetz gegen Wettbewerbsbeschränkungen, Kommentar, 3. Aufl. 2001, § 98, Rdnr. 58 und 114; a.A. *Bechthold*, Kartellgesetz - Gesetz gegen Wettbewerbsbeschränkungen, Kommentar, 2. Aufl. 1999, § 98, Rdnr. 26; *Eschenbruch*, in: *Niebuhr/Kulartz/Kus/*Portz, Kommentar zum Vergabrecht, § 98, Rdnr. 56 ff.). Damit ist auch insoweit das Konzept der öffentlichen Einrichtung enger ist (anders Marx, in: *Motzke/Pietzcker/Prieß* (Hrsg.) VOB Teil A, 2001, § 98, Rdnr. 21, der für die deutsche Umsetzung beide Beherrschungskonzepte als gleich ansieht.). Dies bestätigt sich auch dadurch, daß Art. 1 Nr. 2 SKR widerlegliche Vermutungstatbestände enthält, der es im Rahmen der Art. 1 lit. b) BKR, Art. 1 lit. b) DKR, Art. 1 lit. b) LKR aufgrund der strengeren Anforderungen des tatsächlichen Vorliegens einer Beherrschung nicht bedarf.

dem beauftragten Unternehmen ein Ausschließlichkeitsrecht zustünde. In diesem Fall wäre Art. 6 DKR obsolet.

Es ist jedoch zu bedenken, daß umgekehrt die In-House-Vergabe im weiteren Sinne enger ausgestaltet ist als Art. 6 DKR. Dies gilt für diejenigen Fällen, in denen das beauftragte Unternehmen zwar mit dem beauftragenden öffentlichen Auftraggeber zu einer wirtschaftlichen Einheit verbunden ist, aber noch im Verhältnis zu Dritten tätig wird. Darüber hinaus betrifft dies aber auch Fälle, in denen der Auftragnehmer nicht mit dem ihn beauftragenden öffentlichen Auftraggeber zu einer wirtschaftlichen Einheit verbunden ist, sondern der Auftragnehmer als öffentliche Einrichtung zu qualifizieren ist, weil er von einem *anderen* als dem beauftragenden öffentlichen Auftraggebers beherrscht wird. Das bedeutet, daß auch bei Anerkennung der In-House-Vergabe unter den Voraussetzungen der Verbundenheit des Art. 1 Nr. 2 SKR ein weiter Anwendungsbereich für Art. 6 DKR verbleibt.

IV. Vereinbarkeit der teleologischen Reduktion mit der Ausnahmevorschrift des Art. 13 SKR

Auch ein Wertungswiderspruch zwischen der In-House-Vergabe im weiteren Sinne und Art. 13 SKR ist nicht gegeben. Dies ergibt sich daraus, daß Art. 13 SKR im Bereich der Sektorenauftraggeber als lex specialis gegenüber den Grundsätzen der In-House-Vergabe anzusehen ist.[796] Daraus folgt, daß öffentliche Auftraggeber im Sinne von Art. 1 lit. b) BKR, Art. 1 lit. b) DKR, Art. 1 lit. b) LKR sich dann nicht auf die Grundsätze der In-House-Vergabe im weiteren Sinne berufen können, wenn sie als Sektorenauftraggeber zu qualifizieren sind.

F. Vereinbarkeit der teleologischen Reduktion mit dem Gedanken der Rechtssicherheit

Auch der von der formalen Betrachtungsweise gegen die In-House-Vergabe im weiteren Sinne angeführte Gedanke der Rechtssicherheit steht einer teleologischen Reduktion des Auftragsbegriffs zur Begründung einer Ausschreibungsfreiheit für Auftragsvergabe an verbundene Unternehmen nicht entgegen. Der Gedanke der Rechtssicherheit betrifft nicht die Frage, ob überhaupt eine Ausnahme für die Ausschreibungsfreiheit für die Auftragsvergabe an mit dem öffentlichen Auftraggeber verbundene Unternehmen zulässig ist. Er betrifft die Entwicklung hinreichend konkreter Kriterien anhand derer der Anwendungsbe-

[796] Vgl. § 6A.I.2, S. 234

reich der In-House-Vergabe im weiteren Sinne für den Rechtsanwender vorhersehbar ist.[797] Da sich die Kriterien der In-House-Vergabe im weiteren Sinne anhand der gesetzlichen Wertung des Art. 1 Nr. 2 SKR sowie dem aus dem Wettbewerbsrecht bekannten Spürbarkeitserfordernis konkretisieren lassen, ist die Reichweite der In-House-Vergabe im weiteren Sinne auch für den Rechtsanwender vorhersehbar und dem Gedanken der Rechtssicherheit genüge getan. Die Rechtssicherheit steht der In-House-Vergabe im weiteren Sinne anhand der hier entwickelten Voraussetzungen daher nicht entgegen.

G. Zusammenfassung

Im Ergebnis ist daher zusammenzufassen, daß die Begründung der In-House-Vergabe im weiteren Sinne im Wege einer teleologischen Reduktion unter den in § 5C. und § 6 dargestellten Voraussetzungen nicht zu Wertungswidersprüchen mit der Systematik der Koordinierungsrichtlinien führt.

Ein Wertungswiderspruch im Hinblick darauf, daß das konkurrierende Anbieterverhalten im Rahmen der In-House-Vergabe im engeren Sinne – anders als bei der In-House-Vergabe im weiteren Sinne – keine vergaberechtliche Relevanz hat, besteht nicht. Diese Differenzierung rechtfertigt sich dadurch, daß die Gefahr konkurrierenden Anbieterverhaltens vor allem von rechtlich selbständigen Organisationsformen ausgeht, so daß es entsprechend der Systematik der Koordinierungsrichtlinien geboten ist, diese grundsätzlich dem Anwendungsbereich der Koordinierungsrichtlinien zu unterwerfen und nur ausnahmsweise hiervon zu befreien. Eine derartige Kontrolle für Stellen ohne eigene Rechtspersönlichkeit ist demgegenüber nicht erforderlich.

Auch Begründungserwägung Nr. 8 der DKR, wonach mit dem Auftragsbegriff lediglich die Leistungserbringung auf der Grundlage von Verordnungen oder Gesetzen vom Anwendungsbereich der Koordinierungsrichtlinien ausgeschlossen werden sollte, steht der teleologischen Reduktion nicht entgegen, da es für die Anwendung der Koordinierungsrichtlinien nicht allein auf die vertragliche Grundlage der Leistungserbringung, ankommt, sondern darauf, ob der Sinn und Zweck der Koordinierungsrichtlinien erreicht werden kann.

Auch das von der formalen Betrachtungsweise angeführt Argument, daß eine formale Abgrenzung zu einem sehr viel weiteren Anwendungsbereich der Koordinierungsrichtlinien führe und damit zu einer weitergehenden Verwirklichung

[797] *EuGH*, Urteil vom 15.01.1998, Rs. C-44/96 (Mannesmann Anlagenbau Austria AG/Strohal Rotationsdruck GmbH), Slg. I 1998, S. 73 ff. (Tz. 34), vgl. hierzu auch § 4A, S. 122 ff.

der Ziele der Koordinierungsrichtlinien beitrage steht nicht entgegen. In Bereichen, in denen der Sinn und Zweck der Koordinierungsrichtlinien nicht erreicht werden kann, ist – wie auch die Parallele zu konzerninternen Wettbewerbsbeschränkungen zeigt – eine weitergehende Verwirklichung dieser Ziele nicht möglich und die Anwendung der Koordinierungsrichtlinien daher auch trotz des Vorliegens der formellen Voraussetzungen nicht geboten.

Auch die rechtliche Selbständigkeit des Auftragnehmer spricht nicht gegen eine teleologische Reduktion des Auftragsbegriffs zur Begründung der In-House-Vergabe im weiteren Sinne. Die rechtliche Selbständigkeit hat keine Aussagekraft darüber, ob der Auftragnehmer auch selbständig entscheidet und aufgrund seiner Entscheidungsautonomie Träger des von den Koordinierungsrichtlinien geschützten Wettbewerbsrechts ist.

Da die Voraussetzungen der teleologischen Reduktion so ausgestaltet sind, daß sie noch einen weiten Anwendungsbereich für die Ausnahmeregelungen des Art. 6 DKR und des Art. 13 SKR belassen und diesen Regelungen auch ein anderer Regelungszweck zugrundeliegt als der In-House-Vergabe im weiteren Sinne, ist auch insoweit kein Wertungswiderspruch gegeben, der gegen eine teleologische Reduktion sprechen würde.

§ 8
Zusammenfassung der Ergebnisse

These: Die Auftragsvergabe von Bau-, Liefer- oder Dienstleistungen durch öffentliche Auftraggeber an Auftragnehmer, die mit ihnen verbunden sind, unterfällt nicht dem Anwendungsbereich der Koordinierungsrichtlinien und kann daher ausschreibungsfrei erfolgen, wenn dem beauftragten Auftragnehmer im Verhältnis zu dem auftragserteilenden Auftraggeber keine eigene Entscheidungsautonomie zusteht und der Auftragnehmer im wesentlichen für den mit ihm so verbundenen Auftraggeber tätig ist (In-House-Vergabe im weiteren Sinne).

A. Einführung und Problemstellung

Die In-House-Vergabe betrifft die Erbringung von Leistungen zum Zwecke der Bedarfsdeckung innerhalb eines öffentlichen Auftraggebers oder außerhalb eines öffentlichen Auftraggebers durch eng mit ihm verbundene Körperschaften, wenn diese vergaberechtlich wie die Leistungserbringung innerhalb eines öffentlichen Auftraggebers zu behandeln ist.[798] Dabei ist aus Gründen einer klaren Begriffsbildung zu unterscheiden zwischen der *In-House-Vergabe im engeren Sinne*, d.h. der Leistungserbringung innerhalb eines öffentlichen Auftraggebers durch Stellen *ohne eigene Rechtspersönlichkeit*, und der *In-House-Vergabe im weiteren Sinne*, d.h. dem Leistungsbezug außerhalb eines öffentlichen Auftraggebers durch Stellen *mit eigener Rechtspersönlichkeit*, die eng mit dem öffentlichen Auftraggeber verbunden sind.

B. Die Organisation der Bedarfsdeckung im Kontext staatlicher Wirtschaftstätigkeit

Die Problematik der In-House-Vergabe steht im Kontext der Bedarfsdeckung der Mitgliedstaaten. Sie betrifft die Abgrenzung zwischen der Bedarfsdeckung im Wege der Eigenproduktion der Mitgliedstaaten und der Bedarfsdeckung im Wege der rechtsgeschäftlichen Teilnahme am Markt.

Die Bedarfsdeckung in Form mitgliedstaatlicher Eigenleistung (In-House-Vergabe im engeren Sinne) zeichnet sich dadurch aus, daß der Staat seinen Bedarf an bestimmten Wirtschaftsgütern nicht oder nicht ausschließlich durch die Nachfrage dieser Wirtschaftsgüter am Markt, sondern (auch) durch ihm zuzu-

---

[798] *Faber*, Öffentliche Aufträge an kommunalbeherrschte Unternehmen - in-house-Geschäfte oder Vergabe im Wettbewerb, DVBl 2001, S. 248 ff. (250)

rechnende *eigene* Stellen befriedigt. Dies ist vor allem für Leistungen mit hoheitsspezfischem Charakter, aber auch im Bereich der Daseinsvorsorge und der Aufrechterhaltung der Funktionsfähigkeit der Verwaltung der Fall.

Von der Bedarfsdeckung im Wege der mitgliedstaatlichen Eigenproduktion ist die Bedarfsdeckung des Staates im Wege der rechtsgeschäftlichen Teilnahme am Markt zu unterscheiden. Diese wird durch das Vergaberecht geregelt. Oberhalb bestimmter Schwellenwerte stellt es sich als Umsetzung europäischer Richtlinien dar und ist in den §§ 97 ff. GWB, der Vergabeverordnung und den Verdingungsordnungen geregelte.

C. Anwendbarkeit der Koordinierungsrichtlinien auf die mitgliedstaatliche Bedarfsdeckung und ihre Konsequenzen für die In-House-Vergabe

Die Analyse der Anwendbarkeit der Koordinierungsrichtlinien auf die mitgliedstaatliche Bedarfsdeckung zeigt unterschiedliche Konsequenzen für die In-House-Vergabe. Die In-House-Vergabe im engeren Sinne unterliegt aufgrund der Personenidentität zwischen öffentlichem Auftraggeber und Auftragnehmer nicht dem Anwendungsbereich der Koordinierungsrichtlinien. Sie kann daher stets ausschreibungsfrei erfolgen. Demgegenüber fällt die Auftragsvergabe an Auftragnehmer mit eigener Rechtspersönlichkeit grundsätzlich unter den Anwendungsbereich der Koordinierungsrichtlinien, auch wenn diese mit dem öffentlichen Auftraggeber verbunden sind. Sie hat daher grundsätzlich im Wege einer Ausschreibung zu erfolgen.

Diese Differenzierung ergibt sich aus der Systematik der Koordinierungsrichtlinien, wonach diese immer dann Anwendung finden, wenn öffentliche Auftraggeber Bau-, Liefer- oder Dienstleistungen auf der Grundlagen eines öffentlichen Auftrags beziehen. Das Vorliegen eines öffentlichen Auftrags setzt einen schriftlichen entgeltlichen Vertrag zwischen einem Unternehmer/Lieferanten oder Dienstleistungserbringer und einem öffentlichen Auftraggeber über die Erbringung einer Bau-, Liefer- oder Dienstleistung voraus. Für einen Vertragsschluß bedarf es zweier Willenserklärungen, was die formale Rechtspersonenverschiedenheit zwischen öffentlichem Auftraggeber und Auftragnehmer erfordert. Diese ist bei der In-House-Vergabe im engeren Sinne aufgrund der Personenidentität zwischen öffentlichem Auftraggeber und Auftragnehmer jedoch *nie*, bei der Beauftragung eines mit dem öffentlichen Auftraggeber verbundenen Auftragnehmers mit eigener Rechtspersönlichkeit dagegen *stets* gegeben.

Hintergrund dieser Differenzierung ist der Sinn und Zweck des Auftragsbegriffs, der das Spannungsverhältnis der primärrechtlichen Kompetenzverteilung zwischen den Mitgliedstaaten und der Gemeinschaft im Hinblick auf die Bedarfsdeckung wiederspiegelt. Die Analyse der Kompetenzverteilung im Hinblick auf die Bedarfsdeckung zeigt, daß den Mitgliedstaaten grundsätzlich die Kompetenz zusteht, darüber zu entscheiden, ob sie ihren Bedarf durch die rechtsgeschäftliche Teilnahme am Markt oder im Wege der Eigenproduktion decken. Trotz der mit beiden Formen der mitgliedstaatlichen Bedarfsdeckung verbundenen Auswirkungen auf den Binnenmarkt, steht der Gemeinschaft lediglich die Kompetenz zu, das Verfahren der rechtsgeschäftlichen Bedarfsdeckung zu regeln. Das ergibt sich daraus, daß die Entscheidung über die Art der Bedarfsdeckung den Mitgliedstaaten nach Art. 98 EG als wirtschaftspolitische Grundentscheidung vorbehalten ist. Darüber hinaus ist aufgrund der Wertung des Art. 295 EG die Eigenproduktion als solche nicht EG-vertragswidrig. Aufgrund dieser primärrechtlichen Kompetenzverteilung war es dem Richtliniengeber daher nicht möglich, die Mitgliedstaaten durch Erlaß der Koordinierungsrichtlinien zu verpflichten, ihren Bedarf durch die rechtsgeschäftliche Teilnahme am Markt zu decken, und die Bedarfsdeckung der Mitgliedstaaten im Wege der Eigenproduktion zu unterbinden.

Diesem Spannungsverhältnis sollte durch das Auftragserfordernis Rechnung getragen werden. Aufgrund der dem Auftagserfordernis immanenten Formalität, die eine Rechtspersonenverschiedenheit zwischen Auftraggeber und Auftragnehmer voraussetzt, wird der Auftragsbegriff diesem Spannungsverhältnis jedoch nicht in allen Fällen gerecht. Es führt dazu, daß die Leistungserbringung durch rechtspersonenverschiedene Leistungserbringer aufgrund des Vorliegens der formalen Voraussetzungen eines Auftrags dem Anwendungsbereich der Koordinierungsrichtlinien unterliegt. Dies gilt insbesondere auch dann, wenn diese Stelle mit dem öffentlichen Auftragegber verbunden ist und die gleiche Funktion wahrnimmt, wie eine Stelle ohne eigene Rechtspersönlichkeit. Der Leistungsbezug von einer solchen Stelle ohne eigene Rechtspersönlichkeit würde jedoch aufgrund der Personenidentität zwischen Auftraggeber und leistungserbringender Stelle mangels eines Vertragsverhältnisses nicht dem Anwendungsbereich der Koordinierungsrichtlinien unterliegen und könnte daher ausschreibungsfrei erfolgen.

Auch die Ausnahmevorschriften der Koordinierungsrichtlinien können diesen Wertungswiderspruch nicht beseitigen, da sie den Leistungsbezug von Stellen mit eigener Rechtspersönlichkeit, die mit dem öffentlichen Auftraggeber verbunden sind, nur in engen Teilbereichen erfassen. Insbesondere nicht erfaßt ist der praxisrelevante Teil der kommunalen Daseinsvorsorge. Von den relevanten

Ausnahmevorschriften des Art. 6 DKR und des Art. 13 SKR werden nur Dienstleistungen, nicht aber Bau- und Lieferleistungen erfaßt. Art. 6 DKR setzt zudem voraus, daß der Auftragnehmer schon vor der Beauftragung Inhaber eines gegenüber jedermann wirkenden Ausschließlichkeitsrechts ist. Art. 13 SKR ist auf die Beauftragung durch Sektorenauftraggeber begrenzt.

Im Umkehrschluß ergibt sich daraus ein weiter Anwendungsbereich der In-House-Vergabe im weiteren Sinne. Dies gilt insbesondere für die Vergabe von Bau- und Lieferleistungen (einschließlich der Vergabe an Auftragnehmer, die als öffentliche Auftraggeber zu qualifizieren sind und ein Ausschließkeitsrecht inne haben), da diese weder von Art. 6 DKR noch von Art. 13 SKR erfaßt werden. Ein Anwendungsbereich besteht auch für die Vergabe von Lieferleistungen an Auftragnehmer, die kein Ausschließlichkeitsrecht im Sinne von Art. 6 DKR inne haben, was insbesondere im Bereich der kommunalen Daseinsvorsorge der Fall ist. Darüber hinaus kommt ein Anwendungsbereich in Betracht für die Vergabe von Dienstleistungen durch öffentliche Auftraggeber, die nicht Sektorenauftraggeber sind, an Auftragnehmer, die die formalen Voraussetzungen des Art. 13 SKR erfüllen.

D. Zulässigkeit der In-House-Vergabe im weiteren Sinne und Analyse der dogmatischen Begründungsansätze

Der *EuGH* hat diesen Wertungswiderspruch erkannt und in der Rs. *Teckal* entschieden, daß die Koordinierungsrichtlinien trotz des Vorliegens eines Auftrags nicht anzuwenden sind,

> "...wenn die Gebietskörperschaft über die fragliche Person eine Kontrolle ausübt, wie über ihre eigenen Dienststellen und wenn diese Person zugleich ihre Tätigkeit im Wesentlichen für die Gebietskörperschaft oder die Gebietskörperschaften verrichtet, die ihre Anteile innehaben."[799]

Die dogmatische Begründung für diese Ausnahme von der Anwendung der Koordinierungsrichtlinien ist umstritten.

Zum Teil wird eine analoge Anwendung von Art. 6 DKR oder Art. 13 SKR vertreten. Eine solche ist jedoch nicht schon deshalb abzulehnen, weil es sich um eng auszulegende Ausnahmevorschriften handelt. Denn trotz der Grundregel, daß Ausnahmevorschriften eng auszulegen sind, ist es nicht ausgeschlossen, Ausnahmevorschriften analog anzuwenden, um eine weitere Ausnahme von der Grundregel zu begründen, sofern das Regel-Ausnahme-Verhältnis dadurch nicht

---

[799] *EuGH* Urteil vom 18.11.1999, Rs. C-107/98, (Teckal Srl/Gemeinde Viano, u.a.), Slg. I 1999, S. 8139 ff. (Tz. 50)

in sein Gegenteil verkehrt wird. Eine analoge Anwendung scheidet vielmehr aus, weil die jeweils hinter diesen Vorschriften stehende Interessenlage nicht auf die In-House-Vergabe übertragbar ist. Nach Art. 6 DKR ist eine Ausschreibung entbehrlich, weil in Bereichen, in denen der leistungserbringenden Stelle ein wettbewerbskonformes Ausschließlichkeitsrecht zusteht, ein Vergabewettbewerb dieses Recht konterkarieren würde. Dies ist nicht auf die In-House-Vergabe im weiteren Sinne übertragbar, weil den Auftragnehmern gerade kein solches Ausschließlichkeitsrecht zusteht. Auch eine analoge Heranziehung von Art. 13 SKR scheidet zur dogmatischen Begründung der In-House-Vergabe im weiteren Sinne aus. Art. 13 SKR bezieht seine Legitimation aus der Besonderheit der Dienstleistung, die die Wettbewerbsfähigkeit des Leistungsempfängers ausmacht. Da die klassischen öffentlichen Auftraggeber nicht im Wettbewerb stehen, ist dieser Gedanke nicht übertragbar und fehlt es den von der In-House-Vergabe erfaßten Bau- und Lieferleistungen gerade an diesem Charakter.

Die funktionale Betrachtungsweise sieht die Legitimation der In-House-Vergabe darin, daß der rechtlich selbständige Leistungserbringer funktional der staatlichen Sphäre zuzurechnen ist und daher einer "Eigenleistung" vergleichbar sei. Die Analyse der im Rahmen einer funktionalen Betrachtungsweise der staatlichen Sphäre entwickelten Kriterien zeigt, daß diese darauf abzielen, den Bereich der staatlichen Sphäre positiv, insbesondere durch das Kriterium der hierarchischen Kontrolle, einheitlich zu umschreiben. Aufgrund der Vielgestaltigkeit der Verwaltungsorganisation der Gemeinschaft selbst, aber auch der Mitgliedstaaten ist der Maßstab der hierarchischen Kontrolle jedoch kein Kriterium, um die staatliche Sphäre europaweit einheitlich zu bestimmen. Auch die zusätzlichen herangezogenen Kriterien des Zwecks der Aufgabenübertragung oder des Privatisierungswillens sind hierzu ungeeignet, da sie zu unlösbaren Abgrenzungsschwierigkeiten führen. Der dogmatische Anknüpfungspunkt der funktionalen Betrachtungsweise, die dem Auftragnehmer bei fehlender Selbständigkeit die Eigeschaft als Vertragspartner für einen öffentlichen Auftrag abspricht, führt darüber hinaus zu dogmatischen Widersprüchen und zu einer Überfrachtung dieses Begriffs mit Wertungen, die ihm Rahmen des Schutzzwecks der Koordinierungsrichtlinie anzusiedeln sind. Die funktionale Betrachtungsweise ist daher zur Begründung der In-House-Vergabe im weiteren Sinne abzulehnen.

E. Die Entwicklung von Kriterien für die In-House-Vergabe im weiteren Sinne anhand einer teleologischen Reduktion des Auftragsbegriffs

Der Grund für die In-House-Vergabe im weiteren Sinne liegt darin, daß durch die ausschreibungsfreie Beauftragung eines mit dem öffentlichen Auftraggeber verbundenen Auftragnehmers unter bestimmten Voraussetzungen der Sinn und Zweck der Koordinierungsrichtlinien, der Schutz der Marktteilnehmer vor Diskriminierungen durch den öffentlichen Auftraggeber, nicht beeinträchtigt wird.

Die ausschreibungsfreie Beauftragung eines mit dem öffentlichen Auftraggeber verbundenen Auftragnehmers stellt grundsätzlich einen Fall der mittelbaren Diskriminierung gegenüber anderen Leistungsanbietern dar, da dieser Auftragnehmer regelmäßig seinen Sitz in demselben Mitgliedstaat haben wird wie der auftragserteilende öffentliche Auftraggeber. Die ausschreibungsfreie Beauftragung eines mit dem öffentlichen Auftraggeber verbundenen Auftragnehmers ist daher nur dann mit dem Sinn und Zweck der Koordinierungsrichtlinien zu vereinbaren, wenn zusätzliche Umstände hinzutreten, die eine Ungleichbehandlung entfallen lassen bzw. rechtfertigen.

Aufgrund der wettbewerbsschützenden Funktionen der Koordinierungsrichtlinien kann der inhaltlich offen ausgestaltete Gleichbehandlungsgrundsatz der Koordinierungsrichtlinien durch das Wettbewerbsverhältnis in persönlicher und sachlicher Hinsicht konkretisiert werden. In persönlicher Hinsicht sind nur solche Personen geschützt, die mit dem privilegierten Auftragnehmer in einem Wettbewerbsverhältnis stehen. Ein Wettbewerbsverhältnis zwischen Auftragnehmer und anderen Leistungsanbietern kann zum einen in Bezug auf den von dem öffentlichen Auftraggeber, mit dem der Auftragnehmer verbunden ist, zu vergebenden öffentlichen Auftrag bestehen. Ein Wettbewerbsverhältnis zwischen Auftragnehmer und anderen Leistungsanbietern kann zum anderen aber auch im Bezug auf die Leistungserbringung an Dritte bestehen. In sachlicher Hinsicht läßt sich das Gleichbehandlungsgebot dahingehend konkretisieren, daß die ausschreibungsfreie Beauftragung des privilegierten Auftragnehmers zu einer vom Schutzzweck der Koordinierungsrichtlinien erfaßten Wettbewerbsveränderung führen muß.

Fehlt es dem beauftragten Auftragnehmer aufgrund der rechtlichen Beziehung zu dem öffentlichen Auftraggeber an der Entscheidungsautonomie, so fehlt es auch an einem Wettbewerbsverhältnis des Auftragnehmers mit anderen Leistunganbietern um den öffentlichen Auftrag, das den Schutz des Gleichbehandlungsgrundsatzes der Koordinierungsrichtlinien nach sich ziehen würde. Dies ergibt sich – ebenso wie bei Privilegierung konzerninterner Wettbewerbsabsprachen im Rahmen von Art. 81 EG – daraus, daß der von dem Gleichbehandlungsgrundsatz der Koordinierungsrichtlinien geschützte Wettbewerb voraussetzt, daß die Unternehmen ihre Handlungsfreiheit autonom ausüben. Fehlt es dem Auftragnehmer aufgrund der rechtlichen Beziehungen zum öffentlichen Auftraggeber an der Entscheidungsautonomie, scheidet dieser als Träger des von dem Gleichbehandlungsgrundsatz der Koordinierungsrichtlinien geschützten Wettbewerbs um den öffentlichen Auftrag aus. Öffentlicher Auftraggeber und Auftragnehmer sind als wirtschaftliche Einheit anzusehen und die durch den öffentlichen Auftrag begründeten rechtlichen Beziehungen zwischen ihnen sind für die Beurteilung einer Wettbewerbsbeschränkung grundsätzlich unbeachtlich.

Anders als Art. 81 EG, der allein den Schutz des abstrakten Rechtsgutes Wettbewerb bezweckt, dienen die Koordinierungsrichtlinien der Verwirklichung der Grundfreiheiten. Damit schützen sie zwar – ebenso wie Art. 81 EG – den Wettbewerb, andererseits aber auch – anders als Art. 81 EG – die subjektiven Rechte der Marktteilnehmer. Während daher im Wettbewerbsrecht eine Schutzgutbeeinträchtigung allein aufgrund der fehlenden Entscheidungsautonomie der einen Vertragspartei im Verhältnis zu anderen ausgeschlossen ist, sind bei der In-House-Vergabe im weiteren Sinne – anders als bei konzerninternen Wettbewerbsabsprachen – die mit der Auftragsvergabe innerhalb der wirtschaftlichen Einheit verbundenen Auswirkungen auf die Wettbewerbsposition der Marktteilnehmer zu berücksichtigen.

Inwieweit diese Wettbewerbsposition durch die Koordinierungsrichtlinien geschützt ist, folgt aus den primärrechtlichen Grundstellungen der Koordinierungsrichtlinien. Danach ist den Mitgliedstaaten die Entscheidung darüber, ob sie ihren Bedarf durch die Nachfrage am Markt oder im Wege der Eigenproduktion decken als wirtschaftspolitische Grundsatzentscheidung vorbehalten. Dem Richtliniengeber fehlt es daher an der Kompetenz, die Mitgliedstaaten auf sekundärrechtlicher Ebene zur Bedarfsdeckung am Markt zu verpflichten. Die Koordinierungsrichtlinien schützen daher nicht vor Wettbewerbsveränderungen der mitgliedstaatlichen Bedarfsdeckung, die allein in einer Reduktion des von den staatlichen Stellen der Mitgliedstaaten (öffentlichen Auftraggebern) am Markt nachgefragten Auftragsvolumens bestehen, sondern nur vor Wettbewerbsveränderungen, die darüber hinausgehen. Scheidet ein Wettbewerbsverhältnis um den öffentlichen Auftrag aufgrund der fehlenden Entscheidungsautonomie des Auftragnehmers aus, ergeben sich derartige Wettbewerbsveränderungen zugunsten der zur Bedarfsdeckung berufenen Stelle und zum Nachteil anderer Marktteilnehemenr aus dem potentielle Wettbewerbsverhältnis dieser Stelle mit anderen Leistungsanbietern im Verhältnis zu Dritten.

Tritt der mit dem öffentlichen Auftraggeber zu einer wirtschaftlichen Einheit verbundene Auftragnehmer im Verhältnis zu Dritten konkurrierend am Markt auf, realisiert sich die spezifische mit der ausschreibungsfreien Auftragsvergabe an mit dem öffentlichen Auftraggeber verbundene Auftragnehmer einhergehende Gefahr. Diese ergibt sich daraus, daß dieser Auftragnehmer aufgrund der aus der ausschreibungsfreien Auftragserteilung resultierenden Absicherung in die Lage versetzt wird, mit einem geringeren wirtschaftlichen Risiko auf diesem Drittmarkt zu agieren und andere Konkurrenten von diesem Markt zu verdrängen und *gleichzeitig* öffentliche Aufträge der Vergabe zu entziehen. Dies führt zu einer vom Schutzzweck der Koordinierungsrichtlinien erfaßten Wettbewerbsveränderung, die den Schutz des Gleichbehandlungsgrundsatzes aktualisiert. In diesem Fall erlangt die an sich für den Gleichbehandlungsgrundsatz unbeachtliche Leistungsbeziehung zwischen öffentlichem Auftraggeber und dem mit ihm zu einer wirtschaftlichen Einheit verbundenen Auftragnehmer Außenwirkung und aktualisiert damit den Schutz des Gleichbehandlungsgrundsatzes. Umgekehrt ist dies nicht der Fall, solange der Auftragnehmer ausschließlich für den öffentlichen Auftraggeber, mit dem er zu einer wirtschaftlichen Einheit verbunden ist, tätig wird.

Daraus folgt, daß die Beauftragung eines mit dem öffentlichen Auftraggeber verbundenen Auftragnehmers dann nicht den Sinn und Zweck der Koordinierungsrichtlinien beeinträchtigt, wenn öffentlicher Auftraggeber und Auftragnehmer zu einer wirtschaftlichen Einheit miteinander verbunden sind, weil dem Auftragnehmer im Verhältnis zu dem ihn beauftragenden öffentlichen Auftraggeber keine eigene Entscheidungsautonomie zukommt, und der Auftragnehmer ausschließlich für diesen öffentlichen Auftraggeber tätig wird.

F. Konkretisierung der Voraussetzungen der In-House-Vergabe im weiteren Sinne

Die Voraussetzungen unter denen es dem Auftragnehmer im Verhältnis zum öffentlichen Auftraggeber an eigener Entscheidungsgewalt fehlt, können anhand der Wertung des Art. 1 Nr. 2 SKR konkretisiert werden, da dieser den wettbewerbsrechtlichen Kriterien der Rechtsprechung und der herrschenden Literatur entspricht und Ausdruck eines allgemeinen Rechtsgedankens ist. Danach ist es für das Vorliegen einer wirtschaftlichen Einheit zwischen öffentlichem Auftraggeber und Auftragnehmer ausreichend, aber auch erforderlich, wenn dieser den Auftragnehmer beherrscht.

Das Erfordernis der ausschließlichen Tätigkeit für den öffentlichen Auftraggeber kann anhand des wettbewerblichen Spürbarkeitserfordernis näher konkretisiert werden. Da das Erfordernis der ausschließlichen Tätigkeit des Auftragnehmers für den mit ihm zu einer wirtschaftlichen Einheit verbundenen öffentlichen Auftraggeber vor Wettbewerbsbeeinträchtigungen der In-House-Vergabe im Verhältnis zu Dritten schützen soll, ist ein konkurrierendes Anbieterverhalten des Auftragnehmers hiermit insoweit vereinbar, wie es nicht zu spürbaren Wettbewerbsnachteilen im Verhältnis zu Dritten kommt. Dementsprechend bedarf es nicht einer ausschließlichen Tätigkeit für den öffentlichen Auftraggeber, sondern ist es ausreichend, wenn der Auftragnehmer im wesentlichen für den öffentlichen Auftraggeber tätig wird, d.h. im Verhältnis zu Dritten nur insoweit als damit keine spürbaren Wettbewerbsbeeinträchtigungen verbunden sind. Aus Gründen der Rechtssicherheit ist darüber hinaus zu fordern, daß der Auftragnehmer umfassend und dauerhaft auf den Zweck der Bedarfsdeckung des mit ihm verbundenen öffentlichen Auftraggebers im Rahmen der Satzung bzw. des Gesellschaftsvertrags oder durch den Abschluß eines Beherrschungsvertrags festgelegt wird.

G. Vereinbarkeit der teleologischen Reduktion des Auftragsbegriffs zur Begründung der In-House-Vergabe im weiteren Sinne mit der Systematik der Koordinierungsrichtlinien

Die In-House-Vergabe im weiteren Sinne steht unter den genannten Voraussetzungen auch nicht im Wertungswiderspruch mit der Systematik der Koordinierungsrichtlinien.

Ein Wertungswiderspruch im Hinblick darauf, daß das konkurrierende Anbieterverhalten im Rahmen der In-House-Vergabe im engeren Sinne – anders als bei der In-House-Vergabe im weiteren Sinne – keine vergaberechtliche Relevanz hat, besteht nicht. Diese Differenzierung rechtfertigt sich dadurch, daß die Gefahr konkurrierenden Anbieterverhaltens vor allem von rechtlich selbständigen Organisationsformen ausgeht, so daß es entsprechend der Systematik der Koordinierungsrichtlinien geboten ist, diese grundsätzlich dem Anwendungsbereich der Koordinierungsrichtlinien zu unterwerfen und nur ausnahmsweise hiervon zu befreien. Eine derartige Kontrolle für Stellen ohne eigene Rechtspersönlichkeit ist demgegenüber nicht erforderlich.

Auch Begründungserwägung Nr. 8 der DKR, wonach mit dem Auftragsbegriff lediglich die Leistungserbringung auf der Grundlage von Verordnungen oder Gesetzes vom Anwendungsbereich der Koordinierungsrichtlinien ausgeschlossen werden sollte, steht der teleologischen Reduktion nicht entgegen, da es für die Anwendung der Koordinierungsrichtlinien nicht allein auf die vertragliche Grundlage der Leistungserbringung, ankommt, sondern darauf, ob der Sinn und Zweck der Koordinierungsrichtlinien erreicht werden kann.

Zwar führt eine formale Abgrenzung zu einem sehr viel weiteren Anwendungsbereich der Koordinierungsrichtlinien. Eine weitergehende Verwirklichung der Ziele der Koordinierungsrichtlinien wäre damit jedoch nicht verbunden, da der Sinn und Zweck der Koordinierungsrichtlinien im Rahmen der In-House-Vergabe im weiteren Sinne nicht erreicht werden kann.

Wie auch der Vergleich mit der Privilegierung konzerninterner Wettbewerbsabsprachen zeigt, folgt aus der rechtlichen Selbständigkeit des Auftragnehmers nicht dessen Befugnis zum selbständigen Handeln, sondern kann dieser trotz rechtlicher Selbständigkeit aufgrund fehlender Entscheidungsautonomie als Träger des Wettbewerbs ausscheiden. Umgekehrt steht die rechtliche Selbständigkeit einer begrifflichen Qualifikation der Leistungserbringung als Eigenleistung nicht entgegen, da diese dem öffentlichen Auftraggeber aufgrund des Vorliegens einer wirtschaftlichen Einheit mit dem Auftragnehmer als eigene zugerechnet werden kann.

Da die Voraussetzungen der teleologischen Reduktion so ausgestaltet sind, daß sie noch einen weiten Anwendungsbereich für die Ausnahmeregelungen des Art. 6 DKR und des Art. 13 SKR belassen und diesen Regelungen auch ein anderer Regelungszweck zugrundeliegt als der In-House-Vergabe im weiteren Sinne, ist auch insoweit kein Wertungswiderspruch gegeben, der gegen eine teleologische Reduktion sprechen würde.

H. Ergebnis

Im Ergebnis kann daher die vorstehende These bestätigt werden. Aufgrund einer teleologischen Reduktion des Auftragsbegriffs unterfällt die Auftragsvergabe von Bau-, Liefer- oder Dienstleistungen durch öffentliche Auftraggeber an Auftragnehmer, die mit ihnen verbunden sind, nicht dem Anwendungsbereich der Koordinierungsrichtlinien und kann daher ausschreibungsfrei erfolgen, wenn dem beauftragten Auftragnehmer im Verhältnis zu dem auftragserteilenden Auftraggeber keine eigene Entscheidungsautonomie zusteht und der Auftragnehmer im wesentlichen für den mit ihm so verbundenen Auftraggeber tätig ist (In-House-Vergabe im weiteren Sinne).

Literaturverzeichnis

Ahlt Michael Europarecht, Examenskurs für Rechtsreferendare, 2. Aufl., C. H. Beck'sche Verlagsbuchhandlung, München, 1996

Altenmüller, Reinhard Die Vergabe öffentlicher Aufträge durch Kommunen, DVBl 1982, S. 241 ff.

Arrowsmith, Sue The Law of Public and Utilities Procurement, Sweet & Maxwell Ltd., London, 1996

Arweiler, Jochen Die Auslegungsmethoden des Gerichtshofs der Europäischen Gemeinschaften, Peter Lang GmbH, Frankfurt am Main, Berlin, Bern, New York, Paris, Wien, 1997

Assant, Gilles Anti-trust Intracorporate Conspiracies: A Comparative Study of French, EEC and American Laws, ECLR 1990, S. 65 ff.

Ax, Thomas Rechtsschutz bei der Vergabe öffentlicher Aufträge in Deutschland und Frankreich, Diss. Wilhelms-Universität zu Münster 1996

Baaron, Christop Public-private-Partnership – Konzepte für den IT-Markt, Diss. Technissche Universität Berlin 1998

Baron, Michael Das neue Kartellgesetz, Bundesanzeiger Verlagsgesellschaft, Köln, 1999

Bauer, Hartmut Privatisierung von Verwaltungsaufgaben, VVDStRL 54 (1995), S. 243 ff.

Bauer, Hartmut Verwaltungsrechtliche und verwaltungswissenschaftliche Aspekte der Gestaltung von Kooperationsverträgen bei Public Private Partnerships, DÖV 1998, S. 91 ff.

Bauer, Hartmut Privatisierungsimpulse und Privatisierungspraxis in der Abwasserentsorgung, VerwArch 90 (1999), S. 561 ff.

Bauer, Hartmut — Public Private Partnerships als Erscheinungsformen der kooperativen Verwaltung – Zugleich ein Beitrag zu Police Private Partnership, in: *Stober* (Hrsg.) Public-Private-Partnerships und Sicherheitspartnerschaften - Ergebnisse des Professorengesprächs vom 13.04.2000, Carl Heymanns Verlag KG Köln, Berlin, Bonn, München 2000

Bechthold, Rainer — Zwischenbilanz zum EG-Fusionskontrollrecht, EuZW 1994, S. 653 ff.

Bechthold, Rainer — Kartellgesetz Gesetz gegen Wettbewerbsbeschränkungen, Kommentar, 2. Aufl., C. H. Beck'sche Verlagsbuchhandlung, München 1999

Benz, Angelika — Privatisierung und Deregulierung – Abbau von Staatsaufgaben?, Die Verwaltung 28 (1995), S. 337 ff.

Bergmann, Karl Otto; Schuhmacher, Hermann (Hrsg.) — Handbuch der kommunalen Vertragsgestaltung, Carl Heymanns Verlag KG, Köln, Berlin, Bonn, München, 2000

Biernat, Stanislaw; Hendler, Reinhard; Schoch, Friedrich; Wasilewski, Andrzej (Hrsg.) — Deutsch-polnisches Verwaltungskolooquium – Grundfragen des Verwaltungsrechts und der Privatisierung, Richard Boorberg Verlag, Stuttgart, München, Hannover, Berlin, Weimar, Dresden, 1994

Bleckmann, Albert; Pieper, Stefan Ulrich — Rechtsetzung und Vollzug des EG-Rechts, Stand: März 2002, in: *Dauses* (Hrsg.) Handbuch des EU-Wirtschaftsrechts, Verlag C. H. Beck, München, 2002, B. I

Bleckmann, Albert — Das System des Beihilfeverbots im EWG-Vertrag, WiVerw 1989, S. 75 ff.

Bleckmann, Albert — Grundzüge des Wirtschaftsverfassungsrechts der Bundesrepublik Deutschland, JuS 1991, S. 536 ff.

Böckenförde, Ernst-Wolfgang — Die Organisatsionsgewalt im Bereich der Regierung – Eine Untersuchung zum Staatsrecht der Bundesrepublik Deutschland, Schriften zum Öffentlichen Recht, Bd. 18, Duncker & Humblot, Berlin 1964

Böhm, Bettina Öffentlich-private Partnerschaften in der kommunalen Stadtentwicklung, Diss. Universität Bielefeld 1999

Börner, Achim-R Keine Ausschreibungspflicht kommunaler Versorgungsunternehmen für den Bezug von Erdgas – Eine Erwiderung zu Prieß, DB 1998, 405, DB 1998, S. 610 ff.

Bös, Dieter; Schneider, Friedrich Private public partnership: Gemeinschaftsunternehmen zwischen Privaten und der öffentlichen Hand, NZG 1996, S. 544 ff.

Boesen, Arnold Die Gerichtsqualität der Vergabeüberwachungsausschüsse i.S. des Art. 177 EG, EuZW 1996, S. 583 ff.

Boesen, Arnold Der Rechtsschutz des Bieters bei der Vergabe öffentlicher Aufträge, NJW 1997, S. 345 ff.

Boesen, Arnold Das Vergaberechtsänderungsgesetz im Lichte europarechtlicher Vorgaben, EuZW 1998, S. 551 ff.

Boesen, Arnold Vergaberecht, Kommentar zum 4. Teil des GWB, Bundesanzeiger Verlagsgesellschaft mbH, Köln, 1999

Bornheim, Helmerich; Stockmann, Rainer Die neuen Vergabevorschriften – Sind auch private Auftraggber zur europaweiten öffentlichen Vergabe von Bauaufträgeln verpflichtet?, BB 1995, S. 577 ff.

Brinker, Ingo Anmerkung zum EuGH Urteil vom 10.11.1998, RS. C-360/96 (BFI Holding/Gemeente Arnheim und Rheden), JZ 1999, S. 892 ff.

Budäus, Dietrich: Grüning, Gernod Public Private Partnership – Konzeption und Probleme eines Instruments zur Verwaltungsreform aus Sicht der Public Choice-Theorie, in: Budäus/Eichhorn Privatisierung öffentlich wahrgenommener Aufgaben – Grundlagen, Anforderungen und Probleme aus wirtschaftswissenschaftlicher Sicht, Hamburg 1997, S. 25 ff.

Burgi, Martin Funktionale Privatisierung und Verwaltungshilfe, Mohr, Siebeck, Tübingen 1999, Habil. Uni Konstanz 1998

Byok, Jan Das neue Vergaberecht, NJW 1998, S. 2774 ff.

Byok, Jan Keine Gesetzgebungspanne: Das neue Vergaberecht tritt am 01.01.1999 in Kraft, NJW 1998, S. 3475 ff.

Byok, Jan; Jaeger, Wolfgang Kommentar zum Vergaberecht - Erläuterungen zu den vergaberechtlichen Vorschriften des GWB, Verlag Recht und Wirtschaft GmbH, Heidelberg, 2000

Callies, Christian; Ruffert, Matthias (Hrsg.) Kommentar des Vertrages über die Europäische Union und des Vertrages zur Gründung der Europäischen Gemeinschaft, Hermann Luchterhand Verlag GmbH, Neuwied, Kriftel, 1999

Carl, Dieter Europäische Normen für das öffentliche Auftragswesen, EuZW 1994, S. 173 ff.

Cecchini, Paolo Europa '92 - Der Vorteil des Binnenmarktes, Nomos Verlags-Gesellschaft, Baden-Baden, 1988

Däubler-Gmelin, Herta Kann das neue Vergaberecht noch bis zum Ende der Legislaturperiode beschlossen werden?, EuZW 1997, S. 709 ff.

Deutscher Städte- und Gemeindebund Gespräch der kommunalen Spitzenverbände mit Vertretern der EG-Kommission zum Thema In-House-Geschäfte, DStGB Aktuell 1400-18 vom 17.04.2000

Dietlein, Johannes Der Begriff des "funktionalen Auftraggebers nach § 98 Nr. 2 GWB, Tagungsband "Zweiter Düsseldorfer Vergaberechtstag am 28.06.2001", S. 43 ff.; Ministerium für Wirtschaft und Mittelstand, Energie und Verkehr des Landes Nordrhein-Westfalen

Dörr, Oliver Das deutsche Vergaberecht unter dem Einfluß von Art. 19 Abs. 4 GG, DÖV 2002, S. 1014 ff.

Dreher, Meinrad Der Rechtsschutz bei Vergabeverstößen nach "Umsetzung" der EG-Vergaberichtlinien, ZIP 1995, S. 1869 ff.

Dreher, Meinrad Die Neugestaltung des Vergaberechtsschutzes, NVwZ 1997, S. 343 ff.

Dreher, Meinrad Die Kontrolle der Anwendung des Vergaberechts in Europa, EuZW 1998, S. 197 ff.

Dreher, Meinrad Der Anwendungsbereich des Kartellvergaberechts, DB 1998, S. 2579 ff.

Dreher, Meinrad Bestehender Wettbewerb und Auftraggeberbegriff des Kartellvergaberechts, WuW 1999, S. 244 ff.

Dreher, Meinrad Rechtsschutz nach Zuschlag, NZBau 2001, S. 244 ff.

Dreher, Meinrad Vergaberechtsschutz unterhalb der Schwellenwerte, Tagungsband "Zweiter Düsseldorfer Vergaberechtstag am 28.06.2001", Ministerium für Wirtschaft und Mittelstand, Energie und Verkehr des Landes Nordrhein-Westfalen, S. 79 ff.

Dreher, Meinrad Die Privatisierung bei Beschaffung und Betrieb der Bundeswehr – Zugleich ein Beitrag zur Frage der vergaberechtlichen Privilegierung so genannter In-house Lösungen, NZBau 2001, S. 360 ff.

Dreher, Meinrad Public Private Partnerships und Kartellvergaberecht – Gemischtwirtschaftliche Gesellschaften, In-House Vergabe, Betreibermodell und Beleihung Privater, NZBau 2002, S. 245 ff.

Driehaus, Hans-Joachim (Hrsg.) Kommunalabgabenrecht, Stand: September 2001, Verlag Neue Wirtschafts-Briefe Herne, Berlin

Erichsen, Hans-Uwe Allgemeines Verwaltungsrecht, 11. Aufl., de Gruyter, Berlin, New York, 1998

Erichsen, Hans-Uwe; Ebber, Bodo Die Grundrechtsbindung des privatrechtlich handelnden Staates, Jura 1999, S. 373 ff.

Ebke, Werner (Hrsg.) Münchener Kommentar Handelsgesetzbuch, Bd. IV, Verlag C. H. Beck/Verlag Franz Vahlen, München, 2001

Ehlers, Dirk Die Verwaltung in Privatrechtsform, Schriften zum öffentlichen Recht, Bd. 464, Duncker & Humblot, Berlin, 1984, Habil. Universität Nürnberg-Erlangen

Eichhorn, Peter Ausgliederung als Instrument zur Flexibilisierung kommunaler Aufgaben, in: *Fettig/Späth* (Hrsg.), Privatisierung kommunaler Aufgaben, Nomos Verlagsgesellschaft, Baden-Baden, 1997, S. 96 ff.

Eidenmüller, Horst	Einstweiliger Rechtsschutz und eruopäisches Vergaberecht – Anmerkung zu KG, EuZW 1995, 645, EuZW 1995, S. 632 ff.
Elbel, Thomas	Das Recht der öffentlichen Aufträge auf dem Prüfstand des europäischen Rechts, DÖV 1999, S. 235 ff.
Elverfeld, Dirk Johannes	Europäisches Recht und kommunales öffentliches Auftragswesen, Diss. Westfälische Wilhelms-Universität, Münster 1992, Carl Heymanns Verlag KG, Köln, Berlin, Bonn, München, 1992, Studien zum öffentlichen Wirtschaftsrecht, Bd. 23
Emmerich-Fritsche, Angelika	Das Privatheitsprinzip des Binnenmarktes - Rechtfertigungszwang für Grundfreiheiten einschränkende staatliche Regulierungen, EWS 2001, S. 365 ff.
Endler, Jan	Privatisierung und Vergaberecht, NZBau 2002, S. 125 ff.
Eschenbruch, Klaus; Niebuhr, Frank	Das neue Vergaberecht 1998, in: *Kapellmann/Vygen* (Hrsg.) Jahrbuch Baurecht 1998, S. 195 ff., Werner Verlag GmbH & Co KG, Düsseldorf, 1998
Epiney, Astrid	Gemeinschaftsrechtlicher Umweltschutz und Verwirklichung des Binnenmarktes – "Harmonisierung" auch der Rechtsgrundlagen?, JZ 1992, S. 564 ff.
Eucken, Walter	Grundsätze der Wirtschaftspolitik, 6. Aufl., J. C. B. Mohr (Paul Siebeck) Tübingen, 1990
Faber, Angela	Drittschutz bei der öffentlichen Auftragsvergabe, DÖV 1995, S. 403 ff.
Faber, Angela	Öffentliche Aufträge an kommunalbeherrschfte Unternehmen - in-house-Geschäfte oder Vergabe im Wettbewerb, DVBl 2001, S. 248 ff.
Fettig, Wolfgang; Späth, Lothar (Hrsg.)	Privatisierung kommunaler Aufgaben, 1997, Nomos Verlagsgesellschaft, Baden-Baden, 1997
Fikentscher, Wolfgang	Wirtschaftsrecht, Bd. 1, C. H. Beck'sche Verlagsbuchhandlung, München, 1983

Flamme, Philippe Flamme, Maurice-André Les Marchés publics de services et la coordination de leurs procédures de passation, Revue du Marche Commun et de L'Union Européenne, 1993, Nr. 365, S. 150 ff.

Fleischer, Holger Konzerninterne Wettbewerbsbeschränkungen und Kartellverbot, Die AG, 1997, S. 491 ff.

Frank, Kirsten Michaela Die Koordinierung der Vergabe öffentlicher Aufträge in der Europäischen Union, Duncker & Humblot GmbH, Berlin, 2000

Freitag, Martin Vergaberechtsschutz unterhalb der europäischen Schwellenwerte, NZBau 2002, S. 204 ff.

Friehe, Heinz-Josef Das Abwehrrecht des Wettbewerbers gegen die Subventionierung eines Konkurrenten, JuS 1981, S. 871 ff.

Gallwas, Hans-Ullrich Faktische Grundrechtsbeeinträchtigung, Schriften zum öffentlichen Recht, Bd. 126, Duncker & Humblot, Berlin, 1970

Gallwas, Brigitta Das Recht der Vergabe öffentlicher Aufträge – ein Überblick, GewArch 2000, S. 401 ff.

Gehrlein, Markus Kein präventiver Rechtsschutz durch einstweilige Verfügung in Vergabeverfahren unterhalb der Schwellenwerte, NZBau 2001, S. 483 ff.

Geigant, Friedrich; Haslinger, Franz; Sobotka, Dieter; Westphal, Horst M. Lexikon der Volkswirtschaft, 7. Aufl., Verlag Moderne Industrie, Landsberg/Lech 2000

Geiger, Rudolf EUV/EGV Vertrag über die Europäische Union und Vertrag zur Gründung der Europäischen Gemeinschaft, 3. Aufl., Verlag C. H. Beck, München, 2000

Gern, Alfons Deutsches Kommunalrecht, 2. Aufl., Nomos Verlags-Gesellschaft, Baden-Baden, 1997

Gleiss, Alfred; Hirsch, Martin; Burkert, Thomas; Kommentar zum EG-Kartellrecht, Bd. I, 4. Aufl., Verlag Recht und Wirtschaft GmbH, Heidelberg, 1993

Götz, Walter Öffentliche Beschaffungsmärkte und Europarecht, Diss. Universität Konstanz 1999

Gottschalk, Wolf Praktische Erfahrungen und Probleme mit Public Private Partnership (PPP) in der Versorgungswirtschaft, in: *Budäus* (Hrsg.), Public Private Partnership, Nomos Verlagsgesellschaft, 1997, S. 153 ff.

Grabitz, Eberhard Europäisches Verwaltungsrecht – Gemeinschaftsrechtliche Grundsätze des Verwaltungsverfahrens, NJW 1989, S. 1776 ff.

Groeben, Hans von; Thiesing, Jochen; Ehlermann, Claus-Dieter (Hrsg.) Kommentar zum EU-/EG-Vertrag, 5. Aufl., Nomos Verlagsgesellschaft, Baden-Baden, 1997

Gröning, Jochem Die Rechte der Bieter in der Vergabeüberwachung – Haushaltsrechtliche Lösung zwischen Scylla und Charybdis, WuW 1995, S. 985 ff.

Gröning, Jochem Zum aktuellen Stand der Diskussion um das deutsche Vergaberecht, WuW 1996, S. 566 ff.

Gröning, Jochem Public Private Partnerships unter den Zwängen des Vergabe-, Gemeindewirtschafts- und Wettbewerbsrecht, ZIP 2001, S. 497 ff.

Gusy, Christoph (Hrsg.) Die Privatisierung von Staatsaufgaben: Kriterien-Grenzen-Folgen, Nomos Verlagsgesellschaft, Baden-Baden, 1998

Gusy, Christoph Privatisierung als Herausforderung an Rechtspolitik und Rechtsdogmatik, in: *Gusy* (Hrsg.), Die Privatisierung von Staatsaufgaben: Kriterien-Grenzen-Folgen, Baden-Baden 1998, S. 330 ff.

Habersack, Mathias Private public partnership: Gemeinschaftsunternehmen zwischen Privaten und der öffentlichen Hand, ZGR 1996, S. 544 ff.

Hagemeister, Adrian von Die Privatisierung öffentlicher Aufgaben – Eine verfassungs- und verwaltungsrechtliche Abhandlung unter Zugrundelegung des Verfassungs- und Verwaltungsrechts der Republik Österreich und der Bundesrepublik Deutschland, Diss. Innsbruck 1991, Rechtswissenschaftliche Forschung und Entwicklung, Bd. 315, Florentz GmbH, München, 1992

Hailbronner, Kay Die Vergabe öffentlicher Aufträge nach europäischem Gemeinschaftsrecht, WiVerw 1994, S. 173 ff.

Hailbronner, Kay Der Begriff des öffentlichen Auftraggebers nach den EG-Richtlinien zur Vergabe öffentlicher Aufträge, EWS 1995, S. 285 ff.

Heegemann, Volker Der Begriff der "Einrichtung öffentlichen Rechts" im EG-Vergaberecht – am Beispiel öffentlicher Finanzdienstleistungsunternehmen, ZBB 1995, S. 387 ff.

Heegemann, Volker Ausschreibung von Finanzdienstleistungen, VergR 1/1996, S. 38 ff.

Heegemann, Volker Kreditinstiute als Vergabestellen, EuR 2/1996, S. 101 ff.

Heiermann, Wolfgang; Riedl, Richard; Rusam, Martin Handkommentar zur VOB Teile A und B, 8. Aufl., Bauverlag GmbH, Wiesbaden und Berlin, 1997

Heierman, Wolfgang Neueste Entwicklungen im deutschen Vergaberecht, BB 1998, S. 1541 ff.

Heinemann, Andreas Grenzen staatlicher Monopole im EG-Vertrag, Münchener Universitätsschriften, Reihe der Juristischen Fakultät, Bd. 116, Verlag C. H. Beck, München, 1996

Heinz, Werner; Scholz, Carola Public Private Partnership im Stdädtebau – Erfahrungen aus der kommunalen Praxis, Deutsches Institut für Urbanistik, Beiträge zur Stadtforschung, Scholz, Berlin, 1996

Heise, Gabriele Der Begriff des "öffentlichen Auftraggebers" im neuen Vergaberecht, LKV 1999, S. 210 ff.

Hengstschläger, Johannes Privatisierung von Verwaltungsaufgaben, VVDStRL 54 (1995), S. 165 ff.

Hermes, Georg Gleichheit durch Verfahren bei der staatlichen Auftragsvergabe, JZ 1997, S. 909 ff.

Hilf, Meinhard — Die Organisationsstruktur der Europäischen Gemeinschaften, Springer-Verlag Berlin, Heidelberg, New York, 1982

Hölzl, Josef; Hien, Eckart — Gemeindeordnung mit Verwaltungsgemeinschaftsordnung, Landkreisordnung und Bezirksordnung für den Freistaat Bayern, Stand: 01.06.2000, Verlagsgruppe Jehle Rehm GmbH, München, Berlin

Horn, Lutz — Public/Private Partnerships im Immobilienbereich aus vergaberechtlicher Sicht, LKV 1996, S. 81 ff.

Horn, Lutz — Die neue Vergabeverordnung, LKV 2001, S. 41 ff.

Huber, Peter-Michael — Konkurrenzschutz im Verwaltungsrecht, J.C.B. Mohr (Paul Siebeck), Tübingen, 1991

Hüffer, Uwe — Aktiengesetz, 4. Aufl., Verlag C. H. Beck, München 1999

Immenga, Ulrich; Mestmäcker, Ernst-Joachim — GWB-Gesetz gegen Wettbewerbsbeschränkungen, Kommentar, 2. Aufl., C. H. Beck'sche Verlagsbuchhandlung, München, 1992

Immenga, Ulrich; Mestmäcker, Ernst-Joachim — GWB-Gesetz gegen Wettbewerbsbeschränkungen, Kommentar, 3. Aufl., Verlag C. H. Beck oHG, München, 2001

Ingenstau, Heinz; Korbion, Hermann — VOB Verdingungsordnung für Bauleistungen Teile A und B – Kommentar, 12. Aufl., Werner Verlag, 1993

Ipsen, Jörn (Hrsg.) — 4. Bad Ibuger Gespräche – Symposium des Instituts für Kommunalrecht der Universität Osnabrück am 15. September 1993, Carl Heymans Verlag, Köln, Berlin, Bonn, München, 1994

Isensee, Josef; Kirchhof, Paul (Hrsg.) — Handbuch des Staatsrechts, 2. Aufl., C. F. Müller Verlag, Heidelberg, 1996

Jaeger, Wolfgang — Public Private Partnerships und Vergaberecht, NZBau 2001, S. 6 ff.

Jestaedt, Thomas; Kemper, Klaus; Marx, Fridhelm; Prieß, Joachim — Das Recht der Auftragsvergabe 1999, Luchterhand Verlag GmbH, Neuwied, Kriftel, 1999

Janson, Bernd Rechtsformen öffentlicher Unternehmen in der Europäischen Gemeischaft, in: *Eichhorn/Friedrich* (Hrsg.) Schriften zur öffentlichen Verwaltung und öffentlichen Wirtschaft, Bd. 55, Nomos Verlagsgesellschaft, Baden-Baden, 1980

Jarrass, Hans D. Folgerungen aus der neueren Rechtsprechung des BverfG für die Prüfung von Verstößen gegen Art. 3 Abs. 1 GG, NJW 1997, S. 2546 ff.

Jasper, Ute Entwicklung des Vergaberechts, DB 1997, S. 915 ff.

Jasper, Ute Das Vergaberechtsänderungsgesetz, DB 1998, S. 2151 ff.

Jasper, Ute Behörden Spiegel, Mai 2000 B. III., In-House-Geschäfte ohne Vergabeverfahren

Jasper Ute Die Anwendung der neuen Vergabeverordnung in der Praxis, Tagungsband "Zweiter Düsseldorfer Vergaberechtstag am 28.06.2001", Ministerium für Wirtschaft und Mittelstand, Energie und Verkehr des Landes Nordrhein-Westfalen (internet: neue wirtschaft:nrw), S. 11 ff.

Kerssenbrock, Trutz Graf Ist der Verkauf von Geschäftsanteilen oder Aktienmerheiten kommunaler Stromversorger einem Vergabeverfahren gemäß § 97 ff. GWB zu unterziehen?, WuW 2001, S. 122 ff.

Kirchhof, Paul Verwalten durch mittelbares Einwirken, Köln, Berlin, Bonn, München, 1977

Kirchhof, Paul Der Leistungswettbewerb unter Einsatz der Beitragshoheit, DVBl 1982, S. 933 ff.

Kirchhoff, Ulrich; Müller-Godeffrey, Heinrich Finanzierungsmodelle für kommunale Investitionen, 6. Aufl. 1996, Deutscher Sparkassenverlag GmbH, Stuttgart, 1996

Kirchhoff, Ulrich Aktuelle Organisations- und Finanzierungsinstrumente im öffentlichen Infrastrukturbereich, in: *Zimmermann Gebhard* (Hrsg.) Neue Finanzierungsinstrumente für öffentliche Aufgaben – Eine Analyse im Spannungsfeld von Finanzkrise und öffentlichem Interesse, Nomos Verlags-Gesellschafat, Baden-Baden, 1997, S. 93 ff.

König, Klaus Rückzug des Staates – Privatisierung der öffentlichen Verwaltung, DÖV 1998, S. 963 ff.

Konstas, Jannis Das vergaberechtliche Inhouse-Geschäft, Martin Meidenbauer, Verlagsbuchhandlung, München, 2004

Korbion, Hermann Vergaberechtsänderungsgesetz, Kommentar, Werner Verlag GmbH & Co KG, Düsseldorf, 1999

Krägenau, Henry; Wetter, Wolfgang Europäische Wirtschafts- und Währungsunion, Nomos Verlags-Gesellschaft, 1993

Kramer, Ernst A. Sämpfli Verlag AG, Bern, C. H. Beck Verlag, München, 1998

Kratzenberger, Rüdiger Die Neufassung der Vergabeverordnung, NZBau 2001, S. 119 ff.

Kulartz, Hans-Peter Neue Wege kommunaler Wirtschaftsbetätigung, VergR 2/1998, S. 25 ff.

Kulartz, Hans-Peter; Niebuhr, Klaus Sachlicher Anwendungsbereich und wesentliche Grundsätze des materiellen GWB-Vergaberechts, NZBau 2000, S. 6 ff.

Kummer, Heinz Joachim; Giesberts, Ludger Rechtsfragen der Privatisierung kommunaler Abfallentsorgung und Abwasserbeseitigung, NVwZ 1996, S. 1166 ff.

Kunert, Franz-Josef Staatliche Bedarfsdeckungsgeschäfte und Öffentliches Recht, Schriften zum Öffentlichen Recht, Bd. 331, Duncker & Humblot, Berlin, 1977

Langen, Eugen Bunte, Hermann-Josef Kommentar zum deutschen und europäischen Kartellrecht, Bd. I, 9. Aufl., Luchterhand, Neuwied, Kriftel, 2001

Larenz, Karl Canaris, Claus-Wilhelm Methodenlehre der Rechtswissenschaft, 3. Aufl., Springer Verlag, Berlin, Heidelberg, New York, Barcelona, Budapest, Hong Kong, London, Mailand, Paris, Tokyo 1995

Lenz, Carl Otto EG-Vertrag, Kommentar, 2. Aufl. 1999, Bundesanzeiger Verlagsgesellschaft, Köln, 1999

Lienemeyer, Max — "Öffentlicher Auftraggeber" im Vergaberecht – das Beispiel der Messegesellschaft, EWS 2000, S. 448 ff.

Mader, Oliver — Entwicklungslinien in der neueren EuGH-Rechtsprechung zum materiellen Recht, EuZW 1999, S. 331 ff.

Mann, Thomas — Die "Kommunalunternehmen" – Rechtsformalternative im kommunalen Wirtschaftsrecht, NVwZ 1996, S. 557 ff.

Marx, Friedhelm — Verlängerung bestehender Verträge und Vergaberecht, Tagungsband "Zweiter Düsseldorfer Vergaberechtstag am 28.06.2001", Ministerium für Wirtschaft und Mittelstand, Energie und Verkehr des Landes Nordrhein-Westfalen, S. 65 ff.

Masing, Tobias — Die Beteiligung Privater an kommunalen Gesellschaften und das öffentliche Vergaberecht, ZfBR 2002, S. 450 ff.

Maunz, Theodor; Dürig, Günter (Hrsg.) — Grundgesetz Kommentar, 8. Aufl., Stand: August 2000, Verlag C. H. Beck, München

Maurer, Hartmut — Allgemeines Verwaltungsrecht, 12. Aufl., C. H. Beck, München, 1999

Maurer Hartmut — Allgemeines Verwaltungsrecht, 13. Aufl., C. H. Beck, München, 2000

Maydell, Bernd von; Scholz, Ruppert — Grenzen der Eigenwirtschaft gesetzlicher Krankenversicherungsträger, Schriften zum Sozial- und Arbeitsrecht, Bd. 52, Duncker & Humblot, Berlin, 1980

Mayen, Thomas — Privatisierung öffentlicher Aufgaben: Rechtliche Grenzen und rechtliche Möglichkeiten, DÖV 2001, S. 110 ff.

Mayr, Otto; Kopp, Ferdinand — Allgemeines Verwaltungsrecht, 5. Aufl., Richard Boorberg Verlag, Stuttgart, München, Hannover, 1985

Mehlitz, Jenny — Der Verkauf von Gesellschaftsanteilen durch öffentliche Auftraggeber unterliegt nicht dem Vergaberecht!, WuW 2001, S. 569 ff.

Milczewski, Christine von Der grundrechtliche Schutz des Eigentums im Europäischen Gemeinschaftsrecht, Europäische Hochschulschriften, Reihe II, Bd. 1630, Peter Lang GmbH, Frankfurt am Main, Berlin, Bern, New York, Paris, Wien, 1994

Möschel, Wernhard Privatisierung und öffentliches Vergaberecht, WuW 1997, S. 120 ff.

Möstl, Markus Grundrechtsbindung öffentlicher Wirtschaftstätigkeit, C. H. Beck'sche Verlagsbuchhandlung, München 1999, Münchener Universitätsschriften, Reihe der Juristischen Fakultät, Bd. 137, Diss. Ludwig-Maximilian-Universität, München

Mohn, Astrid-Sybille Der Gleichheitssatz im Gemeinschaftsrecht, Schriftenreihe Europa-Forschung, Bd. 17, N.P. Engel Verlag, Kehl am Rhein, Straßburg, Arlington, VA, 1990

Motzke, Gerd; Pietzcker, Jost; Prieß, Hans-Joachim (Hrsg.) Beck'scher VOB Kommentar Teil A, Verlag C. H. Beck, München, 2001

Münch, Ingo von Die Bindung des Gesetzgebers an den Gleichheitssatz bei der Gewährung von Subventionen, AöR 85 (1960), S. 270 ff.

Müller, Hans-Martin Langfristige Vertragsverhältnisse der Kommunen mit kommunalen Tochtergesellscharten am Beispiel der Strombezugsverträge, NZBau 2001, S. 416 ff.

Müller-Graff, Peter-Christian Die Rechtsangleichung zur Verwirklichung des Binnenmarktes, EuR 1989, S. 107 ff.

Müller-Serten, Annette Gemeindewirtschaft und Vergaberecht, NZBau 2000, S. 120 ff.

Müller-Wrede, Malte (Hrsg.) Verdingungsordnung für freiberufliche Leistungen (VOF), Werner Verlag GmbH & Co KG, Düsseldorf, 1999

Nesselmüller, Günter Rechtliche Einwirkungsmöglichkeiten der Gemeinden auf ihre Eigengesellschaften, Schriften zum deutschen Kommunalrecht, Bd. 14, Verlag Reckinger & Co, Siegburg, 1977

Niebuhr, Frank; Kulartz, Hans-Peter; Kus, Alexander; Portz, Norbert Kommentar zum Vergaberecht – 4. Teil des GWB, Vergabeverfahren, Nachprüfungsverfahren und Schadensersatz, Luchterhand, Neuwied, Kriftel, 2000

Noch, Rainer Ausschreibungspflicht privater Unternehmen, DÖV 1998, S. 623 ff.

Noch, Rainer Der Begriff des öffentlichen Auftraggebers, NVwZ 1999, S. 1083 ff.

Nowak, Carsten Konkurrentenschutz in der EG, Diss. Universität Hamburg, Nomos Verlagsgesellschaft, Baden-Baden, 1996

Ohler, Frank Peter Rechtsbindung bei der Auftragsvergabe durch kommunale Eigenbetriebe und kommunale Eigengesellschaften, ZVgR 1998, S. 424 ff.

Ohler, Frank Peter Zum Begriff des öffentlichen Auftraggebers im europäischen Vergaberecht, Europäische Hochschulschriften Bd. 3115, Peter Lang GmbH, Frankfurt am Main, 2001. Diss. Universität Mainz 2000

Opitz, Marc Kontraktive Privatisierung und Kartellvergaberecht – Zugleich ein Beitrag zur Auslegung des § 99 GWB, ZVgR 2000, S. 97 ff.

Osterloh, Lerke Privatisierung von Verwaltungsaufgaben, VVDStRL 54 (95), S. 204 ff.

Otto, Hans-Michael Auswirkungen des Rechts der EWG auf die Bundesrepublik Deutschland, besonders die öffentlichen Unternehmen, dargestellt am Beispiel der Transparenzrichtlinie, Diss. Universtität Kiel 1989

Pauly, Markus; Figgen, Markus; Hünnekens, Georg Gemischtwirtschaftliche Entsorungsunternehmen – Zulässigkeit und Grenzen unter abfall-, kommunal-, vergabe- und wettbewerbsrechtlichen Aspekten, Erich Schmidt Verlag, Berlin 1997

Peine, Franz-Joseph Grenzen der Privatisierung – verwaltungsrechtliche Aspekte, DÖV 1997, S. 353 ff.

Peus, Egon Neues Vergaberecht – schon wieder aufgehoben? Eine Gesetzgebungspanne, NJW 1998, S. 3474 ff.

Pielow, Johann-Christian Rechtlicher Rahmen für Private Public Partnership, DVBl 1994, S. 1398 ff.

Pieper, Stefan Ulrich Keine Flucht ins öffentliche Recht, DVBl 2000, S. 160 ff.

Pietzcker, Jost Der Staatsauftrag als Instrument des Verwaltungshandelns, Habil. Universität Tübingen, 1977, Mohr Verlag, Tübingen, 1978

Pietzcker, Jost Änderungen des Rechtsschutzes bei der Auftragsvergabe, in: Festschrift für Redeker, 1993, S. 501 ff.

Pietzcker, Jost Die neue Gestalt des Vergaberechts, ZHR 162 (1998), S. 427 ff.

Pietzcker, Jost Der persönliche und sachliche Anwendungsbereich des neuen Vergaberechts, ZVgR 1999, S. 24 ff.

Pieztcker, Jost Vergabeverordnung und Kaskadenprinzip aus verfassungsrechtlicher und europarechtlicher Sicht, NZBau 2000, S. 64 ff.

Portz, Norbert Anwendung des Vergaberechts bei der Privatisierung kommunaler Aufgaben, BWGZ 2000, S. 191 ff.

Prieß, Hans-Joachim Das öffentliche Auftragswesen in den Jahren 1994 und 1995, EuZW 1996, S. 357 ff.

Prieß, Hans-Joachim Das Öffentliche Auftragswese in den Jahren 1997 und 1998, EuZW 1999, S. 196 ff.

Prieß, Hans-Joachim Sind kommunale Wohnungsunternehmen Auftraggeber im Sinne des EG-Vergaberechts?, BauR 1999, S. 1354 ff.

Prieß, Hans-Joachim Ausschreibungspflichten kommunaler Versorgungsunternehmen, DB 1998, S. 405 ff.

Prieß, Hans-Joachim Handbuch des europäischen Vergaberechts, 2. Aufl., 2001, Carl Heymanns Verlag KG, Köln, Berlin, Bonn, München

Püttner, Günter Die öffentlichen Unternehmen, Richard Boorberg Verlag, Stuttgart, München, Hannover, 1985

Rechten, Stephan Auch über die Vorlagefrage hinaus, FAZ vom 25.08.2001, S. 21

Reidt, Olaf; Stickler, Thomas; Glahs, Heike Vergaberecht – Kommentar zum Vergaberecht, 2. Aufl., Verlag Dr. Otto Schmidt KG, Köln, 2003

Riegel, Reinhard Die Einwirkung des europäischen Gemeinschaftsrechts auf die Eigentumsordnung der Mitgliedstaaten, RIW 1979, S. 744 ff.

Rittner, Fritz Das deutsche Öffentliche Auftragswesen im europäischen Kontext, NVwZ 1995, S. 313 ff.

Ronellenfitsch, Michael Staat und Markt: Rechtliche Grenzen einer Privatisierung kommunaler Aufgaben, DÖV 1999, S. 705 ff.

Ruchay, Dietrich; Weidemann, Clemens (Hrsg.) Kreislaufwirtschafts- und Abfallgesetz, Kommentar, Verlag C. H. Beck, München, 2000

Schäfer, Peter Grundzüge des öffentlichen Auftragswesens, BB Beilage 12/1996

Schauenburg, Christoph Ausschreibungspflicht und Privilegien für In-house-Geschäfte, NZBau 2002, S. 259 ff.

Schlette, Volker Der Begriff des öffentlichen Auftraggebers im EG-Vergaberecht – Zur Entscheidung des EuGH in den Fällen Mannesmann Anlagenbau Austria AG und Gemeente Arnheim, EuR 2000, S. 119 ff.

Schmahl, Stefanie Umfang und Grenzen wirtschaftlicher Betätigung von Gemeinden in Brandenburg, LKV 2000, S. 47 ff.

Schmalz, Dieter Methodenlehre, 4. Aufl., Nomos Verlag, Baden-Baden, 1998

Schmidt, Karsten Gesellschaftsrecht, 3. Aufl., Carl Heymanns Verlag KG, Köln, Berlin, Bonn, München, 1997

Schmidt, Ingo Wettbewerbspolitik und Kartellrecht, 6. Aufl., Lucius & Lucius Verlagsgesellschaft mbH, Stuttgart 1999

Schmidt, Reiner Die Privatisierung öffentlicher Aufgaben als Problem des Staats- und Verwaltungsrechts, in: *Biernat/Hendler/Schoch/Wasilewski* (Hrsg.), Grundfragen des Verwaltungsrechts und der Privatisierung, Stuttgart, München, Berlin, Weimar, Dresden, 1994, S. 210 ff.

Schmidt, Reiner Öffentliches Wirtschaftsrecht, Allgemeiner Teil, Springer-Verlag, Berlin, Heidelberg, 1990

Schmidt, Reiner Privatisierung und Gemeinschaftsrecht, Die Verwaltung (28) 1995, S. 281 ff.

Schmidt, Reiner Der Übergang öffentlicher Aufgabenerfüllung in private Rechtsformen, ZGR 1996, S. 345 ff.

Schoch, Friedrich Privatisierung der Abfallentsorgung: ein Beitrag zu den rechtlichen Determinanten der Privatisierung kommunaler Aufgaben, Carl Heymanns Verlag KG, Köln, Berlin, Bonn, München, 1992

Schoch, Friedrich Kommunalrechtliche Grenzen der wirtschaftlichen Betätigung kommunaler Selbstverwaltungskörperschaften, in: *Biernat/Hendler/Schoch/Wasilewski* (Hrsg.), Grundfragen des Verwaltungsrechts und der Privatisierung, Stuttgart, München, Berlin, Weimar, Dresden, 1994, S. 329 ff.

Schoch, Friedrich Der Beitrag des kommunalen Wirtschaftsrechts zur Privatisierung öffentlicher Aufgaben, DÖV 1993, S. 377 ff.

Schoch, Friedrich Rechtsfragen der Privatisierung von Abwasserbeseitigung und Abfallentsorgung, DVBl 1994, S. 1 ff.

Schoch, Friedrich Privatisierung von Verwaltungsaufgaben, DVBl 1994, S. 962 ff.

Schroeder, Dirk Die Anwendung des Kartellverbots auf verbundene Unternehmen, WuW 1988, S. 274 ff.

Schulz, Norbert Neue Entwicklungen im kommunalen Wirtschaftsrecht Bayerns, BayVBl 1996, S. 129 ff.

Schuppert, Gunnar Folke Die Erfüllung öffentlicher Aufgaben durch verselbständigte Verwaltungseinheiten, Verlag Otto Schwartz & Co., Göttingen, 1981

Schuppert, Gunnar Folke Die öffentliche Verwaltung im Kooperationsspektrum staatlicher und privater Aufgabenerfüllung – Erscheinungsformen von Public Private Partnership als Herausforderung an Verwaltungsrecht und Verwaltungswissenschaft, in: *Budäus* (Hrsg.), Public Private Partnership, Nomos Verlagsgesellschaft, Baden-Baden, 1997, S. 93 ff.

Schwarze, Jürgen Europäisches Verwaltungsrecht, Nomos Verlagsgesellschaft, Baden-Baden, 1988, Bd. I und II

Seidel, Ingelore Öffentliches Auftragswesen, in: *Dauses* (Hrsg.) Handbuch des EG-Wirtschaftsrechts H. IV, S. 1 ff.

Seidel, Ingelore Zur Wandelung des Begriffsinhalts "öffentlicher Auftraggeber" im EG-Vergaberecht vom institutionellen zum funktionallen Begriff sowie zu aktuellen Anwendungsfragen des erweiterten Begriffs, ZfBR 1995, S. 227 ff.

Stapenhorst, Hermann Outsourcing und Vergaberecht, VergR 3/97, Vergabe Special VI.

Stern, Klaus (Hrsg.) Das Staatsrecht der Bundesrepublik Deutschland, Band I, 2. Aufl., C. H. Beck'sche Verlagsbuchhandlung, München 1984

Stern, Klaus (Hrsg.) Das Staatsrecht der Bundesrepublik, C. H. Beck'sche Verlagsbuchhandlung, München 1988, Deutschland, Band III/1

Stockmann, Kurt Die Vergabeüberwachung des Bundes, WuW 1995, S. 572 ff.

Stolz, Kathrin Das öffentliche Auftragswesen in der EG – Möglichkeiten und Grenzen einer Liberalisierung, Schriftenreihe Europäisches Recht, Politik und Wirtschaft, Bd. 147, Nomos Verlagsgesellschaft, Baden - Baden, 1991

Sura, Martin Anmerkung zur Auslegung des Begriffs der Nichtgewerblichkeit iSv § 98 Nr 2 GWB durch den EuGH in Gemeente Arnheim/BFI Holding, EuZW 1999, S. 19 ff.

Tettinger, Peter J. Die rechtliche Ausgestaltung von Public Private Partnership, DÖV 1996, S. 764 ff.

Thiel, Michael Europa 1992: Grundrechtlicher Eigentumsschutz im EG-Recht, JuS 1991, S. 274 ff.

Thieme, Hinrich; Correll, Cathrin Deutsches Vergaberecht zwischen nationaler Tradition und europäischer Integration – Zur Neuregelung des Vergabewesens 1999, DVBl 1999, S. 884 ff.

Thode, Bernd; Peres, Holger Die Rechtsform Anstalt nach dem kommunalen Wirtschaftsrecht, BayVBl. 1999, S. 6 ff.

Thode, Reinhold Zum vergaberechtlichen Status von juristischen Personen des Privatrechts, ZIP 2000, S. 2 ff.

Triantafyllou, Dimitris Europäisierungsprobleme des Verwaltungsprivatrechts am Beispiel des öffentlichen Auftragsrechts, NVwZ 1994, S. 943 ff.

Tucker, Andrew Privatisierung und Konzessionen, EuR 2/96, S. 73 ff.

Vitzthum, Wolfgang Graf Gemeinderechtliche Grenzen der Privatisierung kommunaler Wirtschaftsunternehmen, AöR 104 (1979), S. 580 ff.

Voppel, Reinhard; Osenbrück, Wolf; Bubert, Christopf VOF, Verdingungsordnung für freiberufliche Leistungen, C. H. Beck Verlag, München, 2001

Voppel, Reinhard Neuerungen im Vergaberecht durch das Vergaberechtsänderungsgesetz (VgRÄG), LKV 1999, S. 5 ff.

Weidemann, Clemens; Otting, Olaf Der Begriff des öffentlichen Auftraggebers i.S. der Dienstleistungsrichtlinie - Zur Entscheidung des EuGH vom 10.11.1998 - RS. C-360/96, EWS 1999, S. 41 ff.

Weis, Hubert Verstaatlichungen aus gemeinschaftsrechtlicher Sicht, NJW 1982, S. 1910 ff.

Wissenschaftlicher Beirat beim Bundesministerium der Finanzen Gutachten des wissenschaftlichen Beirats beim Bundesministerium der Finanzen "Zur Lage und Entwicklung der Staatsfinanzen in der Bundesrepublik Deutschland", 1975, S. 1008 ff.

Wunderlich, Nina Das Grundrecht der Berufsfreiheit im Europäischen Gemeinschaftsrecht, Schriftenreiche Europäisches Recht, Politik und Wirtschaft, Bd. 244, Nomos Verlagsgesellschaft Baden-Baden, 2000

Wolff, Brigitta Public-Private Partnerships, Jahrbuch für neue politische Ökonomie 1996, S. 243 ff.

Whish, Richard; Sufrin, Brenda Competition Law, Third Edition, Butterworth & Co. (Publishers) Ltd, Edinburgh, 1993

Wolff, Hans; Bachhof, Otto; Stober, Rolf Verwaltungsrecht Bd. I, 11. Aufl., C. H. Beck'sche Verlagsbuchhandlung 1999

Wolff, Hans; Bachhof, Otto; Stober, Rolf Verwaltungsrecht II – Besonderes Organisations- und Dienstrecht, 5. Aufl., C. H. Beck'sche Verlagsbuchhandlung, 1987

Zäch, Roger Wettbewerbsrecht der Europäischen Union, C. H. Beck'sche Verlagsbuchhandlung, München 1994

Zeiss, Christopher "In-House"-Geschäft: Ende einer liebgewonnenen Ausnahme von der Ausschreibungspflicht durch die "Hintertür" des EG-Wettbewerbsrechts?, ZfBR 2002, S. 456 ff.

Zimmermann, Gebhard (Hrsg.) Neue Finanzierungsinstrumente für öffentliche Aufgaben – Eine Analyse im Spannungsfeld von Finanzkrise und öffentlichem Interesse, Nomos Verlags-Gesellschaft, Baden-Baden, 1997

Zippelius, Reinhold Der Gleichheitssatz, VVDStRL 47 (1989), S. 7 ff.

Zugmaier, Oliver Gemeindliche Unternehmen in Privatrechtsform, BayVBl 2001, S. 233 ff.

Zulegg, Manfred Zur künftigen Entwicklung des Subventionsrechts, DÖV 1984, S. 734 ff.

FSC
www.fsc.org
MIX
Papier | Fördert
gute Waldnutzung
FSC® C083411

Kolibri 360 GmbH
Ferdinand-Jühlke-Straße 7
99095 Erfurt, Deutschland
produktsicherheit@kolibri360.de

Druck:
CPI Druckdienstleistungen GmbH
im Auftrag der
Kolibri 360 GmbH
Ferdinand-Jühlke-Str. 7
99095 Erfurt